DIETRICH BONHOEFFER

WIDERSTAND UND ERGEBUNG

Briefe und Aufzeichnungen aus der Haft
Herausgegeben von Eberhard Bethge

Neuausgabe

CHR. KAISER VERLAG

1985

3. Auflage 1985

ISBN 3-459-00080-5
 – Umschlag von Sigmund Fries. – Druck: Wagner GmbH, Nördlingen. – Printed in Germany.

VORWORT

Lange haben wir gezögert, in den Aufbau von „Widerstand und Ergebung" einzugreifen, wie er 1950/51 entworfen und festgelegt worden war. Damals leitete uns zunächst die Absicht, einem Kreis von Interessierten Bonhoeffers kurze, speziell theologische Meditationen aus Tegel zugänglich zu machen, so wie sie, schon vor Ende des Krieges für einige Freunde auszugsweise abgeschrieben, in ein paar Durchschlägen in meinem Schreibtisch ruhten. Aber was waren die theologischen Erwägungen ohne ihre Einbettung in die Zeitumstände? Dem Mißverständnis mußte gewehrt werden, als habe man es statt mit einer echten Korrespondenz mit einem Traktat oder einer Monographie Bonhoeffers zu einem gewählten Thema zu tun. So traten andere Teile aus den Briefen Bonhoeffers an seine Eltern und an mich hinzu — und das Ganze wurde ein Buch.

Dennoch waltete immer noch äußerste Zurückhaltung bei der Aufnahme von Abschnitten über persönliche und familiäre Beziehungen und bei deren Entschlüsselung. So fiel z. B. die Beziehung zur Verlobten anfangs fast ganz aus. Die Entscheidung über Veröffentlichung oder Nichtveröffentlichung von Zeugnissen dieser Seite der Tegeler Zeit mußte ihr überlassen bleiben. Freilich spielte schon damals das besondere Schicksal des Tegeler Briefschreibers und seine Haltung zu diesem Schicksal eine bestimmende Rolle bei der Auswahl von Briefstellen, die das Theologische nicht unmittelbar betrafen.

Erwartungen, die sich damals an die Veröffentlichung knüpften, sind inzwischen durch die tatsächliche Rezeption in der ganzen Welt in den Schatten gestellt worden. Die Situation, in der sich das Buch präsentiert, hat sich tiefgreifend verändert. Als kürzlich der englische Verlag eine vollständige Revision seiner Übersetzung in Angriff nahm, begründete er den Aufwand damit, daß dieses Buch nun unter die „religious classics" zu rechnen sei.

In den zwei Jahrzehnten seit der Planung des Buches ist mit

zunehmender Dringlichkeit gefragt worden, ob denn nicht auch zugänglich gemacht werden könnte, was Bonhoeffer in Tegel an Einwänden, Rückfragen oder Anregungen selbst brieflich empfangen habe. Solche Wünsche blieben bisher unerfüllt, in der Meinung, daß in der aufbewahrten Antwortkorrespondenz nicht viel Adäquates zu Bonhoeffers eigenen theologischen Überlegungen zu finden sei. Diese Meinung ist auch heute noch begründet. Dennoch besteht das Verlangen wohl zu Recht, ein vollständigeres Bild zu erhalten, nachdem die Verflechtung von Bonhoeffers Theologie mit seiner Biographie immer stärker herausgearbeitet und die Erforschung der Anstöße vertieft worden ist.
Die Neuausgabe anläßlich des 25. Todestages am 9. April 1970 hat nun endlich zu dem Entschluß geführt, eine durchgreifende Erweiterung vorzulegen. Familiäre und persönliche Rücksichten sind nach einem Vierteljahrhundert zurückgetreten. Die Bedeutung des Handelns und Denkens dieses Mannes hat den privaten Bereich seit langem verlassen.
Bonhoeffers eigene Briefe an Familie und Freund erscheinen nun sehr viel ausführlicher als bisher, und zum erstenmal werden jetzt Auszüge aus den Briefen der Familie und des Freundes an ihn abgedruckt. Schließlich bringt der Band jene Verhörszettel im Zusammenhang, die, vorher unzugänglich, eine erste Kommentierung in der Biographie erfahren haben. Die am Ende der bisherigen Ausgabe zu findende Skizze der letzten Lebenstage, eine Vorstudie zur Biographie, ist jetzt dort zu suchen; sie ist in dieser Neuausgabe durch den Rückblick Karl-Friedrich Bonhoeffers auf die Zeit der Gefangenschaft seiner Geschwister ersetzt worden. Mit solchen und einigen anderen Stücken werden Erlebnisaspekte Dietrich Bonhoeffers, aber auch geistesgeschichtliche und theologische Passagen im Kontext jener Kriegsjahre neu lokalisiert.
Dieser umfassender ausgewählte Stoff wird so streng wie möglich chronologisch geordnet. Dabei legt sich am natürlichsten eine Periodisierung nach den einschneidenden prozessualen Vorgängen nahe. Sie bestimmten jeweils Bonhoeffers Gefängnisexistenz: so (I) die Phase der Ermittlungen, (II) das immer wieder vergebliche Warten auf einen Termin

für den Prozeß, (III) die Periode der Hoffnung auf den Umsturz, das „Versanden“ der Anklage, und endlich (IV) die Zeit nach der Katastrophe. Als solche sind diese Vorgänge im Material nur selten direkt angesprochen; aber sie stehen fortgesetzt hinter den Mitteilungen, einerseits unabänderlich in der Tegeler Zelle, andrerseits beeinflußbar draußen bei der Familie, die insgeheim dauernd in den Ablauf des Prozesses, bzw. des Versandens, einzugreifen vermochte — aber natürlich nichts davon zu Papier brachte. Dieses neue Prinzip der Einteilung ist kein theologisches. Das aber darf in diesem Buch weder erzwungen noch festgelegt werden.

Der Leser wird beachten müssen, wie stark das Mitlesen des Zensors bei nicht geschmuggelten Briefen Formulierung und Darstellung beeinflußt hat; dies vor allem während der ersten Tegeler Monate. So finden sich z. B. in Briefen der Mutter Sätze, die sie unter normalen Umständen nie geschrieben hätte, wie Hinweise auf das Alter der Eltern, Beteuerungen der Unschuld, Fragen nach einem angeblichen Asthma und andere Hervorkehrungen von Krankheitsmomenten.

Obwohl das Bild der Verlobungszeit jetzt sehr viel plastischer erscheint als bisher, wird man die Korrespondenz mit der Braut noch vermissen. Aber sie hat sich die Verfügung darüber selbst vorbehalten. So bleiben wir in dieser Richtung immer noch allein auf den schönen, nur englisch erschienenen Aufsatz Maria von Wedemeyers mit einigen dort zu findenden Briefzitaten angewiesen („The other Letters from Prison“, in: Union Seminary Quarterly Review, Vol. XXIII, No 1, 1967).

Die Neuausgabe ist schließlich mit einer wesentlich erweiterten Kommentierung versehen. Sie gibt Aufschluß über verwandtschaftliche, biographische und zeitgeschichtliche Zusammenhänge, entschlüsselt Chiffren der Korrespondenz und bringt den Wortlaut zitierter Bibelstellen und Lieder.

Kein Zweifel, die Erweiterungen verschieben spürbar die Akzente gegenüber der bisherigen Ausgabe. Das Element des Privaten verstärkt sich. Vielleicht entsteht sogar der Eindruck, daß jene Zeit und manches Gesagte inzwischen ferner gerückt sind. Dennoch vertieft sich auch die Begegnung mit einem authentischer bezeugten Stück Zeit-, Frömmigkeits- und Theologiegeschichte, mit dem Niederschlag des Lebens, das einige verantwortungsbewußte Christen und auch einige vom Glauben mehr Distanzierte durchlebten, als das Dilemma einer Zerstörung von außen und von innen über sie kam. Eben dort entstanden Bonhoeffers Visionen eines künftigen Christentums.

Besonderer Dank gebührt Rotraud Forberg, welche für die Neuausgabe des Textes die gesamte Tegeler Korrespondenz entziffert und die Reinschrift ausgeführt hat. Otto Dudzus, Ernst Feil und Ulrich Kabitz gaben maßgeblichen Rat für die Auswahl. Die Bearbeitung und Herausgabe erfolgte gemeinsam mit meiner Frau.

Im Februar 1970 Eberhard Bethge

VORWORT ZUR ZWEITEN AUFLAGE

Die Neuauflage nimmt nun „Der Blick von unten" (bisher GS II, 441) dort auf, wo das Stück geplant gewesen sein mag. Warum hat Bonhoeffer die entworfenen Sätze dann nicht in „Nach zehn Jahren" aufgenommen? Ich weiß es nicht genau. So bündig und unverhohlen hat er die Zukunft der Christen selten beschrieben. Der Gedanke lag in seiner Linie; es gibt ähnliche Sätze, etwa im Schuldbekenntnis in „Ethik", im Dramen- und Romanfragment, in „Folgerungen" („Entwurf einer Arbeit"); dort freilich vorwiegend adressiert an innerkirchliche Partner. Ist er Weihnachten 1942 noch zurückgeschreckt, den Verwandten und Freunden im Widerstand (und heute uns) das Schicksal der Christen schon so deutlich zu machen? Den Essay regiert die Frage: Sind dies zehn verlorene Jahre? Glieder jener Kreise pflegten in diesem Alter selbstgewählte Lebensthemen zu verwirklichen; nun war ihnen das Lebensthema aufgezwungen. Fürchtete Bonhoeffer, daß seine Analyse noch als Bankrotterklärung ankommen könnte – statt schon jene Befreiung zu vermitteln, von der dieses Buch aus der Zelle unvermindert Zeugnis gibt? *E. B.*

INHALT

Als Orientierungshilfe ist jeweils am unteren Innenrand der Seite mit kursiver Ziffer die entsprechende Stelle und Seitenzahl innerhalb der früheren Ausgabe von „Widerstand und Ergebung" nachgewiesen.

Im Textverlauf sind Einfügungen von der Hand des Herausgebers mit eckigen Klammern, Auslassungen durch Punkte kenntlich gemacht.

Die einzelnen Titel der Bonhoeffer-Literatur, auf die in den Anmerkungen Bezug genommen wird, erscheinen dort in den üblich gewordenen Abkürzungen: E = Ethik, 7. Aufl. 1966; GS = Gesammelte Schriften Bd. I—IV, 2. Aufl. 1965/66; DB = E. Bethge, Dietrich Bonhoeffer. Theologe, Christ, Zeitgenosse, 3. Aufl. 1970.

Schließlich sei an dieser Stelle zusammengefaßt auf diejenigen Aufzeichnungen Bonhoeffers hingewiesen, die gleichfalls im Tegeler Gefängnis entstanden, aber in anderen Veröffentlichungen zu finden sind:

Was heißt: die Wahrheit sagen?	E, 385—395
Stücke aus einem Dramenfragment	GS III, 478—495
Zwei Gespräche aus dem Romanversuch	GS III, 496—512
Zu den Herrnhuter Losungen	GS IV, 588—596
Die erste Tafel der zehn Gebote	GS IV, 597—612
Der Tod des Mose	GS IV, 613—620

PROLOG

NACH ZEHN JAHREN

Rechenschaft an der Wende zum Jahr 1943*

Zehn Jahre sind im Leben jedes Menschen eine lange Zeit. Da die Zeit das kostbarste, weil unwiederbringlichste Gut ist, über das wir verfügen, beunruhigt uns bei jedem Rückblick der Gedanke etwa verlorener Zeit. Verloren wäre die Zeit, in der wir nicht als Menschen gelebt, Erfahrungen gemacht, gelernt, geschaffen, genossen und gelitten hätten. Verlorene Zeit ist unausgefüllte, leere Zeit. Das sind die vergangenen Jahre gewiß nicht gewesen. Vieles, Unermeßliches haben wir verloren, aber die Zeit war nicht verloren. Zwar sind gewonnene Erkenntnisse und Erfahrungen, deren man sich nachträglich bewußt wird, nur Abstraktionen vom Eigentlichen, vom gelebten Leben selbst. Aber wie Vergessenkönnen wohl eine Gnade ist, so gehört doch das Gedächtnis, das Wiederholen empfangener Lehren, zum verantwortlichen Leben. In den folgenden Seiten möchte ich versuchen, mir Rechenschaft zu geben über einiges von dem, was sich uns in diesen Zeiten als gemeinsame Erfahrung und Erkenntnis aufgedrängt hat, nicht persönliche Erlebnisse, nichts systematisch Geordnetes, nicht Auseinandersetzungen und Theorien, sondern gewissermaßen gemeinsam im Kreise Gleichgesinnter gewonnene Ergebnisse auf dem Gebiet des Menschlichen, nebeneinandergereiht, nur durch die konkrete Erfahrung zueinander gehörig, nichts Neues, sondern gewiß in vergangenen Zeiten längst Gewußtes, aber uns neu zu erleben und zu erkennen Gegebenes. Man kann über diese Dinge nicht schreiben, ohne daß das Gefühl der Dankbarkeit für alle in diesen Jahren bewahrte und bewährte Gemeinschaft des Geistes und des Lebens jedes Wort begleitet.

* Zu Weihnachten 1942 Hans v. Dohnanyi, Hans Oster und Eberhard Bethge überreicht. Ein Exemplar wurde unter Dachsparren des Elternhauses in Charlottenburg, Marienburger Allee 43, aufbewahrt.

Ohne Boden unter den Füßen

Ob es jemals in der Geschichte Menschen gegeben hat, die in der Gegenwart so wenig Boden unter den Füßen hatten – denen alle im Bereich des Möglichen liegenden Alternativen der Gegenwart gleich unerträglich, lebenswidrig, sinnlos erschienen –, die jenseits aller dieser gegenwärtigen Alternativen die Quelle ihrer Kraft so gänzlich im Vergangenen und im Zukünftigen suchten – und die dennoch, ohne Phantasten zu sein, das Gelingen ihrer Sache so zuversichtlich und ruhig erwarten konnten – wie wir? Oder vielmehr: ob die verantwortlich Denkenden einer Generation vor einer großen geschichtlichen Wende jemals anders empfunden haben als wir heute – eben weil etwas wirklich Neues im Entstehen war, das in den Alternativen der Gegenwart nicht aufging?

Wer hält stand?

Die große Maskerade des Bösen hat alle ethischen Begriffe durcheinander gewirbelt. Daß das Böse in der Gestalt des Lichts, der Wohltat, des geschichtlich Notwendigen, des sozial Gerechten erscheint, ist für den aus unserer tradierten ethischen Begriffswelt Kommenden schlechthin verwirrend; für den Christen, der aus der Bibel lebt, ist es gerade die Bestätigung der abgründigen Bosheit des Bösen.

Offenkundig ist das Versagen der „*Vernünftigen*", die in bester Absicht und naiver Verkennung der Wirklichkeit das aus den Fugen gegangene Gebälk mit etwas Vernunft wieder zusammenbiegen zu können meinen. In ihrem mangelnden Sehvermögen wollen sie allen Seiten Recht widerfahren lassen und werden so durch die aufeinanderprallenden Gewalten zerrieben, ohne das Geringste ausgerichtet zu haben. Enttäuscht über die Unvernünftigkeit der Welt sehen sie sich zur Unfruchtbarkeit verurteilt, treten sie resigniert zur Seite oder verfallen haltlos dem Stärkeren.

Erschütternder ist das Scheitern alles ethischen *Fanatismus.* Mit der Reinheit eines Prinzips meint der Fanatiker der Macht des Bösen entgegentreten zu können. Aber wie der Stier stößt er auf das rote Tuch statt auf dessen Träger, ermüdet und unterliegt. Er verfängt sich im Unwesentlichen und geht dem Klügeren in die Falle.

Einsam erwehrt sich der Mann des *Gewissens* der Übermacht der Entscheidung fordernden Zwangslagen. Aber das Ausmaß der Konflikte, in denen er zu wählen hat – durch nichts beraten und getragen als durch sein eigenstes Gewissen –, zerreißt ihn. Die unzähligen ehrbaren und verführerischen Verkleidungen, in denen das Böse sich ihm nähert, machen sein Gewissen ängstlich und unsicher, bis er sich schließlich damit begnügt, statt eines guten ein salviertes Gewissen zu haben, bis er also sein eigenes Gewissen belügt, um nicht zu verzweifeln; denn daß ein böses Gewissen heilsamer und stärker sein kann als ein betrogenes Gewissen, das vermag der Mann, dessen einziger Halt sein Gewissen ist, nie zu fassen.

Aus der verwirrenden Fülle der möglichen Entscheidungen scheint der sichere Weg der *Pflicht* herauszuführen. Hier wird das Befohlene als das Gewisseste ergriffen, die Verantwortung für den Befehl trägt der Befehlsgeber, nicht der Ausführende. In der Beschränkung auf das Pflichtgemäße aber kommt es niemals zu dem Wagnis der auf eigenste Verantwortung hin geschehenden Tat, die allein das Böse im Zentrum zu treffen und zu überwinden vermag. Der Mann der Pflicht wird schließlich auch noch dem Teufel gegenüber seine Pflicht erfüllen müssen.

Wer es aber unternimmt, in eigenster *Freiheit* in der Welt seinen Mann zu stehen, wer die notwendige Tat höher schätzt als die Unbeflecktheit des eigenen Gewissens und Rufes, wer dem fruchtbaren Kompromiß ein unfruchtbares Prinzip oder auch dem fruchtbaren Radikalismus eine unfruchtbare Weisheit des Mittelmaßes zu opfern bereit ist, der hüte sich davor, daß ihn nicht seine Freiheit zu Fall bringe. Er wird in das Schlimme willigen, um das Schlimmere zu verhüten, und er wird dabei nicht mehr zu erkennen vermögen, daß gerade das Schlimmere, das er vermeiden will, das Bessere sein könnte. Hier liegt der Urstoff von Tragödien.

Auf der Flucht vor der öffentlichen Auseinandersetzung erreicht dieser oder jener die Freistatt einer privaten *Tugendhaftigkeit*. Aber er muß seine Augen und seinen Mund ver-

schließen vor dem Unrecht um ihn herum. Nur auf Kosten eines Selbstbetruges kann er sich von der Befleckung durch verantwortliches Handeln reinerhalten. Bei allem, was er tut, wird ihn das, was er unterläßt, nicht zur Ruhe kommen lassen. Er wird entweder an dieser Unruhe zugrunde gehen oder zum heuchlerischsten aller Pharisäer werden.
Wer hält stand? Allein der, dem nicht seine Vernunft, sein Prinzip, sein Gewissen, seine Freiheit, seine Tugend der letzte Maßstab ist, sondern der dies alles zu opfern bereit ist, wenn er im Glauben und in alleiniger Bindung an Gott zu gehorsamer und verantwortlicher Tat gerufen ist, der Verantwortliche, dessen Leben nichts sein will als eine Antwort auf Gottes Frage und Ruf. Wo sind diese Verantwortlichen?

Civilcourage?

Was steckt eigentlich hinter der Klage über die mangelnde Civilcourage? Wir haben in diesen Jahren viel Tapferkeit und Aufopferung, aber fast nirgends Civilcourage gefunden, auch bei uns selbst nicht. Es wäre eine zu naive Psychologie, diesen Mangel einfach auf persönliche Feigheit zurückzuführen. Die Hintergründe sind ganz andere. Wir Deutschen haben in einer langen Geschichte die Notwendigkeit und die Kraft des Gehorsams lernen müssen. In der Unterordnung aller persönlichen Wünsche und Gedanken unter den uns gewordenen Auftrag sahen wir Sinn und Größe unseres Lebens. Unsere Blicke waren nach oben gerichtet, nicht in sklavischer Furcht, sondern im freien Vertrauen, das im Auftrag einen Beruf und im Beruf eine Berufung sah. Es ist ein Stück berechtigten Mißtrauens gegen das eigene Herz, aus dem die Bereitwilligkeit entsteht, lieber dem Befehl von „oben" als dem eigenen Gutdünken zu folgen. Wer wollte dem Deutschen bestreiten, daß er im Gehorsam, im Auftrag, im Beruf immer wieder das Äußerste an Tapferkeit und Lebenseinsatz vollbracht hat? Seine Freiheit aber wahrte der Deutsche darin – und wo ist in der Welt leidenschaftlicher von der Freiheit gesprochen worden als in Deutschland von Luther bis zur Philosophie des Idealismus? –, daß er sich vom Eigenwillen zu befreien suchte im Dienst am Ganzen. Beruf und

Freiheit galten ihm als zwei Seiten derselben Sache. Aber er hatte damit die Welt verkannt; er hatte nicht damit gerechnet, daß seine Bereitschaft zur Unterordnung, zum Lebenseinsatz für den Auftrag mißbraucht werden könnte zum Bösen. Geschah dies, wurde die Ausübung des Berufes selbst fragwürdig, dann mußten alle sittlichen Grundbegriffe des Deutschen ins Wanken geraten. Es mußte sich herausstellen, daß eine entscheidende Grunderkenntnis dem Deutschen noch fehlte: die von der Notwendigkeit der freien, verantwortlichen Tat auch gegen Beruf und Auftrag. An ihre Stelle trat einerseits verantwortungslose Skrupellosigkeit, andererseits selbstquälerische Skrupelhaftigkeit, die nie zur Tat führte. Civilcourage aber kann nur aus der freien Verantwortlichkeit des freien Mannes erwachsen. Die Deutschen fangen erst heute an zu entdecken, was freie Verantwortung heißt. Sie beruht auf einem Gott, der das freie Glaubenswagnis verantwortlicher Tat fordert und der dem, der darüber zum Sünder wird, Vergebung und Trost zuspricht.

Vom Erfolg

Es ist zwar nicht wahr, daß der Erfolg auch die böse Tat und die verwerflichen Mittel rechtfertigt, aber ebensowenig ist es möglich, den Erfolg als etwas ethisch völlig Neutrales zu betrachten. Es ist eben doch so, daß der geschichtliche Erfolg den Boden schafft, auf dem weiterhin allein gelebt werden kann, und es bleibt sehr fraglich, ob es ethisch verantwortlicher ist, als ein Don Quijote gegen eine neue Zeit zu Felde zu ziehen oder im Eingeständnis der eigenen Niederlage und schließlich in freier Einwilligung in sie einer neuen Zeit zu dienen. Der Erfolg macht schließlich die Geschichte, und über den Kopf der geschichtemachenden Männer hinweg schafft der Lenker der Geschichte immer wieder aus Bösem Gutes. Es ist ein Kurzschluß ungeschichtlich und d. h. unverantwortlich denkender Prinzipienreiter, der die ethische Bedeutung des Erfolges einfach ignoriert, und es ist gut, daß wir einmal gezwungen sind, uns mit dem ethischen Problem des Erfolges ernsthaft auseinanderzusetzen. Solange das Gute Erfolg hat, können wir uns den Luxus leisten, den Erfolg für ethisch irrelevant zu halten. Wenn aber einmal böse Mittel zum Erfolg führen, denn entsteht das Problem. Angesichts solcher Lage erfahren wir, daß weder theoretisch zuschauendes Kritisieren und Rechthabenwollen, also die Weigerung, sich auf den Boden der Tatsachen zu stellen, noch Opportunismus, also die Selbstpreisgabe und Kapitulation angesichts des Erfolges, unserer Aufgabe gerecht wird. Weder beleidigte Kritiker noch Opportunisten wollen und dürfen wir sein, sondern an der geschichtlichen Gestaltung – von Fall zu Fall und in jedem Augenblick, als Sieger oder als Unterlegene – Mitverantwortliche. Wer sich durch nichts, was geschieht, die Mitverantwortung für den Gang der Geschichte abnehmen läßt, weil er sie sich von Gott auferlegt weiß, der wird jenseits von unfruchtbarer Kritik und von ebenso unfruchtbarem Opportunismus ein fruchtbares Verhältnis zu den geschichtlichen Ereignissen finden. Die Rede von heroischem Untergang angesichts einer unausweichlichen Niederlage ist im Grunde sehr unheroisch, weil sie nämlich den Blick in die Zukunft nicht wagt. Die letzte verantwortliche Frage ist nicht, wie ich mich heroisch aus der Affäre ziehe, sondern wie eine kommende Generation weiterleben soll. Nur aus dieser geschichtlich verantwortlichen Frage können fruchtbare – wenn auch vorübergehend sehr demütigende – Lösungen entstehen. Kurz, es ist sehr viel leichter, eine Sache prinzipiell als in konkreter Verantwortung durchzuhalten. Die junge Generation wird immer den sichersten Instinkt dafür haben, ob nur aus Prinzip oder aus lebendiger Verantwortung heraus gehandelt wird; denn es geht dabei ja um ihre eigene Zukunft.

Von der Dummheit

Dummheit ist ein gefährlicherer Feind des Guten als Bosheit. Gegen das Böse läßt sich protestieren, es läßt sich bloßstellen, es läßt sich notfalls mit Gewalt verhindern, das Böse trägt immer den Keim der Selbstzersetzung in sich, indem es mindestens ein Unbehagen im Menschen zurückläßt. Gegen die Dummheit sind wir wehrlos. Weder mit Protesten noch durch Gewalt läßt sich hier etwas ausrichten; Gründe verfangen

nicht; Tatsachen, die dem eigenen Vorurteil widersprechen, brauchen einfach nicht geglaubt zu werden – in solchen Fällen wird der Dumme sogar kritisch –, und wenn sie unausweichlich sind, können sie einfach als nichtssagende Einzelfälle beiseitegeschoben werden. Dabei ist der Dumme im Unterschied zum Bösen restlos mit sich selbst zufrieden; ja, er wird sogar gefährlich, indem er leicht gereizt zum Angriff übergeht. Daher ist dem Dummen gegenüber mehr Vorsicht geboten als gegenüber dem Bösen. Niemals werden wir mehr versuchen, den Dummen durch Gründe zu überzeugen; es ist sinnlos und gefährlich.
Um zu wissen, wie wir der Dummheit beikommen können, müssen wir ihr Wesen zu verstehen suchen. Soviel ist sicher, daß sie nicht wesentlich ein intellektueller, sondern ein menschlicher Defekt ist. Es gibt intellektuell außerordentlich bewegliche Menschen, die dumm sind, und intellektuell sehr Schwerfällige, die alles andere als dumm sind. Diese Entdeckung machen wir zu unserer Überraschung anläßlich bestimmter Situationen. Dabei gewinnt man weniger den Eindruck, daß die Dummheit ein angeborener Defekt ist, als daß unter bestimmten Umständen die Menschen dumm *gemacht* werden, bzw. sich dumm machen lassen. Wir beobachten weiterhin, daß abgeschlossen und einsam lebende Menschen diesen Defekt seltener zeigen als zur Gesellung neigende oder verurteilte Menschen und Menschengruppen. So scheint die Dummheit vielleicht weniger ein psychologisches als ein soziologisches Problem zu sein. Sie ist eine besondere Form der Einwirkung geschichtlicher Umstände auf den Menschen, eine psychologische Begleiterscheinung bestimmter äußerer Verhältnisse. Bei genauerem Zusehen zeigt sich, daß jede starke äußere Machtentfaltung, sei sie politischer oder religiöser Art, einen großen Teil der Menschen mit Dummheit schlägt. Ja, es hat den Anschein, als sei das geradezu ein soziologisch-psychologisches Gesetz. Die Macht der einen braucht die Dummheit der anderen. Der Vorgang ist dabei nicht der, daß bestimmte – also etwa intellektuelle – Anlagen des Menschen plötzlich verkümmern oder ausfallen, sondern daß unter dem überwältigenden Eindruck der Machtentfaltung dem Menschen seine innere Selbständigkeit ge-

raubt wird und daß dieser nun – mehr oder weniger unbewußt – darauf verzichtet, zu den sich ergebenden Lebenslagen ein eigenes Verhalten zu finden. Daß der Dumme oft bockig ist, darf nicht darüber hinwegtäuschen, daß er nicht selbständig ist. Man spürt es geradezu im Gespräch mit ihm, daß man es gar nicht mit ihm selbst, mit ihm persönlich, sondern mit über ihn mächtig gewordenen Schlagworten, Parolen etc. zu tun hat. Er ist in einem Banne, er ist verblendet, er ist in seinem eigenen Wesen mißbraucht, mißhandelt. So zum willenlosen Instrument geworden, wird der Dumme auch zu allem Bösen fähig sein und zugleich unfähig, dies als Böses zu erkennen. Hier liegt die Gefahr eines diabolischen Mißbrauchs. Dadurch werden Menschen für immer zugrunde gerichtet werden können.
Aber es ist gerade hier auch ganz deutlich, daß nicht ein Akt der Belehrung, sondern allein ein Akt der Befreiung die Dummheit überwinden könnte. Dabei wird man sich damit abfinden müssen, daß eine echte innere Befreiung in den allermeisten Fällen erst möglich wird, nachdem die äußere Befreiung vorangegangen ist; bis dahin werden wir auf alle Versuche, den Dummen zu überzeugen, verzichten müssen. In dieser Sachlage wird es übrigens auch begründet sein, daß wir uns unter solchen Umständen vergeblich darum bemühen, zu wissen, was „das Volk" eigentlich denkt, und warum diese Frage für den verantwortlich Denkenden und Handelnden zugleich so überflüssig ist – immer nur unter den gegebenen Umständen. Das Wort der Bibel, daß die Furcht Gottes der Anfang der Weisheit sei (Psalm 111, 10), sagt, daß die innere Befreiung des Menschen zum verantwortlichen Leben vor Gott die einzige wirkliche Überwindung der Dummheit ist.
Übrigens haben diese Gedanken über die Dummheit doch dies Tröstliche für sich, daß sie ganz und gar nicht zulassen, die Mehrzahl der Menschen unter allen Umständen für dumm zu halten. Es wird wirklich darauf ankommen, ob Machthaber sich mehr von der Dummheit oder von der inneren Selbständigkeit und Klugheit der Menschen versprechen.

Menschenverachtung?

Die Gefahr, uns in Menschenverachtung hineintreiben zu lassen, ist sehr groß. Wir wissen wohl, daß wir kein Recht dazu haben, und daß wir dadurch in das unfruchtbarste Verhältnis zu den Menschen geraten. Folgende Gedanken können uns vor dieser Versuchung bewahren: mit der Menschenverachtung verfallen wir gerade dem Hauptfehler unserer Gegner. Wer einen Menschen verachtet, wird niemals etwas aus ihm machen können. Nichts von dem, was wir im anderen verachten, ist uns selbst ganz fremd. Wie oft erwarten wir von anderen mehr als wir selbst zu leisten willig sind. Warum haben wir bisher vom Menschen, seiner Versuchlichkeit und Schwäche so unnüchtern gedacht? Wir müssen lernen, die Menschen weniger auf das, was sie tun und unterlassen, als auf das, was sie erleiden, anzusehen. Das einzig fruchtbare Verhältnis zu den Menschen – gerade zu den Schwachen – ist Liebe, d. h. der Wille, mit ihnen Gemeinschaft zu halten. Gott selbst hat die Menschen nicht verachtet, sondern ist Mensch geworden um der Menschen willen.

Immanente Gerechtigkeit

Es gehört zu den erstaunlichsten, aber zugleich unwiderleglichsten Erfahrungen, daß das Böse sich – oft in einer überraschend kurzen Frist – als dumm und unzweckmäßig erweist. Damit ist nicht gemeint, daß jeder einzelnen bösen Tat die Strafe auf dem Fuße folgt, aber daß die prinzipielle Aufhebung der göttlichen Gebote im vermeintlichen Interesse der irdischen Selbsterhaltung gerade dem eigenen Interesse dieser Selbsterhaltung entgegenwirkt. Man kann diese uns zugefallene Erfahrung verschieden deuten. Als gewiß scheint jedenfalls dies aus ihr hervorzugehen, daß es im Zusammenleben der Menschen Gesetze gibt, die stärker sind als alles, was sich über sie erheben zu können glaubt, und daß es daher nicht nur unrecht, sondern unklug ist, diese Gesetze zu mißachten. Von hier aus wird uns verständlich, warum die aristotelisch-thomistische Ethik die Klugheit zu einer der Kardinaltugenden erhob. Klugheit und Dummheit sind nicht ethisch indifferent, wie uns eine neuprotestantische Gesinnungsethik hat lehren wollen. Der Kluge erkennt in der Fülle des Konkreten und der in ihm enthaltenen Möglichkeiten zugleich die unübersteiglichen Grenzen, die allem Handeln durch die bleibenden Gesetze menschlichen Zusammenlebens gegeben sind, und in dieser Erkenntnis handelt der Kluge gut bzw. der Gute klug.

Nun gibt es gewiß kein geschichtlich bedeutsames Handeln, das nicht immer wieder einmal die Grenzen dieser Gesetze überschritte. Es ist aber ein entscheidender Unterschied, ob solche Überschreitung der gesetzten Grenze prinzipiell als deren Aufhebung aufgefaßt und damit als Recht eigener Art ausgegeben wird, oder ob man sich dieser Überschreitung als vielleicht unvermeidlicher Schuld bewußt bleibt und sie allein in der alsbaldigen Wiederherstellung und Achtung des Gesetzes und der Grenze gerechtfertigt sieht. Es braucht keineswegs Heuchelei zu sein, wenn als das Ziel politischen Handelns die Herstellung des Rechtes und nicht einfach die nackte Selbsterhaltung ausgegeben wird. Es *ist* einfach in der Welt so eingerichtet, daß die grundsätzliche Achtung der letzten Gesetze und Rechte des Lebens zugleich der Selbsterhaltung am dienlichsten ist, und daß diese Gesetze sich nur eine ganz kurze, einmalige, im Einzelfall notwendige Überschreitung gefallen lassen, während sie den, der aus der Not ein Prinzip macht und also neben ihnen ein eigenes Gesetz aufrichtet, früher oder später – aber mit unwiderstehlicher Gewalt – erschlagen. Die immanente Gerechtigkeit der Geschichte lohnt und straft nur die Tat, die ewige Gerechtigkeit Gottes prüft und richtet die Herzen.

Einige Glaubenssätze über das Walten Gottes in der Geschichte

Ich glaube, daß Gott aus allem, auch aus dem Bösesten, Gutes entstehen lassen kann und will. Dafür braucht er Menschen, die sich alle Dinge zum Besten dienen lassen. Ich glaube, daß Gott uns in jeder Notlage soviel Widerstandskraft geben will, wie wir brauchen. Aber er gibt sie nicht im voraus, damit wir uns nicht auf uns selbst, sondern allein auf ihn verlassen. In solchem Glauben müßte alle Angst vor der Zukunft überwunden sein. Ich glaube, daß auch unsere Fehler und Irrtümer nicht vergeblich sind, und daß es Gott nicht schwerer ist, mit ihnen fertig zu werden, als mit unseren vermeintlichen Guttaten. Ich glaube, daß Gott kein zeitloses Fatum ist, sondern daß er auf aufrichtige Gebete und verantwortliche Taten wartet und antwortet.

Vertrauen

Die Erfahrung des Verrates ist kaum einem erspart geblieben. Die Gestalt des Judas, die uns früher so unbegreiflich war, ist uns kaum mehr fremd. So ist die Luft, in der wir leben, durch Mißtrauen verpestet, daß wir fast daran zugrundegehen. Wo wir aber die Schicht des Mißtrauens durchbrachen, dort haben wir die Erfahrung eines bisher gar nicht geahnten Vertrauens machen dürfen. Wir haben es gelernt, dort, wo wir vertrauen, dem anderen unseren Kopf in die Hände zu geben; gegen alle Vieldeutigkeiten, in denen unser Handeln und Leben stehen mußte, haben wir grenzenlos vertrauen gelernt. Wir wissen nun, daß nur in solchem Vertrauen, das immer ein Wagnis bleibt, aber ein freudig bejahtes Wagnis, wirklich gelebt und gearbeitet werden kann. Wir wissen, daß es zu dem Verwerflichsten gehört, Mißtrauen zu säen und zu begünstigen, daß vielmehr Vertrauen, wo es nur möglich ist, gestärkt und gefördert werden soll. Immer wird uns das Vertrauen eines der größten, seltensten und beglückendsten Geschenke menschlichen Zusammenlebens bleiben, und es wird doch immer nur auf dem dunklen Hintergrund eines notwendigen Mißtrauens entstehen. Wir haben gelernt, uns dem Gemeinen durch nichts, dem Vertrauenswürdigen aber restlos in die Hände zu geben.

Qualitätsgefühl

Wenn wir nicht den Mut haben, wieder ein echtes Gefühl für menschliche Distanzen aufzurichten und darum persönlich zu kämpfen, dann kommen wir in einer Anarchie menschlicher Werte um. Die Frechheit, die ihr Wesen in der Mißachtung aller menschlichen Distanzen hat, ist ebensosehr das Charakteristikum des Pöbels, wie die innere Unsicherheit, das Feilschen und Buhlen um die Gunst des Frechen, das Sichgemeinmachen mit dem Pöbel der Weg zur eigenen Verpöbelung ist. Wenn man nicht mehr weiß, was man sich und anderen schuldig ist, wo das Gefühl für menschliche Qualität und die Kraft, Distanz zu halten, erlischt, dort ist das Chaos vor der Tür. Wo man um materieller Bequemlichkeiten willen duldet, daß die Frechheit einem zu nahe tritt, dort hat man sich bereits selbst aufgegeben, dort hat man die Flut des Chaos an der Stelle des Dammes, an die man gestellt war, durchbrechen lassen und sich schuldig gemacht am Ganzen. In anderen Zeiten mag es die Sache des Christentums gewesen sein, von der Gleichheit der Menschen Zeugnis zu geben; heute wird gerade das Christentum für die Achtung menschlicher Distanzen und menschlicher Qualität leidenschaftlich einzutreten haben. Die Mißdeutung, als handele man in eigener Sache, die billige Verdächtigung unsozialer Gesinnung, muß entschlossen in Kauf genommen werden. Sie sind die bleibenden Vorwürfe des Pöbels gegen die Ordnung. Wer hier weich und unsicher wird, begreift nicht, worum es geht, ja vermutlich treffen ihn die Vorwürfe sogar mit Recht. Wir stehen mitten in dem Prozeß der Verpöbelung in allen Gesellschaftsschichten und zugleich in der Geburtsstunde einer neuen adligen Haltung, die einen Kreis von Menschen aus allen bisherigen Gesellschaftsschichten verbindet. Adel entsteht und besteht durch Opfer, durch Mut und durch ein klares Wissen um das, was man sich selbst und was man anderen schuldig ist, durch die selbstverständliche Forderung der Achtung, die einem zukommt, wie durch ein ebenso selbstverständliches Wahren der Achtung nach oben wie nach unten. Es geht auf der ganzen Linie um das Wiederfinden verschütteter Qualitätserlebnisse, um eine Ordnung auf Grund von Qualität. Qualität ist der stärkste Feind jeder Art von Vermassung. Gesellschaftlich bedeutet das den Verzicht auf die Jagd nach Positionen, den Bruch mit allem Starkult, den freien Blick nach oben und nach unten, besonders was die Wahl des engeren Freundeskreises angeht, die Freude am verborgenen Leben wie den Mut zum öffentlichen Leben.

Kulturell bedeutet das Qualitätserlebnis die Rückkehr von Zeitung und Radio zum Buch, von der Hast zur Muße und Stille, von der Zerstreuung zur Sammlung, von der Sensation zur Besinnung, vom Virtuosenideal zur Kunst, vom Snobismus zur Bescheidenheit, von der Maßlosigkeit zum Maß. Quantitäten machen einander den Raum streitig, Qualitäten ergänzen einander.

Mitleiden

Man muß damit rechnen, daß die meisten Menschen nur durch Erfahrungen am eigenen Leibe klug werden. So erklärt sich *erstens* die erstaunliche Unfähigkeit der meisten Menschen zu präventivem Handeln jeder Art – man glaubt eben selbst immer noch um die Gefahr herumzukommen, bis es schließlich zu spät ist; *zweitens* die Stumpfheit gegenüber fremdem Leiden; proportional mit der wachsenden Angst vor der bedrohlichen Nähe des Unheils entsteht das Mitleid. Es läßt sich manches zur Rechtfertigung dieser Haltung sagen, ethisch: man will dem Schicksal nicht in die Räder greifen; innere Berufung und Kraft zum Handeln schöpft man erst aus dem eingetretenen Ernstfall; man ist nicht für alles Unrecht und Leiden in der Welt verantwortlich und will sich nicht zum Weltenrichter aufwerfen; psychologisch: der Mangel an Phantasie, an Sensitivität, an innerem Auf-dem-Sprunge-sein wird ausgeglichen durch eine solide Gelassenheit, ungestörte Arbeitskraft und große Leidensfähigkeit. Christlich gesehen, können freilich alle diese Rechtfertigungen nicht darüber hinwegtäuschen, daß es hier entscheidend an der Weite des Herzens mangelt. Christus entzog sich solange dem Leiden, bis seine Stunde gekommen war; dann aber ging er ihm in Freiheit entgegen, ergriff es und überwand es. Christus – so sagt die Schrift – erfuhr alles Leiden aller Menschen an seinem Leibe als eigenes Leiden – ein unbegreiflich hoher Gedanke! –, er nahm es auf sich in Freiheit. Wir sind gewiß nicht Christus und nicht berufen, durch eigene Tat und eigenes Leiden die Welt zu erlösen, wir sollen uns nicht Unmögliches aufbürden und uns damit quälen, daß wir es nicht tragen können, wir sind nicht Herren, sondern Werkzeuge in der

Hand des Herrn der Geschichte, wir können das Leiden anderer Menschen nur in ganz begrenztem Maße wirklich mitleiden. Wir sind nicht Christus, aber wenn wir Christen sein wollen, so bedeutet das, daß wir an der Weite des Herzens Christi teilbekommen sollen in verantwortlicher Tat, die in Freiheit die Stunde ergreift und sich der Gefahr stellt, und in echtem Mitleiden, das nicht aus der Angst, sondern aus der befreienden und erlösenden Liebe Christi zu allen Leidenden quillt. Tatenloses Abwarten und stumpfes Zuschauen sind keine christlichen Haltungen. Den Christen rufen nicht erst die Erfahrungen am eigenen Leibe, sondern die Erfahrungen am Leibe der Brüder, um derentwillen Christus gelitten hat, zur Tat und zum Mitleiden.

Vom Leiden

Es ist unendlich viel leichter, im Gehorsam gegen einen menschlichen Befehl zu leiden als in der Freiheit eigenster verantwortlicher Tat. Es ist unendlich viel leichter, in Gemeinschaft zu leiden als in Einsamkeit. Es ist unendlich viel leichter, öffentlich und unter Ehren zu leiden als abseits und in Schanden. Es ist unendlich viel leichter, durch den Einsatz des leiblichen Lebens zu leiden, als durch den Geist. Christus litt in Freiheit, in Einsamkeit, abseits und in Schanden, an Leib und Geist, und seither viele Christen mit ihm.

Gegenwart und Zukunft

Es schien uns bisher zu den unveräußerlichen Rechten menschlichen Lebens zu gehören, sich einen Lebensplan entwerfen zu können, beruflich und persönlich. Damit ist es vorbei. Wir sind durch die Macht der Umstände in die Situation geraten, in der wir darauf verzichten müssen, „für den kommenden Tag zu sorgen“ (Matth. 6, 34), wobei es ein wesentlicher Unterschied ist, ob das aus der freien Haltung des Glaubens heraus geschieht, die die Bergpredigt meint, oder als erzwungener Frondienst am jeweiligen Augenblick. Für die meisten Menschen bedeutet der erzwungene Verzicht auf Zukunftsplanung den verantwortungslosen, leichtfertigen oder resignierten Verfall an den Augenblick, einige wenige träumen noch sehnsüchtig von einer schöneren Zukunft und versuchen darüber die Gegenwart zu vergessen. Beide Haltungen sind für uns gleich unmöglich. Uns bleibt nur der sehr schmale und manchmal kaum noch zu findende Weg, jeden Tag zu nehmen, als wäre er der letzte, und doch in Glauben und Verantwortung so zu leben, als gäbe es noch eine große Zukunft. „Noch soll man Häuser, Äcker und Weinberge kaufen in diesem Lande" (Jer. 32, 15) muß Jeremia – in paradoxem Widerspruch zu seinen Unheilsweissagungen – unmittelbar vor der Zerstörung der heiligen Stadt verkündigen, angesichts der völligen Zukunftslosigkeit ein göttliches Zeichen und Unterpfand einer neuen großen Zukunft. Denken und handeln im Blick auf die kommende Generation, dabei ohne Furcht und Sorge jeden Tag bereit sein zu gehen – das ist die Haltung, die uns praktisch aufgezwungen ist und die tapfer durchzuhalten nicht leicht, aber notwendig ist.

Optimismus

Es ist klüger, pessimistisch zu sein: vergessen sind die Enttäuschungen und man steht vor den Menschen nicht blamiert da. So ist Optimismus bei den Klugen verpönt. Optimismus ist in seinem Wesen keine Ansicht über die gegenwärtige Situation, sondern er ist eine Lebenskraft, eine Kraft der Hoffnung, wo andere resignierten, eine Kraft, den Kopf hoch zu halten, wenn alles fehlzuschlagen scheint, eine Kraft, Rückschläge zu ertragen, eine Kraft, die die Zukunft niemals dem Gegner läßt, sondern sie für sich in Anspruch nimmt. Es gibt gewiß auch einen dummen, feigen Optimismus, der verpönt werden muß. Aber den Optimismus als Willen zur Zukunft soll niemand verächtlich machen, auch wenn er hundertmal irrt; er ist die Gesundheit des Lebens, die der Kranke nicht anstecken soll. Es gibt Menschen, die es für unernst, Christen, die es für unfromm halten, auf eine bessere irdische Zukunft zu hoffen und sich auf sie vorzubereiten. Sie glauben an das Chaos, die Unordnung, die Katastrophe als den Sinn des gegenwärtigen Geschehens und entziehen sich in Resignation oder frommer Weltflucht der Verantwortung für das Weiterleben, für den neuen Aufbau, für die kommenden Geschlechter. Mag sein, daß der Jüngste Tag morgen anbricht, dann wollen wir gern die Arbeit für eine bessere Zukunft aus der Hand legen, vorher aber nicht.

Gefährdung und Tod

Der Gedanke an den Tod ist uns in den letzten Jahren immer vertrauter geworden. Wir wundern uns selbst über die Gelassenheit, mit der wir Nachrichten von dem Tode unserer Altersgenossen aufnehmen. Wir können den Tod nicht mehr so hassen, wir haben in seinen Zügen etwas von Güte entdeckt und sind fast ausgesöhnt mit ihm. Im Grunde empfinden wir wohl, daß wir ihm schon gehören und daß jeder neue Tag ein Wunder ist. Es wäre wohl nicht richtig zu sagen, daß wir gern sterben – obwohl keinem jene Müdigkeit unbekannt ist, die man doch unter keinen Umständen aufkommen lassen darf –, dazu sind wir schon zu neugierig oder etwas ernsthafter gesagt: wir möchten gern noch etwas vom Sinn unseres zerfahrenen Lebens zu sehen bekommen. Wir heroisieren den Tod auch nicht, dazu ist uns das Leben zu groß und teuer. Erst recht weigern wir uns, den Sinn des Lebens in der Gefahr zu sehen, dafür sind wir nicht verzweifelt genug und wissen zuviel von den Gütern des Lebens, dafür kennen wir auch die Angst um das Leben zu gut und all die anderen zerstörenden Wirkungen einer dauernden Gefährdung des Lebens. Noch lieben wir das Leben, aber ich glaube, der Tod kann uns nicht mehr sehr überraschen. Unseren Wunsch, er möchte uns nicht zufällig, jäh, abseits vom Wesentlichen, sondern in der Fülle des Lebens und in der Ganzheit des Einsatzes treffen, wagen wir uns seit den Erfahrungen des Krieges kaum mehr einzugestehen. Nicht die äußeren Umstände, sondern wir selbst werden es sein, die unseren Tod zu dem machen, was er sein kann, zum Tod in freiwilliger Einwilligung.

Sind wir noch brauchbar?

Wir sind stumme Zeugen böser Taten gewesen, wir sind mit vielen Wassern gewaschen, wir haben die Künste der Verstellung und der mehrdeutigen Rede gelernt, wir sind durch Erfahrung mißtrauisch gegen die Menschen geworden und mußten ihnen die Wahrheit und das freie Wort oft schuldig bleiben, wir sind durch unerträgliche Konflikte mürbe oder vielleicht sogar zynisch geworden – sind wir noch brauchbar? Nicht Genies, nicht Zyniker, nicht Menschenverächter, nicht raffinierte Taktiker, sondern schlichte, einfache, gerade Menschen werden wir brauchen. Wird unsere innere Widerstandskraft gegen das uns Aufgezwungene stark genug und unsere Aufrichtigkeit gegen uns selbst schonungslos genug geblieben sein, daß wir den Weg zur Schlichtheit und Geradheit wiederfinden?

Der Blick von unten[1]

Es bleibt ein Erlebnis von unvergleichlichem Wert, daß wir die großen Ereignisse der Weltgeschichte einmal von unten, aus der Perspektive der Ausgeschalteten, Beargwöhnten, Schlechtbehandelten, Machtlosen, Unterdrückten und Verhöhnten, kurz der Leidenden sehen gelernt haben. Wenn nur in dieser Zeit nicht Bitterkeit oder Neid das Herz zerfressen hat, daß wir Großes und Kleines, Glück und Unglück, Stärke und Schwäche mit neuen Augen ansehen, daß unser Blick für Größe, Menschlichkeit, Recht und Barmherzigkeit klarer, freier, unbestechlicher geworden ist, ja, daß das persönliche Leiden ein tauglicherer Schlüssel, ein fruchtbareres Prinzip zur betrachtenden und tätigen Erschließung der Welt ist als persönliches Glück. Es kommt nur darauf an, daß diese Perspektive von unten nicht zur Parteinahme für die ewig Unzufriedenen wird, sondern daß wir aus einer höheren Zufriedenheit, die eigentlich jenseits von unten und oben begründet ist, dem Leben in allen seinen Dimensionen gerecht werden, und es so bejahen.

[1] Unfertiger Entwurf, von Bonhoeffer nicht in die Endform aufgenommen; siehe Vorwort S. 8.

I. ZEIT DER VERHÖRE
APRIL BIS JULI 1943

Vom Vater

Berlin-Charlottenburg 9,
Marienburger-Allee 43
11. April 43

Lieber Dietrich! Ich wollte Dir einen Gruß von uns schicken und Dir sagen, daß wir immer an Dich denken. Wir kennen Dich und sind darum zuversichtlich, daß sich alles und hoffentlich bald zum Guten wenden wird. Bei all der Unruhe, die wir jetzt haben, ist uns die Cantate über Lobe den Herrn, die Du für meinen 75sten Geburtstag[1] mit den Enkeln und Geschwistern einstudiert hast, eine schöne Erinnerung und die wollen wir festhalten. Hoffentlich können wir Dich bald sprechen. Herzliche Grüße von Mama, Renate und Bräutigam[2] u. Deinem alten Vater

Mit Erlaubnis haben wir ein Paket mit Brot und etwas andern Lebensmitteln, sowie eine Decke, und eine wollne Unterjacke etc. an Dich am Mittwoch d. 7. abgeschickt.

[1] 31. 3. 43. [2] Renate Schleicher, Enkelin von Karl Bonhoeffer, und Eberhard Bethge.

An die Eltern

[Tegel] 14. IV. 43

Liebe Eltern! Vor allem müßt Ihr wissen und auch wirklich glauben, daß es mir gut geht. Leider kann ich es Euch erst heute schreiben, aber es war wirklich die ganzen zehn Tage so[1]. Was man sich gewöhnlich bei einer Haft als besonders unangenehm vorstellt, also die verschiedenen Entbehrungen des äußeren Lebens, das spielt merkwürdigerweise tatsächlich fast gar keine Rolle. Man kann sich auch mit trocken Brot morgens satt essen – übrigens gibt es auch allerlei Gutes! – und die Pritsche macht mir schon garnichts aus und schlafen kann man von abends 8 Uhr bis morgens um 6 Uhr reichlich. Besonders überrascht hat es mich eigentlich, daß ich vom ersten Augenblick an so gut wie nie das Verlangen nach Zigaretten hatte; ich glaube eben doch, daß bei all diesen

Dingen das Psychische die entscheidende Rolle spielt; eine so starke innere Umstellung, wie sie eine so überraschende Verhaftung mit sich führt, die Nötigung sich innerlich zurecht- und abzufinden mit einer völlig neuen Situation, – das alles läßt das Körperliche völlig zurücktreten und unwesentlich werden; und das empfinde ich als eine wirkliche Bereicherung meiner Erfahrung. Alleinsein ist für mich ja nicht etwas so Ungewohntes wie für andere Menschen und ist sicher ein gutes seelisches Dampfbad. Quälend ist oder wäre nur der Gedanke, daß Ihr Euch um mich ängstigt und quält, daß Ihr nicht richtig schlaft oder eßt. Verzeiht, daß ich Euch Sorgen mache, aber ich glaube, daran bin diesmal weniger ich als ein widriges Schicksal schuld. Dagegen ist es gut, Paul Gerhardt-Lieder zu lesen und auswendig zu lernen, wie ich es jetzt tue. Übrigens habe ich meine Bibel und Lesestoff aus der hiesigen Bibliothek, auch Schreibpapier jetzt genug.

Nun könnt Ihr Euch denken, daß mir meine Braut[1] in dieser Zeit ganz besonders leid tut. Es ist viel für sie, nachdem sie Vater und Bruder erst kürzlich im Osten verloren hat. Als Offizierstochter wird sie vielleicht besonders schwer an einer Verhaftung tragen. Wenn ich ihr doch ein paar gute Worte sagen könnte. Nun werdet Ihr es tun, und vielleicht kommt sie mal zu Euch nach Berlin, es wäre schön.

Heute vor 14 Tagen war der 75. Geburtstag. Es war ein schöner Tag. Der Morgen- und Abendchoral mit den vielen Stimmen und Instrumenten klingt noch in mir nach: „Lobe den Herren den mächtigen König . . . in wieviel Not hat nicht der gnädige Gott über dir Flügel gebreitet." So ist es, und darauf wollen wir uns weiter getrost verlassen.

Nun kommt ja der Frühling mit Macht. Ihr werdet viel im Garten arbeiten; bei Renate gehen hoffentlich die Hochzeitsvorbereitungen gut voran. Hier im Gefängnishof singt morgens und auch jetzt abends eine Singdrossel ganz wunderbar. Man wird für Geringes dankbar, auch das ist wohl ein Gewinn. Lebt wohl!

Es denkt an Euch und alle Geschwister und Freunde in Dankbarkeit und Liebe

Euer Dietrich

Würdet Ihr bitte gelegentlich Hausschuhe, Schnürsenkel (schwarz, lang), Schuhcreme, Briefpapier und Umschläge, Tinte, Raucherkarte, Rasierseife sowie Nähzeug und einen Anzug zum Auswechseln hier für mich abgeben? Vielen Dank für alles!

[1] Der Zensor erlaubte mehrere Monate lang nur Briefe an die Eltern, und zwar im Abstand von zehn Tagen. [2] Maria v. Wedemeyer vom Gut Pätzig in der Neumark.

Vom Oberreichskriegsanwalt an den Vater

Der Oberreichskriegsanwalt
StPL. (RKA) III 114/43

Berlin-Charlottenburg 5,
den 20. 4. 1943
Witzlebenstraße 4–10
Fernruf: 30 06 81

An
Herrn Professor Dr. Bonhoeffer

In der Strafsache gegen Ihren Sohn Dietrich *Bonhoeffer* wird auf das Schreiben vom 17. 4. 43 mitgeteilt, daß der Antrag auf Sprecherlaubnis abgelehnt ist.

Stempel des Reichskriegsgerichts 18
F. d. R.
Unterschrift
Heeresjustizinspektor

Im Auftrage
gez. Dr. Roeder

Von Karl-Friedrich Bonhoeffer[1]

Leipzig, d. 23. 4. 43

Lieber Dietrich! An das Naheliegendste denkt man nicht immer zuerst. Erst jetzt habe ich in Berlin erfahren, daß man Dir schreiben darf, und Dir so wenigstens in Deine Abgeschlossenheit ein Zeichen geben darf, daß man an Dich denkt. Denn mehr kann es ja nicht sein, wo man doch viel mehr Fragen auf dem Herzen hat, als gerade das Bedürfnis, Dir alle möglichen Belanglosigkeiten zu erzählen. Wir hoffen

natürlich alle sehr, daß Du die Prüfungszeit nun bald hinter Dir hast und bald wieder herausgelassen wirst. Ich bin in den letzten zwei Wochen öfters in Berlin gewesen. Du brauchst Dich um die Eltern nicht zu sorgen; sie sind natürlich sehr erschüttert, aber voll Zuversicht und Vertrauen, daß die Sache bald in Ordnung kommt, und ein wesentlicher Teil unserer Unterhaltungen bezieht sich darauf, was Du machen sollst, wenn Du wieder draußen bist. Allerdings wirst Du ja darüber auch mitzureden haben ...
Ich brüte an einem Manuskript, das ich eigentlich in den Osterferien zur Veröffentlichung fertig machen wollte, aber die Gedanken verlieren sich oft und enden bei Euch. Behalte Deinen guten Mut. Alles Gute Stets Dein Karl-Friedrich

[1] Ältester Bruder, Prof. für physikalische Chemie, damals in Leipzig.

Von Hans v. Dohnanyi[1] Sacrow b. Potsdam[2]
Karfreitag [23. 4.] 1943

Mein lieber Dietrich, ich weiß nicht, ob es mir erlaubt sein wird, Dir diesen Gruß zu schicken, aber ich will es versuchen. Draußen läuten die Glocken zum Gottesdienst, Erinnerungen steigen auf an schöne, ernste Stunden in der Garnisonkirche, die wir gemeinsam verlebt haben, und an viele fröhliche, heitere, unbeschwerte Ostern mit Kindern, Eltern und Geschwistern. Dir wird es auch so gehen, und es gehört viel Kraft dazu dieser Erinnerungen Herr zu werden. Daß ich der Anlaß dazu bin, daß Dir, Christel, den Kindern, den Eltern dieses Leid widerfährt, daß meine geliebte Frau und Du der Freiheit beraubt seid – Du glaubst nicht, wie mich das bedrückt. Das socios *habuisse* malorum mag ein Trost sein, das *habere* eine unendlich schwere Last. Und die kleingläubige Frage des „warum" drängt sich immer wieder auf die Lippen. Wenn ich wüßte, daß Ihr alle, daß Du nicht mit Vorwürfen an mich denkst – ein Stein fiele von meiner Seele. Was gäbe ich darum, Euch wieder frei zu wissen; alles würde ich auf mich nehmen, wenn Euch diese Prüfung erspart bleiben könnte. Daß ich Dich sehen konnte, war schön[3].

Christel habe ich auch sprechen dürfen – aber was kann man schon sagen in Gegenwart anderer Menschen, wie maßlos schwer, unmöglich ist es seine Seele zu öffnen ... Du kennst mich gut, wir sind, glaube ich, mehr als „nur“ Schwäger, und Du weißt, was meine Frau mir ist. Ich *kann* einfach ohne sie nicht sein, die alles bisher mit mir geteilt hat. Daß ich gerade mit ihr jetzt nicht durchmachen darf, was uns auferlegt ist – wer kann ermessen, was das bedeutet? Der *Sache* dient es sicherlich nicht; ich bin wie vor den Kopf geschlagen.

Ich lese jetzt viel in der Bibel; es ist das einzige Buch, das meine Gedanken nicht immer wieder abschweifen läßt. Heute morgen Matthäus 26–28, Lukas 22–24, Psalm 68 und 70. Die merkwürdigen Abweichungen der beiden Evangelisten in der Passionsgeschichte sind mir noch nie so aufgefallen. Wie gern würde ich mit Dir darüber sprechen.

Von Ursel[4] höre ich, daß die Kinder in Friedrichsbrunn sind[5]. *Da* liegen unsere persönlichen Ideale für die Ferien. –

Ich bin Dir dankbar für alles, was Du meiner Frau, den Kindern und mir warst und bist, das sollst Du wissen. Und damit Gott befohlen! Dein Hans

[1] Reichsgerichtsrat, damals Sonderführer in der militär. Abwehr in Berlin, Mann der Schwester Christine; beide waren ebenfalls am 5. 4. 43 verhaftet worden, letztere für einige Wochen. Er wurde am 9. 4. 45 ermordet. [2] Geschrieben im WUG (Wehrmachtsuntersuchungsgefängnis) für Offiziere, Berlin-Moabit, Lehrter Str. 64. [3] Konfrontation beim Verhör mit ihm und seiner Frau Christine. [4] Ursula Schleicher, D. Bonhoeffers Schwester, die mit ihrer Familie im Nachbarhaus der elterlichen Wohnung, Marienburger Allee 42, wohnte. [5] Sommerhaus der Eltern Bonhoeffer in Friedrichsbrunn im Ostharz.

An die Eltern

[Tegel] Ostersonntag, 25. IV. 43

Liebe Eltern! Heute ist endlich der 10. Tag wieder da, an dem ich Euch immer schreiben darf, und wie gern würde ich Euch wissen lassen, daß ich auch hier ein frohes Ostern feiere. Es ist das Befreiende von Karfreitag und Ostern, daß die Gedanken weit über das persönliche Geschick hinausgerissen werden zum letzten Sinn alles Lebens, Leidens und Geschehens überhaupt und daß man eine große Hoffnung faßt. Seit gestern ist es wunderbar still im Haus geworden. „Frohe Ostern" hörte man viele einander zurufen und neidlos gönnt man jedem, der hier schweren Dienst versieht, die Erfüllung dieses Wunsches. Im Stillen höre ich auch nun Eure Ostergrüße, wenn Ihr heute mit den Geschwistern zusammen seid und an mich denkt.

Am Karfreitag war Marias Geburtstag. Wenn ich nicht wüßte, mit wie festem Herzen sie im vorigen Jahr den Tod ihres Vaters, ihres Bruders und zweier besonders geliebter Vettern getragen hat, dann wäre mir wirklich bange um sie. Nun wird Ostern sie trösten, ihre große Familie wird ihr sehr beistehen und ihre Arbeit im Roten Kreuz beansprucht sie ganz. Grüßt sie sehr, sagt ihr, daß ich mich sehr nach ihr sehne, daß sie aber nicht traurig, sondern tapfer sein soll wie bisher. Sie ist eben noch so sehr jung, da ist das schwer.

Nun muß ich Euch aber erst einmal sehr danken für alles, was Ihr mir gebracht habt und für Papa's und Ursel's Grüße. Das könnt Ihr Euch nicht vorstellen, was es bedeutet, wenn einem plötzlich gesagt wird: „Ihre Mutter, Ihre Schwester, Ihr Bruder waren eben da und haben etwas für Sie abgegeben." Einfach die Tatsache der Nähe, das handgreifliche Zeichen dafür, daß Ihr immer an mich und für mich denkt – was ich ja eigentlich sowieso weiß – das ist etwas so Beglückendes, daß es durch den ganzen Tag hindurchträgt. Habt vielen, vielen Dank für alles!

Es geht mir weiter gut, ich bin gesund, darf täglich 1/2 Stunde ins Freie, und nachdem ich nun auch wieder rauchen kann, vergesse ich manchmal sogar für kurze Zeit, wo ich eigentlich bin! Ich werde gut behandelt, lese viel, außer Zeitung und Roman vor allem die Bibel. Zum richtigen Arbeiten ist die Konzentration noch nicht da, aber ich habe mich in dieser Karwoche doch endlich mit einem, wie Ihr wißt, mich längst sehr beschäftigenden Stück der Passionsgeschichte, dem hohenpriesterlichen Gebet, gründlich befassen können und sogar ein paar Kapitel paulinischer Ethik für mich auslegen können; das war mir sehr wichtig. Also, ich muß wirklich noch immer sehr dankbar sein. Wie mag es Euch nur gehen? Freut

Ihr Euch noch an den vielen herrlichen Geburtstagsblumen? Was machen Eure Reisepläne? Ich fürchte fast, Ihr werdet nun garnicht in den Schwarzwald fahren, was doch so gut und nötig gewesen wäre! Und zu allem kommen ja nun noch Renate's Hochzeitsvorbereitungen. Ich möchte dazu als meinen ausdrücklichen Wunsch sagen, daß Ursel den Termin um keinen Tag hinausschiebt, sondern Renate so bald, so fröhlich und so unbeschwert wie möglich heiraten läßt; alles andere wäre mir nur schmerzlich. Renate weiß ja, mit wieviel guten Wünschen ich an sie denke und wie ich mich mit ihr freue. Wir haben es in den letzten Jahren doch wirklich gelernt, wieviel Freude und Kummer zugleich im menschlichen Herzen Platz haben können und müssen. Also je bälder, je besser! Grüßt sie bitte sehr!
Übrigens wüßte ich gern, wie es Maria's Großmutter[1] geht. Bitte verheimlicht es mir nicht, wenn sie gestorben ist. Maria und ich haben beide sehr an ihr gehangen.
Nun ein paar Bitten: ich hätte gern die braunen oder lieber die schwarzen hohen Schuhe mit Schnürsenkeln. Meine Absätze gehen hier ab. Mein Anzug ist sehr reinigungsbedürftig; ich möchte ihn Euch gern mitgeben und den anderen braunen dafür haben; außerdem Haarbürste, viele Streichhölzer, Pfeife, mit Tabak, Beutel und Reiniger, und Zigaretten. Von Büchern: Schilling: Moral Bd. II und einen Band A. Stifter. Verzeiht die Mühe! Vielen Dank!
Merkwürdigerweise gehen die Tage hier schnell vorüber. Daß ich 3 Wochen hier bin, scheint mir unglaublich. Ich gehe gern um 8 Uhr schlafen – Abendbrot gibt es um 4 Uhr! – und freue mich auf meine Träume. Ich habe früher garnicht gewußt, was für eine glückliche Gabe das ist: ich träume täglich und eigentlich immer schön. Bis zum Einschlafen sage ich mir die über Tag gelernten Verse auf, am Morgen um 6 Uhr freue ich mich dann, Psalmen und Lieder zu lesen und an Euch alle zu denken und zu wissen, daß Ihr auch an mich denkt. –
Inzwischen ist der Tag vorübergegangen, und ich hoffe nur, es sieht in Euch ebenso friedlich aus wie in mir; ich habe vieles Gute gelesen und Schöne gedacht und gehofft. Es wäre doch eine große Beruhigung für mich, wenn Maria einmal

einen Tag in aller Ruhe bei Euch wäre. Laßt sie und auch Renate[2] diesen Brief doch lesen! Vor mir liegen immer die kurzen Zeilen von Papa und Ursel, und ich lese sie immer wieder.
Und nun lebt wohl, verzeiht alle Sorge, die ich Euch mache! Grüßt alle Geschwister und ihre Kinder. In großer Liebe und Dankbarkeit grüßt Euch von Herzen Euer Dietrich

[1] Ruth v. Kleist-Retzow in Klein-Krössin, s. DB, 502 f. [2] Diese Nennung meint E. Bethge, den direkt zu erwähnen Bonhoeffer während des ersten Halbjahrs in Tegel vermied, um nicht unnötig auf diese Beziehung und Bethges UK-Stellung, gleichfalls für die Abwehr, aufmerksam zu machen.

Von der Mutter Charlottenburg
Mittwoch nach Ostern [28. 4.] 43
Walters 25jähriger Todestag[1]

Mein lieber Dietrich! .. Gestern war ich selber bei Dir draußen mit Susi[2] und habe Dir die Sachen gebracht. Hoffentlich habe ich Deine Wünsche etwas getroffen. Du mußt schon sehen, daß Du Dich auch bei Kräften hältst. Wir haben ja erst einen Brief von Dir und warten sehnlich auf den nächsten. Es kam eben alles doch zu plötzlich. Wer hätte es für möglich gehalten, daß Dir so etwas passiert! Wir bemühen uns ja mit unsern alten Begriffen von Schande einer Festnahme fertig zu werden, sie erschweren das Leben unnötig, denn man muß einsehen, daß in der Schwere unserer Zeit viel Mißtrauen die Beurteilung eines Menschen beeinflußt, und wie schwer mag es sein sich davon frei zu halten. Wir sind aber überzeugt, daß Du, wenn Du die Vorwürfe, die Dir gemacht werden, hörst, in der Lage bist, Dich zu entlasten.
Heute ist Ursula in Renates Wohnung und richtet sie ein. Sie ist etwas traurig, daß alles nicht so schön sein kann, wie sie ihr es machen möchte. Ich will Ende der Woche auch einmal hin, zu sehen wie und ob ich da noch etwas aus meinen alten Beständen helfen kann. Sei Gott auch ferner befohlen in dieser harten Zeit. Papa grüßt herzlich mit mir.

Deine Mutter

Die schönen herrlichen Blumen von Papas 75stem Geburtstag sind nun auch dahin. So hat alles seine Zeit und sein Ende ...

[1] Bruder, 1918 in Frankreich gefallen. [2] Jüngste Schwester, Frau des Dahlemer Pfarrers Prof. Lic. Walter Dress.

Von Rüdiger Schleicher[1]

Charlottenburg, 29. 4. 1943

Lieber Dietrich! Das Osterfest ist vorbei und der Alltag hat wieder sein Recht; Du hast uns in diesen Tagen sehr gefehlt. Wir haben hauptsächlich im Garten gearbeitet und die Musik trat in den Hintergrund. Doch hat sie nicht ganz gefehlt: ich habe am Sonntag Abend Quartett gespielt; das war aber fast alles, und vor allem der sonntägliche Morgenanfang kam etwas zu kurz, schon weil die Kinder nicht hier sind.
Aber Du sollst vor allem wissen, daß unsere Gedanken bei Dir sind. Wenn ich auch weiß, daß Du selber Kraft genug hast, um allen Schwierigkeiten und Fährnissen des Lebens gewachsen zu sein, so will ich Dir das doch auch einmal zum Ausdruck bringen. Hoffen und wünschen möchte ich, daß Du bald das immer schönere Frühjahr wieder in Freiheit genießen kannst.
Uns allen geht es gut. Hans Walter[2] schreibt ganz befriedigt aus seiner Bordfunkerschule in Nachod. Ursel rüstet mit Macht auf Renates Hochzeit, die am 15. Mai stattfinden soll – wie Du ja schon weißt. Hans Walter wird dazu Urlaub kriegen. Die 3 Mädels sind noch in Friedrichsbrunn mit Bärbel, Klaus und Christoph[3]. Wir erwarten sie jetzt zum Wochenende; ihre Schilderungen waren sehr begeistert von dort oben.
Nun grüßen wir Dich alle von Herzen. Bleibe gesund und guter Dinge. Stets Dein getreuer Rüdiger

[1] Bonhoeffers Schwager, Ministerialrat und Prof. für Luftrecht in Berlin, verhaftet am 4. 10. 44, ermordet am 23. 4. 45. [2] Sohn des Ehepaars Schleicher. [3] Renate, Dorothee und Christine Schleicher, Barbara, Klaus und Christoph v. Dohnanyi.

Liebe Eltern! Vielen Dank für Mama's, K. Friedrich's und Rüdiger's Briefe! Ich bin so froh, daß Ihr ruhig und zuversichtlich seid, auch daß K. Friedrich öfter bei Euch sein kann. Daß es für mich persönlich gut ist, das durchzumachen, ist mir gewiß, auch glaube ich, daß keinem Menschen mehr auferlegt wird als er Kraft empfangen kann zu tragen. Daß Ihr daran mittragen müßt, ist mir das Schwerste, aber so wie Ihr es tut, ist es doch auch wieder unendlich beglückend und stärkend für mich. Daß Maria Euch so tapfer und voll Vertrauen geschrieben hat, beglückt mich sehr. Wie lebt man doch ganz vom Vertrauen und ohne Vertrauen wird das Leben arm. Ich lerne nun täglich, wie gut ich es bei Euch immer gehabt habe, und muß im übrigen einmal selbst exerzieren, was ich in Predigten und Büchern andern gesagt habe.
Jetzt nach 4 Wochen Haft kommt zu der raschen, bewußten, inneren Aussöhnung mit dem Geschickten allmählich eine gewisse unbewußte, natürliche Gewöhnung hinzu. Das ist eine Erleichterung, hat aber auch seine Probleme; denn gewöhnen will und soll man sich wohl an diesen Zustand nicht; das wird Euch ebenso gehen.
Ihr wollt mehr über mein hiesiges Leben wissen: sich eine Zelle vorzustellen, dazu gehört ja nicht viel Phantasie; je weniger, desto richtiger; aber an Ostern brachte die DAZ[2] eine Reproduktion aus Dürer's Apokalypse; die habe ich mir aufgehängt und Maria's Primeln sind zum Teil auch noch da! Von den 14 Stunden des Tages gehe ich etwa drei in der Zelle spazieren, viele Kilometer, außerdem 1/2 Stunde im Hof. Ich lese, lerne, arbeite. Besondere Freude habe ich wieder an Jer. Gotthelf in seiner klaren, gesunden, stillen Art. Es geht mir gut und ich bin gesund.
Nun rückt die Hochzeit bei Schleicher's ja schon ganz nahe. Ich werde vorher nicht mehr schreiben können. Dieser Tage las ich bei Jean Paul, daß die „einzigen feuerbeständigen Freuden die häuslichen Freuden" seien. Wenn die beiden das verstehen – und ich glaube, sie verstehen es schon gut – dann kann ich mir von dieser Ehe nur ein großes Glück versprechen, und ich freue mich schon darauf, einmal an ihren häus-

lichen Freuden teilzunehmen. Dazu sollten sie recht bald zusammen „Geld und Geist“ von Jer. Gotthelf lesen, das ist besser als jede Tischrede, die ich ihnen halten könnte. Schenken möchte ich ihnen das Spinett, das ihnen zur Hälfte ja schon gehört, außerdem, was ich Ursel schon sagte, meinen Beitrag, wie sie ihn brauchen, zum Flügel, den sie hoffentlich bald bekommen. Ich wünsche ihnen von Herzen einen sehr frohen Tag und werde mit vielen frohen Gedanken und Wünschen bei ihnen sein, und ich möchte es so gern, daß auch sie *nur* mit frohen Gedanken, Erinnerungen und Hoffnungen an mich denken. Gerade wenn man persönlich etwas Schweres erlebt, möchte man, daß die echten Freuden des Lebens – und dazu gehört eine Hochzeit doch wahrhaftig – daneben ihr Recht behalten. Daß ich dabei ganz im Stillen darauf hoffe, daß wir alle zusammen auch einmal meinen und Maria's Freudentag feiern werden – wann? – kommt mir zwar im Augenblick phantastisch vor, aber die Hoffnung ist schön und groß. Für Ursel ist das alles ja etwas viel, wie gern würde man ihr räumen und überlegen helfen. Nun hat sie auch unsretwegen noch so viel Mühe. Grüßt das ganze Haus sehr, besonders das Brautpaar und den Eltern gratuliere ich zum 20. Hochzeitstag[3]. Sie sollen ein paar Photo's machen!
Und nun wieder der Dank für alles Gebrachte, für alle Mühe, Überlegung und Liebe – der Mittwoch ist so immer ein besonders ersehnter und schöner Tag! – und einige Bitten: je 1 Kleiderbügel, Spiegel, Handtuch, Waschlappen, und wenn es so kalt bleibt (es scheint heute wärmer zu werden), 1 warmes Hemd und Strümpfe; ferner: Holl, Kirchengeschichte, Bd. „der Westen“ und Rauchbares, was eben geht und Streichhölzer. Daß Du meinen Anzug und Jacke nicht findest, verstehe ich auch nicht.
Von der Verlobung wissen nun wohl alle? Aber es bleibt doch in der Familie? da allerdings nach meiner Zählung „die engste Familie“ auf beiden Seiten zusammen über 80 Menschen sind, wird es wohl nicht lange verborgen bleiben. Ich hätte nur den Wunsch von Maria's Mutter gern eingehalten. Dankt Maria doch besonders für ihre Grüße! Wie schön, daß es der Großmutter besser geht, sie hat auch eine große Last

zu tragen mit ihren fünf gefallenen und noch sieben draußenstehenden Enkeln und Söhnen. Grüßt sie sehr, ich bin ihres Gedenkens gewiß! Tante Elisabeth[4] habe ich leider nicht mehr für die Bachkantaten danken können. Grüßt sie auch sehr!

Ich denke jetzt oft an das schöne Hugo Wolf-Lied, das wir in letzter Zeit mehrfach gesungen haben: „Über Nacht, über Nacht kommt Freud und Leid, und eh' du's gedacht, verlassen dich beid', und gehen dem Herren zu sagen, wie du sie getragen." An diesem „Wie" liegt ja alles, es ist wichtiger als alles äußere Ergehen. Es bringt die manchmal quälenden Gedanken über die Zukunft ganz zur Ruhe. Nun also nocheinmal vielen Dank für alles, was Ihr täglich für mich denkt, tut und tragt, grüßt Geschwister und Freunde, und Renate soll wirklich eine ungetrübte fröhliche Hochzeit feiern und es mir ruhig zutrauen, daß ich mich auch hier wirklich mit ihr freuen kann! Am 15. darf ich gerade den nächsten Brief abschicken, ich werde ihn also am Tag vor der Hochzeit schreiben.

Übrigens, wenn ich Mittwochs hier im Haus bin, gebe ich Euch die alte Wäsche immer gleich wieder mit zurück, andernfalls muß sie eine Woche hier liegen. Ich muß beim Auspacken Eures Pakets immer selbst dabei sein.

Mit dem Wunsch, daß Euch und uns allen alle Sorge bald abgenommen werden möchte, grüßt Euch von ganzem Herzen

Euer dankbarer Dietrich

Eben höre ich, daß eine der Schwestern mit dem Paket hier war, habt wieder vielen Dank! Aus dem Inhalt des Pakets sehe ich, daß mein Brief vom 25. noch nicht bei Euch ist; das tut mir sehr leid für Euch! Aber es dauert wohl oft recht lange! Schreibt nur recht oft! Die Zigarren scheinen mir aus Stettin[5] zu kommen! Vielen Dank!

[1] Verschrieben, muß heißen 4. 5. 43. [2] Ehemals Stresemann nahestehende bürgerlich-nationale Tageszeitung, die inhaltlich noch nicht in allen Teilen gleichgeschaltet war (ähnlich der F. Z.). [3] Die Hochzeit fand am 20. Hochzeitstag der Eltern Schleicher statt. [4] E. von Hase in Breslau, Schwester der Mutter. [5] Vom Ehepaar Fritz und Margret Onnasch, Pfarrer im pommerschen Bruderrat, ehemals Studieninspektor in Finkenwalde und Köslin.

An Hans v. Dohnanyi [Tegel] 5.4.43[1]

Mein lieber Hans! Dein Brief hat mich so überrascht, gefreut und bewegt, daß ich jedenfalls den Versuch nicht unterlassen kann, Dir zu antworten. Ob der Brief Dich erreicht, liegt nicht in meiner Hand; aber ich hoffe es inständig. Denn Du mußt wissen, daß auch nicht ein Atom von Vorwurf oder Bitterkeit in mir ist über das, was Dir und mir zugestoßen ist. Solche Dinge kommen von Gott und ihm allein, und ich weiß mich darin mit Dir und mit Christel eins, daß es vor Ihm nur Unterwerfung, Ausharren, Geduld – und Dankbarheit gibt. Damit verstummt jede Frage nach dem ‚Warum', weil sie ihre Antwort gefunden hat. Wir haben bis in die letzte Zeit, bis zu Papa's 75. Geburtstag, soviel Gutes miteinander erleben dürfen, daß es fast vermessen wäre, wollten wir nicht auch etwas Schweres ruhig, tapfer – und wirklich auch dankbar hinnehmen. Ich weiß, für Dich ist das wegen Christel und der Kinder schwerer; aber ich kenne Christel gut genug, als daß mir auch nur einen Augenblick für ihre innere Haltung bange wäre, und ihr einziger Wunsch wird sein, daß Du Dich nicht um sie bangst. Ich will Dich nun auch wissen lassen – nicht um Dich zu beschweren, sondern allein um Dich zu erfreuen und an meiner Freude teilnehmen zu lassen – daß ich seit Januar mit Maria von Wedemeyer verlobt bin. Wegen des Todes von Vater und Bruder sollte bis zum Sommer nicht davon gesprochen werden, und ich durfte nur den Eltern davon sagen. Es ist für Maria nun eine schwere Probe, aber Mama schreibt, daß Maria tapfer, fröhlich und zuversichtlich ist, und so ist mir das eine ganz große Stärkung, und ich bin überzeugt, daß dieses Erlebnis für uns beide gut ist, auch wenn es heute noch so unbegreiflich ist. Also freue Dich mit mir! –
Ich lese, lerne, arbeite viel und planmäßig, und habe morgens und abends Ruhe, um an all die vielen Menschen zu denken, zu Haus und im Feld, die man eigentlich täglich Gott befehlen möchte und sollte. Und daß zu denen jetzt Du und Christel besonders gehören, brauche ich wohl nicht erst zu sagen. Nein, Du darfst und Du brauchst Dir um uns jetzt gar keine Sorgen zu machen; diese Sorge hat Dir

jetzt ein Anderer abgenommen. Das, was wir nicht können, müssen wir jetzt einfach aus der Hand geben und uns auf das beschränken, was wir können und sollen, nämlich mitten im Leid im Vertrauen auf Gott männlich und stark sein. Du kennst doch wohl auch das Lied von Hugo Wolf: ‚über Nacht, über Nacht kommt Freud und Leid, und eh' du's gedacht, verlassen dich beid, und gehen dem Herren zu sagen, wie Du sie getragen'. –
Bleib gesund und guten Mutes! Ich denke dankbar an die vielen schönen Stunden bei Euch im Haus, an Musik, Spaziergänge, Gartenfreuden, Spiele und Gespräche. Die Kinder sind bei den Großeltern gut aufgehoben und sind groß genug um zu wissen, was für eine Haltung sie sich und Euch schuldig sind.
Gott behüte Dich! In Treue und täglichem Gedenken
grüßt Dich Dein Dietrich

[1] Verschrieben, muß heißen 5. 5. 43.

NOTIZEN

I[1]

Trennung von Menschen 8. 5. 43
von d. Arbeit
von d. Vergangenheit
v. d. Zukunft.
von der Ehe
von Gott

Verschiedene seel. Strukturen im Verhältnis zur Vergangenheit ... *Vergessen,* ... Cäsuren. Erlebnisse
Erfüllt, unerfüllt je nach *Geschichte*

die Selbsttäuschung, Idealisierung über das Vergangene und über das Gegenwärtige Nüchternheit statt Illusion.
Das Verwinden von Erinnerungen!
selfpity

Zeitvertreiben – totschlagen
für den, der überwunden hat, Humor.

Rauchen in der Leere der Zeit
Gedächtnis für das Mögliche, obwohl unkorrekt.

–

Die Bedeutung der Illusion

–

Erlebnis der Vergangenheit – Erhaltung, Dank, Reue
Zeitgefühl nicht nur die *Ergebnisse*
gegenwärtig
also doch vergangen?
Novalis *Besitz* Gen 3 Pred. 3
Apok 10 Mt 6.
Monatsspruch u. Ps 31, 16

In Erwartungen (Jugend) langsam – bergauf, fällt aber schnell ab

alte Frau läßt Zeit ruhig dahingleiten, ähnlich in großer Gefahr ... Gelassenheit

Was ist Freiheit?
formal Liebe
Von der Freiheit im Gefängnis

das Warten – aber z. B. auf d. *Tod* ganz gelassen.
*Tages*zeit – Bauer, aber nicht „die" Zeit
Zeiterlebnis als Erlebnis der *Trennung* – Brautleute von Gott
Vergangenheit Warum in 100 Jahren alles vorbei u. nicht: bis vor kurzem war alles gut? Kein *Besitz* der die Zeit überdauert, keine *Aufgabe*

–

Flucht vor dem Zeiterlebnis im Traum, Erschrecken beim Erwachen.
dabei im Traum Vergangenes = Zukünftiges, zeitlos
Zahn der Zeit – das Nagende der Zeit
heilende Zeit – Vernarbung [unleserlich]

Leere der Zeit trotz aller Ausfüllung. „Erfüllte" Zeit sehr verschieden

Liebe

II[2]

[Mai 1943]

Monatsspruch[3] – Zeit als Hilfe – als Qual, als Feind.
Langeweile als Ausdruck der Verzweiflung.

Ps 31, 16[4]
Zeit

Wohltat der Zeit: Vergessen, Vernarben
Gegensatz: die Unwiderruflichkeit
Trennung – vom Vergangenen u. Zukünftigen
„der ist nicht stark, der in Not nicht fest ist".

Warten
Langeweile
Glück — Spr. 31 „lacht d. kommenden Tages"[5]
Arbeit — Mt. 6 sorget nicht . . .
Was das Gegenwärtige noch bestimmt, ist der Erinnerung nahe, ist kurz für . . . während ein ebenso entfernt liegendes Ereignis unendlich fern sein kann

Kontinuität mit der Vergangenheit u. Zukunft unterbrochen

–

Unzufriedenheit –
Gespanntheit
Ungeduld
Sehnsucht
Langeweile
krank – tief einsam
Gleichgültigkeit
Beschäftigungsdrang, Abwechslung, Neuigkeit
Stumpfheit, Müdigkeit, schlafen – dagegen [unleserlich]
Ordnung

das Phantasieren, Verzerrung d. Vergg. u. Zuk.
Selbstmord, nicht aus Schuldbewußtsein, sondern weil ich im Grunde schon tot bin, Schlußstrich,

Fazit.

Ist das Gedächtnis besser für erfreuliche Eindrücke? Woran liegt das? Ein vergangener Schmerz steht unter dem Zeichen seiner *Überwindung*, nur unüberwundene Schmerzen (unvergebene Schuld) sind für das Gedächtnis immer frisch und quälend.

Überwindung im *Gebet*

[1] Auf einem Zettel von einem Meldeblock der Tegeler Wachstube mit handschriftlicher Aufstellung des Vaters über Utensilien und Lebensmittel, die er für den Sohn abgegeben hatte; s. DB, 933. [2] Undatierter Zettel. [3] Mai 1943: „Seid allezeit bereit zur Verantwortung jedermann, der Grund fordert der Hoffnung, die in euch ist" (1. Petr. 3,15 b). [4] „Meine Zeit steht in deinen Händen." [5] Spr. 31,25.

Vom Vater an den Oberreichskriegsanwalt

[Charlottenburg] 9. Mai 43

An den Herrn Oberreichskriegsanwalt
In der Ermittlungssache gegen meinen Sohn Dietrich Bonhoeffer habe ich am 17. 4. 43 um Sprecherlaubnis gebeten. Meine Bitte ist am 20. 4. vom Herrn Oberreichskriegsanwalt abgelehnt worden (StPL RKA III 114/43). Ich wiederhole diese Bitte für meine Frau und mich, nachdem mein Sohn nun 5 Wochen in Untersuchung ist. Ich weise darauf hin, daß ich seit mehr als 30 Jahren Mitglied des Senates des Heeressanitätswesens bin und wie ich glaube das Vertrauen beanspruchen kann, daß ich bei einem Besuch bei meinem Sohn mich im Rahmen der bestehenden Vorschriften halten werde. Dasselbe kann ich von meiner Frau sagen. Karl Bonhoeffer

Vom Oberreichskriegsanwalt an den Vater

Der Oberreichskriegsanwalt
StPL (RKA) III 114/43

Berlin-Charlottenburg 5,
Witzlebenstraße 4–10
den 10. Mai 1943
Fernruf: 30 06 81

An Herrn
Prof. Dr. Bonhoeffer

Ihnen und Ihrer Gattin kann z. Zt. eine Sprecherlaubnis noch nicht erteilt werden, da die Ermittlungen dies nicht zweckdienlich erscheinen lassen.

Ausgefertigt:
Unterschrift
Heeresjustizinspektor

Im Auftrage
gez. Dr. Roeder

Von der Mutter

Charlottenburg, 9. Mai 43

Mein lieber Dietrich! ... Am Sonnabend ist nun die Hochzeit, die wir nach Deinem so ausdrücklichen Wunsch fröhlich feiern wollen. Du hast recht, wenn ein Herz recht bestellt ist, müssen Kummer und Freude darin Platz haben. Am Vorabend wird Bärbel den Rosenkranz und Christinchen als Märkerin Salz und Brot bringen und die ganze Jugend wird ihnen das alte schöne Simon Dach'sche Volkslied „Aennchen von Tharau" singen. Den Myrthenkranz wird Dorothee bringen. Außerdem wird wohl noch etwas Kammermusik gemacht werden. – Wir kommen aber erst nach dem Abendessen zusammen. Die Hochzeit, ich meine die Trauung ist um $^1/_2$ 3; anschließend ein einfaches Essen bei Schleichers. Ursel hat dazu das Zimmer von Christine ausgeräumt mit einigen Bildern aus Deinem Zimmer verschönt und schon die Tische gerichtet. Es ist schon erstaunlich, wieviel nebeneinander in ihrem Herzen und Sinn Platz haben ...

Sei Gott befohlen

Deine Mutter

Von Karl-Friedrich Bonhoeffer [Leipzig] 15. 5. 43

Lieber Dietrich! Deine Briefe aus dem Gefängnis sind uns immer eine große Freude. Wir warten sehnsüchtig, bis die 10 Tage um sind, daß Du wieder schreiben darfst, oder besser gesagt, wir hoffen im Stillen, daß der nächste Brief durch Dein eigenes Wiedererscheinen überholt wird. Denn allmählich wird es doch Zeit, daß man Dich hinausläßt.

Aus Deinen Briefen habe ich nun auch erfahren, daß Du heimlich verlobt bist, Du kannst Dir nicht denken, wie mich das gefreut hat. An sich tut mir ja im Grunde schon jeder unverheiratete Mann leid, so lächerlich dies Geständnis klingen mag. Aber bei Dir lag die Sache für meine Augen doch noch besonders. Du gehörst nicht zu denen, die von der Natur zum Junggesellen bestimmt sind, und gerade bei den Schwierigkeiten, die heute Dein Beruf mit sich bringt, brauchst Du eine gute, kluge und tüchtige Frau. Ursel hat mir nun von Deiner jungen Braut inzwischen viel Nettes erzählt und die Eltern, die wohl schon davon wußten, freuen sich auch sehr über sie. So hoffe ich, daß auch ich bald mal Gelegenheit haben werde, sie kennen zu lernen. Im Gedanken an Deine Braut muß Dir allerdings Deine jetzige Lage besonders zuwider sein, und ich bewundere wirklich den Gleichmut, mit dem Du sie ohne irgendwelche Vorwürfe als Mißgeschick hinnimmst.

Heute ist nun bei Schleichers Hochzeit, auf Deinen Wunsch hin ist es doch ein richtiges Fest geworden. Hans-Walter, den wir hier neulich braungebrannt und in gutem Ernährungszustand auf der Durchreise ein paar Stunden im Hause gehabt haben, und der von den Jungens in seiner Fliegeruniform gebührend bewundert wurde, kommt auf Urlaub, was mich für Ursel sehr freut. Bei uns ist alles gesund. Laß Dir's so gut als möglich gehen und sieh zu, daß Du bald herauskommst, damit Du nicht um das ganze schöne Frühjahr betrogen wirst.

Mit vielen Grüßen von uns allen Dein Karl-Friedrich

Liebe Eltern! Wenn Ihr diesen Brief bekommt, sind die bewegten Tage der Hochzeitsvorbereitungen u. -feier längst verklungen und auch mein bißchen Sehnsucht dabeizusein... Dankbar denke ich heute an viele schöne vergangene Jahre und Stunden und freue mich mit ihnen allen. Ich bin nun begierig den Trautext zu hören; der schönste, den ich kenne, steht Röm. 15, 7[1]; ich habe ihn oft genommen. Was für ein herrliches Sommerwetter haben sie! Da werden sie als Morgenchoral wohl „die güldne Sonne" von P. Gerhardt singen!
Nach längerer Pause erhielt ich Euren Brief vom 9. sehr rasch am 11. 5. Habt vielen Dank! Für wen das Elternhaus so sehr ein Teil des eigenen Selbst geworden ist wie für mich, der empfindet jeden Gruß mit ganz besonderer Dankbarkeit. Ja, wenn wir uns doch wenigstens mal kurz sehen oder sprechen könnten! Das wäre eine große innere Entspannung.
Man macht sich draußen natürlich doch schwer eine richtige Vorstellung vom Gefangensein. Die Situation als solche, d. h. der einzelne Augenblick ist ja vielfach garnicht so anders als anderswo, ich lese, denke nach, arbeite, schreibe, gehe auf u. ab, – u. auch das wirklich ohne mich wie der Eisbär an den Wänden wund zu reiben, – u. es kommt nur darauf an, sich an das zu halten, was man noch hat und kann, u. das ist immer noch sehr viel – und das Aufsteigen der Gedanken an das, was man nicht kann, u. d. h. den Groll über die ganze Lage u. die Unruhe in sich niederzuhalten. Allerdings ist mir nie so deutlich geworden wie hier, was die Bibel und Luther unter „Anfechtung" verstehen. Ganz ohne jeden erkennbaren physischen und psychischen Grund rüttelt es plötzlich an dem Frieden u. der Gelassenheit, die einen trug, u. das Herz wird, wie es bei Jeremia sehr bezeichnend heißt, das trotzige und verzagte Ding, das man nicht ergründen kann; man empfindet das wirklich als einen Einbruch von außen, als böse Mächte, die einem das Entscheidende rauben wollen. Aber auch diese Erfahrungen sind wohl gut und nötig, man lernt das menschliche Leben besser verstehen.
Ich versuche mich jetzt an einer kleinen Studie über das „Zeitgefühl", ein Erlebnis, das wohl für die Untersuchungshaft

besonders charakteristisch ist. Einer meiner Zellenvorgänger hat über die Zellentür gekritzelt: „in hundert Jahren ist alles vorbei", das war sein Versuch, mit diesem Erlebnis der leeren Zeit fertig zu werden, aber dazu ist eben allerlei zu sagen u. ich würde mich gern mit Papa darüber unterhalten. „Meine Zeit steht in Deinen Händen", Psalm 31, ist die biblische Antwort auf diese Frage. Aber auch in der Bibel gibt es eben die Frage, die hier alles zu beherrschen droht: „Herr wie lange?" Psalm 13.
Es geht mir weiter gut u. ich muß für die vergangenen 6 Wochen dankbar sein. Daß Maria's Mutter bei Euch war, freut mich ganz besonders. Weiß man schon irgendetwas über Konstantin[2] aus Tunis? Das geht mir in Gedanken an Maria u. die ganze Familie sehr durch den Kopf. Wenn es doch nicht allzulange dauerte, bis ich Maria wiedersehen u. wir Hochzeit halten könnten! Sie braucht nun wirklich bald einmal ein Zur Ruhe kommen, u. man hat eben doch auch noch allerlei irdische Wünsche!
Nun ist eben auch wieder das Wäschepaket gebracht worden, Ihr glaubt nicht, wie einen schon diese indirekte Verbindung freut und stärkt. Habt vielen Dank u. sagt ihn bitte auch Susi für alle Hilfe, die sie Euch jetzt leistet, ganz besonders! Auch daß Ihr die Asthmabonbons wieder gekriegt habt, freut mich sehr, sie sind mir sehr angenehm. Einen Spiegel habe ich mir hier schon verschafft. Dankbar wäre ich für etwas Tinte, Fleckenwasser, Laxin, zwei kurze Unterhosen, ein Netzhemd u. die reparierten Schuhe, Kragenknöpfe. Wenn sich die Sonne in die dicken Mauern erstmal eingebrannt hat, wird es sicher sehr heiß, bisher ist es noch sehr schön. Hoffentlich gibt Papa nicht zu meinen Gunsten das Rauchen jetzt ganz auf! Vielen Dank übrigens für den Jeremias Gotthelf, in 14 Tagen hätte ich gern „Uli der Knecht" von ihm, Renate hat es; Ihr müßt übrigens wirklich den „Berner Geist" von ihm lesen, u. wenn nicht ganz, so doch damit anfangen; es ist etwas Besonderes und interessiert Euch sicher! Ich kann mich erinnern, daß der alte Schoene[3] immer Gotthelf besonders gerühmt hat, u. ich hätte Lust, dem Diederich-Verlag ein Gotthelf-Brevier vorzuschlagen. Auch für Stifter ist der Hintergrund vor allem das Christliche – seine Wald-

schilderungen machen mich übrigens oft ganz sehnsüchtig nach den stillen Friedrichsbrunner Waldwiesen – aber er ist nicht so kräftig wie Gotthelf, dabei doch von einer wunderbaren Einfachheit und Klarheit, so daß ich große Freude an ihm habe. Ja, wenn man erst wieder über all das miteinander reden könnte! Bei allen Sympathien für die vita comtemplativa bin ich doch kein geborener Trappist. Immerhin mag eine Zeit erzwungenen Schweigens auch gut sein, u. die Katholiken sagen ja, daß von den rein meditativen Orden die wirksamsten Schriftauslegungen kommen. Ich lese übrigens die Bibel einfach von vorne durch u. komme jetzt zu Hiob, den ich besonders liebe. Den Psalter lese ich wie seit Jahren täglich, es gibt kein Buch, das ich so kenne u. liebe wie dieses; die Psalmen 3, 47, 70 u. a. kann ich nicht mehr lesen, ohne sie in der Musik von Heinrich Schütz zu hören, deren Kenntnis, die ich Renate[4] verdanke, überhaupt zu den größten Bereicherungen meines Lebens gehört.

Gratuliert bitte Ursel sehr zum Geburtstag; ich denke viel an sie. Grüßt alle Geschwister, Kinder u. Freunde u. besonders das junge Ehepaar. Hoffentlich kommt Maria bald zu Euch. Ich fühle mich so sehr als einen Teil von Euch allen, daß ich weiß, daß wir alles gemeinsam erleben, tragen, füreinander tun und denken, auch wenn wir getrennt sein müssen. Es dankt Euch für alle Liebe und Fürsorge und Treue täglich und stündlich Euer Dietrich

[1] Darum nehmet euch untereinander auf, gleichwie euch Christus aufgenommen zu Gottes Lobe. [2] Sohn des Hans Jürgen v. Kleist-Retzow in Kieckow, Enkel von Ruth v. Kleist-Retzow, Vetter von Maria v. Wedemeyer. [3] Richard Schöne, Nachbar und Vetter der Familie Bonhoeffer, Generaldirektor der Berliner Museen. [4] Gemeint ist Eberhard Bethge.

TRAUPREDIGT AUS DER ZELLE Mai 1943

Eph. 1, 12: „. . . daß wir etwas seien zum Lob seiner Herrlichkeit."

Ein Brautpaar hat das Recht darauf, den Tag der Hochzeit mit dem Gefühl eines unvergleichlichen Triumphes zu begrüßen und zu begehen. Wenn alle Schwierigkeiten, Widerstände, Hindernisse, Zweifel und Bedenken – nicht in den Wind geschlagen, aber ehrlich ausgestanden und überwunden sind – und es ist sicher gut, wenn nicht alles gar zu selbstverständlich geht –, dann haben die beiden in der Tat den entscheidenden Triumph ihres Lebens errungen. Mit dem Ja, das sie zueinander gesprochen haben, haben sie ihrem ganzen Leben in freier Entscheidung eine neue Wendung gegeben; sie haben allen Fragen und Bedenklichkeiten, die das Leben jeder dauernden Verbindung zweier Menschen entgegenstellt, in froher Gewißheit Trotz geboten und sich in eigener Tat und Verantwortung ein Neuland für ihr Leben erobert. Etwas von dem Jubel darüber, daß Menschen so große Dinge tun können, daß ihnen eine so unermeßliche Freiheit und Gewalt gegeben ist, das Steuer ihres Lebens in die Hand zu nehmen, muß bei jeder Hochzeit durchklingen. Es muß etwas von dem berechtigten Stolz der Erdenkinder, ihres eigenen Glückes Schmied sein zu dürfen, in dem Glück eines Brautpaares liegen. Es ist nicht gut, hier allzu schnell und ergeben von Gottes Willen und Führung zu reden. Es ist zunächst einfach und nicht zu übersehen euer ganz und gar menschlicher Wille, der hier am Werk ist und der hier seinen Triumph feiert; es ist zunächst durchaus euer selbstgewählter Weg, den ihr beschreitet; es ist auch nicht in erster Linie ein frommes, sondern ein durch und durch weltliches Ding, das ihr getan habt und tut. Darum tragt auch ihr selbst und allein die Verantwortung dafür, die euch kein Mensch abnehmen kann; genauer gesagt, dir, Eberhard, ist die ganze Verantwortung für das Gelingen eures Vorhabens mit all dem Glück, das eine solche Verantwortung in sich schließt, auferlegt und du, Renate, wirst deinem Mann helfen und es ihm leicht machen, sie zu tragen, und darin dein Glück finden. Es wäre eine Flucht in falsche Frömmigkeit, wenn ihr nicht heute zu sagen wagtet: es ist *unser* Wille, es ist *unsere Liebe, es ist unser Weg.* „Eisen und Stahl, sie mögen vergehen, *unsere* Liebe bleibt ewig bestehen." Dieses Verlangen nach der irdischen Glückseligkeit, die ihr ineinander finden wollt und die darin besteht, daß – mit den Worten des mittelalterlichen Liedes – eines des andern Trost ist nach Seele und Leib, dieses Verlangen hat sein Recht vor Menschen und vor Gott.

Gewiß habt gerade ihr beide – wenn irgend jemand – allen Grund, mit einer Dankbarkeit sondergleichen auf euer bisheriges Leben zurückzublicken. Ihr seid mit den Freuden und Schönheiten des Lebens geradezu überschüttet worden, es ist euch alles gelungen, es ist euch die Liebe und die Freundschaft der Menschen um euch herum zugefallen, eure Wege waren meist geebnet, ehe ihr sie betratet, in jeder Lebenslage konntet ihr euch durch eure Familien und Freunde geborgen wissen, jeder hat euch nur Gutes gegönnt, und schließlich habt ihr euch finden dürfen und seid heute ans Ziel eurer Wünsche geführt. – Ihr wißt es selbst, daß sich ein solches Leben kein Mensch aus eigener Kraft schaffen und nehmen kann, sondern daß es dem einen gegeben wird, dem andern versagt bleibt, und das ist es, was wir Gottes Führung nennen. So groß also heute euer Jubel darüber ist, daß euer Wille, euer Weg zum Ziel gekommen ist, so groß wird auch eure Dankbarkeit sein, daß Gottes Wille und Gottes Weg euch hierher geführt hat, und so zuversichtlich ihr heute die Verantwortung für euer Tun auf euch nehmt, so zuversichtlich dürft und werdet ihr sie heute in Gottes Hände legen.

Indem Gott heute zu eurem Ja sein Ja gibt, indem Gottes Wille in euren Willen einwilligt, indem Gott euch euren Triumph und Jubel und Stolz läßt und gönnt, macht er euch doch zugleich zu Werkzeugen seines Willens und Planes mit euch und mit den Menschen. Gott sagt in der Tat in unbegreiflicher Herablassung sein Ja zu eurem Ja; aber indem er das tut, schafft er zugleich etwas ganz Neues: er schafft aus eurer Liebe – den heiligen Ehestand.

Gott führt eure Ehe. Ehe ist mehr als eure Liebe zueinander.

Sie hat höhere Würde und Gewalt; denn sie ist Gottes heilige Stiftung, durch die er die Menschen bis ans Ende der Tage erhalten will. In eurer Liebe seht ihr euch beide nur allein auf der Welt, in der Ehe seid ihr ein Glied in der Kette der Geschlechter, die Gott zu seiner Ehre kommen und vergehen läßt und zu seinem Reich ruft; in eurer Liebe seht ihr nur den Himmel eures eigenen Glückes, durch die Ehe seid ihr verantwortlich in die Welt und die Verantwortung der Menschen hineingestellt; eure Liebe gehört euch allein und persönlich, die Ehe ist etwas Überpersönliches, sie ist ein Stand, ein Amt. Wie die Krone den König macht und nicht schon der Wille zu herrschen, so macht die Ehe und nicht schon eure Liebe zueinander euch zu einem Paar vor Gott und vor den Menschen. Wie ihr den Ring erst euch selbst gegeben habt und ihn nun noch einmal aus der Hand des Pfarrers empfangt, so kommt die Liebe aus euch, die Ehe von oben, von Gott. Soviel höher Gott ist als der Mensch, soviel höher ist die Heiligkeit, das Recht und die Verheißung der Ehe als die Heiligkeit, das Recht und die Verheißung der Liebe. Nicht eure Liebe trägt die Ehe, sondern von nun an trägt die Ehe eure Liebe.

Gott macht eure Ehe unauflöslich. „Was Gott zusammengefügt hat, das soll der Mensch nicht scheiden" (Matth. 19, 6). Gott fügt euch in der Ehe zusammen; das tut nicht ihr, sondern das tut Gott. Verwechselt eure Liebe zueinander nicht mit Gott. Gott macht eure Ehe unauflöslich, er schützt sie vor jeder Gefahr, die ihr von außen oder innen droht; Gott will der Garant ihrer Unauflöslichkeit sein. Es ist eine beglückende Gewißheit für den, der das weiß, daß keine Macht der Welt, keine Versuchung, keine menschliche Schwachheit auflösen kann, was Gott zusammenhält; ja, wer das weiß, darf getrost sagen: was Gott zusammengefügt hat, das *kann* der Mensch nicht scheiden. Frei von aller Bangigkeit, die der Liebe immer innewohnt, dürft ihr in Gewißheit und voller Zuversicht nun zueinander sagen: Wir können einander nie mehr verloren gehen, wir gehören einander durch Gottes Willen bis zum Tod.

Gott gründet eine Ordnung, in der ihr in der Ehe miteinander leben könnt. „Ihr Weiber, seid untertan euren Männern, in dem Herrn, wie sich's gehört. Ihr Männer, liebet eure Weiber" (Kol. 3 [18. 19]). Mit eurer Ehe gründet ihr ein Haus. Dazu bedarf es einer Ordnung, und diese Ordnung ist so wichtig, daß Gott selbst sie setzt, weil ohne sie alles aus den Fugen ginge. In allem seid ihr frei bei der Gestaltung eures Hauses, nur in einem seid ihr gebunden: die Frau sei dem Manne untertan, und der Mann liebe seine Frau. Damit gibt Gott Mann und Frau die ihnen eigene Ehre. Es ist die Ehre der Frau, dem Manne zu dienen, ihm eine Gehilfin zu sein – wie es in der Schöpfungsgeschichte heißt [1. Mose 2, 20] –, und es ist die Ehre des Mannes, seine Frau von Herzen zu lieben. Er „wird Vater und Mutter verlassen und an seinem Weibe hangen" [Matth. 19, 5], er wird sie „lieben wie sein eigenes Fleisch". Eine Frau, die über ihren Mann herrschen will, tut sich selbst und ihrem Manne Unehre, ebenso wie ein Mann durch mangelnde Liebe zu seiner Frau sich selbst und seiner Frau Unehre zufügt, und beide verachten die Ehre Gottes, die auf dem Ehestand ruhen soll. Es sind ungesunde Zeiten und Verhältnisse, in denen die Frau ihren Ehrgeiz darin sucht, zu sein wie der Mann, und der Mann in der Frau nur das Spielzeug seiner Herrschsucht und Freiheit erblickt. Es ist der Beginn der Auflösung und des Zerfalls aller menschlichen Lebensordnungen, wenn das Dienen der Frau als Zurücksetzung, ja als Kränkung ihrer Ehre, und die ausschließliche Liebe des Mannes zu seiner Frau als Schwäche oder gar als Dummheit angesehen wird.

Der Ort, an den die Frau von Gott gestellt ist, ist das Haus des Mannes. Was ein Haus bedeuten kann, ist heute bei den meisten in Vergessenheit geraten, uns anderen aber ist es gerade in unserer Zeit besonders klar geworden. Es ist mitten in der Welt ein Reich für sich, eine Burg im Sturm der Zeit, eine Zuflucht, ja ein Heiligtum; es steht nicht auf dem schwankenden Boden der wechselnden Ereignisse des äußeren und öffentlichen Lebens, sondern es hat seine Ruhe in Gott, d. h. es hat von Gott seinen eigenen Sinn und Wert, sein eigenes Wesen und Recht, seine eigene Bestimmung und Würde. Es ist eine Gründung Gottes in der Welt, der Ort, an dem – was auch in der Welt vorgehen mag – Friede, Stille, Freude, Liebe, Reinheit, Zucht, Ehrfurcht, Gehorsam, Überlieferung und in dem allem – Glück wohnen soll. Es ist die Berufung und das Glück der Frau, diese Welt in der Welt dem Manne aufzubauen und in ihr zu wirken. Wohl ihr, wenn sie erkennt, wie groß und reich diese ihre Bestimmung und Aufgabe ist. Nicht das Neue, sondern das Bleibende, nicht das Wechselnde, sondern das Beständige, nicht das Laute, sondern das Stille, nicht die Worte, sondern das Wirken, nicht das Befehlen, sondern das Gewinnen, nicht das Begehren, sondern das Haben – und dies alles beseelt und getragen von der Liebe zum Manne –, das ist das Reich der Frau. In den Sprüchen Salomos heißt es: „Ihres Mannes Herz darf sich auf sie verlassen, und Nahrung wird ihm nicht mangeln. Sie tut ihm Liebes und kein Leides ihr Leben lang. Sie geht mit Wolle und Flachs um und arbeitet gerne mit ihren Händen. Sie steht vor Tage auf und gibt Speise ihrem Hause und Essen ihren Mägden ... Sie breitet ihre Hände aus zu dem Armen und reicht ihre Hand dem Dürftigen ... Kraft und Schöne sind ihr Gewand, und sie lacht des kommenden Tages ... Ihre Söhne stehen auf und preisen sie selig; ihr Mann lobt sie ... Viele Töchter halten sie tugendsam, aber du übertriffst sie alle" [Sprüche 31, 11 f.]. Das Glück, das der Mann in einer rechten oder, wie es in der Bibel heißt, „tugendsamen", „klugen" Frau findet, wird in der Bibel immer wieder als das höchste irdische Glück überhaupt gepriesen. „Die ist viel köstlicher als die köstlichsten Perlen" [Sprüche 31, 10]. „Eine tugendsame Frau ist eine Krone ihres Mannes" [Sprüche 12, 4]. Ebenso offen aber spricht die Bibel von dem Unheil, das durch eine verkehrte, „törichte" Frau über den Mann und das ganze Haus kommt.

Wenn nun der Mann als das Haupt der Frau bezeichnet wird und sogar unter dem Zusatz „gleichwie Christus ist das Haupt der Gemeinde" [Eph. 5, 23], so fällt damit auf unsere irdischen Verhältnisse ein göttlicher Abglanz, den wir erkennen und ehren sollen. Die Würde, die dem Mann hier zugesprochen wird, liegt nicht in seinen persönlichen Fähigkeiten und Anlagen, sondern in seinem Amt, das er mit seiner Ehe empfängt. Mit dieser Würde umkleidet soll ihn die Frau sehen. Ihm selbst aber ist diese Würde höchste Verantwortung. Als das Haupt trägt er die Verantwortung für die

Frau, für die Ehe und für das Haus. Ihm fällt die Sorge und der Schutz für die Seinen zu, er vertritt sein Haus gegenüber der Welt, er ist der Halt und Trost der Seinen, er ist der Hausmeister, der ermahnt, straft, hilft, tröstet und der für sein Haus vor Gott steht. Es ist gut, weil göttliche Ordnung, wenn die Frau den Mann in seinem Amte ehrt, und wenn der Mann seines Amtes wirklich waltet. „Klug" ist der Mann und die Frau, die die Ordnung Gottes erkennen und halten; „töricht" ist, wer meint, an ihre Stelle eine andere, dem eigenen Willen und Verstand entspringende Ordnung setzen zu können.

Gott hat auf die Ehe einen Segen und eine Last gelegt. Der Segen ist die Verheißung der Nachkommenschaft. Gott läßt die Menschen teilnehmen an seinem immerwährenden Schaffen; aber es ist doch immer Gott selbst, der eine Ehe mit Kindern segnet. „Kinder sind eine Gabe des Herrn" (Ps. 127, 3), und als solche sollen wir sie erkennen. Von Gott empfangen die Eltern ihre Kinder, und zu Gott sollen sie sie wieder führen. Darum haben die Eltern göttliche Autorität gegenüber ihren Kindern. Luther spricht von der „güldenen Kette", die Gott den Eltern umlegt, und das Halten des 4. Gebotes hat nach der Schrift die besondere Verheißung eines langen Lebens auf Erden. Weil und solange aber die Menschen auf Erden leben, hat Gott ihnen eine Erinnerung daran gegeben, daß diese Erde unter dem Fluch der Sünde steht und nicht das Letzte ist. Über der Bestimmung der Frau und des Mannes liegt der dunkle Schatten eines göttlichen Zorneswortes, liegt eine göttliche Last, die sie tragen müssen. Die Frau soll ihre Kinder mit Schmerzen gebären, und der Mann soll in seiner Sorge für die Seinen viele Dornen und Disteln ernten und seine Arbeit im Schweiße des Angesichts tun. Diese Last soll Mann und Frau dazu führen, zu Gott zu rufen, und sie an ihre ewige Bestimmung in seinem Reiche erinnern. Die irdische Gemeinschaft ist nur ein Anfang der ewigen Gemeinschaft, das irdische Haus ein Abbild des himmlischen Hauses, die irdische Familie ein Abglanz der Vaterschaft Gottes über alle Menschen, die vor ihm Kinder sind.

Gott schenkt euch Christus als den Grund eurer Ehe. „Nehmet euch untereinander auf, gleichwie euch Christus aufgenommen hat zu Gottes Lobe" (Röm. 15 [7]). Mit einem Worte: lebt miteinander in der Vergebung eurer Sünden, ohne die keine menschliche Gemeinschaft, erst recht keine Ehe bestehen kann. Seid nicht rechthaberisch gegeneinander, urteilt und richtet nicht übereinander, erhebt euch nicht übereinander, schiebt nie einander die Schuld zu, sondern nehmt euch auf, wie ihr seid, und vergebt einander täglich und von Herzen.

Ihr gründet ein Pfarrhaus. Von eurem Haus soll ein Glanz und eine Kraft ausgehen in viele andere Häuser. Es ist ein Leben besonderen Verzichtes, das ein Pfarrhaus auf sich nimmt. Vieles, was zu seinem Amt gehört, muß der Mann allein tragen, denn er führt das Amt und das Amt ist um Gottes willen verschwiegen. Um so größer muß seine Liebe zu seiner Frau sein, um so mehr muß er sie teilnehmen lassen an allem, woran er sie teilnehmen lassen darf, – um so mehr aber wird auch die Pfarrfrau wieder dem Manne das Tragen seines Amtes erleichtern, ihm zur Seite stehen, ihm eine Gehilfin sein. Wie aber wollen sie beide als fehlbare Menschen in der Gemeinde Christi leben und das Ihre tun, wenn sie nicht selbst im beständigen Gebet und in der Vergebung bleiben, wenn nicht einer dem anderen hilft als ein Christ zu leben. Es liegt da sehr viel am rechten Anfang und an der täglichen Übung.

Vom ersten Tage eurer Ehe an bis zum letzten muß es gelten: nehmet euch untereinander auf ... zu Gottes Lobe. –

So habt ihr Gottes Wort über eure Ehe gehört. Dankt ihm dafür, dankt ihm, daß er euch bis hierher geführt hat, bittet ihn, daß er eure Ehe gründe, festige, heilige und bewahre; so werdet ihr in eurer Ehe „etwas sein zum Lobe seiner Herrlichkeit". Amen.

Von Susanne Dreß

[Dahlem] 15. 5. 43

Lieber Dietrich! Wenn ich alle 8 Tage bei Dir draußen in Tegel die Sachen abgebe, so freue ich mich immer zu hören, daß Du gesund bist und habe fast das Gefühl, Dich besucht

zu haben. Die räumliche Nähe macht doch viel aus, wenn man sich auch immer wieder dankbar bewußt ist, wie wenig die äußere Trennung mit der inneren Zusammengehörigkeit zu tun hat. Heute haben wir nun Renates Hochzeit gefeiert; die 20 Jahre seit Ursel und Rüdigers Trauung sind doch sehr schnell vergangen. Tine[1] ist jetzt so alt, wie ich damals. Die Brautjungfern waren also recht jugendlich. Michael und Cornelie trugen die Schleppe, Andreas und Walter[2] streuten Blumen. Die 3 Geschwister von Eberhard waren alle da, auch Hans-Walter hatte Urlaub ...
Fensterscheiben und Wände haben wir wieder, nun muß bloß noch der Maler kommen. Der letzte Alarm war hier sehr friedlich, es ging nur sehr schnell los. Bis ich die Kinder unten hatte, war das schlimmste Schießen vorbei ...
Nun sei herzlich gegrüßt von Deiner Suse

[1] Christine Schleicher. [2] Michael und Andreas Dress, Cornelie und Walter Bonhoeffer, letztere Kinder von Dr. jur. Klaus Bonhoeffer, Syndikus bei der Lufthansa in Berlin, und Emmi geb. Delbrück.

Von Karl-Friedrich Bonhoeffer

Leipzig, d. 30. 5. 43

Lieber Dietrich! Heute vor acht Tagen war ich in Berlin, auf der Durchreise von Hamburg, wo ich dienstlich zu tun hatte. Ich hatte es insofern besonders nett getroffen, als gerade Deine Braut mit ihrer Mutter sich bei den Eltern für diesen Tag angesagt hatte; so habe ich sie eher kennen gelernt, als ich gedacht hatte. Für Dich muß es sehr merkwürdig sein, daß sie nun in der Familie bekannt wird, ohne daß Du dabei bist. Es sind eben etwas verrückte Zeiten. Daß sie uns allen sehr gefallen hat, wirst Du Dir ja denken können. Sie hat allerhand von ihrer Tätigkeit in Hannover erzählt. Anscheinend gehört sie auch zu denen, die sich überall den schwersten und anstrengendsten Dienst aussuchen und die auf sich selbst überhaupt keine Rücksicht nehmen. Die Selbstverständlichkeit und Bescheidenheit dabei hat mir großen Eindruck gemacht. Ich habe sie sehr beschimpft, daß sie sich für

Dich ihre Wochenration Butter abgespart hat und die paar Kaffeebohnen, die sie von einer Patientin geschenkt bekommen hatte, nicht für ihre Nachtwachen aufgespart hat. Ich denke, ich habe da in Deinem Namen gehandelt. Auch ihre Mutter ist anscheinend eine besondere Frau. Ich habe sie in der Stadt auf einigen Wegen begleitet, wo wir uns ein bißchen von den beiden Familien unterhalten haben. Jedenfalls kann ich Dir, nachdem ich nun den Kreis kenne, in den Du hineinkommen wirst, noch einmal besonders Glück dazu wünschen. Übrigens weiß außer der Familie, soweit ich orientiert bin, noch niemand davon.
Wie magst Du Dich nur befinden? Ob Du Dich etwas gewöhnt hast? Man kann sich das alles ja garnicht vorstellen, wenn man es nicht erlebt hat – und wahrscheinlich vergißt man es bald wieder, wenn man erst draußen ist, wie es war. Ob Du in den letzten Wochen gefroren hast? Es war doch in den Zimmern ziemlich kalt, wenn man sich keine Bewegung machen konnte. Hoffentlich ist nun dies wirklich der letzte Brief, den ich Dir in's Gefängnis schreiben muß. Den Kindern haben wir hier immer noch nichts davon erzählt. Ich denke, sie halten mich für etwas komisch, daß ich mir jetzt für meine Berliner Reisen immer Plätzchen backen und Bonbons machen lasse.
Viele Grüße von Grete[1] und mir Dein Karl-Friedrich

[1] Grete Bonhoeffer geb. v. Dohnanyi.

An die Eltern

[Tegel] Himmelfahrtstag, 4. 6. 43

Liebe Eltern! Ich hatte Euch schon einen langen Brief geschrieben, da bringt eben die Post die Briefe von Maria und meiner Schwiegermutter und damit ein ganz unbeschreibliches Glück in meine Zelle; nun muß ich den Brief nochmal anfangen und Euch vor allem bitten, beiden gleich zu schreiben und zu danken! Wie mir zumute ist, daß ich es selbst nicht tun kann[1], werdet Ihr Euch vorstellen. Maria schreibt so froh über den Tag bei Euch, und wie schwer muß es trotz aller Liebe, die Ihr ihr gezeigt habt, für sie gewesen sein; es ist ein Wunder, wie sie das alles durchsteht und für mich ein Glück und Vorbild sondergleichen. Das Gefühl, ihr garnicht beistehen zu können, wäre oft kaum zu verwinden, wenn ich nicht wüßte, daß ich im Gedanken an sie wirklich ruhig sein darf. Ich wünsche es wirklich vielmehr noch um ihret- als um meinetwillen, daß diese harte Zeit nicht allzulange dauert. Daß aber gerade diese Monate einmal für unsere Ehe unendlich wichtig sein werden, ist mir gewiß und dafür bin ich dankbar. Wie sehr mich der Brief meiner Schwiegermutter bewegt hat, vermag ich kaum zu sagen. Daß ich ihr zu all dem Schmerz des vergangenen Jahres noch einen solchen Kummer hinzufügen mußte, hat mich seit dem ersten Tag meiner Festnahme gequält, und nun hat sie gerade diese über uns gekommene Not zum Anlaß genommen, die Frist des Wartens abzukürzen und mich dadurch glücklich zu machen. Vor diesem großen Vertrauen, dieser Güte und Größe des Herzens stehe ich wirklich sehr beschämt und dankbar da, und ich werde ihr das niemals vergessen. Im Grunde ist das der Geist, den ich in all den Häusern dieser Familie immer gespürt habe, und der mich so berührt hat, längst ehe ich etwas von meinem künftigen Glück ahnte. Und nun weiß ich auch aus Euren und Karl-Friedrich's Briefen, daß Ihr Maria gern habt; es konnte ja auch nicht anders sein. Ja, sie wird Euch eine sehr gute Schwiegertochter sein und sich sicher in unserer Familie bald ebenso zu Hause fühlen, wie ich mich seit Jahren ihrer großen Familie zugehörig gefühlt habe. Daß Karl-Friedrich meine Schwiegermutter in die Stadt begleitet hat und sie sich so etwas kennen lernten, freut mich sehr, auch daß er Maria in meiner Stellvertretung ins Gewissen geredet hat, sich ihre Rationen nicht abzusparen, die sie bei ihrem schweren Dienst wirklich selbst braucht, ist sehr nett von ihm.

Ich danke Euch sehr für Eure Briefe, *mir* sind sie immer nur zu kurz, aber ich verstehe es ja natürlich! Es ist als täte sich einen Moment die Gefängnistür auf und man lebt ein Stück Leben draußen mit. Das Verlangen nach Freude ist in diesem ernsten Hause, in dem man nie ein Lachen hört, – selbst dem Wachpersonal scheint es über ihren Eindrücken vergan-

gen zu sein – sehr groß und man schöpft alle inneren und äußeren Quellen der Freude voll aus.
Heute ist Himmelfahrtstag, also ein großer Freudentag für alle, die es glauben können, daß Christus die Welt und unser Leben regiert. Die Gedanken gehen zu Euch allen, zu Kirche und Gottesdiensten, von denen ich nun schon so lange getrennt bin, aber auch zu den vielen unbekannten Menschen, die in diesem Haus ihr Schicksal stumm mit sich herumtragen. Solche und andere Gedanken bewahren mich immer wieder gründlich davor, die eigenen geringen Entbehrungen irgendwie wichtig zu nehmen. Das wäre sehr ungerecht und undankbar.
Ich habe gerade wieder etwas über das „Zeitgefühl" weitergeschrieben, das macht mir großen Spaß, und was man so aus unmittelbarem Erleben schreibt, geht flüssiger von der Hand und man schreibt sich frei. Die „Anthropologie" von Kant, für die ich Dir, Papa, sehr danke, habe ich durchgelesen; ich kannte sie nicht. Ich fand vieles sehr Interessante darin, aber es bleibt doch eine sehr rationalistische Rokokopsychologie, die an vielen wesentlichen Erscheinungen einfach vorbei geht. Kannst Du mir etwas Gutes über Formen und Funktionen des Gedächtnisses schicken? Das interessiert mich in diesem Zusammenhang jetzt sehr. Sehr hübsch sind Kant's Deutungen des „Rauchens als Selbstunterhaltung".
Daß Ihr jetzt Gotthelf lest, freut mich sehr; sicher würden Euch auch seine „Wanderungen" die, glaube ich, Susi hat, ebenso gefallen. Wissenschaftlich habe ich hier Uhlhorn's große „Geschichte der christlichen Liebestätigkeit" sehr gern gelesen und mich bei Holl's Kirchengeschichte an seine Seminare erinnert.
Fast täglich lese ich etwas Stifter; das geborgene und verborgene Leben seiner Gestalten – er ist ja so altmodisch nur sympathische Menschen zu schildern – hat in dieser Atmosphäre hier etwas sehr Wohltuendes und lenkt die Gedanken auf die wesentlichen Lebensinhalte. Überhaupt wird man hier in der Zelle äußerlich und innerlich auf die einfachsten Dinge des Lebens zurückgeführt; so konnte ich z. B. mit Rilke garnichts anfangen. Aber vielleicht leidet auch der Verstand etwas unter der Enge, in der man lebt?

Eben kommt nun, es ist inzwischen Freitag, Euer *wundervolles* Frühjahrspaket mit den ersten Gartenerzeugnissen! Für dieses wie für das vorige danke ich Euch und allen daran Beteiligten wieder sehr! Wie lange wird Euch diese Mühe und dieses Sorgen für mich nun noch auferlegt sein – wer kann es wissen?
Ich hätte gern Hoskyns „Das Rätsel des Neuen Testaments“ bei Gelegenheit (steht über meinem Bett), und etwas Watte, es ist nachts manchmal ziemlich laut.
In diesen Tagen hoffe ich wieder auf einen Brief von Euch. Schreibt doch immer alles, was Ihr von Maria wißt. Schön, daß Karl-Friedrich und Schleicher's neulich dabei waren; Schleicher's kennen ja auch die ältere Schwester Bismarck[2], und Ihr erinnert Euch vielleicht noch an den gefallenen Bruder Max, meinen Konfirmanden aus Stettin? Grüßt auch die Großmutter immer sehr!
Es vergeht doch kaum eine Stunde, in der nicht die Gedanken von den Büchern zu Euch allen wandern und ein Wiedersehn in Freiheit muß unvorstellbar schön sein. Bis dahin wollen wir weiter Geduld und Zuversicht behalten. Daß Ihr nun garnicht reist und etwas ausspannen könnt, tut mir so leid. Geht es Euch denn einigermaßen? Mir geht es gut, ich bin weiter gesund, werde satt, schlafe leidlich und die Zeit geht immer noch schnell vorüber. Grüßt bitte alle Geschwister, Kinder und Freunde. In großer Dankbarkeit und Liebe grüßt Euch Euer Dietrich

[1] An die Braut zu schreiben, erlaubte der Ermittlungsbeamte erst nach Abschluß der ersten Verhörsphase, Ende Juli 1943. [2] Ruth-Alice, geb. v. Wedemeyer aus Pätzig, Ehefrau von Klaus v. Bismarck.

Von den Eltern Charlottenburg, d. 8. 6. 43

Lieber Dietrich! ... Zur Wissenschaft komme ich weniger als mir lieb ist; abends lese ich manchmal Gotthelfs ‚Berner Geist‘ der Mama vor. Vor kurzem habe ich die Aufforderung bekommen für das „Filmarchiv der Persönlichkeiten“,

das vor kurzem im Propagandaministerium eingerichtet worden ist, eine Tonfilmaufnahme von mir machen zu lassen, um „ein Bild von mir für spätere Zeiten" festzuhalten. Ich glaube, es genügt, wenn mein Bild in der Familie erhalten bleibt.
Herzliche Grüße Vater

Lieber Dietrich! Ich will doch gern noch einen Gruß beifügen, damit Du ihn doch noch zu Pfingsten hast! Die Feiertage mögen ja wohl in Deiner Lage besonders schwer empfunden werden. Ich schreibe ausführlich, so wie Dein Brief da ist. Wir denken so viel an Dich und in Gedanken schreibe ich Dir täglich, nur darf man ja eben die Zensur nicht überlasten. Möchtest Du ein gesegnetes Pfingstfest erleben.
Von Herzen Deine Mutter

Von der Mutter

Charlottenburg, d. 10. 6. 43

Mein lieber Junge! ... Morgen geht nun wieder ein Paket an Dich, wir packen all unsre Liebe mit hinein. Ein jedes überlegt sich was es beitragen kann, auch die Kleinen. So heute das bißchen Confekt. Sie fragen alle so viel nach Dir, wann Du endlich wiederkommst! Wir sind so dankbar, daß Du gesund bist. Wir wollen nach Pfingsten noch einmal versuchen, ob wir Dich wiedersehen können im Kriegsgericht, so wie das vorige Mal. Vielleicht ist es doch möglich. Wir reden doch ja wirklich nichts Böses miteinander, aber es nimmt ja wohl Herrn Dr. Röder zu viel Zeit. Ich will jedenfalls hoffen, daß es gestattet wird. Ich wollte Dir „Ut mine Stromtid" von Reuter schicken, habe es aber nicht gefunden und schicke nun die „Festungstid" ...
In Liebe umarmt Dich Deine Mutter

Von Karl-Friedrich Bonhoeffer [Leipzig] 12. 6. 43

Lieber Dietrich! ... was soll man Dir erzählen? Vielleicht, daß wir trotz allem Sommerpläne haben und ich Grete mit den Kindern wieder für drei Wochen nach Tempelburg angemeldet habe ... Vielleicht mache ich ein paar Tage lang eine Fußwanderung, wenn das heute noch möglich ist mit dem Quartier und es nicht zu viel Kalorien kostet. Denn einen großen Appetit darf man sich ja nicht anlaufen ...
Mir ist neulich ein kleines Bändchen von Gerhard Ritter, Weltwirkung der Reformation (1942) in die Hand gekommen, das ich mit großem Interesse gelesen und auch z. T. Grete abends vorgelesen habe. Ich werde in Berlin nächstens rauszukriegen versuchen, ob Du es schon kennst, und es dann dem Paket beilegen, auch vielleicht eine eben erschienene Vortragssammlung über moderne Physik oder besser gesagt Naturphilosophie; aber die muß ich selbst noch etwas besser lesen, um beurteilen zu können ob Du etwas davon hast. Christoph hat neulich einen Brief an Hans geschlossen mit der Wendung: „Auf ein baldiges Wiedersehen hoffend". In diesem Sinne von uns beiden die besten Grüße und alles Gute! Dein Karl-Friedrich

An die Eltern [Tegel] Pfingsten 1943. 14. VI.

Liebe Eltern! Nun feiern wir also auch das Pfingstfest noch getrennt, und es ist doch in besonderer Weise ein Fest der Gemeinschaft. Als die Glocken heute früh läuteten, hatte ich große Sehnsucht nach einem Gottesdienst, aber dann habe ich es gemacht wie Johannes auf Patmos und für mich allein einen so schönen Gottesdienst gehalten, daß die Einsamkeit garnicht zu spüren war, so sehr wart Ihr alle, alle dabei und auch die Gemeinden, in denen ich Pfingsten schon gefeiert habe. Das P. Gerhardt'sche Pfingstlied mit den schönen Versen: „Du bist ein Geist der Freude ..." und „Gib Freudigkeit und Stärke ..." sage ich mir seit gestern Abend alle paar Stunden auf und freue mich daran, dazu die Worte:

„der ist nicht stark, der nicht fest ist in der Not“ (Sprüche 24) und „Gott hat uns nicht gegeben den Geist der Furcht, sondern der Kraft und der Liebe und der Besonnenheit“ (2. Tim 1). Die seltsame Geschichte vom „Sprachenwunder“ hat mich auch wieder sehr beschäftigt. Daß die babylonische Sprachenverwirrung, durch die die Menschen einander nicht mehr verstehen können, weil jeder seine eigene Sprache spricht, ein Ende haben und überwunden sein soll durch die Sprache Gottes, die jeder Mensch versteht und durch die allein die Menschen sich auch untereinander wieder verstehen können, und daß die Kirche der Ort sein soll, an dem das geschieht, das sind doch alles sehr große und wichtige Gedanken. Leibnitz hat sich sein Leben lang mit der Idee einer Universalschrift, die nicht in Worten, sondern in evidenten Zeichen alle Begriffe zur Darstellung bringen soll, herumgeschlagen – ein Ausdruck seines Verlangens, die damals so zerrissene Welt zu heilen –, ein philosophischer Reflex der Pfingstgeschichte.
Es ist wieder völlige Stille im Haus, nur die Schritte der in ihren Zellen auf und abgehenden Gefangenen hört man, und wieviel trostlose und unpfingstliche Gedanken mögen da mit herumgetragen werden. Wenn ich Gefängnispfarrer wäre, dann würde ich an solchen Tagen von frühmorgens bis abends durch die Zellen gehen; da würde sich manches ereignen.
Euch, Karl-Friedrich und Ursel habe ich wieder sehr für Briefe zu danken. Ihr wartet alle ebenso wie ich, und ich muß gestehen, daß ich in irgendeinem Bezirk des Unterbewußtseins wohl doch gehofft hatte, Pfingsten wieder frei zu sein, obwohl ich mir bewußt immer wieder verbiete, irgendwelche bestimmten Termine ins Auge zu fassen. Morgen sind es nun 10 Wochen – das hatten wir uns wohl unter einer „vorläufigen“ Festnahme in unserem Laienverstand nicht vorgestellt. Es ist aber überhaupt ein Fehler, in juristischen Dingen so ahnungslos zu sein wie ich es bin. Ich spüre hier erst, in was für einer verschiedenen Atmosphäre der Jurist leben muß als der Theologe; aber auch das ist lehrreich und es hat wohl jedes an seinem Ort sein Recht. Und uns bleibt nun eben garnichts übrig als im Vertrauen darauf, daß ja jeder zur

beschleunigten Klärung tut, was er kann, mit möglichst viel Geduld zu warten und nicht bitter zu werden. Bei Fritz Reuter heißt es so schön: „So egal und sacht fließt kein Lebenslauf, daß er nicht mal gegen einen Damm stößt und sich im Kreise dreht, oder daß ihm die Menschen Steine ins klare Wasser schmeißen, na, passieren tut jedem was – und er muß dafür sorgen, daß sein Wasser klar bleibt, daß Himmel und Erde sich in ihm spiegeln kann" – damit ist eigentlich alles gesagt.
Daß Ihr beide vorgestern hier unten das Pfingstpaket abgegeben habt, hat mich wirklich riesig gefreut und es ist merkwürdig, nur das Wissen um Eure Nähe hat mir alles, das Haus und Euer ganzes Leben, das mir manchmal in so unwirkliche Ferne rückt, wieder ganz nah gebracht. Ich danke Euch sehr dafür, und auch für das Paket, das wieder höchst willkommen war, besonders hat mich auch die gelbe Speise begeistert, die sich so gut hält.
Von Maria hatte ich wieder einen lieben Brief. Die Arme muß nun immer schreiben, ohne ein direktes Echo von mir zu bekommen; das muß schwer sein, aber ich freue mich über jedes Wort von ihr und jede Kleinigkeit interessiert mich, weil sie das Miterleben erleichtert. Ich danke ihr sehr dafür. In kühnen Träumen male ich mir manchmal schon unsere künftige Wohnung aus. – Die Studie über das Zeitgefühl ist ungefähr fertig; jetzt muß sie eine Weile ruhen; mal sehen, wie sie das übersteht.
Es ist Pfingstmontag. Eben setze ich mich, um Rüben und Kartoffeln zu Mittag zu essen, da wird völlig unerwartet Euer Pfingstpäckchen abgegeben, das Renate gebracht hat. Es ist wirklich nicht zu beschreiben, wie einen so etwas freut. Bei aller Gewißheit der geistigen Verbindung zwischen Euch allen und mir, hat der Geist doch offenbar immer ein ungestilltes Verlangen nach Sichtbarmachung dieser Verbindung der Liebe und des Gedenkens, und die materiellsten Dinge werden dann Träger geistiger Realitäten. Ich glaube, das ist etwas Analoges zu dem Verlangen aller Religionen nach dem Sichtbarwerden des Geistes im Sakrament. Ich lasse Renate ganz besonders dafür danken, daß sie mir diese große Freude gemacht hat und wünsche ihr täglich viel Freude in ihrer

Ehe und ihrem Beruf. Wie schön, daß sie einen Flügel bekommen; es wird einer der besonders schönen Augenblicke beim Freiwerden sein, wieder einmal mit ihnen zu musizieren. Sehr dankbar bin ich für alles, was man rauchen kann. Nun wollen wir sehr hoffen, daß alles bald zum Abschluß kommt. – Grüßt Maria und die Geschwister!
Es denkt in Dankbarkeit und Liebe immer an Euch

Euer Dietrich

Von der Mutter

[Charlottenburg] d. 15. 6. 43

Lieber Dietrich! ... Niemand von uns kann es fassen, daß Du in solche Lage gerietest bei Deiner so ausgesprochen rechtlichen Gesinnung[1]! Das Rätselraten hat somit bei uns allen garkeinen Boden. So kommen wir immer wieder zu der trostreichen Überzeugung, es muß sich alles bald klären und Du wirst bald wieder da sein.
Wir wollen heute wieder einmal um Sprecherlaubnis bitten; wir haben sehr den Wunsch Dich wiederzusehen, wie Du die lange Haft erträgst, besonders wegen Deines Asthmas. Hoffentlich bekommen wir die Erlaubnis. – Wir sind eben doch alte Leute und der Druck auf Papa neben seiner so anstrengenden Arbeit ist etwas reichlich viel. Wie hätten wir je uns unseren Lebensabend nach reichlicher Lebensarbeit in Beruf und Familie so gedacht![1] ...
Ich bringe Dir diesmal vom Großvater Hase die „Ideale und Irrtümer" mit. Ich habe die Großmutter um das Buch über den alten Kleist-Retzow gebeten.
Nun sei Gott befohlen und von uns allen herzlich gegrüßt.
In Gedanken ist immer bei Dir

Deine Mutter

[1] So etwas ist im Hinblick auf den Zensor geschrieben.

BRIEFENTWÜRFE

An Oberkriegsgerichtsrat Dr. Roeder zwischen den Verhören*

[Zur eigenen UK-Stellung]

Bitte erlauben Sie, daß ich auf diesem Wege noch einmal Ihre Zeit in Anspruch nehme, hauptsächlich um wirklich alles zur beschleunigten Klärung meines Falles getan zu haben. Ich möchte den Versuch machen, noch einmal zu der mir doch sehr wichtigen Frage meiner Freistellung durch die Abwehr Stellung zu nehmen. Vielleicht gelingt es mir in der Ruhe des Schreibens besser, die Dinge klar zu sagen, als in der Vernehmung, in der ich manchmal Wichtiges zu sagen vergesse. Auch würde ich gern noch einige bisher nicht besprochene Punkte zu dieser Sache nachtragen. Bevor ich das tue, möchte ich Ihnen sagen, daß ich Ihnen dankbar dafür bin, daß Sie mir bei der letzten Vernehmung die Situation so offen dargestellt haben. Das Zwischenspiel mit der Aussage des General Oster muß mich ja in Ihren Augen tatsächlich eine Zeitlang in ein ganz schauderhaftes Licht gebracht haben und ich bin nun froh, daß das nun in Ordnung gekommen ist. Vielleicht sind es ähnliche mir unbekannte Dinge, die der Klärung der Vorgänge um meine Freistellung noch im Wege stehen und mich so belasten. Ich bin der Letzte, der bestreiten wollte, daß mir in einer mir so fremden und neuartigen und an sich schon so komplizierten Tätigkeit, wie es der Abwehrdienst ist, Fehler unterlaufen sein könnten. Sie werden daher, s. v. Herr Oberkriegsgerichtsrat, verstehen, daß mir im Blick auf meinen Beruf, aber auch auf meine Angehörigen und rein persönlich alles daran liegt, zu klären, *ob* hier wirklich Fehler gemacht wurden und wenn ja, *wer* sie gemacht hat.
Es besteht nach Ihren Worten der Verdacht, meine Freistellung sei erfolgt, um mich der Geheimen Staatspolizei zu entziehen, die mir im September 40 ein Redeverbot und

* Zwischen Juni und August 1943 verfaßt. Der eigenen Verteidigung wie der Verschleierung weitergehender Konspiration dienend, erscheint Wahrheitsgemäßes meist in fingiertem Kontext; s. DB, 910 ff.

Meldepflicht auferlegt hat. Dafür sprächen, wenn ich Sie recht verstanden habe 1. die zeitlichen Umstände, 2. Äußerungen von mir gegenüber Dibelius[1], 3. Äußerungen meines Schwagers. Ich möchte der Reihe nach darauf antworten. Zunächst allgemein: Wenn ich die Befürchtung gehabt hätte, die Gestapo wolle nach der Auflage des Redeverbotes und der Meldepflicht noch weitere Maßnahmen gegen mich ergreifen, und wenn ich mich denselben hätte entziehen wollen, dann wäre ja grade nicht die Freistellung, sondern die Einziehung dazu der geeignete Weg gewesen. Ich hatte aber garkeinen Anlaß, weitere Maßnahmen der Gestapo zu befürchten, *erstens* weil mir die schon getroffenen Maßnahmen eher im Zuge einer stärker vorbeugenden Einstellung der Geheimen Staatspolizei zur ganzen Bekennenden Kirche zu liegen schienen – es ergingen damals fast gleichzeitig an ganz verschiedenen Stellen der APreußischen Kirche etwa 6 Redeverbote mit genau derselben Begründung – als daß ich sie gegen mich persönlich gerichtet verstehen konnte; – es ist mir von der Geheimen Staatspolizei keine einzige ‚zersetzende' Predigt oder Vortrags-Äußerung vorgehalten worden –; *zweitens* hatte ich mich, um allen weiteren Konfliktsstoff zu vermeiden, in die bayrischen Berge zu einer großen wissenschaftlichen Arbeit zurückgezogen, dies auch pflichtgemäß der Staatspolizei gemeldet und hatte hier wirklich garnichts mehr zu befürchten. Da mir kirchlicherseits mitgeteilt worden war, daß man ein gewisses Interesse daran habe, daß ich an mein Buch ‚Nachfolge' die Darstellung einer ‚konkreten evangelischen Ethik' anschlösse und da ich von jeher vorwiegend als wissenschaftlicher Theologe gearbeitet habe, konnte ich mich auch kirchlich mit meiner damaligen Tätigkeit wohl zufrieden geben. Natürlich empfand ich das Verbot der Predigt und Vortragstätigkeit als sehr hart, aber nach der Ablehnung meiner Eingabe konnte ich vorläufig auf eine Aufhebung des Verbotes nicht rechnen, wie sie ja auch bis heute nicht erfolgt ist. So ist seit damals meine kirchliche Tätigkeit auf die genannte wissenschaftliche Arbeit beschränkt geblieben und ich habe mich strengstens an die Einhaltung meines Redeverbotes gehalten. Ich beschloß damals, meine ganze Bibliothek nach München zu transportieren, um ganz dort zu wohnen, habe aber in der Unklarheit über die Dauer des Krieges und über den Zeitpunkt meiner Einziehung die sehr kostspielige und schwierige Ausführung dieses Entschlusses immer wieder hinausgeschoben. Die mir von meinem Schwager eröffnete Möglichkeit, mit meinen kirchlichen Beziehungen in den Abwehrdienst zu treten, habe ich trotz erheblicher innerer Bedenken ergriffen, weil sie mir den von mir seit Kriegsbeginn erstrebten Kriegseinsatz bot und zwar in meiner Eigenschaft als Theologe. Daß mir der Einsatz als Feldgeistlicher, der sich inzwischen als nicht möglich erwiesen hatte, sehr viel lieber gewesen wäre, habe ich immer wieder gesagt. Ich bin der Auffassung und habe diese in den Jahren meiner Tätigkeit in deutschen Auslandsgemeinden gewonnen, daß für sehr viele Menschen die Kirche der letzte und festeste Rückhalt des Deutschtums ist und daß aus diesem Grunde die Kirche auch im Kriege im Feld und in der Heimat eine ganz entscheidende Aufgabe zu erfüllen hat.

ad 1. Daß nun meine Freistellung für die Abwehr zeitlich einige Monate nach dem Redeverbot erfolgte, hat für mich persönlich – das bestreite ich nicht – insofern eine große innere Entlastung bedeutet, als ich darin die willkommene Gelegenheit sah, mich gegenüber den staatlichen Behörden zu rehabilitieren, woran mir angesichts des verletzenden und mir völlig ungerechtfertigt erscheinenden Vorwurfes, der gegen mich erhoben worden war, allerdings sehr gelegen war. Das Bewußtsein, von einer militärischen Stelle gebraucht zu werden, war darum für mich persönlich von großer Bedeutung. Ich habe für diese Möglichkeit der Rehabilitierung und für meine Tätigkeit im Dienst des Reiches ein großes Opfer gebracht, nämlich die Preisgabe meiner sämtlichen oekumenischen Beziehungen für militärische Zwecke. Daß auch bei meinem Schwager, der mich persönlich gut genug kennt, um zu wissen, daß der politische Vorwurf mich nach meiner ganzen inneren Einstellung nicht traf und wie ich unter ihm litt, dieser Gedanke der Rehabilitierung eine gewisse Rolle gespielt hat, glaube ich wohl. Obgleich, wie er neulich gesagt hat, unser persönlich gutes Verhältnis zueinander ganz betont unter dem Gesichtspunkt gestanden hat, daß Dienstliches und Persönliches völlig getrennt zu bleiben hatten; das ging manchmal bis ins Pedantische. – Daß in Schlawe[2], wie Sie sagten, im Herbst 1940 mein Jahrgang aufgerufen wurde, war und ist mir unbekannt, vermutlich geschah es nach meinem dortigen Aufenthalt im Sept. 40; daß mein Schwager und der General Oster es gewußt hätten, halte ich für ganz unwahrscheinlich. Aber es überrascht mich auch insofern, als ich weiß, daß ein Kollege meines Jahrgangs aus dem Schlawer Kreis, der Feldwebel und k. v.[3] war, bis weit ins Jahr 41 in seiner Gemeinde tätig gewesen ist; das mag allerdings daran liegen, daß der Chef des dortigen Wehrmeldeamtes viel Verständnis für die Aufgabe der Heimatkirche im Kriege hatte und auf Antrag des Superintendenten[4] diesen Kollegen länger zurückstellte. Vielleicht darf ich doch hinzufügen, daß wenn es mir wirklich einfach an einer Freistellung für kirchliche Arbeit gelegen hätte, diese in Schlawe auf Antrag des Superintendenten damals gewiß hätte erfolgen können. Im Januar 41 aber wurde ich ja gerade nicht für kirchliche Arbeit, sondern ausdrücklich für den Abwehrdienst freigestellt und wenn sich nicht immer wieder im letzten Augenblick äußere technische Hindernisse ergeben hätten, so wäre ich ja auch fast unausgesetzt auf Abwehrreisen gewesen und wäre zu meiner wissenschaftlich-kirchlichen Arbeit kaum mehr gekommen. Ich persönlich konnte ja auch garnicht auf den Gedanken kommen, daß gegen meine Freistellung für die Abwehr irgendetwas einzuwenden sei, da ja, wie mir ausdrücklich bestätigt wurde, der Herr Admiral Canaris diese gewünscht und befohlen hatte. Auf meine gelegentliche Frage, ob es für die Abwehr wie für mich nicht wegen meiner staatspolizeilichen Belastung Schwierigkeiten geben könne, wurde mir gesagt: [durchgestrichen: wir arbeiten mit Feinden, Kommunisten, Juden, warum nicht auch mit BK zusammen] diese Dinge hätten für die militärische Verwendung nichts zu bedeuten, im übrigen arbeite die Abwehr mit allen Arten von Menschen, die ihr nützlich seien. Dabei habe ich mich völlig beruhigt.

ad 2. Es war für mich bei der Begegnung mit Kollegen, die ich schon aus diesem Grunde in den ganzen letzten Jahren weitgehend vermieden habe, – wie mir meine ganze Familie

und die Kollegen selbst bezeugen können – immer schwierig, über meine gegenwärtige Tätigkeit Auskunft zu geben. Soweit sie von meinen Beziehungen zu meinem Schwager wußten, wie z. B. der Generalsuperintendent Dibelius, der Superintendent Diestel, und mich fragten, habe ich ihnen gegenüber — nach Verabredung mit meinem Schwager — immer gesagt, ich sei im Auftrag des OKW in München und im Ausland tätig und zwar handele es sich um kirchliche Aufträge, man interessiere sich im OKW für kirchl.-ökumenische Fragen. Daß ich im militärischen Abwehrdienst stand, konnte auch Dibelius nicht *wissen*, sondern nur kombinieren, gesagt habe ich es ihm ganz absichtlich niemals; es mußte auch vor ihm meinerseits die Fiktion aufrecht erhalten bleiben, daß meine Tätigkeit vorwiegend kirchlich sei, und zwar – abgesehen von der absoluten Geheimhaltung – schon um der anderen Pfarrer willen, bei denen sich so etwas hätte herumsprechen können und mir persönlich schaden könnte. Ich habe daher darauf Wert gelegt, daß meine Freistellung in kirchlichen Kreisen so aufgefaßt wurde. Daß dadurch auf mich wie auf die betreffende militärische Stelle ein etwas merkwürdiges Licht fiel, mußte in Kauf genommen werden. Dibelius wird daher sicher in diesem Sinne ausgesagt haben.
ad 3. Was für Äußerungen mein Schwager Dritten gegenüber gemacht hat, weiß ich natürlich nicht. Ich weiß aber z. B., daß er garnicht wollte, daß Schm[idhuber][5] über die militärischen Aufträge, die ich vom Herrn Admiral direkt erhielt, etwas erfuhr; er hat von der Diskretion Schm's nicht sehr viel gehalten; das ging soweit, daß seine erste Reaktion auf die Nachricht hin, mein Name sei in der Schweiz bei kirchlichen Kreisen verdächtig geworden, dahin ging, daß Schm. wohl indiskret gewesen sei. Daß Doh[nanyi] daher Schm. gegenüber nicht mit ganz offenen Karten gespielt hat, halte ich wohl für möglich. Ich selbst habe gewiß mehrfach meiner Freude über die mir gegebene Möglichkeit, die oekumenischen Beziehungen zu pflegen, Ausdruck gegeben. Es ist doch schließlich nichts anderes, als wenn z. B. ein Student oder ein Chemiker ins Ausland geschickt wird, dort arbeiten kann, was ihn interessiert und zugleich bestimmte militärische Aufträge zu erfüllen hat.

Schließlich noch ein paar persönliche Worte zur Sache:
Es kann für Sie gewiß keine Beweiskraft haben – aber vielleicht glauben Sie es mir persönlich, und in dieser Hoffnung spreche ich es aus, daß es für mich sehr schwer ist zu sehen, wie die früheren Konflikte mit der Geheimen Staatspolizei, die nach meiner innersten Überzeugung aus einem rein kirchlichen Verhalten heraus entstanden sind, nun dazu geführt haben, mich einer so schweren Verfehlung gegen die selbstverständlichen Pflichten eines Deutschen gegenüber Volk und Reich für fähig zu halten. Noch kann ich es auch nicht glauben, daß dieser Vorwurf mir wirklich gemacht wird. Hätte ich dann, wenn dies meine Einstellung wäre, gerade in einer alten Offiziersfamilie, die alle ihre Väter und Söhne als Offiziere seit Kriegsbeginn z. T. mit höchsten Auszeichnungen im Felde stehen hat und die schwersten Blutopfer gebracht hat, meine Braut gefunden, die selbst Vater und Bruder an der Front verloren hat? Wäre ich dann unmittelbar vor Kriegsausbruch unter Lösung aller Verbindlichkeiten, die ich in Amerika eingegangen war, nach Deutschland zurückgekehrt, wo ich doch mit meiner sofortigen Einberufung rechnen mußte? Hätte ich mich dann, sofort nach Kriegsausbruch, freiwillig als Feldgeistlicher gemeldet? Wenn man meine Auffassung von der christlichen Gehorsamspflicht gegenüber der Obrigkeit etwas kennen lernen will, so sollte man in meinem Buch Nachfolge meine Auslegung von Römer 13 nachlesen. Der Appell an die Unterwerfung unter den Willen und die Forderungen der Obrigkeit um des christlichen Gewissens willen ist wohl selten stärker ausgesprochen worden als dort. Das ist meine persönliche Einstellung zu diesen Fragen! Ich kann es nicht beurteilen, wie weit solche persönlichen Argumente juristisch etwas bedeuten, aber ich kann mir doch auch nicht denken, daß man an ihnen einfach vorübergehen kann?

[1] Der damals suspendierte Generalsuperintendent Otto Dibelius in Berlin. [2] Einer der beiden hinterpommerschen Kirchenkreise, in denen Bonhoeffer bis März 1940 Kandidaten im Sammelvikariat ausgebildet und seinen polizeilich gemeldeten Wohnsitz hatte. [3] Kriegsverwendungsfähig. [4] Superintendent Eduard Block. [5] Rechtsanwalt und portugiesischer Konsul in München, der dortigen Abwehrstelle zugehörig und bereits im Oktober 1942 verhaftet.

[Zum Unternehmen 7] 10. Juni 43

Sehr verehrter Herr Oberkriegsgerichtsrat! Bitte erlauben Sie, daß ich zu meiner heutigen Vernehmung noch zwei Punkte hinzufüge, die mir beim nachträglichen Durchdenken der Angelegenheit Friedenthal[1] eingefallen sind: 1. Der Herr, der die Verhandlungen mit Frl. Friedenthal geführt hat, war m. W. Herr Dr. Arnold; mein Schwager hat mir das später bei irgendeiner Gelegenheit gesagt. Außerdem hat, so viel ich weiß, mein Schwager selbst mit ihr gesprochen. 2. Frl. Friedenthal hat mich im Laufe des Sommers einmal kurz aufgesucht und mich gefragt, ob ich der Meinung sei, daß sie es verantworten könne, den ihr zugemuteten Auftrag zu übernehmen. Ich habe das damals bejaht. [Am Briefrand: Sie hat dabei nur von der Tatsache, nicht vom *Inhalt* des Auftrages gesprochen, von dem ich auch später nie etwas erfahren habe.]
Ich bitte Sie, es mir zu glauben, daß mir diese beiden Punkte wirklich erst nachträglich eingefallen sind. Es fällt mir tatsächlich oft schwer, wohl als einem, der das nicht gewöhnt ist, dem Tempo Ihrer Fragestellungen zu folgen, ich habe aber wirklich kein Interesse daran, die ganze Angelegenheit nicht so wiederzugeben, wie sie sich zugetragen hat. Schließlich liegt ja auch mir nur an einer möglichst baldigen Klärung. Ich hoffe sehr, daß Sie mir diese Worte abnehmen werden.
Mit Heil Hitler!
bin ich Ihr sehr ergebener Dietrich Bonhoeffer

[1] Frl. Friedenthal, Mitarbeiterin der Vorläufigen Kirchenleitung der Bekennenden Kirche, gehörte zu der Gruppe von Juden, die Canaris und Dohnanyi als angebliche Abwehragenten in die Schweiz gerettet hatten. Dr. Arnold war der Sprecher der Gruppe. Siehe über »U 7« DB, 835 bis 841 und 917.

[Weiter zum Unternehmen 7]

Der Hauptpunkt betrifft das Datum[1] meiner Besprechung mit meinem Schwager. Vielleicht erinnern Sie sich aus der Vernehmung, daß meine erste Reaktion auf die Frage nach dem

Datum war: ‚es ist jedenfalls schon sehr lange her', als ich dann unsicher das Frühjahr 1942 nannte und Sie dies gleich bestätigten, habe ich diese Angabe für richtig gehalten. Inzwischen ist mir aber klar geworden, daß dieses Datum, wie es mir gefühlsmäßig gleich zu nah erschien, völlig falsch sein muß, und zwar schließe ich dies aus zweierlei: mein Schwager hat mir gelegentlich gesagt, die Durchführung der ganzen Aktion habe über ein Jahr gedauert. Weiter erinnere ich mich, daß während meiner langen Krankheitszeit – also im Herbst 1941 – mein Schwager mir gelegentlich eines Besuches in meinem Zimmer gesagt hat, daß die Sache Friedenthal jetzt in Gang komme. Demnach lag die erste Besprechung in dieser Sache zweifellos schon eine beträchtliche Weile zurück. Ferner erinnere ich mich jetzt, daß Dr. Schmidhuber einmal mit der Sache befaßt wurde, und zwar hat er auf einer seiner Schweizer Reisen Köchlin[2], bei dem er durch mich eingeführt werden wollte, um die Beschaffung eines Einreisevisums für Frl. Fr. gebeten.
Wie es dazu gekommen ist, kann ich bei allem Bemühen nicht mehr zusammen bekommen, die Situation, in welcher die Sache mit Schm. besprochen worden ist, ob ich, ob m. Schwager sie besprach, ob in Berlin oder München oder ob vielleicht schriftlich, ist mir einfach nicht mehr erinnerlich. Es bestehen m. E. nur zwei Möglichkeiten: entweder stand diese Bitte an Schmidh. schon im Zusammenhang mit den Absichten der militärischen Dienststelle – dann kann es sein, daß nicht ich, sondern mein Schwager mit Schm. gesprochen hat, oder sie ging darauf zurück, daß ich erfahren hatte, daß Frl. Friedenthal in die Schweiz zu Verwandten auswandern wollte und daß ich darauf diese Frage mit Schm. besprach. Es kommt mir nur im letzteren Falle sehr merkwürdig vor, daß ich mich garnicht erinnern sollte, mit Schm. persönlich darüber gesprochen zu haben. Zeitlich muß jedenfalls beides einander sehr nahe gelegen haben und ich glaube mich zu erinnern, daß Frl. Fr., seit ich mit ihrer Sache befaßt war, eine Anweisung der Abwehrstelle hatte, für diese zur Verfügung zu stehen. Wahrscheinlich würde sich mein Schwager daran erinnern; daß Schm. damals schon über die Pläne der Abwehr informiert war, glaube ich nicht, da die ganze Sache

sehr geheim behandelt wurde. Da ich auf meiner zweiten Schweizer Reise im August 41 Köchlin zuletzt gesehen habe und ich mit K. nie über diese Angelegenheit gesprochen habe, nehme ich eigentlich an, daß Schm's Reise nach August 41 stattgefunden hat. Es wäre aber auch denkbar, daß ich zufällig im Gespräch mit K. auf diese Angelegenheit nicht zu sprechen kam. Später erfuhr ich auf irgendeinem Wege v. Schm., daß K. sich direkt mit Frl. Fr. in Verbindung gesetzt habe.

Jedenfalls verbindet sich für mich gefühlsmäßig in der Erinnerung der Fall Frl. ganz mit der geplanten Abw. Aktion. Daß für mich in diesem ganzen Fall innerlich immer das kirchlich-charitative Moment eine Rolle gespielt hat, will ich keinen Augenblick bestreiten.

Daß meine Erinnerung an den ganzen Fall Friedenthal so ungenau ist, hat wohl seinen Grund darin, daß sowohl von K. wie von der Abwehr direkt mit Frl. Fr. verhandelt worden ist, so daß ich in beiden Fällen nur je einmal als Vermittler gedient habe und zwar in einer Angelegenheit, die mich im übrigen sehr wenig anging, da ich, wie gesagt, Frl. Fr. persönlich kaum kannte. Im übrigen hat wohl Frl. Fr. nicht als ‚Jüdin', sondern als ‚Nichtarierin' zu gelten, da sie wie auch Dr. A[rnold] keinen Stern trug. –

Und nun möchte ich Sie, sehr verehrter Herr Oberkriegsgerichtsrat, noch etwas fragen dürfen, wobei Sie mir, bitte, meine völlige Unorientiertheit in juristischen Fragen zugute halten wollen. Ich kann es einfach nicht verstehen, warum Sie mich z. B. auf einem Irrtum wie den über den Zeitpunkt meiner Besprechung mit meinem Schwager beharren lassen, wodurch doch das Ganze der Aussage ungenau und unklar wird, ohne daß jemand damit gedient sein kann. Der Vernommene kommt dadurch doch nur in die peinliche Lage, nachträglich Korrekturen machen zu müssen und damit den Anschein zu erwecken, als hätte er bisher etwas Falsches aussagen wollen. Ich bin ja überzeugt, daß Sie Ihre Gründe für diese Form der Vernehmung haben; für jemand, der nicht die Absicht hat, die Unwahrheit zu sagen, ist sie jedenfalls sehr quälend und nachträglich bedrückend. Es mag wie eine dumme Entschuldigung klingen, aber Sie werden es aus Ihrer Erfahrung ja selbst besser wissen als ich, daß das Gedächtnis des Menschen sehr verschieden funktioniert und daß manches einfach gewisser äußerer Gedächtnisstützen bedarf, um einen Tatbestand genau rekonstruieren zu können. Ohne diese zerfließt einem alles und das ist ein höchst unangenehmer Zustand. –

Ich bedauere Ihnen mit diesem langen Brief Mühe gemacht zu haben, hoffe aber, daß nun wirklich alles gesagt ist, was ich zu diesen Sachen zu sagen weiß.

Zu Ihrer Frage nach dem Umfang, in dem mein Schwager zu meinen Reisen beigesteuert hat, ... kann ich mich mit Bestimmtheit nur an folgende Beiträge erinnern: 1 Schlafwagenzuschlag Berlin–München, 1 Zuschlag 2. Kl. D-Zug München–Ettal, 1 x Fahrt Schlawe–Berlin Winter 39/40, 1 ganze Fahrt Ettal–München–Ettal (Beerdigung von Gürtner).

[1] Mit einem spätliegenden Datum wollte Roeder beweisen, daß v. Dohnanyi und Bonhoeffer die Deportationspolitik des Reiches sabotiert hätten. Bonhoeffer mußte deshalb den Nachweis erbringen, daß dies Datum vor dem Deportationsbeginn Okt. 1942 in Berlin gelegen habe; s. DB, 918. [2] Präsident des Schweiz. Ev. Kirchenbundes, der um Affidavits und Hilfe für die zu rettenden Juden angegangen wurde.

[Zur UK-Stellung von BK-Pastoren][1]

Sehr verehrter Herr Oberkriegsgerichtsrat! Es tut mir wirklich leid, Sie immer wieder auf diesem Wege zu bemühen, aber ich darf es doch nicht unterlassen, Ihnen etwas mir wichtig Erscheinendes zu sagen, und so bitte ich Sie, auch diese Inanspruchnahme Ihrer Zeit freundlichst zu entschuldigen. Als Sie mir gestern aus meinem von mir längst vergessenen Schreiben an meinen Schwager vorlasen, bin ich selbst über das Wort ‚drohen' im Zusammenhang mit der Nieselschen[2] Einziehung zunächst riesig erschrocken und habe nicht begriffen, wie ich zu einem solchen Ausdruck gekommen sein konnte; und ich muß zugeben, daß er so für sich genommen wirklich einen sehr unangenehmen Eindruck macht.

1. Hätte ein Mann wie Niesel eine staatlich anerkannte vorgesetzte kirchliche Behörde, so würde sie ihn bestimmt aus rein kirchlichen Gründen für unabkömmlich erklärt haben.

2. Nur eine innerlich glaubensstarke Kirche kann während eines Krieges ihren schweren Dienst an der Heimat, der im Aufruf zum unbeirrten [?] Gottvertrauen, zur inneren Widerstandskraft, zum Ausharren, zu festerer Zuversicht und [unleserlich] der persönlichen Seelsorge an den in der Heimat kämpfenden deutschen Menschen besteht [unleserlich] erfüllen; dann aber braucht die Kirche auch einige ihrer starken Kräfte in der Heimat. Es ist als ein Dienst am Deutschen Volk im Krieg gedacht, wenn ich – im Rahmen der gegebenen Möglichkeiten – für eine starke Kirche eingetreten bin. Ich glaube, daß das Deutsche Volk auch in diesem Krieg zu einem großen Teil den Dienst der Kirche noch begehrt und ich sehe mit Schrecken und Beschämung, wie mangelhaft und schwach wir weithin ausgerüstet sind und wie dadurch unserm Volk geistige Kräfte verloren gehen, die es so nötig braucht, um zu bestehen.

Man mag nun über die Bekennende Kirche denken was man will, das eine wird man ihr ja gewiß nicht zum Vorwurf machen können, ohne sie völlig mißzuverstehen, nämlich daß in ihr jeweils die ‚Einziehung' als etwas ‚Bedrohliches' angesehen worden wäre. Dagegen sprechen wohl deutlich genug die Hunderte der freiwilligen Meldungen junger Bekenntnis-Geistlicher und die hohen Opfer aus ihren Reihen. Auch habe ich kaum einen einzigen BK-Geistlichen gesprochen, der nicht seine Einziehung als eine innere Befreiung aus dem schweren Druck des politischen Argwohnes, der auf der Bekennenden Kirche lastete, und als eine längst gesuchte Gelegenheit, seine innere Einstellung und Opferwilligkeit nun als Soldat unter Beweis zu stellen, freudig ergriffen hätte und die freiwillige Meldung Pf. Niemöllers zum Wehrdienst gleich zu Anfang des Krieges ist in der Bekennenden Kirche nicht ohne Wirkung geblieben. Das alles darf ich als einer sagen, der die junge Generation der Bekenntnispfarrer kennt und mit ihr verbunden ist wie wenige andere Geistliche. Gerade weil dies unwiderleglich so ist und weil wir darin ein sehr gutes Gewissen haben können, habe ich geglaubt, mit gutem Gewissen in einem dringenden Einzelfall – wie dem Fall Niesel – dafür eintreten zu dürfen und zu müssen, daß ein Pfarrer dem kirchlichen Dienst und der Heimat erhalten bliebe, vorausgesetzt daß sich dies von militärischen Gesichtspunkten aus rechtfertigen ließ, was zu beurteilen mir nicht zustand und weswegen ich an meinen Schwager herantrat. Zweierlei hat mich dabei bestimmt:

Ich weiß, daß auch religiöse Menschen die Kirche sehr anders beurteilen können, aber gerade im Kriege darf hier keiner dem anderen abstreiten wollen, daß das Motiv seiner Überzeugung und seines Handelns die Liebe zum Deutschen Volk ist und der Wunsch, ihm gerade während des Krieges nach besten Kräften zu dienen.

Ich bin seit Kriegsbeginn in mehreren langen Gesprächen mit dem Reichsminister Gürtner[3], den ich persönlich kannte, für eine Beilegung des Kirchenstreites und ein gemeinsames Arbeiten der verschiedenen Kräfte der evangelischen Kirche eingetreten; ich habe dem R. Gürtner Vorschläge dafür unterbreitet, die dieser mit dem Reichskirchenminister Kerrl besprochen hat und die bei diesem Interesse und Beifall fanden. Im Dez. 40 hat mir Dr. Gürtner auf einem mehrstündigen Spaziergang in Ettal ausdrücklich gesagt, daß und wie er jetzt damit zum Ziel zu kommen hoffte. Sein Tod einen Monat später und die Krankheit und der Tod des Reichsministers Kerrl haben diese Hoffnung zerschlagen. Es war ein Versuch, während des Krieges den Frieden in der Kirche herzustellen, um so die stärksten Kräfte für den Kriegseinsatz zu entbinden. Für mich bedeutet auch dieser gescheiterte Versuch, daß ich das Bewußtsein haben darf, das in meinen Kräften Liegende für einen möglichst reibungslosen und starken Einsatz der Kirche im Kriege getan zu haben.

Obwohl das nur entfernt zur Sache zu gehören scheint, wollte ich es doch gern einmal gesagt haben, einfach damit Sie, sehr v. H. O., meine persönliche Einstellung zu diesen Fragen beurteilen können.

[1] Auf dem Kladdeentwurf des Briefes an die Eltern vom 24. 6. 43 (Donnerstag). [2] Wilhelm Niesel, damals im Altpreußischen Bruderrat u. a. Ausbildungsreferent. [3] Siehe DB, 775 f.

[Zu Reisen]

Und nun schließlich noch ein Wort über meine Berliner Aufenthalte. Aus folgenden dienstlichen Gründen mußte ich immer wieder in Berlin sein:
1. vor und nach jeder Reise.
2. zur Vorbereitung bestimmter Reisen, die z. T. längere Zeit in Anspruch nahm (s. u.).
3. wurde mir ausdrücklich gesagt, ich solle dem Herrn Admiral C[anaris] für Sonderaufträge zur Verfügung stehen, so bin ich mehrfach um Adressen, Empfehlungen und Ratschläge gebeten worden.
Im Einzelnen ist hinzuzufügen: Die Vorbereitung der geplanten skandinavischen Reise im Juni 41 hat mich wegen Besprechungen mit dem schwedischen Gesandtschaftspfarrer, Gängen auf die Gesandtschaft, Adressen und Ratschlägen, die ich mir von [durchgestrichen: Dibelius, Diestel] evangelischen Geistlichen beschaffen mußte, von April–Juli 41 einschließlich in Berlin festgehalten. Unmittelbar nach dem Scheitern dieses Reiseplans mußte ich wieder in München mein 2. Visum für die Schweiz beantragen, worauf ich im August hinfuhr. Nach meiner Rückkehr wurde für die weitere Reise nach Paris und Spanien geplant – ich habe dies neulich vergessen anzugeben –, die durch meine langwierige Krankheit, die ich in Berlin bekam, hinfällig wurde. Vor Mitte Jan., Anfang Februar 42 war ich nicht wieder reisefähig. Von März bis Juli 42 war ich mit nur kurzen Unterbrechungen auf Dienstreisen, die auch in Berlin vorbereitet werden mußten. Für den Herbst war die Fortsetzung dieser Reisetätigkeit nach dem Balkan und in die Schweiz in Aussicht genommen. Das scheiterte an Schm[idhuber]s Verschwinden. So blieb ich bis zur Klärung der Sache auf Bitte meines Schwagers in Berlin, da ich in München hätte untätig herumsitzen müssen. Die Situation war damals so ungeklärt, daß ich jeden Tag damit rechnete, wieder nach München und auf Reisen geschickt zu werden. Ich selbst habe wiederholt dazu gedrängt, wieder reisen zu können, da mir die militärische Untätigkeit zu lang wurde. Daß es nicht dazu kam, lag keinesfalls an mir. Mein Aufenthalt in Berlin war meiner vorgesetzten militärischen

Stelle wie meiner Münchener Wohnung immer bekannt. Ich war stündlich erreichbar und bin praktisch auch in dringenden Fällen immer sofort erreicht worden, sowohl durch dringenden Anruf meiner Wirtin in München[1] wie durch die Berliner Abwehrstelle. – Meine Eltern können es bezeugen, wie unwohl ich mich in diesem Zustand permanenter Ungewißheit über meine Reisepläne gefühlt habe. So hat es meinerseits seit Jan. 43 keine Woche gegeben, in der mir nicht gesagt worden wäre, in der nächsten Woche müsse ich nach München und dann reisen, was dann wieder kurz darauf abgeblasen wurde; ich wurde praktisch dauernd auf dem Sprunge gehalten ohne zu wissen, wie lange dieser Zustand dauern würde. –

Die persönlichen Gründe, aus denen ich mich gern in Berlin aufhielt, nämlich meine Bücher, die ich zur Arbeit brauchte, meine alten Eltern, die ich besonders im Gedanken an Alarme nicht gern unnötig allein ließ, – habe ich bereits früher angegeben.

[1] Die Cousine, Christine Gräfin Kalckreuth.

[Zur Anklage auf Wehrkraftzersetzung]

[2. 8. 43]

S. v. H. O.! Sie haben mir erlaubt, Ihnen noch einmal zu schreiben u. ich habe den Wunsch, es wohl zum letzten Mal vor der Gerichtsverhandlung heute noch einmal zu tun. In den 3 Tagen, die seit Ihrer Mitteilung, daß Anklage gegen mich erhoben würde, vergangen sind, habe ich auf Ihren Rat hin versucht, in voller Ruhe den ganzen Fragenkomplex noch einmal zu durchdenken. Ich will Sie nicht mit Persönlichem behelligen; was schon die Tatsache einer Anklageerhebung wegen Zersetzung der Wehrkraft für mich beruflich, persönlich und familiär bedeutet, brauche ich Ihnen nicht zu sagen; dafür kennen Sie meine beruflichen und persönlichen Verhältnisse gut genug. Wenn das Gesetz die Anklage fordert, so muß sie geschehen; das verstehe ich. Daß ich sie nicht erwartet habe, mag auf der mir fehlenden Kenntnis des Gesetzestextes wie auch auf der Tatsache beruhen, daß

ich mich dem Vorwurf der Zersetzung der Wehrkraft gegenüber schuldlos gefühlt habe und nach erneuter Prüfung dessen, was Sie mir am Freitag gesagt haben, auch immer noch fühle.
Die Ergebnisse meiner Überlegungen sind in Kürze folgende: Meine UK-Stellung für den Abwehrdienst kommt dem Wesen nach einer Einziehung zur Abwehr gleich. Ich hätte die beabsichtigten Abwehrreisen ja nicht machen können, wenn ich als Eingezogener bei der Abwehr gedient hätte; denn damit wäre die für meine Reisen absolut notwendige Tarnung weggefallen. Daß ich aber überhaupt bei der Abwehr und nicht mit der Waffe meinem Wehrdienst nachgekommen bin, dafür können doch m. E. ausschließlich diejenigen die Verantwortung tragen, die meine ausländischen Verbindungen für so zahlreich und wichtig gehalten haben, daß sie mich für diesen Dienst in Anspruch nahmen; d. h. darüber muß eigentlich der Herr Admiral Canaris entscheiden, der ja meine Verwendung für die Abwehr selbst befohlen hat. Auch nach meiner persönlichen Überzeugung allerdings konnte ich dem Reich größere Dienste durch die Auswertung meiner ausländischen Verbindungen leisten als anderswo. Sie wissen ja, sehr verehrter Herr Oberkriegsgerichtsrat, daß ich die juristischen Dinge nicht beherrsche, aber ich kann die Frage doch nicht unterdrücken, ob es nicht eine Bestimmung gibt, dergemäß im Kriege jeder dort einzusetzen ist, wo er am meisten für das Reich leistet, den Chemiker läßt man ja auch im Laboratorium, wenn er über Spezialkenntnisse verfügt, die ein anderer nicht hat. Wie dem nun auch sei, jedenfalls sind dies die Gründe, aus denen ich – ohne jeden Zweifel an der Rechtmäßigkeit meiner Tätigkeit – für die Abwehr gearbeitet habe. Und ich muß die Verantwortung dafür meinen Auftraggebern zuweisen. –
Was nun meinen Brief an meinen Schwager in Sachen Niesel, Wolf[1] und Jannasch[2] [betrifft], so verstehe ich wenigstens, daß er befremdend wirken kann, wenn man ihn abgesehen von dem persönlichen Verhältnis, in dem ich zu meinem Schwager stand, liest. Für mich gehört er in die zahlreichen rein persönlichen Gespräche, in denen ich meinem Schwager seit vielen Jahren von kirchlichen Dingen und Schwierigkeiten

erzählte und ihn gelegentlich um Rat fragte. Um das Erbitten eines persönlichen Rates, ob sich in diesen oder jenen Schwierigkeiten etwas helfen ließe, hat es sich dabei gehandelt. Im Fall Jannasch habe ich dem Vater, der kurz vorher seinen anderen Sohn verloren hatte und sehr bekümmert bei mir war, m. W. sogar ausdrücklich gesagt, daß ich nicht glaube, daß sich etwas ändern lasse. War es nun wirklich unerlaubt, daß ich meinen Schwager persönlich noch einmal danach fragte? In diesem Zusammenhang eines schnell abgefaßten persönlichen Schreibens ist nun auch der – gewiß für einen Fremden mißverständliche u. zu beanstandende Ausdruck ‚es *droht* die Einziehung ...' zu verstehen; mein Schwager hat ihn bestimmt nicht mißverstanden, man braucht ihn ja nur zu fragen, wie er den Ausdruck aufgefaßt habe; [unleserlich] war die der Kirche ‚drohende' Schwierigkeit. Ein Eintreten für kirchliche Dinge gegenüber meinem Schwager wäre mir nie als unzulässig erschienen, zumal ja die ganze Bearbeitung der militärischen Möglichkeiten allein bei ihm lag und es mir ihm gegenüber nie in den Sinn gekommen wäre, ihn zu bedrängen oder ihm etwas zuzumuten, was er für nicht verantwortlich hielt. Daß es sich in diesen Dingen ausschließlich um Mitteilungen und Fragen gehandelt hat und das ich ihn nie bedrängt habe, etwas zu tun, das wird mein Schwager Ihnen jederzeit bestätigen. Schließlich hatte ich ja immer die Bedeutung der Kirche für den Kriegseinsatz in der Heimat vor Augen und fühlte mich dadurch innerlich berechtigt, meinem Schwager solche Dinge überhaupt vorzutragen, und mein Schwager hat das gewußt und gut verstanden. Ich will aber die Verantwortung nicht von mir weisen, daß ich auch im Kriege noch für die Kirche eingetreten bin, wo es mir im allgemeinen und in kirchlichem Interesse richtig erschien; und ich glaube zuversichtlich, das, was ich getan habe, auch vor dem Gesetz verantworten und vertreten zu können. Vielleicht glauben Sie es mir, daß mir das Recht zu hoch steht, als daß ich es um meiner Person willen gedeutelt oder verdreht sehen wollte. Ich glaube, in dieser Grundeinstellung wenigstens sind sich in meinem Fall Ankläger und Angeklagter einig.

Darf ich schließlich noch hinzufügen, was eigentlich keines

Wortes bedarf, daß ich mich für den Fall, daß meine Tätigkeit für die Abwehr nicht mehr als wichtig angesehen würde, sofort für jeden anderen Dienst zur Verfügung stelle. Doch habe ich darüber nicht zu entscheiden.

[1] Ernst Wolf, damals Prof. für Kirchengeschichte in Halle, Mitglied verschiedener Bruderräte. [2] Wilhelm Jannasch, damals Pfarrer und Mitglied des Reichsbruderrates, für dessen Sohn sich Bonhoeffer verwendet hatte.

An die Eltern

[Tegel] 24. VI. 43

Liebe Eltern! Ich fange den Brief schon heute an, obwohl ich ja die Hoffnung habe, Euch morgen selbst zu sehen. In der Woche nach Pfingsten habe ich viele Briefe bekommen, die mich sehr gefreut haben. Zuerst die Euren, die mir immer wieder so eine große Beruhigung sind, obwohl ich doch nicht darüber hinwegkomme, daß Ihr unter meinem Mißgeschick nun schon so lange mitleiden müßt; dann Marias Brief, der mich mit den märchenhaften Zukunftsträumen richtig vergnügt gemacht hat; aber auch Hans-Walter hat sich von seinen kurzen dienstfreien Augenblicken Zeit für einen Brief an mich abgespart, wofür ich ihm besonders danke – wie schön, daß er jetzt so nahe bei Berlin ist!
Christoph hat in seinem Brief so nett aus Sakrow erzählt – wenn doch den Kindern bald dieser Druck genommen würde! – und der kleine Michael hat im letzten Paket seinem gefangenen Patenonkel sogar sein Konfekt geschickt; das darf er nun zwar nie wieder tun, aber ich denke mir, daß ihm dieses Opfer – und das ist es doch für so einen kleinen Kerl wirklich – in Erinnerung bleibt, und daß er sich ebenso darüber freut, wie ich es getan habe; wenn ich wieder frei bin, erfülle ich ihm irgendeinen besonderen Wunsch; er soll sich das schon überlegen. Auch Karl-Friedrich hat wieder so nett geschrieben; für Ursel's Brief habe ich wohl schon gedankt. Aus den Paketen erkenne ich immer wieder die Mitwirkung der ganzen Familie, Geschwistern und Kindern wie

auch der Familie von Maria, alle müssen wissen, wie dankbar ich dafür bin; es ist eine wirkliche Hilfe. Was für ein Reichtum ist in solchen Zeiten eine große, eng miteinander verbundene Familie, wo einer dem andern vertraut und beisteht! Ich habe früher bei gelegentlichen Verhaftungen von Pfarrern manchmal gedacht, es müsse doch für Alleinstehende unter ihnen am leichtesten zu ertragen sein. Damals habe ich nicht gewußt, was in der kalten Luft der Gefangenschaft die Wärme, die von der Liebe einer Frau und einer Familie ausgeht, bedeutet, und wie gerade in solchen Zeiten der Trennung das Gefühl der unbedingten Zusammengehörigkeit noch wächst. Über Walter's Einführung[1] habe ich mich sehr gefreut; ich vergaß neulich, ihm dazu und zu seinem Geburtstag Glück zu wünschen; auch für Susi freut es mich sehr, die schon so an der Gemeinde hing und so viel für sie getan hat.
Eben kommen Mama's und Großmutter's Briefe, für die ich Euch sehr danke. Aus den Berichten von Erdbeeren und Himbeeren, von Schulferien und Reiseplänen spüre ich erst, daß es inzwischen wirklich Sommer geworden ist. Hier geht das Leben ziemlich zeitlos dahin. Ich bin froh über die milden Temperaturen. Vor einiger Zeit hatte hier im Hof in einem kleinen Verschlag eine Meise ihr Nest mit 10 Jungen darin; ich hatte mich täglich daran gefreut, eines Tages hatte ein roher Kerl alles zerstört, alle Meisen lagen tot auf der Erde – unbegreiflich. Auch ein kleiner Ameisenbau und die Bienen an den Linden machen mir auf den Gängen im Hof viel Freude. Ich erinnere mich dann manchmal an die Geschichte von Peter Bamm, der auf einer wunderschönen Insel ist, auf der er auch allerlei mehr oder weniger angenehme Menschen trifft, und der bei dem Angsttraum, es könnte einmal eine Bombe alles zerstören, zunächst nur denken kann: es wäre schade um die Schmetterlinge! Es ist wohl das Gefühl für das ungestörte, stille, freie Leben der Natur, das dem Gefangenen ein ganz besonderes – wahrscheinlich etwas sentimentales – Verhältnis zu Tieren und Pflanzen gibt. Nur das Verhältnis zu den Fliegen in der Zelle bleibt für mich noch ganz unsentimental. Der Gefangene neigt wohl überhaupt dazu, den Mangel an Wärme und Gemüt, den er in

seiner Umgebung empfindet, bei sich selbst durch eine Übersteigerung des Gefühlsmäßigen zu ersetzen und er reagiert wohl auch leicht überstark auf alles Persönlich-Gefühlsmäßige. Es ist dann gut, sich selbst immer wieder einmal durch eine kalte Dusche Nüchternheit und Humor zur Ordnung zu rufen, sonst gerät man aus dem Gleichgewicht. Ich glaube, daß gerade diesen Dienst einem das rechtverstandene Christentum besonders wirksam leistet. Du, Papa, kennst das ja alles gut aus Deinen langen Erfahrungen mit Gefangenen. Was die sogenannte Haftpsychose ist, weiß ich allerdings selbst noch nicht; ich kann mir nur die Richtung ungefähr vorstellen.

Ich werde Euch nächstens meine Raucherkarte wiederschikken; hier kriege ich jetzt kaum noch Zigaretten, nur sehr schlechten Tabak zum Rauchen! Herrlich waren Maria's und Mutter's Zigaretten.

Großvaters „Ideale und Irrtümer"[2] habe ich mit großer Freude gelesen; auch der „Nachsommer" freute mich sehr. Ihr müßt mal den „Waldsteig" von Stifter und den „Uli" von Gotthelf lesen; das lohnt sich sehr! –

Eben komme ich zurück und habe Maria gesehen – eine unbeschreibliche Überraschung und Freude! Nur eine Minute vorher hatte ich es erfahren. Es ist mir noch wie ein Traum – wirklich eine fast unbegreifliche Situation, – wie werden wir später einmal daran zurückdenken! Was man in einem solchen Augenblick sagen kann, ist ja so belanglos, aber das ist ja auch nicht die Hauptsache. Es war so tapfer von ihr, zu kommen; ich habe es ihr gar nicht zuzumuten gewagt; denn es ist ja doch für sie viel schwerer noch als für mich; ich weiß woran ich bin, für sie ist alles unvorstellbar, rätselhaft, schrecklich. Wie wird es sein, wenn dieser böse Alpdruck einmal vorüber ist! Und nun ist eben auch noch Maria's und Mutter's Brief gekommen, um die Freude voll zu machen und als Nachklang von heute morgen. Wie gut geht es mir doch immer noch! Sagt es ihnen doch, daß ich mir das täglich sage.

Wir dürfen uns voraussichtlich nächste Woche sehen! Darauf freue ich mich sehr. Maria ist so gern bei Euch und erzählt so froh von Schleicher's. Dafür bin ich sehr dankbar. – Nun grüßt alle Geschwister, Kinder und Freunde sehr von mir! In großer Liebe denkt immer an Euch

Euer dankbarer Dietrich

[1] Prof. W. Dress als Pfarrer in Dahlem. [2] Bonhoeffer meint seinen Urgroßvater, den Kirchenhistoriker Karl August v. Hase, und dessen Autobiographie „Ideale und Irrtümer", 7. Aufl. 1917.

Von der Mutter

[Charlottenburg] d. 27. 6. 43

Lieber Dietrich! Wir haben uns sehr gefreut, daß Du Maria wiedersehen und sprechen konntest, wenngleich ich gleich etwas Sorge hatte, daß es nun für uns wohl nicht mehr reichen würde. – Aber es ist vielleicht ganz gut, wenn wir uns daran schon ein klein bischen gewöhnen; und es wurde uns ja durch Herrn Hauptmann Maetz[1] gesagt, daß es Anfang der nächsten Woche dazu kommen würde. Maria war ganz beglückt von dem Wiedersehen und mußte uns natürlich alles erzählen ... Maria hat Dir ja wohl, wie sie sagte auch von uns berichtet.
Wir sind augenblicklich doch in Überlegungen, ob wir die schönsten unserer Bilder nicht doch aufrollen lassen sollen und in weniger gefährdetes Gebiet bringen. Es würde uns dabei ein Mann vom Museum helfen. Unser Luftschutzkeller ist ja schon sowieso so voll! Nun soll auch das einzige Fenster noch zugemauert werden. Da werde ich, glaube ich, da Papa schon über 70 ist, mit ihm oben bleiben, komme es wie es wolle und solle. – Man kommt, wenn das Fenster geschlossen wird, mit den Sachen auch garnicht heraus. Ich überlege nun auch wegen Deiner vielen Bücher in der Mansarde, ich würde ja gern auch das Wichtigste wegschicken, kann es aber allein nicht beurteilen. Kannst Du nicht mal eine Liste schreiben, mit ungefährer Angabe, wo es steht. Vielleicht dauert aber Dein Fortsein nun wirklich nicht mehr lange. Jede Woche schließt man enttäuscht ab mit dem Gedanken „wieder nicht" und wer weiß, wieviel Wochen man noch in unseren Jahren zu leben hat; denn Kriegs-

jahre zählen doppelt, heißt es. Ich habe das Gefühl „vierfach“ ...
Es grüßt Dich herzlich Deine Mutter

[1] Kommandant des Wehrmachts-Untersuchungsgefängnisses in Tegel.

An die Eltern

[Tegel] Sonntag, den 3. 7. 43

Liebe Eltern! Wenn am Sonnabend abend um 6 Uhr die Glocken der Gefängniskirche zu läuten anfangen, dann ist das der schönste Augenblick um nach Hause zu schreiben. Es ist merkwürdig, was für eine Gewalt die Glocken über den Menschen haben und wie eindringlich sie sein können. Es verbindet sich so vieles aus dem Leben mit ihnen. Alles Unzufriedene, Undankbare, Selbstsüchtige schwindet dahin. Es sind lauter gute Erinnerungen, von denen man auf einmal, wie von guten Geistern umgeben ist; als erstes sind es immer stille Sommerabende in Friedrichsbrunn, die mir gegenwärtig werden, dann all die verschiedenen Gemeinden, in denen ich gearbeitet habe, dann die vielen schönen häuslichen Feste, Trauungen, Taufen, Konfirmationen – morgen wird mein Patenkind[1] konfirmiert! – man kann es garnicht aufzählen, was da alles lebendig wird. Aber es können nur sehr friedliche, dankbare und zuversichtliche Gedanken sein. Wenn man nur andern Menschen mehr helfen könnte!
Ich habe eine Woche mit viel ruhiger Arbeit und schönen Büchern hinter mir, dazu mit Briefen von Euch und Maria, und mit dem wunderschönen heutigen Paket. Es beunruhigt mich etwas, daß Eure Fenster im Luftschutzraum zugemauert werden sollen. Ich finde, Ihr dürft Euch das unter keinen Umständen gefallen lassen; es ist doch der einzige Ausgang und auch sicher nicht so gedacht. Ich habe hier mit dem Hauptmann darüber gesprochen; der hat sich mit Erfolg zur Wehr gesetzt; es ist nur die schematische Durchführung einer Bestimmung, die für Euer Haus garnicht paßt. Rüdiger soll Euch doch da etwas helfen. Daß Ihr nun bei Alarmen oben bleiben wollt, verstehe ich ja, aber ich finde es beunruhigend

und das muß in Ordnung kommen. Man kann ja vor dem Fenster eine dicke Sandsackschicht aufbauen.

Sich von den schönen Bildern zu trennen, ist ja traurig; aber vielleicht ist es richtig, so wüst, wie die Angriffe jetzt zu sein scheinen. Für meine Bücher hoffe ich ja wirklich selbst noch sorgen zu können, um Euch diese Arbeit zu sparen. Vielleicht sollte man die großen Rembrandtmappen schon verstauen.

Maria hat mir über Ausstattungsfragen geschrieben, das hat mich ungeheuer gefreut. Die Skizzen von den Möbeln ihres Zimmers finde ich wunderhübsch. Daß sie jetzt eine Weile zu Haus sein kann, freut mich für sie alle...

Nur um Euch auf dem Laufenden zu halten, nicht weil ich es für der Rede wert hielte, muß ich noch von meinem Hexenschuß berichten. Er ist nicht schlimm, aber dauert schon über 3 Wochen; das ist etwas lästig. Schuld ist wohl der Steinboden. Hier geschieht alles Erdenkliche, Lichtbäder, Fußbäder, aber nützen tut es garnichts.

Es ist nun 1/4 Jahr Haft herum. Ich erinnere mich als Student in der Ethik bei Schlatter gehört zu haben, es gehöre zu den christlichen Staatsbürgerpflichten, eine Untersuchungshaft ruhig auf sich zu nehmen. Damals waren mir das leere Worte. Ich habe in den vergangenen Wochen manchmal daran gedacht; nun wollen wir auch die Zeit, die uns noch auferlegt ist, ebenso ruhig und mit Geduld abwarten, wie bisher. In Träumen bin ich mehr denn je schon wieder in Freiheit bei Euch.

Ganz wunderschön waren die Feuerlilien, die Kelche öffnen sich morgens langsam und blühen nur einen Tag, am nächsten Morgen sind neue da, übermorgen werden die letzten geblüht haben.

Eben komme ich von der Sprecherlaubnis. Das war doch wieder ganz wunderschön; ich bin sehr dankbar dafür. Besonders geht mir der Gedanke an Renate nach ... ich freue mich doch sehr. Übrigens war Goethes Mutter knapp 18 Jahre, als er zur Welt kam. Grüßt sie doch besonders! Auch alle Geschwister und Kinder lasse ich sehr grüßen; ich glaube, es ist keiner, an den ich nicht alle Tage einmal dächte. Daß es der Großmutter wieder so gut geht, hat mich auch besonders gefreut zu hören. Wenn Ihr nun nur bald die Sorge los würdet und reisen könntet! Das ist unaufhörlich mein Wunsch. Habt nochmals Dank für alles und nehmt viele Grüße von Eurem Dietrich

[1] Marianne Leibholz, Tochter der Zwillingsschwester von D. Bonhoeffer, Sabine, und des Prof. für Staatsrecht Gerhard Leibholz, damals in Oxford.

Vom Vater

Charlottenburg, 11. Juli 43

Lieber Dietrich! ... Hast Du in Heideggers Phänomenologie des Zeitbewußtseins etwas für Dich brauchbares gefunden? Es ist für einen klinischen Psychiater eine schwere, fast zu schwere Lektüre, Dir wird es weniger schwer fallen, der Du mit den neueren Philosophen aufgewachsen bist. Ich halte mich da lieber an den von Dir empfohlenen Stifter'schen Nachsommer. Das Capitel der Einkehr erinnert mich sehr an die „Mappe des Urgroßvaters", wo er auch mit einer reizenden Gartenschilderung den Besuch in dem fremden Haus einleitet. Maria schrieb, daß sie um Sprecherlaubnis gebeten hat. Hoffentlich erfüllt sich ihr Wunsch. Wir hoffen bald auf einen Brief von Dir. Mama grüßt herzlich. Sie schreibt nächstdem.
Viele herzliche Grüße Vater

Von der Mutter

Charlottenburg, d. 14. 7. 43

Lieber Dietrich! Heute kam erst Dein Brief vom 5ten an. Er soll doch nun nicht mehr über die Florastraße geschickt werden und doch dauerte es so lange! Es war nur gut, daß wir Dich gesund und munter zwischendurch gesprochen haben.
Wegen des Luftschutzkellers sollst Du Dich nicht beunruhigen. Ich habe mit dem Unteroffizier, der die Sache leitet, gesprochen, und der will uns doch eine Gastüre und auch ein

Gasfenster, das man auf- und zuschließen kann, beantragen. Es gibt natürlich noch eine Menge Wirtschaft, denn man muß wohl vorher alles ausräumen . . .
Papa und die Geschwister und Freunde grüßen Dich herzlich und sind mit allen guten Wünschen immer bei Dir. Von Herzen grüßt Dich Deine Mutter

Von Karl-Friedrich Bonhoeffer [Leipzig] d. 11. 7. 43

Lieber Dietrich! Hoffnung läßt nicht zu Schanden werden! Jedesmal wenn ich mich hinsetze, Dir zu schreiben, hoffe ich, daß Du den Brief gar nicht mehr kriegst, und inzwischen herauskommst. Seit ich das letzte Mal in Berlin zu tun hatte, haben Dich die Eltern gesprochen; das war vermutlich das Ereignis für Dich, von dem Du in der letzten Woche gezehrt hast. Mich freute sehr, daß der Eindruck, den Du auf sie gemacht hast, sie beruhigt und ihnen offenbar wohlgetan hat.
Zur Zeit bin ich Strohwitwer. Grete ist mit den Kindern vorgestern fort nach Tempelburg. Abfahrt alle miteinander stehend im Gang in fürchterlicher Enge! In Berlin haben alle einen Tag und eine Nacht bei den Eltern zugebracht, hoffentlich hat es sie nicht nur angestrengt, sondern ihnen auch ein bischen Freude gemacht. Denn es war doch eine erhebliche Einquartierung. Ich freue mich jetzt der völligen Ruhe und Ungestörtheit, habe den Tag über meine Vorlesung mal wieder überarbeitet und „modernisiert". Außerdem ein paar Stunden im Garten gearbeitet. Unser Birnbaum, der bisher nie getragen hat und den wir voriges Jahr schon umhauen wollten, ist dies Jahr übervoll mit Früchten behangen, die an den dünnen Ruten in großer Höhe senkrecht herabpendeln und beim ersten Sturm schon jetzt abbrechen müssen. Ich habe um den Baum herum ein hohes Gerüst gebaut aus aneinander genagelten Wäschestangen und ähnlichem und hoffe so einiges Obst und den Baum zu retten. Die Beerenernte ist dieses Jahr auch nicht schlecht. Aber das Zeug ist nicht süß, weil die Sonne gefehlt hat. Das ist jedenfalls ein Trost für

Dich, daß Du in der ganzen letzten Zeit nicht allzuviel Sonnenschein verpaßt hast...

Viele Grüße — Dein Karl-Friedrich

An die Eltern

[Tegel] Sonntag 24. 7. 43[1]

Liebe Eltern! Nun seid Ihr gestern bei der Hitze selbst mit dem Paket hier gewesen! Hoffentlich hat es Euch nicht doch zu sehr angestrengt. Ich danke Euch sehr dafür und für alles Gebrachte! Die sommerlichen Erzeugnisse sind mir hier natürlich besonders willkommen. Nun sind also auch die Tomaten schon reif! In diesen Tagen spüre ich zum ersten Mal die Wärme; noch ist sie hier in der Zelle nicht lästig, besonders da ich mich ja wenig bewege. Aber das Verlangen nach frischer Luft wächst. Ich möchte mal wieder einen Abend im Garten erleben. Die halbe Stunde Spazierengehen am Tage ist zwar schön, aber doch zu wenig. Wahrscheinlich werden die verschiedenen Erkältungserscheinungen, Reißen, Schnupfen etc. erst vergehen, wenn ich wieder an die Luft komme. Eine große Freude sind mir immer die Blumen, die etwas Farbe und Leben in die graue Zelle bringen. Für Eure Briefe mit den Familiennachrichten danke ich Euch sehr. Hoffentlich haben es nun alle in ihren Ferien gut getroffen; denn es braucht sie doch jeder. Von Susi hatte ich wieder einen sehr netten Brief, über den ich mich sehr gefreut habe. Sie hat ganz recht, diese Zeit der Trennung macht es einem erst deutlich, daß man sich in normalen Zeiten oft zu wenig Mühe gibt zusammenzukommen. Gerade weil man es nicht für nötig hält, die selbstverständlichen geschwisterlichen Beziehungen eigens zu „pflegen", kommt doch manches zu kurz; und das ist schade. Walter danke ich auch sehr für seine Karte, Susi noch besonders für das häufige Herbringen des Pakets, was für sie doch immer eine Strapaze ist. Aber bei aller Mühe, die Ihr mit den Paketen für mich habt, müßt Ihr doch wissen, daß ich jedes Stückchen mit sehr großer Dankbarkeit und auch mit wirklich gutem Appetit genieße

und daß ich dadurch bisher bei guten Kräften geblieben bin. Ich richte mich auch immer so ein, daß ich gerade eine Woche damit reiche und so täglich eine hübsche Erinnerung und Stärkung habe. So fühle ich mich schon beim Frühstück umgeben von Euch allen, und das ist umso schöner, als gerade der Morgen für mich der innerlich am schwierigsten zu bewältigende Teil des Tages ist.
Zwei schöne Briefe von Maria und einen von der Schwiegermutter – übrigens vom 27. VI.! der ist wohl irgendwo liegen geblieben? – haben mir große Freude gemacht. Maria soll reiten, soviel sie will, ich freue mich darüber und beneide sie nur darum; da sie allerdings auf meinen Vorschlag, mir Reitstunden zu geben, nicht eingeht, nehme ich an, daß sie mich für einen hoffnungslosen Fall ansieht – aber vielleicht täuscht sie sich darin sogar!? Sollte sie jedoch meinen, Reiten schicke sich nicht für einen Pfarrer, so wäre ich darüber anderer Ansicht!...
Ich lebe mit meiner Lektüre ja jetzt ganz im 19. Jahrhundert. Gotthelf, Stifter, Immermann, Fontane, Keller habe ich in diesen Monaten mit neuer Bewunderung gelesen. Eine Zeit, in der man ein so klares, einfaches Deutsch schreiben konnte, muß imgrunde eine sehr gesunde Substanz gehabt haben. Bei den zartesten Dingen wird man nicht sentimental, bei den kräftigsten nicht frivol, bei der Aussprache von Überzeugungen nicht pathetisch, keine übertriebene Simplifizierung und Komplizierung in Sprache und Gegenstand – kurz, das alles ist mir äußerst sympathisch und scheint mir sehr gesund zu sein. Aber es setzt wohl viel ernste Arbeit am deutschen Ausdruck und darum viel Stille voraus. Übrigens haben mich auch die letzten Reuters wieder sehr gefesselt und ich empfinde mit Freude und Erstaunen die innere Gleichgestimmtheit oft bis ins Sprachliche hinein; man fühlt sich doch oft einfach durch die Art und Weise etwas auszudrücken mit einem Verfasser verbunden oder von ihm getrennt.
Besonders zu danken habe ich noch für die Versorgung mit Rauchwaren und allen freundlichen Spendern von Zigaretten!
Wie geht es Renate? Grüßt sie doch sehr und ich lasse auch für ihre Grüße sehr danken.

Von Mal zu Mal hoffe ich, daß es der letzte Brief aus dem Gefängnis ist, den ich Euch schreibe. Schließlich wird es ja auch mit jedem Tag wahrscheinlicher und allmählich kriegt man es hier ja auch satt. Ich würde es uns allen so wünschen, daß wir noch ein paar schöne Sommertage zusammen hätten.
Hast Du, Papa, Dich eigentlich nun in dem „Film der Persönlichkeiten" drehen lassen? Ich fände es ja doch sehr nett. Außerdem kriegt man auf die Weise doch sicher eine Reihe guter Photographien von Dir heraus?
Nun also nochmal vielen Dank für alles, was Ihr immerfort für mich tut. Viele Grüße an Maria, Mutter, Großmutter, auch an die neuen Schwäger und Schwägerinnen, natürlich auch an alle Geschwister und Kinder! Es grüßt in Liebe und Dankbarkeit
Euer Dietrich

[1] Verschrieben, muß heißen: 25. 7. 43.

Vom Vater

Charlottenburg, 28. 7. 43

Lieber Dietrich! Schon die ganzen Tage wollte ich Dir schreiben und immer kam etwas dazwischen. In dieser Beziehung bist Du mehr Herr Deiner Zeit; so gibt es auch in Deiner Lage noch Stellen, wo man von Freiheit sprechen kann. Heute früh wurde angerufen, daß Maria Dich übermorgen sprechen darf. Das freut uns für Euch beide. Mein Brief wird Dich erst erreichen, wenn Du sie gesprochen hast. So brauche ich Dir über unser Ergehen und das der weiteren Familie nicht zu berichten. Du wirst von ihr das Wesentliche hören. Am Sonntag kommen die Leipziger und Schleichers von Tempelburg zurück; voraussichtlich wieder eine umfängliche, aber amüsante Einlagerung bei uns, wenn die Leipziger nicht schon am Abend weiterfahren. Emmi[1] ist schon zurückgekommen mit ihren Dreien und Suses Zeit in Friedrichsbrunn ist auch bald wieder zu Ende. So geht Frühjahr und Sommer dahin. Wir denken in diesen heißen Tagen viel an Dich in Deiner Zelle unter dem Dach. Ein kleiner Trost ist uns dabei die Erinnerung an die heißen Septembertage, als wir Dich in Barcelona besuchten[2], wo Du uns frühmorgens, als Du uns

besuchtest, fragtest, ob wir in der Nacht gefroren hätten, Du hättest Dir die Wolldecke genommen, während wir in der Nacht nicht wußten, wo wir uns vor der Hitze schützen sollten.
Es sind nun bald 4 Monate, die Du da draußen bist. Man darf ja nun wohl hoffen, daß die Dinge hinreichend geklärt sind und wir Dich bald wieder unter uns haben. Es wäre schön, wenn wir eine Zeit in Friedrichsbrunn zusammensein könnten. Aber man wagt in dieser unruhigen bombenbedrohten Zeit gar nicht an solche Idyllen zu denken. An sich ist es ja auch im Garten ganz schön; wenn nur für Mutter das ganze Wirtschaftliche nicht wäre, könnte man sich damit völlig begnügen. Es ist doch sehr häufig so – ich höre das immer wieder von den Patienten – daß die Leute froh sind, wieder zu Hause zu sein, weil sie sich hier doch schließlich noch besser ernähren können. Freilich über einen Friedrichsbrunner Waldspaziergang und einen schönen Nachmittag auf der Wiese geht doch nichts und das möchte ich doch noch einmal erleben. Viele herzliche Grüße von Mama und

Deinem Vater

[Bleistiftnotiz von D. Bonhoeffer am Briefrand: Luftschutz! Reise, Reuter, Hauptmann auf Urlaub, Hans verträgt Hitze nicht!]

[1] Ehefrau von Klaus Bonhoeffer. [2] 1928, s. DB, 136.

An die Eltern

[Tegel] 30. VII. 43

Liebe Eltern! Bei der heutigen Besprechung im RKG hat mir Herr Dr. Roeder die Erlaubnis gegeben, an Euch und an Rüdiger Goltz[1] wegen meiner Verteidigung zu schreiben[2]. Da ich Rüdigers bayrische Adresse nicht genau weiß, wollte ich Euch bitten, Euch mit ihm in Verbindung zu setzen. Ob er selbst die Sache übernehmen kann, ist mir ja im Hinblick auf seine Beinverletzung, die soviel ich weiß wieder schlechter geworden ist, fraglich. Aber er wird sicher eine geeignete

Persönlichkeit empfehlen können. Herr Dr. Roeder meinte, der Verteidiger würde einen Tag für die Akten, einen für Besprechung mit mir und einen für die Verhandlung brauchen, also drei Tage. Das ist ja nicht sehr viel. Aber auch Du, Papa, kennst doch vermutlich viele Anwälte. Aus dem Lubbeprozeß[3] kennst Du doch sicher auch Dr. Sack. Aber es ist fraglich, ob so eine „Kanone“ sich einer für ihn so geringfügigen Sache richtig annimmt, außerdem soll er furchtbar teuer sein. Ich wollte nur daran erinnern und kann es garnicht beurteilen. Ich denke mir einen ruhigen, erfahrenen, älteren, nicht kirchenpolitisch festgelegten Mann, zu dem man sachlich und menschlich Vertrauen haben kann. Ich selber kenne niemand[4], aber Ihr werdet schon das Richtige finden. Es wäre gut, wenn Ihr die Sache bald klären könntet.
Im übrigen darf ich Euch von nun an alle 4 Tage schreiben; das ist sehr schön für mich. Ich denke, ich werde zwischen Euch und Maria immer abwechseln.
Habt vielen Dank für alles und bitte beunruhigt Euch nicht!
Es grüßt Euch und die Geschwister Euer Dietrich

[1] Rüdiger Graf v. der Goltz, Rechtsanwalt und Staatsrat, Sohn einer Schwester von Bonhoeffers Mutter. [2] Siehe DB, 921. Bonhoeffer deutet dem Zensor seine ausgezeichneten Beziehungen an. [3] Siehe DB, 313 f. [4] Andeutung, man solle den für die Bek. Kirche, insbesondere für Martin Niemöller so einsatzbereiten Rechtsanwalt Horst Holstein oder ähnliche Freunde nicht in seinen politisch-militärischen Prozeß hineinziehen.

II. WARTEN AUF DEN PROZESS
AUGUST 1943 BIS APRIL 1944

An die Eltern [Tegel] 3. 8. 43

Liebe Eltern! Ich bin wirklich sehr froh und dankbar, daß ich Euch nun öfter schreiben darf; denn ich fürchte, Ihr macht Euch jetzt Sorgen erstens wegen der Hitze in der Dachzelle, zweitens wegen der Bitte um den Anwalt. Eben kommt nun Euer herrliches Paket mit Tomaten, Äpfeln, Kompott, Thermosflasche usw. und mit dem phantastischen Kühlsalz, das ich noch garnicht kannte. Welche Mühe habt Ihr Euch wieder für mich gemacht. Bitte macht Euch keine Gedanken, ich habe ja oft schlimmere Hitze erlebt, in Italien, Afrika, Spanien, Mexiko und am schlimmsten fast in New York im Juli 39, und ich weiß ungefähr, wie man sich am besten verhält; ich trinke und esse wenig[1], sitze ruhig am Schreibtisch und finde mich in meiner Arbeit eigentlich unbehindert. Zwischendurch erfrische ich Magen und Herz mit Euren schönen Sachen. Um Verlegung in einen anderen Stock möchte ich nicht bitten, ich finde das nicht anständig gegen den andern Gefangenen, der dann in meine Zelle müßte und vermutlich ohne Tomaten etc.; außerdem macht es objektiv wohl nicht viel aus, ob es 34 Grad oder nur 30 Grad im Zimmer hat. Leider weiß ich aber, daß Hans Hitze immer so schlecht verträgt; das tut mir so leid. Aber es ist eine immer wieder merkwürdige Beobachtung, daß man Unabänderliches ganz anders aushält als wenn man dauernd den Gedanken hat, man könnte sich irgendetwas erleichtern.
Was nun meine Bitte um den Verteidiger angeht, so hoffe ich sehr, daß Ihr seither nicht in großer Unruhe seid, sondern den Ablauf der Dinge ebenso ruhig abwartet wie ich. Ihr müßt wirklich nicht denken, ich sei nun sehr niedergeschlagen oder unruhig. Natürlich war es eine Enttäuschung, wie vermutlich auch für Euch. Aber in gewisser Weise ist es auch eine Befreiung zu wissen, daß nun die endgültige Klärung der Sache, auf die wir so lange warten, bald kommen wird. Ich warte täglich auf genaueren Bescheid. Wenn Rüdiger Goltz sich jetzt nicht so plötzlich freimachen kann, so schadet es auch nichts. Herr Dr. Roeder meinte ausdrücklich, es sei eine Sache, die jeder ordentliche Anwalt machen könne, und wenn es ein tüchtiger, warmherziger, anständiger Mann ist,

dazu ein ruhiger und vornehmer Verhandler, der den bisher in den Verhandlungen gepflegten Ton einhält[2] – und das könnt Ihr ja am besten beurteilen –, bin ich ganz einverstanden. Persönlich habe ich eigentlich das Gefühl, daß man am besten selbst sagt, was man zu sagen hat; aber für die juristischen Dinge, von denen ich nichts verstehe, ist wohl doch ein Anwalt nötig.
Ich denke jetzt manchmal, ob Ihr nicht doch für die nächste Zeit wegen möglicher Alarme vielleicht nach Sakrow gehen solltet[3]. Maria schlug auch Pätzig vor, aber da sind die Verbindungen so umständlich und reisen werdet Ihr vor Abschluß meiner Sache eben doch nicht wollen. Wäre es nicht auch für Renate vernünftig, sie zöge etwas zu ihrer Schwiegermutter auf's Land und ihr Mann versucht sich seine Arbeit entsprechend einzurichten? Es ist doch nur 1 Stunde Fahrt. Aber vielleicht sind auch alle Befürchtungen wie so oft ganz unnötig. Hoffentlich!
Ich habe wieder manches Gute gelesen. Mit „Jürg Jenatsch" habe ich eine Jugenderinnerung mit viel Freude und Interesse aufgefrischt. An historischen Sachen fand ich das Werk über die Venezianer sehr instruktiv und fesselnd. Würdet Ihr mir bitte etwas Fontane schicken: „Frau J. Treibel", „Irrungen und Wirrungen", „Stechlin". Diese starke Lektüre der letzten Monate wird auch meiner Arbeit sehr zugute kommen. Man lernt aus diesen Sachen oft mehr für die „Ethik" als aus Lehrbüchern. – „Kein Hüsung" von Reuter habe ich ebenso gern wie Du, Mama. Aber ich bin nun wohl mit den Reuters durch? Oder habt Ihr noch etwas ganz Besonderes?
Übrigens fällt mir noch zur Anwaltsfrage ein: es wäre gut, wenn der Mann sich etwas Zeit für mich nähme und nicht gar zu hastig ist. Ich glaube, das sollte so sein wie beim Arzt, dem man auch nicht anmerken darf, daß er viel zu tun hat.
Eben habe ich zum Mittag ein paar von den wunderbaren Gartentomaten gegessen und dabei an die Arbeit gedacht, die Ihr beim Ziehen damit gehabt habt. Aber sie sind wirklich ganz herrlich geworden. Habt vielen Dank! Dir, lieber Papa, danke ich sehr für Deinen Brief. In der Liebe zu Friedrichsbrunn will wohl keiner von uns hinter dem andern zu-

rückstehen. In diesem Jahr sind es 30 Jahre, daß Ihr es gekauft habt! Ich hoffe noch sehr auf ein paar schöne Tage dort mit Euch und vielleicht kuriert das auch meinen Hexenschuß.
Nach dem Wiedersehen mit Maria habe ich ihr schon schreiben können. Darüber war ich sehr froh. Sie tut mir bei dem Gang auf's Gericht immer so schrecklich leid. Aber ich fand sie wohler aussehend.
Sind nun für Renate's Zustand diese heißen Tage besonders lästig? Das täte mir sehr leid. Grüßt sie doch sehr samt Mann, auch alle Geschwister natürlich und die Kinder! Im „Grünen Heinrich“ las ich neulich den hübschen Vers: „und durch den starken Wellengang / der See, die gegen mich verschworen, / geht mir von Euerem Gesang, / wenn auch gedämpft, kein Ton verloren.“
In großer Liebe und guter Zuversicht grüßt Euch Euer dankbarer Dietrich

Eben lese ich den Aufruf zur Evakuierung; könnt Ihr nicht eine Zeitlang wenigstens in Sakrow übernachten? Die andern werden ja alle ihre Pläne schon gemacht haben. Es ist wirklich sehr widerwärtig, in dieser Zeit hier unnötig sitzen zu müssen und zu warten. Hoffentlich auf baldiges Wiedersehen! D.

[1] Im Briefentwurf stand noch: „... habe morgens großes Verlangen nach Kaffee und nach dem Essen nach etwas Alkohol, um das Herz etwas zu erfrischen, und schließlich wird ja mal ein Gewitter kommen.“ [2] Im Gedanken an den mitlesenden Zensor. [3] Anfang August erfolgten die drei schweren Luftangriffe auf Hamburg, woraufhin Goebbels seinen großen Evakuierungsplan für Familien und Ämter aus Berlin intensivierte.

An die Eltern [Tegel] 7. 8. 43

Liebe Eltern! Dieser Brief geht nun doch wieder an Euch statt, wie eigentlich geplant, an Maria. Ich weiß nämlich nicht, ob es richtig ist, ihr Briefe mit meiner gegenwärtigen Anschrift auf dem Umschlag zu schicken. Auf dem Dorf[1]

schwatzt sich alles gleich herum, und es könnte doch einer da sein, der weiß, was Tegel, Seidelstr. 39, bedeutet; und das würde ich Maria gern ersparen. Außerdem ist sie jetzt nicht einmal zu Haus, und da möchte ich erst recht vorsichtig sein, um sie nicht in eine Lage zu bringen, die ich von hier aus nicht übersehen kann. Sie hat schon genug durchzumachen. So warte ich also, bis ich von ihr höre, wie sie sich das denkt. Dieses in allen Dingen Angewiesensein aufs Warten ist ja überhaupt das Kennzeichen meines gegenwärtigen Zustandes, und je näher man dem Ziel zu kommen hofft, desto schwieriger ist es, sich in Geduld zu fassen.
Nun ist die Hitze ja gebrochen, und ich sitze schon wieder in der Jacke am Tisch. Aber ich möchte Euch doch noch einmal danken, daß Ihr mir die heißen Tage so erleichtert habt. Dabei war die Fahrt nach Tegel für Euch ja auch immer eine schlimme Strapaze.
Ob Ihr nun auch sehr in Luftschutzvorbereitungen seid? Nach allem, was die Zeitung in den letzten Tagen bringt, kommt man ja nicht umhin, sich alles bis in die Einzelheiten hinein noch einmal zu überlegen. Da geht mir z. B. durch den Kopf, daß wir doch einmal vom Gebälk im Keller gesprochen haben und gewisse Bedenken hatten; an dem Hauptbalken in der Mitte sollten doch noch irgendwelche Veränderungen vorgenommen werden? Ob Ihr noch daran denkt und ob die Hilfskräfte dafür zu kriegen sind? Das stelle ich mir jetzt sehr schwierig vor. Wie gern würde ich Euch dabei helfen. Laßt mich doch alles wissen, es interessiert einen ja jede Einzelheit.
Was für Pläne haben die Geschwister mit den Kindern? Werdet Ihr nach Sakrow gehen wenigstens für die Nächte?
Um mich aus diesen Gedanken für kurze Zeit wenigstens ganz herausreißen zu lassen, habe ich in den letzten Tagen Hauffs Märchen mit großem Vergnügen gelesen. Man wird in eine ganz andere Welt versetzt, und man hat nur immer etwas Angst, aus dem Bereich des Fantastischen und der Träume wieder allzu nüchtern zu erwachen! Ich würde gern mal wieder den Lichtenstein lesen; ich habe ihn in einer Reclam-Ausgabe zu Haus; der kleine Druck würde mich nicht stören.

Im Grunde hoffe ich von Tag zu Tag, daß Ihr nicht mehr so oft nach Tegel fahren müßt, sondern endlich beruhigt die so nötigen Ferien machen könnt.
Dieser Tage las ich von der Anmeldepflicht von Kupfergefäßen. Darunter fällt auch mein spanischer „brassaro"; nur müßte man vermerken, daß es sich um ein Kunstwerk aus dem 18. Jahrhundert handelt. Merkwürdig, wie gleichgültig einem in solchen Zeiten derartige Dinge werden.
Von meinen Büchern hätte ich gern Vilmar, Schlatter, Calvin sichergestellt, vielleicht auch die alten Bilder in meiner Stube; aber bitte macht Euch nicht zu viel Mühe damit! Bücher kann man sich ja später schließlich immer wieder kaufen, und *vor allem* müßt Ihr in diesen Zeiten bei Kräften bleiben; demgegenüber ist alles andere wirklich ganz nebensächlich! –
Der Sonntag ist inzwischen auch fast vorüber und ich gehe der neuen Woche mit großer Erwartung entgegen[2]. Hoffentlich kommt auch bald wieder Post von Euch und von Maria.
Ich glaube ich habe bisher noch nicht erzählt, daß ich täglich, wenn ich nicht mehr lesen und schreiben kann, etwas Schachtheorie treibe; das macht mir viel Spaß. Wenn Ihr etwas Kleines, Gutes, vielleicht mit Aufgaben, darunter findet, wäre ich dankbar; aber macht Euch keinerlei Umstände damit; es geht auch so.
Nun grüßt bitte wieder alle Geschwister und laßt mich bitte bald alle Eure Pläne und Entscheidungen wissen. – Würdet Ihr mit Maria bitte besprechen, wie sie es sich mit der Post denkt, und grüßt sie dabei bitte sehr! – Es denkt sehr an Euch alle und grüßt Euch Euer dankbarer Dietrich

[1] Pätzig. [2] Hoffnung auf einen nahen Prozeßtermin.

Von Karl-Friedrich Bonhoeffer

[Leipzig] d. 8. 8. 43

Lieber Dietrich!... Ich will [die Kinder] nicht hier behalten. Vielmehr fahren sie alle am Montag in den Harz nach Friedrichsbrunn. Ich glaube, es wird jetzt doch Zeit,

daß man sich luftschutzbereit macht und Kinder gehören nicht in eine solche Schweinerei hinein, wie sie bei einem schweren Angriff entsteht. Ich hatte jetzt ein paar Tage meinen Hamburger Kollegen[1] hier im Haus als Logiergast. Er kam mit einer kleinen Handtasche an. Er hatte die ersten drei schweren Angriffe im Stadtinnern mitgemacht, dann eine Nacht außerhalb im Freien geschlafen und war nicht wieder in die Stadt hineingekommen. So wurde er zu uns gespült. Jetzt ist er wieder hingefahren, um nach seinen Sachen zu sehen. Ich hoffe nur, daß Berlin nicht drankommt, so lange Ihr noch „sitzt". Aber man muß wohl auch mit *der* Möglichkeit rechnen! Die Reiseverhältnisse sind jetzt denkbar ungünstig, so daß ich meine Dienstreisen soweit wie irgend möglich einschränke, und auch seltener in Berlin bin. Es ist unter diesen Umständen auch kein angenehmes Gefühl, sich von der Familie zu trennen. Denn man weiß nicht recht, wie oft man sich wird sehen können. Man muß sich eben nur klar machen, daß es heute in Europa überhaupt nur noch ganz wenige Familien gibt, die bisher zusammenbleiben konnten, und dankbar sein, daß es bisher möglich war. Wie die nächsten Zeiten aussehen werden, geht ohnedies über menschliche Voraussicht...
Alles Gute, verliere nicht die Geduld. Wir hoffen alle sehr Dich bald zu sehen. Dein Karl-Friedrich

[1] Prof. Harteck, Physiker, s. DB, 71.

Von der Mutter

Charlottenburg, d. 11. 8. 43

Lieber Dietrich!... Es sind nun auch Deine wichtigsten Bücher von der Mansarde in den Keller geschafft worden, gestern noch das Grammophon mit Platten. Die Dürerbogen sind draußen. Wir haben natürlich Deine Anordnungen und Hilfe dabei sehr vermißt...
Von Deiner Schwiegermutter kam eine so herzliche, freundliche Einladung aufs Land an uns oder jemand der Enkel.

Wir wollen aber, bis Eure Sache in Ordnung ist, nicht fort. Wird es zu bunt, so werden wir vielleicht draußen[1] schlafen. Papa will sich auch seiner Arbeit nicht entziehen, trotz seiner 75. Für die Filmaufnahme „der Persönlichkeiten", die das Propagandaministerium von ihm machen wollte, will er sich auch erst entschließen, wenn seine Kinder nicht mehr im Gefängnis sind, und das verstehe ich. – Wenn nun aber die Angriffe kommen, so sorge doch auch Du, soweit Du kannst, vor. Schau doch, daß Du einen Kopfschutz bekommst und genug Wasser hast, um das als Kapuze gemachte Frottiertuch über den Kopf naß zu machen und laß Dir Deine Decke aus der Kammer geben, um sie naß umzuschlagen und mache Dir die Schuhe etc. naß; das soll das Wichtigste sein, wenn man durch das Feuer will und muß. Wir waren am Sonntag mit Paul v. Hase[2] und seiner Frau bei einer solchen Vorführung von Phosphorbomben. – Schön ist anders! Von Maria hatte ich einen sehr lieben Brief. Ich denke, Du wirst eine sehr liebe tapfere Frau bekommen, und das ist uns eine große Freude. – Sie wollte, wenn sie jetzt dort mit ihrer Kur fertig ist, nach Berlin kommen. Ich habe ihr sehr abgeredet und denke, die Mutter wird es nicht erlauben! Sie will mir helfen, aber ich habe dann nur noch eine Sorge mehr ...

Nun behüte Dich Gott auch fernerhin und führe uns alle wieder gnädig zusammen. Immer in Gedanken mit Papa bei Dir

Deine Mutter

[1] In Sakrow b. Potsdam. [2] Stadtkommandant von Berlin, Vetter der Mutter.

An die Eltern

[Tegel] 17. VIII. 43

Liebe Eltern! Beiliegend schicke ich eine Vollmacht für Rüdiger für den Fall, daß er es doch einrichten kann; Ihr werdet ja inzwischen von ihm gehört haben; natürlich kann ich es verstehen, wenn er wegen einer solchen Sache nicht extra nach Berlin kommen will, besonders im Augenblick und als

Vater von 10 Kindern! Aber Ihr werdet ja mit ihm auch über Dr. Wergin[1] gesprochen haben.
Die gestrige Stunde mit Euch war wieder unbeschreiblich schön; ich danke Euch sehr, daß Ihr kamt. Ich finde ja, daß besonders Du, lieber Papa, etwas besser aussehen könntest. Wollt Ihr nicht auch mal eine Zeitlang so wie ich um 8 Uhr oder doch um 9 schlafen gehen, und außerdem einen gründlichen Nachmittagsschlaf machen? Die viele Arbeit, die magere Ernährung, die gestörten Nächte und zu all dem noch Eure Sorge um mich – das ist eben einfach zu viel. Besonders aus diesem Grunde bekümmert mich die immer weitere Verzögerung der Entscheidung so sehr. In normaleren Zeiten sind 4 Wochen garnichts, in diesen unsicheren bombenbedroten Zeiten ist jeder Tag lang. Da man aber annehmen darf, daß jedem an möglichst rascher Abwicklung gelegen sein muß, hoffe ich im Stillen, daß wir doch noch schneller zum Ziel kommen. Vor allem macht Euch bitte um mich so wenig wie möglich Sorge. Ich halte alles gut aus und bin innerlich ganz ruhig. Und wie gut, daß wir aus früheren Erfahrungen voneinander wissen, daß uns Alarme wirklich garnicht beunruhigen. Sehr froh bin ich, daß die Gerichte von Dr. Roeder in Berlin[2] bleiben! Ich stelle es mir für Männer in verantwortlichen Positionen jetzt überhaupt nicht sehr angenehm vor, aus Berlin herausgehen zu müssen. Im Übrigen habt wohl Ihr – wie auch ich – besseres zu tun als immerfort über mögliche Alarme nachzudenken. Abstand gewinnen von den Vorgängen und Aufregungen des Tages, das lernt man hier in der Zelle fast von selbst.
Ich vergaß, auf die Geburtstage am 22.[3] und 28.[4] zu sprechen zu kommen. Der Susi, die so oft Mühe mit meinen Paketen gehabt hat, würde ich gern eine Freude machen; aber das einzige, was mir einfällt, ist eine letzte Flasche Süßwein, die ich habe und ihr gern schenken möchte. Schleicher's würden sich wohl über die einbändige in dickem hellbraunen Leder gebundene neue Bibel, die im Luftschutzkeller steht, freuen; bitte legt sie auf den Geburtstagstisch, und sagt beiden, daß ich mit vielen herzlichen guten Wünschen an sie denke. Wie gern wäre ich dabei! Aber die Geduldsprobe ist eben noch nicht zu Ende. Wenn man bei diesen kleinen Enttäuschungen,

die man immer wieder erlebt, nur die großen Maßstäbe nicht aus den Augen verliert, erkennt man schnell, wie geringfügig die eigenen Entbehrungen sind.
Nachdem ich in den letzten 14 Tagen des unsicheren täglichen Wartens[5] kaum zur produktiven Arbeit kam, will ich jetzt versuchen, wieder ans Schreiben zu gehen. Ich hatte in den vergangenen Wochen einen Entwurf zu einem Schauspiel[6] versucht, habe aber inzwischen festgestellt, daß der Stoff eigentlich nicht dramatisch ist und werde ihn nun in die erzählende Form umzuarbeiten versuchen. Es geht um das Leben einer Familie. Da mischt sich naturgemäß viel Persönliches ein.
Ich hätte gern etwas Konzeptpapier und meine Uhr; die andre blieb gestern plötzlich stehen, sie geht nun zwar wieder; aber es ist mir zu riskant, daß ich plötzlich ohne Uhr sitze. Könnt Ihr bitte die „Systematische Philosophie" herausgegeben von N. Hartmann, Verlag Kohlhammer 1943, für mich kaufen? Ich würde sie gern hier noch durcharbeiten. Sonst darf ich jetzt hier die Personalbibliothek benutzen, in der allerlei Gutes ist, so brauche ich weniger von Euch. Wenn Ihr allerdings von Stifter den „Witiko" noch auftreibt, wäre es schön. – Von Schleichers war es neulich wirklich rührend, daß sie mir die Kaninchenleber geschickt haben. So ein richtiges Stück Fleisch ist bei den dauernden Löffelgerichten etwas sehr willkommenes; auch für Plätzchen, Pfirsiche und Zigaretten danke ich ihnen sehr. Hättet Ihr etwa noch ein bißchen Tee? Ich kann hier gelegentlich kochendes Wasser kriegen.
Der Tod der drei jungen Pastoren[7] geht mir sehr nah. Ich wäre dankbar, wenn ihren Verwandten irgendwie gesagt werden könnte, daß ich ihnen jetzt nicht schreiben kann; sie würden das sonst nicht verstehen. Die drei haben mir unter meinen Schülern mit am nächsten gestanden. Es ist ein großer persönlicher und kirchlicher Verlust. Von meinen Schülern sind es nun wohl über 30, die gefallen sind, und großenteils die Besten.
Karl-Friedrich danke ich wieder sehr für seinen Brief; sie sind immer besonders nett. Auch Hans-Christoph[8] schrieb sehr nett zu meiner Verlobung; er tut allerdings so, als wäre

sie schon veröffentlicht. Vielleicht muß man Onkel Hans sagen, daß das noch nicht der Fall ist. Es gibt hier in der Zelle keine größere Freude als Briefe.
Ich vergaß ganz, nach Onkel Paul[9] zu fragen. Habt Ihr ihm nach dem Tod seiner Mutter eigentlich meine Teilnahme ausgesprochen? Grüßt ihn doch sehr.
Nun danke ich Euch noch einmal sehr für alles! Schließlich kommt ja der Tag des Wiedersehens in Freiheit immer näher, und es wird einer der Tage im Leben sein, die man nicht wieder vergißt. Viele Grüße an alle Geschwister und Kinder. Schreibt doch bald wieder! Der nächste Brief geht wieder an Maria.
Es denkt immer an Euch — Euer dankbarer Dietrich

[1] Rechtsanwalt und Freund Klaus Bonhoeffers. [2] Das Reichskriegsgericht wurde z. T. nach Torgau verlegt. [3] Susanne Dress. [4] Eberhard Bethge. [5] Vergebliches Warten auf Nachricht über einen Prozeßtermin. Dr. Roeder trat einen längeren Urlaub an und wurde dann versetzt. [6] Siehe GS III, 478 ff. [7] Im Entwurf steht: „Der Tod der drei jungen Pfarrer geht mir sehr nah. Alle drei standen in der jungen Theologenschaft in besonderem Ansehen; um Klapproth werden viele hundert junge Pastoren sehr trauern, er verband eine ungewöhnliche geistige Begabung mit der Festigkeit der Menschenführung. Winfried Krause war ja noch vor einigen Monaten bei uns; ich hatte ihn in seiner geraden Art sehr gern. Ich wäre dankbar, wenn seine Frau irgendwie erführe, daß ich ihr jetzt nicht schreiben kann, ebenso Grosch's Vater, der ja mein Schullehrer war. Diese drei haben mir unter meinen Schülern mit am nächsten gestanden. Es ist ein großer persönlicher und kirchlicher Verlust." [8] H.-Chr. v. Hase, damals Wehrmachtspfarrer, Sohn des Bruders der Mutter, Superintendent Hans v. Hase in Frankfurt/Oder. [9] General Paul v. Hase; vgl. S. 107.

Von der Mutter

[Sakrow] 22. August 1943

Mein lieber Dietrich! Wir sind nun einmal wieder über das Wochenende herausgefahren und sitzen auf Liegestühlen am Wasser und genießen die Ruhe, denn in der letzten Zeit hatten wir mit Räumerei im Hause und Herausschaffen von einigen Dingen vor den zu erwartenden Angriffen reichlich zu tun. Papas Bücher und Deine wichtigsten Bücher sind nun

im Luftschutz- und Vorratskeller und eine Anzahl Deiner Mappen und belletristischen Sachen stehen bei Papa in den leer gewordenen Regalen. Dein Kleiderschrank oben ist ganz leer. Ich schickte nun noch ein Paket nach Pätzig und brachte noch eines hier heraus. Unsere Wände sind auch fast ganz leer. Wir haben vieles aus dem Rahmen genommen und die Rahmen in der Garage. Ebenso sind alle guten Teppiche weggebracht. Es würde Dir bei uns jetzt nicht mehr gefallen. Mir auch nicht! aber was hilft's. Man tut was man kann. Im Übrigen warten wir ab ...
Gott behüte Dich und uns alle in dieser schweren unsicheren Zeit

Deine Mutter

An die Eltern

[Tegel] 24. 8. 43

Liebe Eltern! Das war nun doch für Euch eine bewegte Nacht! Ich war sehr erleichtert, als mir der Hauptmann bestellen ließ, es sei bei Euch alles in Ordnung. Von meiner hochgelegenen Zelle und dem bei Alarmen vollständig heruntergelassenen Fenster aus sieht man das schauerliche Feuerwerk über der Stadt in südlicher Richtung sehr deutlich, und ohne das geringste Gefühl persönlicher Beunruhigung kommt einem in solchen Augenblicken doch der ganze Widersinn meiner gegenwärtigen Lage in ihrem untätigen Warten überwältigend stark zu Bewußtsein. Merkwürdig berührte mich dann heute früh die Losung der Brüdergemeinde: „Ich will Frieden geben eurem Lande, daß ihr schlafet und euch niemand schrecke."[1]
Dummerweise bekam ich Sonntag Nacht einen Magen-Darmkatarrh, hatte gestern Fieber, 38, das aber heute wieder herunter ist. Ich bin aber nur eben zum Briefschreiben aufgestanden und lege mich danach gleich wieder vorsichtshalber hin; ich möchte unter keinen Umständen krank werden[2]. Da es hier für solche Fälle keine besondere Verpflegung gibt, bin ich sehr froh an Eurem Knäckebrot und einer seit langem für solche Fälle aufgehobenen Leibnizkeksschachtel.

Außerdem hat mir ein Sanitäter etwas von seinem Weißbrot abgegeben. So komme ich ganz gut durch. Man sollte wohl für alle Fälle immer etwas derartiges hier haben, vielleicht auch ein kleines Tütchen Gries oder Flocken, die einem im Revier gekocht werden können. Bis Ihr den Brief kriegt, ist die Sache längst erledigt.
Dir, liebe Mama, danke ich sehr für Deinen Brief vom 11., der gestern, am 23. ankam. Daß Ihr Euch mit Onkel Paul Hase mal eine solche Vorführung angesehen habt, ist ja vielleicht ganz gut. Er wird ja in solchen Tagen als Stadtkommandant auch alle Hände voll zu tun haben. Auch von Maria und meiner Schwiegermutter kamen gerade gestern, während ich zu Bett lag, Briefe. Das war besonders erfreulich. Daß Maria Dir, liebe Mama, ihre Hilfe angeboten hat, freut mich wirklich sehr. Ob Du sie hättest abschlagen sollen, kann ich von hier aus nicht entscheiden. Es ist so schwer sich ganz in die Situation [zu] versetzen. Man versucht es zwar dauernd, aber es fehlt doch die Kenntnis der Einzelheiten.
Ich habe in der letzten Woche wieder sehr gut arbeiten können, und war gerade richtig im Zug, als diese dumme Unterbrechung kam. Nebenbei lese ich mit viel Freude die „Mikrobenjäger", und da K. Friedrich sie schickt, nehme ich an, daß sie wissenschaftlich zuverlässig sind. Es ist doch ein sehr eindrucksvolles Stück Forschungsgeschichte. – So, nun fällt mir wirklich nichts mehr zum Schreiben ein, und ich werde mich wieder hinlegen. Darf ich nochmal um *Briefumschläge* bitten? – ich habe nur noch 3. – Bitte laßt Euch doch ja nicht durch den Brief beunruhigen. Ich wollte ihn nur nicht ausfallen lassen, wenn er auch etwas kürzer ist. Übermorgen bin ich bestimmt gesund. – Grüßt bitte nochmals beide Geburtstagskinder und sagt ihnen, wie sehr ich an sie denke und wie gern ich dabei wäre! –
Euch und die ganze Familie grüßt herzlich

Euer dankbarer Dietrich

Grüßt doch Christel besonders, sie tut mir in den Alarmnächten immer besonders leid, auch die Kinder.

[1] 3. Mose 26,6. [2] Wegen des erwarteten Prozeßtermins.

Von Karl-Friedrich Bonhoeffer [Friedrichsbrunn[1]] 30. 8. 43

Lieber Dietrich! Wie Du siehst, bin ich z. Z. in Friedrichsbrunn. Grete ist mit den Kindern hier oben, Suse auch mit den ihrigen und wir versuchen nun, ob wir das Haus für den Winter einrichten können. Es muß Kohle, Holz und Petroleum in hinreichender Menge besorgt werden, und das ist nicht leicht. Man läuft von einer Amtsstelle zur andern und kämpft. Außerdem ist die Schulfrage noch völlig unklar, und für die beiden Großen befriedigend überhaupt nicht zu lösen. So bleibt noch offen, ob wir oben bleiben werden. Auf jeden Fall ist es aber sicher gut, soweit wie möglich vorzusorgen und hier Existenzmöglichkeiten zu schaffen, man muß ja immer damit rechnen, daß irgendwer von unserer großen Familie darauf angewiesen sein wird, hierher zu kommen.
Ihr habt heute vor 8 Tagen einen schweren Angriff durchgemacht, wir haben es in Leipzig von ferne mitangehört. Jedenfalls glauben wir, daß das, was wir nachts hörten, Berlin war. Wir denken dabei natürlich besonders an Euch. Bis Du diesen Brief kriegst, können weitere Angriffe Euch wieder heimgesucht haben. Wenn Ihr nur endlich herausgelassen würdet ...
Ob Du in Deiner Klause Zeit und Ruhe hast, um für Dich etwas zu arbeiten, oder ob die Zeit wissenschaftlich ganz verloren für Dich ist? Kann ich Dir Bücher aus der Universitätsbibliothek besorgen? Ich habe bisher immer diese Frage vermieden, weil ich dachte, bis ich Antwort habe, bist Du draußen. Aber selbst diese Enttäuschung hält mich nicht ab, wieder dasselbe zu hoffen. Ich habe hier, wenn ich mir in dem Kindertrubel einige ruhige Minuten verschaffen konnte, ein kleines Bändchen über Bau und Funktion des Gehirns studiert. Dabei las ich gerade, daß die im Zoo geborenen Nachkommen wilder Tiere ein kleineres Gehirn haben als ihre wilden Stammesgenossen im Freien. Eine Wirkung der Gefangenschaft, die Dich vielleicht interessiert, – entschuldige den blöden Witz. Deinen Briefen merkt man jedenfalls diese Seite nicht an. Sie sind uns immer eine große Freude. Ich kriege sie immer von den Eltern oder Maria zugeschickt. In den nächsten Tagen müßte wieder etwas fällig sein.

Viele Grüße von uns allen. Mach soviel Gutes aus dieser Zeit, wie Du kannst. Dein Karl-Friedrich

[1] Sommerhaus der Familie im Harz.

Von den Eltern

Charlottenburg, d. 30. 8. 43

Mein lieber Dietrich! Dein letzter Brief war vom 7ten August datiert! Wie ist denn das nur möglich. Es muß wohl mit der Übersiedlung des Reichskriegsgerichts nach Torgau zusammenhängen. Es ist aber sehr schmerzlich. Ebenso wird es wohl mit unseren Briefen gegangen sein, und Du bist ohne Nachrichten! Wir werden nun Sprecherlaubnis beantragen und hoffentlich bald bekommen. Ich lese mir immer wieder Deinen allerletzten Brief durch und freue mich daran, daß Du unsere Zuversicht auf ein gutes baldiges Ende dieser für Dich und uns Eltern so schweren Zeit teilst und Kopf und Herz oben behältst. Der Sommer ist nun allerdings darüber hingegangen. Ob uns vielleicht aber doch noch ein paar schöne Herbsttage oben in Friedrichsbrunn zusammen beschert sind? Wir räumen natürlich auch allerhand im Hause und da fehlt uns oft ein kräftiger Zugriff. Es sieht nicht mehr sehr schön bei uns aus ...
Sei Gott befohlen. Ihm vertraut Dich immer wieder an

Deine Mutter

31. 8. 43

Lieber Dietrich! Mamas Brief will ich auch noch ein Wort anfügen. Sie hat Dir ja schon geschrieben, daß auch bei uns der Tag, mehr als für ruhige Arbeit und für die innere Ruhe gut ist, mit Räumen und Wegschaffen von Sachen hingeht. Es ist ein perpetuierlich gewordener Umzugszustand, der dadurch besonders unerfreulich ist, daß seine Dauer wirklich nicht abzusehen ist. Wenn es dann erst soweit ist, daß man von sich sagen kann: omnia mecum porto, wird es sehr viel einfacher werden. Ich habe meine Sprechstunden wieder aufgenommen. Sie sind keineswegs überfüllt. Die Auswärtigen

scheuen die Reise in das unsichere Berlin und die Einheimischen haben bei der Unruhe um ihren Besitz „keine Zeit für die Nerven", wie der alte Heim zu sagen pflegte. Das dicke Ende wird dann später kommen, wenn die Menschen wieder an ihr Körperliches zu denken Zeit haben.
Wir haben lange nichts von Dir gehört. Das ist wohl die Konkurrenz der Briefe an Maria. Gesundheitlich geht es Dir hoffentlich wieder gut. Maria hat uns ja von ihrem Besuch bei Dir draußen erzählt. Sie ist ein tapferes Menschenkind. Es freut mich, daß sie sich mit Mama gut versteht und beide sich gern haben ... Allzu lange wird die Geduld ja nun hoffentlich nicht mehr angespannt werden. Ich hoffe, wir sprechen Dich bald. Herzlich Dein Vater

An die Eltern

[Tegel] 31. August 43[1]

Liebe Eltern! Wie Ihr ja schon 2 Tage nach meinem vorigen Brief durch Maria, die mich ganz überraschend hier besuchen durfte, gehört habt, bin ich wieder ganz gesund. Aspirin gegen Fieber und Kohle gegen die entsprechenden Beschwerden sind für mich Allheilmittel, und mit Hilfe Eurer großen Thermosflaschen war ich kurz darauf wieder mobil. Nicht einmal die herrliche Leberwurst brauchte ich mir zu verkneifen. Habt vielen Dank für Eure Mühe. Mir ist jetzt hier sogar Weißbrot verschrieben worden, und ich bitte Dich, liebe Mama, Dir keins mehr für mich abzusparen!
Maria's Besuch hier war wunderschön, und ich habe mich so gefreut, daß sie hauptsächlich Euretwegen gekommen war. Schrecklich leid tut es mir, daß Renate in ihrer neuen Wohnung Bombenschaden hatte; auch für Ursel, die mit der Ausstattung so viel Mühe hatte, ist das scheußlich. Ich mache Renate nun den Vorschlag, sie soll sich auf meine Kosten 2 Zinnteller und 2 Zinnbecher zu kaufen versuchen; in dem Geschäft, in dem wir ihr zur Hochzeit die Zinnterrine besorgt haben, gibt es manchmal noch so etwas. Es würde mich sehr freuen, wenn es ihr gelänge, und dafür kriegt sie nichts von mir zum Geburtstag. Sie soll es also wirklich tun.

Meine Überlegungen für Christoph's Geburtstag, dem ich gern etwas Hübsches schenken würde, sind leider ganz unfruchtbar geblieben. Ob ihn „Du und das Wetter" interessiert? Das steht unter meinen Büchern. Vielleicht ist auch in der Plahn'schen Buchhandlung[2] noch etwas für ihn aufzutreiben? Könntet Ihr dort mal anrufen? Die haben mich immer gut beliefert. Jedenfalls grüßt ihn doch sehr, und ich hoffe, daß wir das nächste Mal einen vergnügten Geburtstag miteinander feiern können. Diese Belastungsprobe für die Kinder ist wirklich sehr hart. Aber er ist ja schon erstaunlich vernünftig und weiß, was für eine Haltung er seinen Eltern schuldig ist. – Inzwischen habt Ihr bei Schleicher's Geburtstag gefeiert, und ich habe natürlich ganz besonders zu Euch hingedacht!
In den letzten Tagen habe ich wieder gut arbeiten können und viel geschrieben. Wenn ich nach ein paar Stunden völliger Versenkung in den Stoff mich wieder in meiner Zelle vorfinde, dann brauche ich immer wieder erst einen Moment, um mich zu orientieren. Das Unwahrscheinliche meines gegenwärtigen Aufenthaltes ist doch immer noch nicht überwunden bei aller Gewöhnung an das Äußere. Ich finde es ganz interessant, diesen allmählichen Prozeß der Gewöhnung und Anpassung an sich zu beobachten. Als ich vor 8 Tagen zum Essen Messer und Gabel bekam – das ist eine neue Einrichtung –, schien mir das fast überflüssig, so selbstverständlich war es mir geworden mit dem Löffel das Brot zu streichen etc. Andrerseits glaube ich, daß man sich an etwas, das man als sinnwidrig empfindet, also z. B. den Zustand des Gefangenseins als solchen, überhaupt nicht oder doch nur sehr schwer gewöhnt. Da bedarf es immer noch eines bewußten Aktes, um sich zurechtzufinden. Wahrscheinlich gibt es darüber doch auch psychologische Arbeiten?
Die Weltgeschichte von Delbrück liest sich sehr schön. Ich finde nur, daß es mehr eine deutsche Geschichte ist. Die „Mikrobenjäger" habe ich mit sehr viel Freude zu Ende gelesen. Sonst habe ich mehreres von Storm gelesen, aber im Ganzen doch ohne davon sehr beeindruckt zu sein. Ich hoffe, Ihr bringt mir noch Fontane oder Stifter. – Leider dauern die Briefe jetzt immer so sehr lange, meist 10–12 Tage. Da-

für, daß wir nur 10 km voneinander getrennt sind, scheint einem das etwas reichlich. Aber es ist trotzdem immer die größte Freude, einen Brief zu bekommen. Mir ist nun mitgeteilt worden, daß ich, da Dr. Roeder offenbar nicht in Berlin ist, meine Briefe an Maria über Eure Adresse schicken soll. Da muß sie sich also immer noch etwas länger gedulden. Das tut mir leid für sie. Aber ich hoffe ja nun doch, daß es nicht mehr allzuviele Briefe sein werden, die ich von hier aus schreiben muß. Ich finde, fünf Monate Warten und Ungewißheit sind genug, auch für Euch! Und der Sommer ist bald vorüber. Aber es gibt ja auch noch schöne September- und Oktobertage. – Nun grüßt bitte alle Geschwister und Kinder sehr. Ich habe nun doch schon großes Verlangen, sie alle wiederzusehen. Vor allem bleibt bis dahin alle gesund!
Es grüßt Euch von Herzen Euer dankbarer Dietrich

[1] Dazu die Notiz des Vaters: Angekommen am 1. Oktober. [2] Am Briefrand hinzugefügt: „Würdet [Ihr] dort bitte für mich das eben erschienene Buch ‚Das Zeitalter des Marius u. Sulla' im Dieterich-Verlag (16 RM) bestellen?"

Von der Mutter

Charlottenburg, 3. 9. 43

Lieber Dietrich! Wir bekamen gestern Deinen Brief vom 24. 8., in dem Du von der Angriffsnacht am Tag vorher schriebst! Das sind Eindrücke, die Dich wohl Dein ganzes Leben nicht loslassen werden, und die Du Deiner Anwesenheit in Tegel verdankst, denn im Luftschutzkeller bei uns hättest Du ja das schauerlich-schöne Luftschauspiel, von dem Du aus Deinem hochgelegenen geöffneten Fenster schreibst, nie erlebt. – Wie sehr verstehe ich aber Deine Verständnislosigkeit gegenüber Deiner Lage in solchen Momenten, wo Du tatenlos zusehen mußt und nirgend helfen kannst, in Deinen besten Mannesjahren ... Indessen war nun wieder ein schwerer Angriff, vorgestern, und wir waren zufällig die Nacht über in Sakrow bei Christel, und haben ihn auch von dort aus ganz anders übersehen können als Zuhause. Wir sahen unsre Gegend um die Heerstraße schwer gefährdet,

doch wir blieben eigentlich auch ganz ruhig dem Unabänderlichen gegenüber. Nur um Schleichers neben uns war uns schwer ums Herz. Als wir morgens heimfuhren, sahen wir viel zerstörte schöne Anwesen in der Heerstraße, auch der Bahnhof brannte und in der Lötzenerallee einige Brandbomben, in der Soldauer und Kurländer und in der Marienburger Luftdruckschaden, Fenster und Dächer entzwei! Bei uns nur ein Küchenfenster und am Dach in der Kofferkammen neben Deinem Zimmer das Dach etwas beschädigt. – Schlimmer ist es dann wohl in Charlottenburg und Moabit gewesen, und das hatten wir wohl brennen sehen. – Leider ist aber bei Susi wieder derselbe Schaden wie damals, wenn nicht erheblich schlimmer in den Fenster- und Türschäden, die durch eine am Sehring'schen Hause niedergegangene Sprengbombe entstanden sind. Wir waren den ganzen Vormittag dort, um zu räumen, damit man wenigstens treten konnte, und dann haben wir noch einiges gepackt und mit Leiterwagen mitgenommen, denn diese Gegend kommt ja fast immer dran! – Suse wird wohl in dieser Woche mal nach Berlin kommen, wenn Grete wieder oben bei den Kindern ist. – Bei Klaus ist nichts passiert . . .
Sei Gott befohlen. Papa grüßt Dich herzlich mit mir

Deine Mutter

Von Karl-Friedrich Bonhoeffer

[Leipzig] 3. 9. 43

Lieber Dietrich! In diesen Tagen wird es nun ein halbes Jahr, daß Du eingesperrt bist. Nie hätte ich geglaubt, daß das so lange dauern würde! Ob Dir wenigstens die Zeit jetzt schneller vergeht als früher? Durch irgendeinen Organisationsfehler kriege ich jetzt nicht mehr die Briefe von Dir aus Berlin zugeschickt, was mir sehr leid tut. Aber ich bin immer noch oft in Berlin und höre dann von Deinen letzten Nachrichten.
Ich sitze hier als Strohwitwer. Grete mit den Kindern ist oben in Friedrichsbrunn . . . Morgen fahre ich für ein paar Tage hinauf. Wenn ich denke, wie ich mich darauf

freue, die alle wiederzusehen, so kann ich mir ungefähr denken, wie Du Dich danach sehnen mußt, bald frei zu kommen. Wenn's noch all zu lang dauert, stelle ich mal den Antrag Dich besuchen zu dürfen – vorausgesetzt, daß ich Dir dadurch nicht das Anrecht auf einen lieberen Besuch beeinträchtige. Jetzt, wo nun bald die schöne Jahreszeit herum ist und es überall grau und traurig draußen aussehen wird, wirst Du vielleicht die Freiheit weniger vermissen.
Viele Grüße und alles Gute! Dein Karl-Friedrich

Von Christoph v. Dohnanyi

[Sakrow b. Potsdam]
d. 4. 9. 43

Lieber Onkel Dietrich! Nun sind wir wieder zu Hause. Wir mußten bei Onkel Walter[1] helfen. Er hat wieder Pech gehabt. Am 1. März war es ja schon einmal bei ihm. Aber heute geht so alles durcheinander. Das ist auch kein Wunder. Dicht bei ihm sind 4 Sprengbomben gefallen, und manchmal ist ja schon bei einer ein so großer Luftzug, daß man aus den Betten fliegt. Bei vieren ist es ja dann natürlich schon ziemlich unangenehm. Im kleinen Wäldchen bei den Großeltern ist ein Australier abgesprungen. Er wurde schlafend bei seinem Fallschirm aufgefunden und dann gleich von dem Herrn Schröter gefangen. Sein Fallschirm liegt immer noch im Wald, garnicht weit von dem Haus der Großeltern entfernt. Ich kann garnicht verstehen, wie ein Mann in einer solchen Situation noch schlafen kann.
Es war ja gut, daß die Großeltern in der Nacht gerade bei uns waren, denn es spart ja immer Nerven (wie die Erwachsenen sich ausdrücken).
Heute kommen sie wieder. Da klingelts schon. Ich muß runter. Flink muß ich den Brief beenden, denn es gibt viel zu helfen. Bilder, Wäsche, Teppiche, Schuhe und alles, was überhaupt nur denkbar ist, wird zu uns rausgeschleppt. Jedenfalls wenn's bei uns reinschlägt, dann lohnt es sich wenigstens. Aber das ist ja nicht sehr wahrscheinlich.

Morgen will Onkel Klaus kommen. Hoffentlich wird was draus. Dann ist die Familie einmal wieder gemütlich beieinander. Bloß leider ist sie ja nicht ganz vollständig. Aber das kommt auch wieder. Und dann kommt auch das lang ersehnte Fest. Man muß eben geduldig warten. Irgendwann kommt der Tag ganz bestimmt.
Die schöne Obstzeit ist nun vorbei. Der letzte Apfel fiel gestern vom Baum. Er wurde sofort von mir verzehrt. Leider hatten die Wespen schon ziemlich daran genagt, aber das ist ja nicht unbedingt ein schlechtes Zeichen. Bald werden die Birnen reif sein, dann wird es wieder besser.
In dieser Woche müssen wir die Kartoffeln racken. Ich bin gespannt wie viele dran sind. Im ganzen soll die Ernte nicht so besonders sein. Aber das ist ja sehr verschieden.
Nun muß ich schließen, denn heute soll ganz besonders früh Schluß gemacht werden. Man weiß ja nicht was in der Nacht passiert.
Also nun wünsche ich Dir erstens eine ungestörte Nacht und zweitens überhaupt alles, was Dein „Wohlbefinden" betrifft.
Es grüßt Dich vielmals Dein dankbarer Christoph

[1] Das Haus von Walter und Susanne Dress war, wie schon im Brief der Mutter vom 3. 9. erwähnt, zu Schaden gekommen.

An die Eltern

[Tegel] 5. Sept. 43

Liebe Eltern! Von der vorletzten Nacht brauchen wir uns wohl gegenseitig nichts zu erzählen. Ich werde den Blick durch das Zellenfenster auf den grausigen Nachthimmel wohl nicht vergessen. Sehr froh war ich, schon am Morgen durch den Hauptmann zu hören, daß bei Euch alles gut gegangen ist. Daß Susi zum zweiten Mal Schaden hatte und nun ihre Wohnung räumen muß, tut mir sehr leid für sie. Sie hat auch einen Packen zu tragen. Wie gut, daß die Kinder nicht da waren! Daß Maria nicht in Berlin sein muß, ist mir eine ganz große Beruhigung. Aber wäre es nun nicht auch für

Euch an der Zeit, wenigstens Euer Nachtquartier in Sakrow aufzuschlagen? Es ist merkwürdig, wie einen in solchen Nachtstunden ganz ausschließlich der Gedanke an diejenigen Menschen, ohne die man nicht leben möchte, bewegt und das Eigene völlig zurücktritt oder geradezu ausgelöscht ist. Man spürt dann erst, wie verwoben das eigene Leben mit dem Leben anderer Menschen ist, ja, wie das Zentrum des eigenen Lebens außerhalb seiner selbst liegt und wie wenig man ein Einzelner ist. Das „als wär's ein Stück von mir" ist schon ganz richtig, und ich habe es bei Todesnachrichten von gefallenen Amtsbrüdern und Schülern oft empfunden. Ich glaube, das ist einfach eine Naturtatsache; das menschliche Leben greift weit über die eigene körperliche Existenz hinaus. Am stärksten empfindet das wahrscheinlich eine Mutter. – Darüber hinaus aber sind es zwei Worte der Bibel, in denen sich für mich immer wieder dieses Erlebnis zusammenfaßt. Das eine aus Jeremia 45: „Siehe, was ich gebaut habe, das breche ich ab, und was ich gepflanzt habe, das reute ich aus ... und du begehrst dir große Dinge? Begehre es nicht! aber deine Seele will ich dir zur Beute geben", und das andere aus Psalm 60: „Gott, der du die Erde bewegt und zerrissen hast, heile ihre Brüche, die so zerschellt ist."
Nun möchte ich Euch und allen Beteiligten wieder sehr für das letzte Paket danken. Ich vergesse es nie und mache es mir täglich bewußt, wie viel Gedanken, Mühe und Verzicht so ein Paket immer mit sich bringt. Aber es ist gerade darum auch immer wieder nicht nur eine äußere, sondern auch eine große innere Hilfe. Daß die Schleichermädels mir wieder von ihrem bißchen Konfekt, das sie kriegen, geschickt haben, ist wirklich sehr nett von ihnen, aber ich denke, sie könnten es wirklich selbst sehr brauchen. Auch Hans-Walter danke ich für seine Tabakspenden sehr. Die Plätzchen von der Großmutter habe ich natürlich erkannt, und die Pätziger Grüße gehören schon ganz selbstverständlich dazu und lenken meine Gedanken täglich auf den Tag, auf den wir uns alle schon freuen. Daß ich mir Maria jetzt an der Aussteuer nähend und arbeitend vorstellen kann – also doch diesen Tag wirklich schon vorbereitend –, macht mich ganz glücklich. Ich kann ja hier garnichts dazu tun als zu warten, zu hoffen

und mich darauf zu freuen. – Schön wäre es, wenn die Briefe nicht so lange unterwegs wären. Da ist wohl irgendetwas in Unordnung geraten. Euer letzter Brief ist vom 11. 8.! Maria's vom 16. Das ist wirklich zu lang. Ich möchte z. B. gern Maria's Pläne wissen, auch wie es mit der großen Berliner Einquartierung bei ihnen geworden ist[1]. Von Euch wüßte ich gern, ob der Splittergraben angelegt ist und ob Ihr nicht einen Durchbruch vom Keller zum Graben machen lassen könnt. Der Hauptmann Maetz hat sich das so machen lassen. Wie geht es Renate? Sind nicht für ihren Zustand diese Alarmnächte besonders ungünstig, auch wenn sie sie draußen in Sakrow erlebt?

Mir geht es weiter gut. Ich bin 2 Stock tiefer gelegt worden wegen der Luftgefahr. Nun sehe ich von meinem Fenster gerade auf die Kirchtürme; das ist sehr hübsch. In der vergangenen Woche konnte ich wieder ganz gut schreiben. Nur fehlt mir die Bewegung in der freien Luft, von der ich für produktives Arbeiten sehr abhängig bin. Aber nun ist es ja nicht mehr lange, und das ist die Hauptsache.

Grüßt doch Maria bitte sehr und sie soll noch ein bißchen Geduld haben und in Pätzig bleiben bzw. in Kl. Reetz[2] und sich nicht beunruhigen! Auch an alle Geschwister und Kinder viele Grüße. – Laßt Euch doch bitte durch die Alarme nicht zu sehr anstrengen, ruht Euch nachmittags aus und ernährt Euch so gut es eben möglich ist! In Gedanken ist immer bei Euch allen Euer dankbarer Dietrich

[1] Nach Pätzig evakuierte Berliner Familien. [2] Nebengut zu Pätzig.

Von Christoph v. Dohnanyi

[Sakrow] den 7. 9. 43

Lieber Onkel Dietrich. Nun sind schon wieder drei Tage vergangen, seitdem ich Dir das letzte Mal geschrieben habe. Viel ist nicht in dieser allerdings auch nur kurzen Zeit geschehen. Am Sonntag waren, wie ich Dir ja wohl schon geschrieben habe, die Großeltern und Onkel Klaus bei uns. Onkel Klaus

kam erst später. Er hatte nämlich einen Besuch, der ihm von abends um 8 Uhr bis morgens um 1/2 8 Uhr erhalten blieb[1]. Und daher schlief er sich am Tage aus. Sie übernachteten alle bei uns und fuhren dann am Montag früh wieder nach Hause.
Morgen haben wir alle Sprecherlaubnis bei Papa. Es ist wirklich sehr schön, daß es sich gerade auf meinen Geburtstag trifft. Es ist meine 2. Sprecherlaubnis, seitdem Papa weg ist. Heute Abend kommt Eberhard wieder nach Hause. Auf Kade[2] haben die Engländer einen Angriff gemacht; 38 Gehöfte sind abgebrannt. Bei Eberhards Mutter ist aber nichts passiert. Es geht ja wirklich etwas weit, wenn sie auch schon aufs Land fahren und es kaputt schmeißen.
Gestern habe ich mir einen kleinen Bluterguß zugezogen. Und da er gerade am Knöchel liegt, konnte ich nicht zur Schule radeln. Hoffentlich ist es bis Morgen wieder gut, damit ich zu Papa gehen kann. Hin muß ich ja auf jeden Fall. Nun fällt mir nicht mehr so sehr viel ein, was ich Dir schreiben kann. Aber ich schreibe Dir bald wieder.
Alles Gute wünscht Dir Dein dankbarer Christoph

[1] Dr. jur. Otto John. [2] Eberhard Bethges Heimatdorf.

Von Renate Bethge

Sakrow, d. 8. 9. 43

Lieber Onkel Dietrich[1]! Wir hatten uns so sehr gewünscht, daß Du uns bald in unserer schönen Wohnung[2] besuchen solltest. Eigentlich haben wir von Woche zu Woche darauf gewartet. Du hättest wohl viele bekannte Dinge zu entdecken gehabt, aber wie alles zusammengekommen war und nun stand, die Bilder, die Bücher, das hätte Dir doch großen Spaß gemacht. Und nun ist diese Besichtigung schon garnicht mehr möglich. Alles ist durcheinander und zerstreut. Du hast indessen auch warten und warten müssen, hast Dir so oft sagen müssen, daß in dem Trubel Deine Hilfe so gut zu

gebrauchen gewesen wäre und hast Dich sicher bei den Alarmen oft geängstigt, weil Du nicht gleich wissen konntest, daß es uns immer gut ergangen ist. Bestimmt hatten wir ja mal gehofft, Dich beim Geburtstag wiederzusehen. Wir haben mit der Schwiegermutter, den Eltern, Tante Christel, den Großeltern und Bärbel bei den Eltern mit manchen guten Sachen gefeiert. Und du hattest so nette Grüße und Glückwünsche bestellen lassen, für die wir Dir sehr danken. Mit großer Freude fanden wir auch die schöne schweinslederne Bibel. Selbst dort kommst Du auf die schönsten Geschenke. Ob Du auch Maria zu dem nahrhaften Gruß angeregt hast, indem Du ihr sagtest, wie so etwas geschätzt werden würde? Leider mußte mein Mann am Abend wieder reisen. Er hat überhaupt ein großes Programm, so daß ich öfters allein bin. Aber es geht uns doch gut. Mir selbst geht es auch wieder viel besser, nur kann ich das Konservatorium von hier aus leider nicht durchhalten. Schwierig ist natürlich, daß wir uns jetzt nirgends so recht seßhaft machen können. Überall gibt es viel Schwierigkeiten ... Es ist sehr nett, daß wir bei Tante Christel Bärbels Zimmer bis auf weiteres haben können. Wir haben damit doch immerhin ein kleines eigenes Reich. Schwierig ist es mit den zerstreuten Sachen, vor allem den Büchern. Wenn was zu arbeiten ist, weiß man nie, wo die Hilfsmittel nun liegen, im Burkhardthauskeller, bei den Eltern, in Kade oder in Bärbels Zimmer bzw. bei Tante Christel im Keller. Dabei geht es uns ja noch wirklich gut. Die Möbelfrage ist noch nicht gelöst. Der Flügel, der ganz besonders schön ist, kommt zu den Eltern ...
Weißt Du schon, daß Dein Verleger Lempp gestorben ist? Offenbar ganz plötzlich. Für Erich Klapproth hielt Ebeling eine ganz vorzügliche Gedenkfeier. Fritz[3] in Köslin die für Winfried Krause. Alle diese Geschehnisse werden Dir Deine Abgeschlossenheit besonders schwer machen. Wie gern sprächen wir mit Dir über alles. Es wird auch bald soweit sein. Wir hoffen und wünschen es jedenfalls sehr. Um eins bist Du ja in Deiner scheußlichen Lage doch zu beneiden, um die vielen guten Sachen, die Du gelesen hast. Diese letzten Wochen haben uns ganz aufgefressen. Die Musik war recht still, ich kam selbst auch wenig zum Üben.

Nun laß Dich sehr herzlich grüßen, hoffentlich geht es Dir immer gut
Deine Renate

[1] Dieser Brief ist teilweise von E. Bethge diktiert, da es ratsam schien, keinerlei Korrespondenz zwischen D. Bonhoeffer und ihm durch die Hände des Zensors laufen zu lassen. Selbst Renate Bethge sollte möglichst selten in Erscheinung treten. Die illegale Korrespondenz zwischen beiden setzte erst Ende November ein, als die Zuständigkeit Dr. Roeders zu Ende ging. [2] Im Burckhardthaus in Dahlem, durch Bombentreffer zerstört. [3] Onnasch, ehemals Studieninspektor im Finkenwalder Predigerseminar.

An die Eltern

[Tegel] 13. 9. 43

Liebe Eltern! Auf meinen, in einem der letzten Briefe geäußerten Wunsch, etwas mehr Post zu bekommen, habe ich dieser Tage nun wirklich eine ganze Reihe von Briefen gekriegt, über die ich mich sehr gefreut habe. Fast komme ich mir vor wie Palmström, der sich „ein Quartal gemischte Post" bestellt. Aber im Ernst, ein Tag mit Briefen hebt sich aus der Monotonie der übrigen immer sehr fühlbar hinaus. Nun kam auch noch die Sprecherlaubnis dazu, so ist es mir wirklich sehr gut gegangen. Nach der unangenehmen Verzögerung der Postbestellung in den letzten Wochen habe ich das sehr dankbar empfunden. Ich fand Euch auch ein bißchen besser aussehend, und das hat mich sehr gefreut; denn mir ist immer noch die Tatsache, daß Ihr in diesem Jahr ganz um die so nötigen Ferien gekommen seid, der Hauptdruck bei meiner ganzen Geschichte. Vor dem Winter müßt Ihr doch noch einmal etwas heraus, und am liebsten käme ich mit. Heute kamen Briefe von Euch und von Karl-Friedrich vom 3. 9. und Christoph hat sogar zweimal geschrieben, was ich furchtbar nett von ihm finde und wofür ich ihm sehr danke. Daß Ihr nun ohne meine Hilfe meine Sachen weggeschafft habt, ist natürlich auch noch ein großes Stück Arbeit gewesen und ich danke Euch sehr dafür! Es ist ein merkwürdiges Gefühl, schlechthin in allem auf die Hilfe der anderen angewiesen zu sein. Aber jedenfalls lernt man in solchen Zeiten dankbar werden und wird das hoffentlich nicht wieder vergessen. Im normalen Leben wird es einem oft garnicht bewußt, daß der Mensch überhaupt unendlich viel mehr empfängt als er gibt und daß Dankbarkeit das Leben erst reich macht. Man überschätzt wohl leicht das eigene Wirken und Tun in seiner Wichtigkeit gegenüber dem, was man nur durch andere geworden ist.

Die stürmischen Ereignisse in der Welt, die die letzten Tage gebracht haben[1], fahren einem hier natürlich in alle Glieder und man möchte an irgendeiner Stelle etwas nützliches leisten können; aber diese Stelle kann eben im Augenblick nur die Zelle des Gefängnisses sein, und was man hier tun kann, spielt sich im Bereich des Unsichtbaren ab und gerade da ist der Ausdruck „tun" sehr unangemessen. Ich denke manchmal an Schubert's „Münnich" und seinen Kreuzzug.

Im übrigen lerne und schreibe ich so viel wie möglich und ich bin froh, daß ich in den mehr als 5 Monaten noch nie einen Augenblick Langeweile empfinden mußte. Die Zeit ist immer ausgefüllt, aber im Hintergrund steht eben doch von morgens bis abends das Warten. Vor einigen Wochen bat ich Euch mal um die Besorgung einiger neuerschienener Bücher: N. Hartmann: „Systematische Philosophie", „Das Zeitalter des Marius u. Sulla" im Dieterich-Verlag; nun bitte ich noch um R. Benz: „Die deutsche Musik". Ich möchte diese Sachen nicht gern ungelesen vorbeigehen lassen und wäre froh, sie hier noch lesen zu können. Karl-Friedrich schrieb mal von einem allgemein verständlichen physikalischen Buch, das er mir schicken wollte. Auch Klaus macht doch von Zeit zu Zeit schöne Bücherentdeckungen. Was hier an Brauchbarem ist, habe ich fast alles gelesen. Vielleicht versuche ich es doch noch mal mit Jean Paul's Siebenkäs oder Flegeljahren. Sie stehen in meinem Zimmer. Später entschließt man sich wahrscheinlich nie mehr dazu; und es gibt ja viel belesene Leute, die ihn sehr lieben. Mir ist er trotz mehrerer Anläufe immer zu langatmig und manieriert erschienen. – Da es aber inzwischen Mitte September geworden ist, hoffe ich ja, daß alle diese Wünsche schon überholt sind, bevor sie erfüllt werden.

Eben kommt auch wieder ein kurzer Gruß von Christoph. Ich habe schon großes Verlangen, ihn und alle die Kinder wiederzusehen. Sie werden sich in diesen Monaten auch verändert haben. Christoph erfüllt seine Pflichten als Patenkind wirklich besser, als ich die meinen als Patenonkel; aber ich freue mich schon, mit ihm irgendetwas zu unternehmen, was ihn freut.

Wenn Ihr Maria sprecht oder seht, grüßt sie bitte sehr! Der Großmutter danke ich herzlich für ihren Brief! Bitte grüßt alle Geschwister und Kinder. Euch dankt für alles

Euer Dietrich

Wohin ist Karl-Friedrich eigentlich berufen worden? Nimmt er es an? – Bitte um Briefpapier!

[1] Gegenoffensive der Russen, Badoglio-Umsturz in Italien, Luftangriffe auf Hamburg und Evakuierung Berlins.

Vom Oberreichskriegsanwalt

Reichskriegsgericht	Torgau, Ziethenkaserne
StPL (RKA)	[durchgestr.: Berlin-Charlottenburg 5
III/114/43	Witzlebenstraße 4–10
	Fernruf 38 06 81]
	den 16. 9. 1943

[Stempel: Wehrmachtsuntersuchungsgefängnis
Zweigstelle
Eing.: 23. Sept. 1943
Az.: 83.23 g]

[gez. Mz.]

Geheim

Verfügung

Der Rechtsanwalt Dr. Kurt Wergin in Berlin W 35, Woyrschstr. 8, wird als Wahlverteidiger des Pfarrers Dietrich Bonhoeffer gem. § 323 Abs. 4 MStGO., § 51 GStVO zugelassen.

Der Präsident	Der Oberreichskriegsanwalt
des Reichskriegsgerichts	Im Auftrage
als Gerichtsherr	gez. Dr. *Lotter*
gez. *Bastian*	Reichskriegsanwalt
Admiral	

Mein lieber Dietrich! ... Mit unserer Reise auf ein paar Tage ins Häuschen[1] wird es nun wohl in diesem Sommer oder Herbst nichts mehr werden. Sehr schmerzlich! Ich denke manchmal, ich will doch mit Papa noch einmal auf eine Woche hinauf. Er hat doch bei all seiner Arbeit mit seinen 75 Jahren jetzt seit einem Jahr keinen Tag Ausspannung gehabt, aber er kann sich nicht dazu entschließen, bis Eure Sache wieder in Ordnung ist und mir geht es ähnlich. – Desto schöner wird es, wenn es dann wieder einmal möglich wird und dann kommt diesmal Deine Maria mit herauf. Sie hat mir so lieb angeboten, mir im Hause etwas jetzt beizustehen, aber ich häte keine Ruhe und ein ganz schlechtes Gewissen bei den Alarmen, während ich so absolut ruhig bin. – Mit einem Splittergraben, der nicht von den Seiten her gestützt wäre, hat es keinen Sinn, und das Holz ist nicht zu beschaffen. Walter war bei dem letzten schweren Angriff in solch einem Graben, da ist, als in der Nähe die Bomben heruntergingen der Sand über ihm und an den Seiten zusammengebrochen, so daß er nicht mehr hinein will. Eberhard ist nun in Spandau in der Seeckt-Kaserne[2] ...

Papa will nun wieder um eine Sprecherlaubnis bitten. Es hilft einem doch immer wieder ein Stückchen weiter, wenn man sich gesehen und gesprochen hat. Ich habe übrigens die Systematische Philosophie von Hartmann noch bekommen und bringe sie das nächste Mal mit. – Daß du zur Zeit Dich an eine Familiengeschichte gemacht hast, freut uns, und wir sind sehr begierig, sie später einmal zu lesen. Leider aber kann ich das gewünschte Schachbuch garnicht auftreiben, ebenso den „Witiko" von Stifter nicht. Würdest Du die „Wanderungen durch die Mark" von Fontane haben wollen, die wären da. Ich suche nach den anderen Büchern aber weiter. Deine Bücherregale oben sind nun vollständig leer gemacht und alles heruntergeräumt, auch die Bilder und Inhalt der Schränke. Wenn man die vielen Dachschäden sieht, ist das doch besser so, wenn nun auch naturgemäß alles recht durcheinander gekommen ist. – In Kade[3] sind doch auch eine Anzahl Brandbomben auf die Scheunen geworfen worden. Den Ort hielt man doch für sicher. Renatchen hatte doch eine Menge Sachen dorthin geschickt. So geht es eben, man kann da überhaupt nichts voraussehen, und das ist vielleicht ganz gut, sonst würde noch mehr Unruhe in die Familien kommen. Papa will noch einen Gruß beifügen. Immer denkt an Dich Deine Mutter

Mama hat mir nicht viel Platz gelassen. Sie hat aber auch alles Wesentliche mitgeteilt, so daß mir wirklich nur ein herzlicher Gruß übrig bleibt. Ich bin zur Zeit dabei, Tabakblätter zu trocknen. Ich hoffe aber, daß Du wieder heraus bist, bis er rauchbar ist. Zacharias[4] hat mir immer Cigaretten aus seinem selbstgepflanzten gebracht, die ganz gut schmeckten. Herzliche Grüße Dein Vater

[1] Friedrichsbrunn. [2] E. Bethge war inzwischen aus der UK-Stellung durch die Abwehr entlassen und zur Militärausbildung eingezogen worden. [3] Vgl. Brief v. Christoph v. Dohnanyi vom 7. 9. 43. [4] Ein Tischler und Nazigegner, ging den Eltern Bonhoeffer gelegentlich im Haus zur Hand.

TESTAMENT[1]

Im Falle meines Todes ...
Den Eltern kann ich nichts schenken, nur danken. – Ich schreibe diese Zeilen in dem dankbaren Bewußtsein, ein reiches und erfülltes Leben gelebt zu haben, in der Gewißheit der Vergebung, und in der Fürbitte für alle hier Genannten.

Berlin, den 20. September 1943 Dietrich Bonhoeffer

Mit meinem Begräbnis soll Eberhard sich nicht quälen. Es ist mir ganz recht, wenn Ebeling, Rott, Kanitz, Schönherr, Dudzus, Fritz[2], Walter[3], Asmussen, Dibelius, Böhm, Jannasch oder Lokies es machen.

[1] Auf dem Umschlag (für Rechtsanwalt Dr. Wergin): „Im Falle meines Todes meinen Angehörigen auszuhändigen." [2] Onnasch. [3] Dress.

Liebe Eltern! Gestern hast Du, liebe Mama, wieder ein so schönes Paket für mich abgegeben. Eure Phantasie ist wirklich unerschöpflich; die warme Speise im Thermosgefäß war besonders überraschend und schön; aber auch für alles andere danke ich Euch und allen Mitbeteiligten sehr. Wenn Euch diese Mühe nur bald erspart bleiben könnte! Draußen scheint es sich allmählich einzuregnen, und ich habe einen entsprechenden blühenden Schnupfen und der Hexenschuß ist auch wieder da. Schuld ist m. E. einfach der Mangel an frischer Luft. Die knappe halbe Stunde, von der der eilige Unteroffizier am liebsten noch einige Minuten abzieht, weil er sonst seinen Dienst nicht schafft, ist eben zu wenig, besonders wenn man Erkältungen so leicht schnappt wie ich. Lästig ist das ja nur, weil es einen an dem einzigen hindert, was man hier tun kann, lesen und schreiben. Aber schlimm oder zum Beunruhigen für Euch ist es garnicht, nur ärgerlich – und also wirklich ganz nebensächlich.

Vor einigen Tagen kam ein sehr netter Brief von Renate, für den ich ihr sehr danke. Es ist nun eine richtige Kriegsehe geworden, die sie führen muß, mit viel Entbehrungen und Schwierigkeiten. Aber so leicht verlieren die beiden ja wohl nicht den guten Mut. Jedenfalls hatten sie doch ein paar sehr schöne Monate zusammen. Ich werde ja vielleicht demnächst vor einer ähnlichen Entscheidung stehen[1]. Wenn man voraussehen kann, daß man wenigstens ein paar Monate zusammen sein kann, dann würde ich doch dafür sein zu heiraten; andrerseits finde ich einen Heiratsurlaub von ein paar Tagen doch zu wenig und vor allem für die Frau; darum halte ich es schon für richtiger, zu warten – allerdings, wie lange? Aber man kann solche Fragen eben doch nur praktisch entscheiden und nicht im voraus. Für Maria tut mir die gräßliche Verzögerung meiner Sache so schrecklich leid. Wer konnte das auch im April ahnen? Mir wäre es lieber, es würde einem gleich von vornherein die voraussichtliche Dauer einer solchen Sache mitgeteilt. Auch in meiner hiesigen Arbeit hätte ich manches anders und fruchtbarer gestalten können. Schließlich ist eben, so wie wir eingestellt sind, jede Woche

und jeder Tag kostbar. So paradox es klingt, ich war gestern wirklich froh, als erst die Zulassung des Anwalts und dann der Haftbefehl kam. So kommt das scheinbar ziellose Warten doch bald zum Ende. Immerhin hat gerade die lange Dauer meiner Festnahme mich Eindrücke gewinnen lassen, die ich nicht wieder vergessen werde. Die ausgefallenen Bücher, die Ihr mir von Karl-Friedrich bringt, lese ich immer mit viel Freude zwischen den eigentlichen Arbeitsstunden. Im übrigen schreibe ich und merke, daß mir auch das freie, nichttheologische Schriftstellern Spaß macht. Aber wie schwer die deutsche Sprache ist, erkenne ich erst jetzt richtig, und wie leicht kann man sie verhunzen!
Ich lasse Ursel sehr für das neulich Mitgeschickte danken. Aber sie soll doch jetzt wirklich *alles* für ihre beiden Soldatensöhne verwenden!
Beim Durchlesen finde ich, daß der Brief etwas unzufrieden klingt. Das soll er nicht und das entspräche auch nicht der Wirklichkeit. So sehr ich mich hier heraussehne, so glaube ich doch, daß kein einziger Tag verloren ist. Wie sich diese Zeit später einmal auswirken wird, läßt sich noch nicht sagen. Aber sie wird sich auswirken. Grüßt bitte Maria und alle Geschwister und ihre Kinder. Ich hatte in letzter Zeit nur Renates Brief. – Bleibt in diesen Herbsttagen nur gesund! Es grüßt Euch von Herzen und dankbar

Euer Dietrich

[1] Angesichts eines noch zuversichtlich erwarteten Prozeßtermins.

Von Christoph v. Dohnanyi [Sakrow] d. 28. 9. 43

Lieber Onkel Dietrich! Heute habe ich Papa etwas gebracht. Nachdem ich noch etwas in der Stadt gekauft hatte, fuhr ich dann gegen Mittag nach Hause.
Mein Flötenlehrer ist nun wieder zurückgekommen. Er war in Spanien. Morgen kann ich zu ihm kommen. Er wohnt in Steglitz. Das ist für einen Luftangriff nicht gerade sehr günstig. Seine 14 Flöten, ich glaube so viele hat er, nimmt er bei jedem Alarm mit in den Keller ...
Unsere kleine Ziege, ich glaube Du hast ihre Geburt noch erlebt, wächst rasend schnell, sie ist jetzt bereits fast so groß wie die Alte. Die beiden machen schon ziemliche Arbeit. Erstens das Stallausmisten, und zweitens ist die Futterfrage garnicht leicht zu lösen. Man kann den Tieren ja nicht die eigenen Kartoffeln geben. Sie müssen eben sehr oft draußen sein und grünes fressen. Das tun sie beide sehr gern und die Alte gibt danach immer viel besser Milch. Der Garten verliert allerdings dadurch an Schönheit, aber Milch ist heute wichtiger als ein schön aussehender Garten und beides auf einmal geht eben nicht.
Nun will ich Schluß machen und den besagten, schon sehr dreckigen Ziegenstall sauber machen.
Alles Gute Dein dankbarer Christoph

Von den Eltern [Charlottenburg] 3. Oktober 43

Lieber Dietrich! Vorgestern kam Dein Brief vom 31. August – eine Rekord-Laufzeit, ein Monat für eine Entfernung von 13 km. – offenbar bedingt durch den Umzug des Reichskriegsgerichtes nach Torgau. Das ist schade. Hoffentlich dauert es mit der Sprecherlaubnis nicht auch so lange. Ich habe sie vor etwa 10 Tagen erbeten. Morgen ist es ein halbes Jahr, daß wir Deine Verhaftung noch unter den Blumen meines 75. Geburtstags miterlebt haben. Es ist uns eine Freude von Dir zu hören, daß Du die Conzentrationsfähigkeit hast, wenigstens zeitweise so zu arbeiten, daß Du die augenblickliche

Situation ganz vergessen kannst. Ich bin begierig, Deine Studie über das Zeiterleben zu lesen. Wenn man mit bestimmten Terminen vor Augen, wie wir zur Zeit von Freitag bis Freitag, wo wir Dir Dein Wochenpaket zustellen, lebt, scheinen die Wochen kurz, in der Rückerinnerung scheint das Erlebte rasch in die Vergangenheit weit zurückzutreten. Das Letztere hängt vielleicht mit dem Alter zusammen, vielleicht aber auch mit der Fülle des Neuen, das in heutigen Zeiten an einen herantritt. Mit meiner Arbeitsfähigkeit ist es nicht so besonders bestellt. Es ist zu vielerlei, was an einen herankommt. Der Garten nimmt jetzt weniger Zeit in Anspruch. Wir werden 3 Äpfel ernten, Birnen gar nichts. Dagegen ist der Wein diesmal ertragreich. Ich denke, wir können Dir Freitag eine Kostprobe besorgen. – Gestern war der Tag mit Glaserarbeit ausgefüllt. Wir mußten die zugeschnittenen Scheiben selbst einnageln und kitten, nachdem wir uns beim Glaser belernt hatten. Es sieht einfacher aus, als es ist. Immerhin haben wir jetzt bis auf eine Scheibe im Eßzimmer alles in Ordnung. Mama wird Dir auf der Rückseite über die Geschwister und Häusliches das Erforderliche mitteilen. Herzliche Grüße und guten Mut für den Rest Deiner Prüfungszeit Dein Vater

Lieber Dietrich! Es ist hemmend Briefe zu schreiben, von denen man annimmt, daß sie durch den Lauf der Dinge überholt sind, bis sie an den Anderen gelangen. So, wenn ich Dir jetzt gern Ratschläge für Deinen Katarrh geben möchte, denn daß Du einen hast, ersehe ich aus Deinem Wunsch nach Emser Pastillen. Da sie aber leider überhaupt nicht mehr aufzutreiben sind, ist auch diese Frage sowieso gegenstandslos, und ich hoffe nur, daß Du Dich auch vom Arzt beraten läßt ...

Du glaubst garnicht, wie schwierig es ist, den Fontane und Stifter zu bekommen. Du hattest 2 Bd. Stifter in Deiner Bibliothek, sagt Renate, und *Deinen* Fontane. Ich habe aber sowieso keine Möglichkeit aus Deiner Bibliothek etwas herauszusuchen, da wir ja alles aus der Mansarde herunter ins Parterre zu Papa und in den I. Stock geholt haben, wo es auf den Schränken aufgebeugt liegt. Als ich sah, wie sehr

gerade der Dachstock immer so oft ausgebrannt war, habe ich mich ungern, aber doch dazu entschlossen. Den „Hungerpastor" von Raabe kann ich Dir aber schicken. Laß mich doch noch mal wissen, was Du von Fontane und Stifter schon dort gehabt hast; die Sachen gehen oft an Hans und dann bin ich nicht mehr im Bilde, wo sie schon waren ... Laß mich doch immer Deine Wünsche wissen! Ich möchte Dir so gerne Deine Lage erleichtern soweit es in unsern Kräften steht. Es ist doch wirklich für Mitglieder unsrer Familie eine ganz unwahrscheinliche Lage! Aber eines kann ich nur sagen, ich war immer stolz auf meine 8 Kinder und ich bin es jetzt, wo ich sehe, wie sie sich mit Würde und Anstand in so unbeschreiblicher Lage halten, noch mehr denn je. – Ich bin allerdings auch überzeugt, daß diese Geduldsprobe auch seinen Sinn für Dich hat, und vertraue Dich weiter der göttlichen Führung. Er wird's wohl machen. – So wollen wir eben weiter warten und arbeiten, damit diese böse Zeit schnell vergeht. Das ist doch auch manchmal ein Segen der Arbeit. Du kannst es Gott sei Dank auf geistigem Gebiet; mir fehlt es nicht an Arbeit im Hause und bei den Familien und ich will froh sein so lang ich es kann ...
Alles Gute mein guter Junge — Deine alte Mutter

An die Eltern

[Tegel] 4. 10. 43

Liebe Eltern! Habt vielen Dank für Euren Brief von 20. 9., der hier gleichzeitig mit einem von Maria vom 2. 9. ... vor 3 Tagen eintraf! Könnt Ihr bitte Maria wohl gleich wissen lassen, daß ich ihren Brief erst jetzt bekam; sie begreift sonst garnicht, daß ich ihr nicht darauf antwortete; ein späterer vom 13. 9. kam vorher.
Draußen sind zauberhafte Herbsttage und ich wünschte Euch – und mich mit Euch – in Friedrichsbrunn; auch Hans und seiner Familie, die alle so besonders an dem Häuschen hängen, wünschte ich es so sehr. Aber wie viele Menschen mag es heute in der Welt geben, die sich noch

ihre Wünsche erfüllen können? Ich bin zwar nicht der Meinung des Diogenes, daß Wunschlosigkeit das höchste Glück und ein leeres Faß eine ideale Behausung ist; warum soll man sich da ein X für ein U machen lassen? Aber daß es, besonders wenn man noch jünger ist, ganz gut sein kann, eine Zeitlang auf Wünsche verzichten zu müssen, das glaube ich doch; nur darf es, finde ich, nicht dazu kommen, daß die Wünsche in einem überhaupt absterben und man indifferent wird. Aber diese Gefahr besteht auch bei mir zur Zeit noch in keiner Weise...

Eben kommt wieder ein Brief von Christoph. Ich finde es erstaunlich, wie er immer wieder daran denkt. Was für ein Weltbild mag sich in dem Kopf eines 14jährigen gestalten, wenn er monatelang seinem Vater und seinem Patenonkel Briefe ins Gefängnis schreiben muß. Allzuviel Illusionen über die Welt werden in einem solchen Kopf nicht mehr Platz haben. Für ihn ist die Kinderzeit wahrscheinlich doch mit diesen Ereignissen zu Ende gegangen. Ich lasse ihm sehr danken und freue mich schon sehr darauf, ihn wiederzusehen.

Daß Ihr die „Systematische Philosophie" von Hartmann noch gekriegt habt, ist sehr schön. Ich sitze nun sehr dahinter und werde einige Wochen damit zu tun haben, wenn nicht inzwischen doch die ersehnte Unterbrechung kommt.

Maria hat in einem ihrer letzten Briefe so sehr nett über die Stunden bei Euch geschrieben. Sie fühlt sich so wohl bei Euch, und darüber bin ich natürlich unendlich froh und danke Euch sehr dafür, daß Ihr es Maria immer so hübsch macht. Ich fände den Gedanken, daß sie Dir, liebe Mama, den Haushalt abnähme, ja sehr verlockend, auch in Gedanken an meine Rückkehr, auch glaube ich ja, daß die schlimmste Zeit für Luftangriffe vorbei ist, aber die Verantwortung möchte ich natürlich auch nicht übernehmen.

Ich freue mich auf die nächste Sprecherlaubnis, die Ihr beantragt habt. Kann nicht auch mal eins der Geschwister mit Euch kommen? Wie geht es nun Renate und Mann? Ich denke natürlich viel hin. Grüßt sie und alle anderen bitte herzlich.

Es grüßt Euch sehr — Euer dankbarer Dietrich

Würdet Ihr bitte versuchen für mich zu besorgen: Ortega y Gasset: „System der Geschichte“ u. „Vom römischen Imperium“, 2 Aufsätze, erschienen 1943 bei Deutsche Verlagsanstalt, Stuttgart.

An die Eltern

[Tegel] 13. x. 43

Liebe Eltern! Vor mir steht der bunte Dahlienstrauß, den Ihr mir gestern gebracht habt und erinnert mich an die schöne Stunde, die ich mit Euch haben konnte und an den Garten und überhaupt daran, wie schön die Welt in diesen Herbsttagen sein kann. Ein Vers von Storm, den ich dieser Tage kennen lernte, gehört so ungefähr zu dieser Stimmung und geht mir immer wieder durch den Sinn, wie eine Melodie, die man nicht los wird: „und geht es draußen noch so toll / unchristlich oder christlich / ist doch die Welt, die schöne Welt / so gänzlich unverwüstlich“. Um das zu wissen, genügen sogar ein paar bunte Herbstblumen, ein Blick aus dem Zellenfenster und eine halbe Stunde „Bewegung“ auf dem Gefängnishof, auf dem ja ein paar schöne Kastanien und Linden stehen. Aber letzten Endes faßt sich, jedenfalls für mich, die Welt doch zusammen in ein paar Menschen, die man sehen und mit denen man zusammen sein möchte. Dieses gelegentliche Auftauchen von Euch und von Maria für eine kurze Stunde wie aus weiter Ferne ist es eigentlich, worauf hin und von dem her ich hauptsächlich lebe. Es ist eben die Berührung mit meiner eigentlichen Welt. Wenn ich dazu noch an den Sonntagen gelegentlich eine gute Predigt hören könnte – manchmal trägt mir der Wind Bruchstücke der Choräle zu – wäre es noch schöner. Übrigens soll doch Karl-Friedrich oder Ursel mal beantragen, Euch zu einer Sprecherlaubnis begleiten zu können; das würde mich doch sehr freuen.

Über Euren letzten Brief vom 3. x., der mit überraschender Geschwindigkeit zu mir kam, habe ich mich sehr gefreut. Inzwischen habt Ihr Euch ja selbst überzeugt, daß es mir gut geht und ich fand diesmal wirklich, daß Ihr ein bißchen

besser ausseht. Sehr danke ich Euch auch für die Weintrauben aus dem Garten, sie sind ja ganz ausgezeichnet und es tut mir nur leid, daß Du, lieber Papa, sie jetzt nicht selber ißt.
Ich habe in der letzten Zeit wieder viel geschrieben, und bei allem, was ich mir für den Tageslauf vorgenommen habe, sind mir die Stunden des Tages jetzt oft zu kurz, so daß ich sogar manchmal schon das komische Gefühl habe, ich hätte hier – für dies und jenes Nebensächliche – „keine Zeit"! Morgens nach dem Frühstück, also ab 7 Uhr ungefähr, treibe ich Theologie, dann schreibe [ich] bis Mittag, nachmittags lese ich, dann kommt ein Kapitel aus der Weltgeschichte von Delbrück, etwas englische Grammatik, aus der ich doch noch allerlei lernen kann und schließlich, je nach der Verfassung, schreibe oder lese ich wieder. Abends bin ich dann müde genug, um mich gern hinzulegen, wenn auch noch nicht zu schlafen.
Wann wird nun Maria zu Euch kommen? Willst Du, liebe Mama, ihr nicht doch, wenn auch nur vorübergehend, einfach den Haushalt abtreten? Das könnte doch eine Art von Ferien für Dich sein, und ich stelle mir vor, daß Maria das glänzend macht. – Es tut mir so leid, daß sie und Ihr Euch nun unnötig mit dem Pelz abgeschleppt habt. Aber in dem warmen weißen Sweater und dem Skianzug fühle ich mich wirklich ganz warm trotz der nur 12 Grad im Haus. – Wie lang werden wir uns noch Briefe schreiben müssen? – Am 26. werde ich sehr zu den Geburtstagen von Christel und Renate hindenken. Beide begehen ihn mit Sorgen besonderer Art. Es ist übrigens auch Max Wedemeyers[1] Todestag. –
Grüßt bitte alle Geschwister und Kinder sehr. Das Verlangen, sie alle wiederzusehen wird von Woche zu Woche größer. Sagt doch auch Tante Elisabeth mal einen schönen Gruß. – Bleibt nur gesund bei dem kühlen Wetter!
Es grüßt Euch sehr Euer dankbarer Dietrich

[1] Bruder seiner Braut, 1942 an der Ostfront gefallen.

Vom Vater an den Präsidenten des Reichskriegsgerichts

[Charlottenburg] 17. 10. 43

Ich bitte, die Haftentlassung meines Sohnes Lic. Pfarrer Dietrich Bonhoeffer zu verfügen. Er befindet sich seit Anfang April in Haft. Ich brauche nicht zu sagen, daß es meiner Frau und mir, die wir alte Leute sind, nach solch schwerer Zeit eine große Freude wäre, wenn wir ihn zum Feste bei uns hätten. Es ist uns seiner Zeit anläßlich einer Sprecherlaubnis von Oberstkriegsgerichtsrat Roeder der Abschluß des Verfahrens für Mitte Juli in Aussicht gestellt worden. Nachdem, wie wir hören, die Ermittlungen seit längerer Zeit abgeschlossen sind, und bei einem Mitglied meiner Familie der Gedanke sich im Falle der Entlassung dem Verfahren zu entziehen nicht in Betracht kommt, hoffen wir, daß unserer Bitte entsprochen werden kann. Ich bin auch bei der Persönlichkeit meines Sohnes überzeugt, daß er sich nichts hat zu schulden kommen lassen, was eine noch weitere Haft rechtfertigen könnte.

Karl Bonhoeffer

An die Eltern

[Tegel] 22. 10. 43

Liebe Eltern! Eben hat, wie mir mitgeteilt wurde, Suse mit dem kleinen Michael Euer Paket hier abgegeben. Ich danke ihr und Euch sehr dafür. Hoffentlich ist dem kleinen Jungen der Eindruck eines Gefängnisses nicht zu stark gewesen. So ein Kind hat eben doch noch garkeine Maßstäbe für das Mögliche und malt sich meinen Zustand vielleicht doch in zu dunklen Farben aus. Es war mir richtig schmerzlich, daß ich ihn nicht vergnügt begrüßen und mich mit ihm unterhalten konnte; das hätte ihn sicher beruhigt. Suse steht ja wohl auf dem Standpunkt, das, was das Leben nun einmal mit sich bringt, den Kindern nicht absichtlich fernzuhalten, und imgrunde glaube ich, daß das richtig ist; denn es wird eben für diese Generation nicht zufällig und ohne Sinn sein, daß sie sich frühzeitig mit harten Eindrücken abfinden lernt. Aber wie anders werden sie mit 18 Jahren sein als wir, hoffentlich

nicht zu desillusioniert und bitter, sondern wirklich nur widerstandsfähiger und kräftiger durch alles, was sie erlebt haben. Sagt doch Michael, daß ich ihm für seinen Strauß sehr schön danken lasse!
Es scheint, daß nun meine Dinge doch in Gang kommen und ich bin sehr froh darüber. Umso unnatürlicher ist es, das, was einen bewegt, nun nicht wie sonst alles mit Euch besprechen zu können. Aber ich denke, sehr lange kann es nun nicht mehr dauern. Ihr müßt übrigens nicht denken, daß ich nun den ganzen Tag mich mit meiner Angelegenheit befasse. Das ist durchaus nicht so u. m. E. auch nicht nötig. Ich benutze die letzten ruhigen Tage und Wochen, nun noch möglichst viel zu arbeiten und zu lesen, und ich werde mit meinem Tagespensum leider fast nie ganz fertig. Daß ich in der letzten Zeit in aller Ruhe die großen deutschen Erziehungs- und Bildungsromane, den Wilhelm Meister, den Nachsommer, den Grünen Heinrich, den Hungerpastor – z. Zt. bin ich bei den „Flegeljahren" – lesen und miteinander vergleichen konnte, ist für mich ein großer Gewinn gewesen und ich werde lange davon zehren. Auch die Lektüre der „Weltgeschichte" war mir sehr nützlich. Die Hartmannsche „Systematische Philosophie" gefällt mir nach wie vor sehr gut. Sie ist ein sehr brauchbarer Überblick. So komme ich mir wie nach einem geschenkten Semester mit einer Reihe guter publica vor. Für die eigene Produktion ist sicher auch allerlei dabei abgefallen. Aber nun freue ich mich doch schon unendlich auf den Tag, an dem ich nicht nur mit Gedanken und erdachten Gestalten, sondern mit wirklichen Menschen und mit all den verschiedenen täglichen Aufgaben zu tun haben werde. Es wird eine große Umstellung sein.
Wie geht es Euch? ist Else[1] weg? Was machen Schleichers? Was wißt Ihr von Hans Christoph[2] aus Calabrien? Mir geht es gut und ich genieße, soweit das möglich ist, die letzten warmen Tage des Jahres. Habt vielen Dank für alles! Hoffentlich hat Eure Sorge nun bald ein Ende! Es wäre an der Zeit! – Karl Friedrich danke ich sehr für seinen Brief. Hoffentlich sehe ich ihn mal bei einer Sprecherlaubnis. Es wäre doch sehr schön! – In guter Zuversicht grüßt Euch und die ganze Familie
Euer dankbarer Dietrich

Wann kommt Maria zu Euch? Sie schrieb mir heute, sie ginge noch für einige Zeit zu ihrer Schwester Bismarck[3] nach Kniephof. Sie schreibt, Ihr verwöhntet sie zu sehr und ich sollte Euch das sagen. Ich finde es aber gerade sehr nett.

[1] Haushilfe. [2] Hans Christoph v. Hase. [3] Ruth-Alice v. Bismarck, Frau von Klaus v. Bismarck.

Vom Vater

[Charlottenburg] 23. 10. 43

Lieber Dietrich! Ich hoffe, wir können bald wieder uns bei Dir draußen sprechen. Ich habe um Sprecherlaubnis gebeten mit dem besonderen Wunsch nach regelmäßigem 14tägigem Sprechturnus. Hoffentlich wird es genehmigt und dann bald durch Deine Entlassung überholt. Es ist ein Jammer, daß diese schönen warmen Herbsttage an uns und Millionen anderer vorübergehen, ohne daß man sich ihrer unbefangen freuen kann. Ein Glück ist, daß auch für unsere Soldaten im Osten noch warme Tage zu sein scheinen. Der Winter wird so etwas abgekürzt ...
Es wird jetzt bald soweit sein, daß ich Dir etwas Tabak vom Eigenbau schicken kann. Ich werde ihn aber irgendwie zeichnen, damit Du ihn kennst und wenn er ungenießbar ist, weglegst.
Herzliche Grüße

Dein Vater

An die Eltern

[Tegel] 31. x. 43

Liebe Eltern! Für Euren Besuch danke ich Euch wieder sehr. Wenn er nur etwas öfter und ausführlicher sein könnte! Bei unserer großen Familie reicht die Zeit nicht einmal, um nach jedem Einzelnen zu fragen. Aber daß es Euch und allen anderen leidlich geht, ist die Hauptsache. Daß jeder seine besonderen Sorgen und viel Arbeit hat, versteht sich ja heute von selbst, – wenn auch Ihr in Eurem Alter eigentlich das

Recht hättet, davon etwas weniger zu spüren; und statt daß wir Jüngeren Euch manches erleichtern und abnehmen können, ist es leider gerade umgekehrt.
Ich danke Euch auch wieder sehr für das Paket; ich weiß ganz genau, wie [viel] Mühe und Überlegung Euch das immer kostet, und wenn Du, liebe Mama, neulich schriebst, Du ärgertest Dich immer, wenn irgendetwas vergessen sei, so bitte ich Dich sehr, das doch ja nicht zu tun, erstens ist tatsächlich fast nie etwas vergessen, sondern im Gegenteil immer noch alles viel schöner als ich es für möglich halte, und zweitens ist mir doch ganz klar, was Du jetzt alles im Kopf haben mußt. Es täte mir wirklich leid, wenn das, was bei mir immer nur große Freude auslöst, Dich nachträglich irgendwie bekümmerte. Also habt vielen Dank und sagt ihn bitte auch Ursel und allen anderen Beteiligten.
Heute ist Reformationsfest, ein Tag, der einen gerade in unsern Zeiten wieder sehr nachdenklich machen kann. Man fragt sich, warum aus Luther's Tat Folgen entstehen mußten, die genau das Gegenteil von dem waren, was er wollte, und die ihm selbst seine letzten Lebensjahre verdüstert haben und ihn manchmal sogar sein Lebenswerk fraglich werden ließen. Er wollte eine echte Einheit der Kirche und des Abendlandes, d. h. der christlichen Völker, und die Folge war der Zerfall der Kirche und Europas; er wollte die „Freiheit des Christenmenschen" und die Folge war Gleichgültigkeit und Verwilderung; er wollte die Aufrichtung einer echten weltlichen Gesellschaftsordnung ohne klerikale Bevormundung und das Ergebnis war der Aufruhr schon im Bauernkrieg und bald danach die allmähliche Auflösung aller echten Bindungen und Ordnungen des Lebens. Ich kann mich aus meiner Studentenzeit an eine Auseinandersetzung zwischen Holl und Harnack erinnern, ob die großen geistesgeschichtlichen Bewegungen sich durch ihre primären oder ihre sekundären Motive durchsetzten. Damals glaubte ich, Holl, der das erste behauptete, müsse Recht haben. Heute denke ich, daß er unrecht hatte. Kierkegaard hat schon vor 100 Jahren gesagt, daß Luther heute das Gegenteil von dem sagen würde, was er damals gesagt hat. Ich glaube, das ist richtig – cum grano salis.

Nun noch eine Bitte: Würdet Ihr für mich bestellen: Wolf Dietrich Rasch: „Lesebuch der Erzähler" (Kiepenheuer Verlag 1943), Wilhelm von Scholz: „Die Ballade" (Th. Knaur Verlag 1943), Friedrich Reck-Malleszewen: „Briefe der Liebe aus 8 Jahrhunderten" (Keil Verlag 1943)? Vermutlich sind die Auflagen nicht groß, darum muß man gleich bestellen.
Mein Rheumatismus, der neulich für ein paar Stunden so war, daß ich nicht allein vom Stuhl aufstehen und nicht einmal die Hände zum Essen heben konnte – sie haben mich daraufhin gleich ins Revier unter den Lichtbügel gebracht – ist wieder viel besser. Aber ganz losgeworden bin ich ihn doch seit Mai nicht mehr. Was tut man eigentlich später mal dagegen? Wie gut, daß Ihr eine ordentliche Sprechstundenhilfe gefunden habt!
Grüßt bitte alle Geschwister und Kinder sehr von mir! Auf ein baldiges Wiedersehn mit Euch hofft täglich Euer

dankbarer Dietrich

Der Brief von Großmutter Kleist kam gestern an. –

Vom Vater

[Charlottenburg] 5. 11. 43

Lieber Dietrich! Dein Brief vom Reformationsfest ist erfreulich rasch gegangen. Wir haben ihn heute bekommen. Die Bücher, die Du haben möchtest, habe ich bestellt. Vorrätig hatte der Buchhändler sie nicht, wird sie aber schicken, sobald er sie hat ...
Die heutige Nacht hat leider unsern schönen Dahlien die Blüten geknickt. Die letzte Rose habe ich noch gerettet für Mamas Schreibtisch. Heute sind es 7 Monate, daß Du inhaftiert bist. Es ist uns ein beruhigender Gedanke zu wissen, daß Du arbeiten kannst und die Fähigkeit hast, Deinen Tag einzuteilen. So wird Dir auch der Rest dieser Prüfung noch erträglich sein. Was Deine rheumatischen Sachen angeht, so ist der November ja nicht gerade der beste Monat, sie los zu werden. Vielleicht läßt Du Dir 3 m. täglich eine gelbe Tabl. Aspirin oder 3 m. tgl. Nelutrin geben. Ob es das letztere gibt,

weiß ich allerdings nicht. Ich nehme an, daß Du, wenn Du wieder in normale Lebensverhältnisse und zu mehr Bewegung in freier Luft kommst, die Sachen verlieren wirst. – Eben war der kurze Alarm. Daß sie so früh kommen, ist rücksichtsvoll. Man ist noch angezogen und hofft auf eine ungestörte Nacht ... Herzlich Dein Vater

An die Eltern

[Tegel] 9. 11. 43

Liebe Eltern! Jetzt haben die trüben Herbsttage angefangen und man muß versuchen, sie von innen her aufzuhellen. Dazu helfen immer Eure Briefe, – die in letzter Zeit übrigens mit erstaunlicher Geschwindigkeit durchkommen. Aber Euer letztes Paket war wieder besonders schön. Sehr erfreut und überrascht war ich über die Stifter-Anthologie. Da sie hauptsächlich aus Briefstücken besteht, ist mir fast alles neu. Die letzten 10 Tage stehen für mich ganz unter dem Eindruck des „Witiko", der sich – nachdem ich Euch so lange mit Suchen danach gequält habe – hier in der Gefängnisbibliothek anfand, wo ich ihn wirklich nicht vermutet hatte! Mit seinen 1000 Seiten, die man nicht überfliegen kann, sondern mit viel Ruhe lesen muß, wird er wohl heute nicht allzu vielen Menschen zugänglich sein, und ich weiß daher nicht, ob ich ihn Euch empfehlen soll. Für mich gehört er zu den schönsten Büchern, die ich überhaupt kenne; dabei versetzt er einen in der Reinheit der Sprache und der Gestalten in ein ganz seltenes und eigenartiges Glücksgefühl. Eigentlich sollte man ihn statt des „Kampf um Rom" mit 14 Jahren zum ersten Mal lesen und dann damit aufwachsen. Auch die guten heutigen historischen Romane, etwa von der Bäumer, kann man garnicht in einem Atem damit nennen. Es ist ein Buch sui generis. Ich würde es sehr gern besitzen, aber es wird wohl kaum möglich sein, es zu bekommen. Einen ähnlich starken Eindruck hatte ich bisher unter allen Romanen, die ich kenne, nur vom „Don Quichotte" und von Gotthelf's „Berner Geist". – An Jean Paul bin ich auch diesmal wieder gescheitert. Ich komme nicht darüber hinweg, daß ich ihn maniriert und eitel finde. Er muß ja menschlich auch ziemlich fatal gewesen sein. – Es ist schön, so auf Entdeckungsfahrten durch die Literatur zu gehen, und es ist erstaunlich, was man nach so vielen Jahren des Lesens noch für Überraschungen erlebt. Vielleicht könnt Ihr mir noch zu weiteren verhelfen?

Vor ein paar Tagen bekam ich Rüdiger's Brief, für den ich ihm sehr danke. An das Programm des Furtwänglerkonzertes, in dem er war, habe ich von hier aus sehnsüchtig gedacht. Hoffentlich verlerne ich in dieser Zeit hier nicht noch den Rest meiner Technik. Nach einem Trio-, Quartett- oder Singabend habe ich manchmal richtigen Hunger. Das Ohr möchte einmal wieder etwas anderes hören als die Stimmen in diesem Bau. Nach über 7 Monaten wird man es eben doch reichlich satt hier. Aber das ist ja eigentlich selbstverständlich und ich brauchte es Euch nicht erst zu sagen. Hingegen ist es nicht selbstverständlich, daß es mir trotz allem gut geht, daß ich mancherlei Freuden erleben darf und bei allem guten Mutes bin – und dafür bin ich jeden Tag sehr dankbar. Morgen soll Maria zur Sprecherlaubnis kommen. Von Monat zu Monat vertröste ich sie und bitte sie um Geduld, aber es ist doch für sie unbeschreiblich schwer.

Ich hoffe auch Euch bald wiederzusehen und inzwischen einen Brief zu bekommen. Grüßt alle Geschwister und Kinder sehr von mir! Anna[1] danke ich sehr für die Zigaretten! – Bleibt nur alle gesund und macht Euch um mich keine Sorgen. „Was lange währt, ..."

Es grüßt Euch sehr — Euer dankbarer Dietrich

Auch für die Schachtheorie vielen Dank!

[1] Hilfe im Haus Schleicher.

An die Eltern

[Tegel] 17. XI. 43

Liebe Eltern! Während ich diesen Brief schreibe, hören Schleichers, wie mir Ursel erzählte, am heutigen Bußtag alle zusammen die h-moll-Messe. Seit Jahren gehört sie für mich

ebenso zum Bußtag wie die Matthäus-Passion zum Karfreitag. Ich erinnere mich genau an den Abend, an dem ich sie zum ersten Mal hörte. Ich war 18 Jahre, kam aus einem Harnackseminar, in dem er meine erste Seminararbeit sehr freundlich besprochen hatte und die Bemerkung fallen ließ, er hoffe, ich würde mich einmal für Kirchengeschichte habilitieren; ich war noch ganz erfüllt davon, als ich in der Philharmonie ankam; dann setzte das große „Kyrie Eleison“ ein und im selben Augenblick versank alles andere. Es war ein unbeschreiblicher Eindruck. Heute gehe ich nun aus der Erinnerung Stück für Stück durch und freue mich, daß Schleichers diese für mich schönste Bach'sche Musik hören können.
Ursels Besuch heute vormittag war eine ganz große Freude. Ich danke ihr sehr dafür. Es ist immer so beruhigend, Euch so gelassen und heiter bei all dem Widerwärtigen, was Ihr durch meine Verhaftung durchmachen müßt, zu finden. Du, liebe Mama, hast kürzlich einmal geschrieben, daß Du stolz darauf wärest, daß Deine Kinder sich in so schauderhafter Lage „anständig“ benehmen. In Wirklichkeit haben wir alle das von Euch beiden gelernt, besonders wenn Ihr bei ernsten Krankheiten in der Familie so völlig ruhig wurdet und Euch nichts anmerken ließt. So ist das wohl ein Erbstück geworden. Ursel hat mir viel von allen erzählt und es war wirklich Zeit, daß wir uns nach so langen Monaten, in denen so viel uns gemeinsam Bewegendes vorgefallen ist, wiedersahen. Nun hoffe ich *sehr*, daß Eberhard's Antrag auf Sprecherlaubnis bewilligt wird, bevor er ins Feld geht! Sollte es aber doch nicht der Fall sein, so wissen wir ja beide, daß wir in täglichem Gedenken miteinander verbunden sind. Ich freue mich sehr für Renate, daß er diesen Urlaub[1] bekommen hat und hoffe, daß auch Hans-Walter bald zu seinem wirklich längst verdienten Urlaub kommt.
Von mir ist nicht viel Neues zu berichten. Es ist jetzt gegen Abend im Hause still, und ich kann ungestörter meinen Gedanken nachgehen. Über Tag stelle ich immer wieder fest, mit wie verschiedener Lautstärke die Menschen ihre Arbeit tun und wohl von der Natur so ausgestattet sind. Ein fortissimo vor der Zellentür ist der ruhigen wissenschaftlichen Ar-

beit nicht gerade besonders zuträglich. Mit großem Vergnügen habe ich in der letzten Woche Goethes Reineke Fuchs wieder gelesen. Vielleicht macht es Euch auch mal wieder Spaß.
Wie steht es eigentlich mit den Aussichten auf einen Schmuck für Maria? Ich hätte so gern etwas für sie, wenn ich wieder frei bin. Aber es wird wohl sehr schwierig sein? – Ursel danke ich noch sehr für die Flasche mit dem herrlichen Kakao und Tine[2] für die Milch, die sie dafür geopfert hat. Auch für die Plätzchen herzlichen Dank! – Von Woche zu Woche hoffe ich auf das Ende dieser Geduldsprobe. Auch für Maria wird es mir allmählich eine allzu große Belastung. Aber sehr lange kann es ja garnicht mehr sein.
Ich wünsche Euch einen schönen ersten Advent zusammen mit den Kindern. Ich werde sehr zu Euch hindenken und Schleichers wünsche ich ein paar schöne Musikabende in der alten Art. Gut, daß Renate den Klavierpart ja jetzt besser versieht als ich. Lebt wohl, und bleibt vor allem gesund! Grüßt alle Geschwister und Kinder sehr von mir. Euch grüßt von Herzen Euer dankbarer Dietrich

[1] Sog. Bombenurlaub wegen der im August zu Schaden gekommenen Wohnung im Burckhardthaus. [2] Christine Schleicher.

An Eberhard Bethge

[Tegel][1] 18. 11. 43

Lieber Eberhard! Ich *muß* die Gelegenheit Deiner Nähe einfach wahrnehmen, Dir zu schreiben. Du weißt ja, daß man mir hier sogar den Pfarrer versagt hat; aber selbst wenn er gekommen wäre – ich bin eigentlich ganz froh, daß ich hier *nur* die Bibel habe – hätte ich mit ihm ja nicht so sprechen können, wie ich es eben allein mit Dir kann.
Du kannst Dir kaum denken, wie ich in den ersten Wochen meiner Haft darum gebangt habe, daß Dir Deine Heiratspläne nicht zerschlagen würden, ich habe sehr für Dich gebetet und für Renate und Gott für jeden Tag gedankt, an dem ich Gutes von Euch hörte. Euer Hochzeitstag war *wirklich* ein Freudentag für mich wie ganz wenige. Später im September habe ich darunter gelitten, Dir nicht beistehen zu

können[2]. Aber die Gewißheit, daß Du bisher so unglaublich freundlich geführt worden bist, hat mich ganz zuversichtlich gemacht, daß Gott es sehr gut mit Dir meint ...
Und nun sei mir heute – nach so langen Monaten ohne Gottesdienst, Beichte und Abendmahl und ohne consolatio fratrum – wieder einmal, wie Du es schon so oft gewesen bist, mein Pfarrer und höre mich an. Es wäre ja so unendlich viel zu berichten, was ich Euch beiden gern erzählen wollte; aber heute kann es nur das Wesentlichste sein und so gilt dieser Brief Dir ... Laß Dir also einiges berichten, was Du über mich wissen sollst. In den ersten 12 Tagen, in denen ich hier als Schwerverbrecher abgesondert und behandelt wurde – meine Nachbarzellen sind bis heute fast nur mit gefesselten Todeskandidaten belegt –, hat sich Paul Gerhardt in ungeahnter Weise bewährt, dazu die Psalmen und die Apokalypse. Ich bin in diesen Tagen vor allen schweren Anfechtungen bewahrt worden. Du bist der einzige Mensch, der weiß, daß die „acedia-tristitia" mit ihren bedrohlichen Folgen mir oft nachgestellt hat und hast Dir vielleicht – das fürchtete ich damals – in dieser Hinsicht Sorgen um mich gemacht. Aber ich habe mir von Anfang an gesagt, daß ich weder den Menschen noch dem Teufel diesen Gefallen tun werde; dies Geschäft sollen sie selbst besorgen, wenn sie wollen; und ich hoffe immer dabei bleiben zu können.
Anfangs beunruhigte mich auch die Frage, ob es wirklich die Sache Christi sei, um derentwillen ich Euch allen solchen Kummer zufüge; aber bald schlug ich mir diese Frage als Anfechtung aus dem Kopf und wurde gewiß, daß gerade das Durchstehen eines solchen Grenzfalles mit aller seiner Problematik mein Auftrag sei und wurde darüber ganz froh und bin es bis heute geblieben. 1. Petrus 2, 20; 3, 14[3].
Persönlich mache ich mir Vorwürfe, die Ethik nicht abgeschlossen zu haben (z. T. ist sie wohl beschlagnahmt) und es tröstete mich etwas, daß ich das Wesentliche Dir gesagt hatte; und wenn Du es auch nicht mehr wüßtest, so würde es doch irgendwie indirekt wieder auftauchen. Außerdem waren meine Gedanken ja auch noch unfertig.
Dann empfand ich es als Versäumnis, den lange gehegten Wunsch, mit Dir wieder einmal zum Abendmahl zu gehen

nicht durchgeführt zu haben. Ich wollte Dir dabei immer einmal sagen, wie dankbar ich Dir bin, daß Du . . . alles womit ich Dir das Leben manchmal schwer gemacht habe, mit so viel Geduld und Nachsicht getragen hast. Ich bitte Dich dafür um Verzeihung und weiß doch, daß wir – wenn auch nicht leiblich – so doch spiritualiter der Gabe der Beichte, Absolution und Kommunion teilhaftig geworden sind und darüber ganz froh und ruhig sein dürfen. Aber sagen wollte ich es einmal.

Sobald es ging, habe ich angefangen, außer täglicher Bibelarbeit (ich habe 2 1/2 mal das Alte Testament gelesen und viel gelernt), Nicht-theologisches zu arbeiten. Ein Aufsatz über das „Zeitgefühl"[4] entsprang hauptsächlich dem Bedürfnis, mir meine eigene Vergangenheit gegenwärtig zu machen, in einer Situation, in der die Zeit so leicht „leer" und „verloren" erscheinen konnte. Dankbarkeit und Reue sind es, die uns unsere Vergangenheit immer gegenwärtig halten. Aber darüber später mehr.

Dann ging ich an ein kühnes Unternehmen, das mir auch schon lange vorgeschwebt hat; ich begann die Geschichte einer bürgerlichen Familie unserer Zeit zu schreiben[5]. All die unzähligen Gespräche, die wir in dieser Richtung geführt haben und alles selbst Erlebte bildete dafür den Hintergrund, kurz eine Rehabilitierung des Bürgertums, wie wir es in unseren Familien kennen, und zwar gerade vom Christentum her. Die Kinder zweier befreundeter Familien wachsen allmählich in die verantwortlichen Aufgaben und Ämter einer kleinen Stadt hinein und versuchen gemeinsam den Aufbau des Gemeinwesens, Bürgermeister, Lehrer, Pfarrer, Arzt, Ingenieur. Viele Dir bekannte Züge würdest Du darin entdecken und Du kommst auch darin vor. Aber noch bin ich nicht weit über die Anfänge hinausgekommen, besonders durch die immer wieder falschen Prognosen meiner Entlassung und die damit verbundene innere Ungesammeltheit. Es macht mir aber große Freude. Nur spräche ich gern täglich mit Dir darüber. Ja, das fehlt mir überhaupt mehr als Du denkst. Der Ursprung unserer Gedanken lag wohl oft bei mir, aber die Klärung völlig bei Dir. Ob ein Gedanke etwas taugte oder nicht, das erfuhr ich nur im Gespräch mit Dir.

Ich sehne mich danach, Dir etwas von dem Geschriebenen vorzulesen. Die Einzelbeobachtung ist bei Dir so sehr viel besser als bei mir. Vielleicht stellt es sich als tolle Anmaßung heraus?!
Nebenbei schrieb ich einen Aufsatz über: „Was heißt die Wahrheit sagen?"[6] und zur Zeit versuche ich Gebete für Gefangene zu schreiben[7], die es merkwürdigerweise noch nicht gibt, und die vielleicht Weihnachten verteilt werden sollen.
Und nun die Lektüre. Ja, Eberhard, daß wir Stifter nicht gemeinsam kennen gelernt haben, bereue ich sehr. Das hätte unsere Gespräche sehr gefördert. Das muß nun auf später vertagt werden. Aber ich habe Dir darüber viel zu erzählen. Später? Wann und wie wird es sein? Ich habe für alle Fälle dem Anwalt ein Testament übergeben, in dem ich Dir fast alles was ich habe, zugeschrieben habe. Nur Maria muß sich vorher heraussuchen dürfen, was sie haben möchte als Erinnerung. Sei in diesem Fall zu Maria bitte sehr gut, und wenn es geht, schreibe ihr schon jetzt von Zeit zu Zeit in meiner Vertretung ein paar nette Worte, wie Du das so gut kannst, und sag ihr ruhig, daß ich Dich darum gebeten habe. Aber vielleicht – oder sicher – gehst Du jetzt in größere Gefahr! Ich werde jeden Tag an Dich denken, und Gott bitten, Dich zu behüten und zurückzuführen. Nimm bitte *alles*, was Du von meinen Sachen brauchen kannst mit, es freut mich *nur*, wenn ich es bei Dir weiß! und laß Dir *bitte* von den Lebensmitteln, die für mich gekommen sind, soviel mitgeben, wie Du irgend verwenden kannst! Es wäre mir ein sehr beruhigender Gedanke!
Ich hörte so gern sehr, sehr viel von Dir! Manchmal habe ich gedacht, es wäre für Euch beide eigentlich ganz gut, daß ich nicht da bin. Der Konflikt zwischen Ehe und Freundschaft, der anfangs garnicht so leicht zu lösen ist, blieb Euch erspart und wird später keiner mehr sein. Aber das ist nur ein Privat- und Nebengedanke, über den Du nicht lachen mußt!
Ob es sich für den Fall, daß ich nicht verurteilt werde, sondern freikomme und eingezogen werde, nicht einrichten ließe, daß ich in Deine Gegend komme? Das wäre doch herrlich! Übrigens mach Dir, falls ich verurteilt werden sollte, was man nie wissen kann, gar keine Sorge um mich! Das trifft

mich wirklich nicht, außer, daß ich dann eben bis zur „Bewährungsfrist" wohl noch ein paar Monate sitzen muß, und das ist natürlich nicht schön. Aber schön ist vieles nicht! Die Sache, für die ich verurteilt werden würde, ist so einwandfrei, daß ich nur stolz darauf sein dürfte. Im übrigen hoffe ich, daß, wenn Gott uns das Leben erhält, wir wenigstens Ostern wieder froh miteinander feiern können! Und dann taufe ich — sub conditione Jacobea — Euer Kind!

Und nun, leb wohl, lieber Eberhard. Ich erwarte keinen langen Brief von Dir. Du hast jetzt wenig Zeit. Aber laß uns einander versprechen, treu in der Fürbitte füreinander zu bleiben. Ich werde für Dich um Kraft, Gesundheit, Geduld und Bewahrung vor Konflikten und Versuchungen bitten. Bitte Du für mich um das gleiche. Und wenn es beschlossen sein sollte, daß wir uns nicht wiedersehen, dann laß uns bis zuletzt in Dankbarkeit und Vergebung aneinander denken und Gott möge es uns dann schenken, daß wir einst füreinander bittend und miteinander lobend und dankend vor seinem Thron stehen.

Gott behüte Dich und Renate und uns alle. In Treue Dein dankbarer Dietrich

... Übrigens höre ich, daß Warschau furchtbar teuer ist[8]. Nimm Dir möglichst viel mit; wenn Du Geld brauchst, heb Dir ruhig von mir 1000 Mark ab! Ich kann es ja doch nicht gebrauchen. Kriegst Du eigentlich immer meine Briefe an die Eltern zu lesen? Laß sie Dir doch schicken! Ich finde hier (und ich denke auch Du) das Aufwachen am Morgen innerlich am schwersten. (Jer. 31, 26![9]) Ich bete jetzt ganz einfach um die Freiheit. Es gibt auch eine falsche Gelassenheit, die garnicht christlich ist. Über etwas Ungeduld, Sehnsucht, Widerspruch gegen das Unnatürliche und eine ganze Portion Verlangen nach Freiheit und irdischem Glück und Wirken können, brauchen wir uns als Christen durchaus nicht zu schämen. Darin sind wir uns, glaube ich, auch ganz einig. Im übrigen bleiben wir wohl beide, trotz allem, oder gerade wegen all dem, was wir jetzt jeder in seiner Weise erleben, durchaus unverändert die Alten, nicht wahr?! Du glaubst hoffentlich nicht, daß ich als Mann der „inneren Linie" hier

herauskomme, jetzt noch viel weniger als je! und ebenso glaube ich es von Dir. Was wird das für ein Freudentag sein, wenn wir uns unsere Erlebnisse erzählen! Ich kann doch manchmal sehr böse werden, daß ich jetzt nicht frei bin!
Meine Heiratspläne: wenn ich frei bin und noch wenigstens ein paar Monate nicht eingezogen werde, so will ich heiraten. Wenn ich nur 2–3 Wochen frei habe bis zur Einziehung, dann will ich bis Kriegsschluß warten. Was für eine Verlobungszeit haben wir! Maria ist erstaunlich. Aber ist es nicht doch eine Überforderung? Wenn wir uns wenigstens im Januar ein paar Mal gesehen hätten! Ich weiß nicht, warum Maria, so jung wie sie ist, soviel Schweres durchmachen muß. Hoffentlich ist es nicht zu viel für sie, und ich bin doch so froh, sie gerade jetzt zu haben. Oder glaubst Du, es wäre richtiger und selbstloser gewesen, ich hätte sie nach meiner Verhaftung gebeten, ohne Briefe und Besuche einfach bis zu meiner Entlassung zu warten? Ich hätte das für unnatürlich gehalten und ich glaube eben, sie auch. Denke bitte auch an sie, wenn Du an mich denkst.
G. Seydel's[10] Tod geht mir sehr nah. Immer wieder die Besten! Körperlich habe ich mit Euer aller Hilfe *gut* durchgehalten ...
Nun Schluß! Wir haben doch jedenfalls unvergleichlich schöne Jahre zusammen erlebt! Und möchten uns noch manche bevorstehen!!

Dietrich

20. 11.

Eben kommt Euer Brief vom 9. 11. mit so vielen Nachrichten, über die ich mich sehr gefreut habe und zugleich mit der traurigen Nachricht von B. Riemers und R. August's[11] Tod. Nun hast Du den letzten Deiner eigentlichen Jugendfreunde verloren. Mehr und mehr wird nun der Blick auf das Gegenwärtige und Zukünftige gelenkt. Gott sei Dank, daß Du Renate hast; und daß hinter ihr eine Familie steht, die in allen ihren vielen Gliedern Dich zu den ihrigen rechnet und immer zu Dir stehen wird, das weißt Du ja selbst ...
Der Gedanke, bei meiner Entlassung nicht sofort mit Dir sprechen zu können, fällt auch mir schwer. Aber, wenn es wirklich so sein sollte, dann müssen wir uns eine Zeitlang

wenigstens ausführliche Briefe schreiben und sobald werden wir unsere verschiedenen Erlebnisse ja nicht vergessen! Falls ich Weihnachten noch hier im Loch sitzen sollte, laß Dich dadurch nicht bekümmern. Ich habe eigentlich keine Angst davor. Weihnachten kann man als Christ auch im Gefängnis feiern, – jedenfalls leichter als Familienfeste. Daß Du Sprecherlaubnis beantragt hast, dafür danke ich Dir ganz besonders. Ich glaube auch, daß es jetzt ohne Komplikationen möglich war. Allerdings hätte ich nicht gewagt, Dich darum zu bitten. Aber da Du es nun von Dir aus getan hast, ist es ja noch viel schöner. Es ist meine ganze Hoffnung, daß es nun wirklich dazu kommt! Aber weißt Du, auch wenn es abgelehnt wird, so bleibt doch die Freude, daß Du es versucht hast, und nur der Zorn über gewisse Leute wird für den Termin noch etwas größer, was nicht schadet. (Ich denke nämlich manchmal, ich bin über die ganze Sache noch nicht wütend genug!) Also wollen wir dann auch diese bittere Pille herunterschlucken – daran gewöhnen wir beide uns in letzter Zeit ja allmählich. Ich bin froh, daß ich Dich im Augenblick der Verhaftung noch sah und vergesse das nicht und meine schwachen Versuche der Fürsorge für Dich weiß ich ja jetzt bei Renate und bei der denkbar besten aller denkbaren Schwiegermütter (frei nach Leibniz) in viel besseren Händen …

Noch etwas über mein äußeres Leben: wir stehen zu gleicher Zeit auf; der Tag dauert bis 20 Uhr; ich sitze mir meine Hosen durch, während Du Dir die Sohlen abläufst. Ich lese V. B. und Reich[12]; ich habe mehrere *sehr* nette Leute kennen gelernt. Täglich werde ich allein 1/2 Stunde spazieren geführt. Nachmittags wird im Revier mein Rheumatismus sehr freundlich aber ohne Erfolg behandelt. Alle 8 Tage kriege ich von Euch die herrlichsten Sachen zum Essen. Ich danke Dir sehr für alles, auch für die Zigarren und die Zigaretten von der Reise![13] Wenn Ihr nur satt werdet! … Es fehlt mir nichts – als Ihr alle. Ich möchte die g-moll-Senate[14] mit Dir spielen und Schütz singen, und den 70. und 47. Psalm von Dir hören. Das war Dein Bestes!

Die Zelle wird mir gereinigt. Dabei kann ich dem Reiniger etwas zu essen abgeben. Einer wurde neulich zum Tode ver-

urteilt. Das hat mich sehr betroffen. – Man sieht in 7½ Monaten viel, besonders was kleine Dummheiten für große Folgen haben können. Längere Freiheitsentziehung wirkt sich m. E. auf die Menschen in *jeder* Hinsicht demoralisierend aus. Ich habe mir ein anderes System des Strafvollzuges ausgedacht, Prinzip: jeden auf dem Gebiet strafen, auf dem er etwas ausgefressen hat; z. B. „unerlaubte Entfernung" mit Urlaubsentzug etc., „unberechtigtes Ordentragen" mit verschärftem Fronteinsatz, „Kameradendiebstahl" mit zeitweiliger Kennzeichnung des Diebes, „Lebensmittelschiebung" mit Beschränkung der Rationen etc. Warum gibt es im A. T. *Gesetz* eigentlich keine Freiheitsstrafen?
Du hast doch für alle Fälle Vorarbeiten für Deine Lic. Arbeit, die nicht fertig wurde, vorzuweisen (Psalmenkolleg)? Es stand nie zur Debatte, nur für alle Fälle[15]. – Ist Deine „Burschen"stellung beim Ufz. eigentlich als besondere Ehrung gedacht? Maßlos komisch! oder doch auch widerwärtig? ...
Ich wünsche Euch viel Freude und möchte nicht, daß sie durch den Gedanken an mich irgendwie getrübt würde! Ich habe allen Grund für so unendlich viel dankbar zu sein!
Nun auf frohes-baldiges Wiedersehen wie in alten Zeiten!

Dein Dietrich

Die aufgeschriebenen Verse[16] haben sich auch hier besonders eingeprägt! Vielleicht hast Du Lust, den Zettel in Deine Brieftasche zu stecken? Der übrige Brief muß natürlich weg[17]. Freut es Dich vielleicht zu hören, daß mir hier Gefangene und Wachpersonal immer wieder sagen, sie „bewunderten" (?!) meine Ruhe und Heiterkeit? Ich wundere mich selbst immer über derartige Aussprüche. Aber es ist doch ganz nett?
Wenn Dir *irgendetwas* einfiele, womit ich Dir noch eine Freude machen könnte, würdest Du mir die größte Freude machen! Es gehört zum Scheußlichsten hier, daß man in dieser Hinsicht so garnichts tun kann. *Bitte* nimm Dir wenigstens gelegentlich von meinem Speck mit; sag es der Mama, daß *ich sehr* darum bitte! Ich habe noch reichlich und brauche in den nächsten 6 Wochen bestimmt keinen! Wenn ich

Dir doch schon die Krössiner Spickgans mitgeben könnte! Kann man was schicken?

21. 11.

Heute ist Totensonntag. Ob Du die Trauerfeier für B. Riemer hältst? Es wäre schön, aber schwer. Dann kommt die Adventszeit, an die wir so viele gemeinsame schöne Erinnerungen haben. Die Welt dieses Musizierens, wie wir es Jahre hindurch in den Adventswochen getrieben haben, hast Du mir eigentlich erst aufgeschlossen. So eine Gefängniszelle ist übrigens ein ganz guter Vergleich für die Adventssituation; man wartet, hofft, tut dies und jenes – letzten Endes Nebensächliches – die Tür ist verschlossen und kann nur *von außen* geöffnet werden. Das fällt mir nur eben so ein; glaube nicht, daß einem hier viel an Symbolen gelegen ist! Zweierlei aber muß ich Dir doch noch sagen, was Dir vielleicht wunderlich vorkommt: 1. ich entbehre sehr die Tischgemeinschaft; jeder materielle Genuß, den ich von Euch kriege, verwandelt sich mir hier in eine Erinnerung an die Tischgemeinschaft mit Euch. Ob sie nicht darum doch ein wesentlicher Bestandteil des Lebens ist, weil sie eine Realität des Reiches Gottes ist? 2. Ich habe die Anweisung Luther's sich „mit dem Kreuz zu segnen" bei Morgen- und Abendgebet ganz von selbst als eine Hilfe empfunden. Es liegt darin etwas Objektives, nach dem man hier besonderes Verlangen hat. Erschrick nicht! Ich komme bestimmt nicht als „homo religiosus" von hier heraus! ganz im Gegenteil, mein Mißtrauen und meine Angst vor der „Religiosität" sind hier noch größer geworden als je. Daß die Israeliten den Namen Gottes *nie* aussprachen, gibt mir immer wieder zu denken und ich verstehe es immer besser. – Habt Ihr eigentlich meine Traupredigt gekriegt? ... Der Brief wurde viel länger als ich dachte[18]. Nun steht doch allerlei drin, was auch für andre bestimmt ist. Du kannst es schon entscheiden.

Ich lese jetzt viel mit Interesse Tertullian, Cyprian und andre Kirchenväter! z. T. viel zeitgemäßer als die Reformatoren und zugleich eine Basis für das ev.-kath. Gespräch.

Wundert Ihr Euch eigentlich manchmal, daß ich mir so widerspruchslos Eßsachen schicken lasse, obwohl ich doch weiß, daß Ihr selbst knapp seid? Anfangs, während der Vernehmungsmonate hielt ich es um der Sache willen für wichtig bei Kräften zu bleiben. Später wurde mir immer wieder der baldige Termin in Aussicht gestellt, für den ich physisch auch möglichst im Stand sein wollte und jetzt ist es wieder so. Wenn ich erst frei oder verurteilt bin, hört das natürlich auf! Übrigens halte ich rein rechtlich eine Verurteilung eigentlich für ausgeschlossen. –

22. 11.

Wenn es irgendetwas gibt, um Renate ihren Zustand etwas zu erleichtern und Ihr braucht dafür Geld, bitte ohne viel Worte! – einfach abheben soviel Ihr braucht. Erst recht natürlich nachher, wenn es soweit ist! Es hat doch wirklich keinen Sinn, daß das Geld auf dem Konto verfault. Sei froh, daß Du damals noch für Renate den Schmuck gekauft hast! Ich werde wohl kaum mehr etwas kriegen für Maria. Ich bin oft froh gewesen, daß Du mich damals zur standesamtlichen Trauung[19] so gebeten hast. Ich denke sehr gern an diesen Tag und habe das Gefühl, bis zu dem entscheidenden Augenblick mit Dir gegangen zu sein. Sag mal, wie kommst Du bei den Soldaten eigentlich mit Deiner – von mir oft bewunderten – Bereitwilligkeit, ungerechte Vorwürfe einfach einzustecken – (wohl ein Stück Deiner anima naturaliter christiana) – aus? Ich habe hier schon ein paar Mal Leute, die sich nur die geringste Ungezogenheit erlaubten, ganz kolossal angepfiffen, sodaß sie ganz verdutzt und von da an völlig in Ordnung waren. Das macht mir dann richtig Spaß; aber ich bin mir darüber klar, daß es eigentlich eine ganz unmögliche Empfindlichkeit ist, über die ich kaum hinwegkomme... Ganz wild kann ich werden, wenn ich hier erlebe, daß völlig wehrlose Leute ungerecht angebrüllt und beschimpft werden. Diese kleinen Quälgeister der Menschen, die sich dabei austoben können und die es eben überall gibt, können mich noch stundenlang in Aufregung versetzen. Ich glaube, Du findest in diesen Dingen ein besseres Gleichmaß. Es wäre sicher gut für mich, wenn ich in Deiner Nähe Soldat sein könnte. Das „Neue Lied"[19a], das ich erst seit ein paar Tagen hier habe, läßt unzählige, schönste Erinnerungen wach werden! – Du siehst, immer wieder fällt mir etwas ein, was ich mit Dir bereden möchte. Wenn man nach so langer Zeit erst mal anfängt, findet man kein Ende, und vieles, was ich Dich sehr gern fragte und was ich Dir gern sagte, ist nicht einmal ausgesprochen. Wir müssen uns wirklich bald wiedersehen! Nun wirklich Schluß! Dich und Renate grüßt von Herzen Euer Dietrich

Schreibst Du eigentlich gelegentlich mal an Papa und Mama? Ich könnte mir denken, daß sie sich in Gedanken an mich sehr über jeden Gruß freuen würden. – Über die Fürbitte beim *συνοδος*[20] habe ich mich sehr gefreut. – Kommst Du morgens wenigstens dazu, die Losungen zu lesen? –

23. 11.

Der Angriff heute nacht war nicht gerade schön[21]. Ich habe immerfort an Euch alle und besonders an Renate gedacht. In solchen Augenblicken geht einem das Gefangensein doch über den Spaß. Ihr geht hoffentlich wieder nach Sakrow. Ich habe mich gestern nacht gewundert, wie nervös alte Frontsoldaten bei Alarm sind.

Eben waren die Eltern hier und brachten gute Nachrichten. So war der weite Weg doch nicht umsonst. Wie haben sie es nur geschafft, hierher durchzudringen? denn in der Stadt scheint es ja sehr übel auszusehen. Es tat mir so sehr leid, daß wir uns nicht sprechen konnten, aber ich war doch sehr froh zu hören, daß Euch nichts passiert ist! – Am 17. 12. ist der Termin! Endlich! Ob ich Dich diese Woche noch sehe? Kann Rüdiger nicht wegen Deiner Sprecherlaubnis bei Speckhardt in Torgau anrufen? Auch müßte dafür gesorgt werden, daß sie hier der Hauptmann[22] abnimmt!

[1] Die folgende Korrespondenz zwischen D. Bonhoeffer und E. Bethge ist sämtlich geschmuggelt worden. Der Briefwechsel begann während des ersten Militärurlaubs, den E. Bethge in Berlin verbringen konnte. [2] Während des Übergangs aus dem evt. Ermittlungsbereich (infolge UK-Stellung durch die Abwehr) in den normalen Militärdienst. [3] „Denn was ist das für ein Ruhm, so ihr um Missetat willen Streiche leidet? Aber wenn ihr um Wohltat willen leidet und erduldet, das ist Gnade bei Gott." „Und ob ihr auch leidet um Gerechtigkeit willen, so seid ihr doch selig. Fürchtet euch aber vor ihrem Trotzen nicht und erschrecket nicht." [4] Leider verlorengegangen. [5] Ein Teil daraus ist in GS III, 478-512 abgedruckt. [6] Abgedruckt in E, 385–395. [7] Siehe S. 158 ff. [8] E. Bethge befand sich zu weiterer militärischer Ausbildung in Lissa (Polen). [9] „Darüber bin ich aufgewacht und sah auf, und hatte so sanft geschlafen." [10] Brandenburger

Pfarrer aus der Finkenwalder Gruppe. [11] Pfarrer aus der Provinz Sachsen, letzterer Finkenwalder Seminarist. [12] „Völkischer Beobachter", NS-Tageszeitung; „Das Reich", NS-Wochenzeitung. [13] In die Schweiz im Sommer 1943 (zur Rechtfertigung der UK-Stellung für die Abwehr). [14] Sonate für Flöte und Klavier von J. S. Bach. [15] Hinweis, daß die Beziehungen zwischen D. Bonhoeffer und E. Bethge in den Verhören hatten ausgespart werden können. Eine „Lic.-Arbeit" sollte eventuell als Grund zur UK-Stellung E. Bethges während der ersten Kriegsmonate angegeben werden, falls es doch zu Verhören in dieser Richtung gekommen wäre. [16] Verlorengegangen; es waren vermutlich Gesangbuchverse. [17] Als geschmuggelt mußte er unauffindbar bleiben oder vernichtet werden. [18] Die Briefe vom 18.–23. 11. 43 sind als *ein* Brief herausgeschmuggelt worden. [19] Ende März 1943. [19a] Liederbuch für die evang. Jugend. [20] E. Bethge hatte Bonhoeffer mitteilen lassen, daß die Bekenntnissynode in Breslau am 17. 11. 43 in ihrem Gottesdienst seiner namentlich gedacht hatte. [21] Jetzt begannen die massierten Nachtangriffe mit Flächenbombardierung von Berliner Stadtteilen – für die Bevölkerung überraschend nicht in mondhellen Nächten, sondern zur Neumondzeit und bei schlechtem Wetter. [22] Hauptmann Maetz würde die Überwachung großzügig handhaben.

TESTAMENT

[Tegel][1] 23. XI. 43

Lieber Eberhard! Nach dem gestrigen Luftangriff halte ich es eigentlich doch für richtig, Dir noch kurz mitzuteilen, was für Verfügungen ich für den Fall meines Todes getroffen habe. Die dem Anwalt übergebenen Aufzeichnungen könnten ja auch vernichtet werden und so ist es besser, es weiß noch jemand Bescheid. Du wirst das hoffentlich mit der Dir eigenen Unsentimentalität lesen! Ich finde es einfach nur vernünftig, die notwendigen Vorkehrungen für einen solchen Fall zu treffen ... [Es folgen Sachverteilungen an Familienangehörige] Du sollst an Fritz, Jochen, Albrecht, Maechler, Dudzus, Deinen Bruder Christoph, H. Christoph, Ebeling, Rott, Perels und wenn möglich an Onkel Georg Ch[ichester] je ein Buch schicken ...

So, das war es. Heb diesen Zettel irgendwo gut auf! Ich glaube, man muß ein derartiges Schriftstück mit vollem Namen unterschreiben. Also!

Berlin, den 23. XI. 43 Dietrich Bonhoeffer

[1] Auf dem Umschlag: „Für Eberhard Bethge persönlich".

GEBETE FÜR MITGEFANGENE
Weihnachten 1943

Morgengebet

Gott, zu Dir rufe ich in der Frühe des Tages.
Hilf mir beten
und meine Gedanken sammeln zu Dir;
ich kann es nicht allein.

In mir ist es finster,
aber bei Dir ist das Licht;
ich bin einsam, aber Du verläßt mich nicht;
ich bin kleinmütig, aber bei Dir ist die Hilfe;
ich bin unruhig, aber bei Dir ist der Friede;
in mir ist Bitterkeit, aber bei Dir ist die Geduld;
ich verstehe Deine Wege nicht, aber
Du weißt den Weg für mich.

Vater im Himmel,
Lob und Dank
sei Dir für die Ruhe der Nacht,
Lob und Dank sei Dir für den neuen Tag.
Lob und Dank sei Dir für alle Deine Güte
und Treue in meinem vergangenen Leben.
Du hast mir viel Gutes erwiesen,
laß mich nun auch das Schwere
aus Deiner Hand hinnehmen.
Du wirst mir nicht mehr auflegen,
als ich tragen kann.
Du läßt Deinen Kindern alle Dinge zum
Besten dienen.

Herr Jesus Christus,
Du warst arm
und elend, gefangen und verlassen wie ich.
Du kennst alle Not der Menschen,
Du bleibst bei mir,
wenn kein Mensch mir beisteht,
Du vergißt mich nicht und suchst mich,
Du willst, daß ich Dich erkenne und mich
zu Dir kehre.

96/97

Herr, ich höre Deinen Ruf und folge,
hilf mir!

Heiliger Geist,
gib mir den Glauben, der mich vor
Verzweiflung, Süchten und Laster rettet,
gib mir die Liebe zu Gott und den Menschen,
die allen Haß und Bitterkeit vertilgt,
gib mir die Hoffnung, die mich befreit von
Furcht und Verzagtheit.

Heiliger, barmherziger Gott,
mein Schöpfer und mein Heiland,
mein Richter und mein Erretter,
Du kennst mich und all mein Tun.
Du haßt und strafst das Böse in dieser und
jener Welt ohne Ansehen der Person,
Du vergibst Sünden dem,
der Dich aufrichtig darum bittet,
Du liebst das Gute und lohnst es auf dieser
Erde mit einem getrosten Gewissen
und in der künftigen Welt
mit der Krone der Gerechtigkeit.

Vor Dir denke ich an all die Meinen,
an die Mitgefangenen und alle, die
in diesem Hause ihren schweren Dienst tun.
Herr, erbarme Dich!
Schenke mir die Freiheit wieder,
und laß mich derzeit so leben,
wie ich es vor Dir und vor den Menschen
verantworten kann.
Herr, was dieser Tag auch bringt, –
Dein Name sei gelobt!
Amen.

Wenn ich schlafe, wacht sein Sorgen
und ermuntert mein Gemüt,
da ich alle liebe Morgen
schaue neue Lieb' und Güt'.

Wäre mein Gott nicht gewesen,
hätte mich sein Angesicht
nicht geleitet, wär' ich nicht
aus so mancher Angst genesen.
Alles Ding währt seine Zeit,
Gottes Lieb' in Ewigkeit.

Paul Gerhardt

Abendgebet

Herr, mein Gott, ich danke Dir, daß Du
diesen Tag zu Ende gebracht hast;
ich danke Dir, daß Du Leib und Seele zur
Ruhe kommen läßt.
Deine Hand war über mir und hat mich
behütet und bewahrt.
Vergib allen Kleinglauben
und alles Unrecht dieses Tages
und hilf, daß ich allen vergebe, die mir
Unrecht getan haben.

Laß mich in Frieden unter Deinem Schutz
schlafen
und bewahre mich vor den Anfechtungen
der Finsternis.

Ich befehle Dir die Meinen, ich befehle Dir
dieses Haus,
ich befehle Dir meinen Leib
und meine Seele.
Gott, Dein heiliger Name sei gelobt.
Amen.

Ein Tag, der sagt dem andern,
mein Leben sei ein Wandern
zur großen Ewigkeit.
O Ewigkeit, so schöne,
mein Herz an dich gewöhne;
mein Heim ist nicht in dieser Zeit.

Tersteegen

Gebet in besonderer Not

Herr Gott,
großes Elend ist über mich gekommen.
Meine Sorgen wollen mich erdrücken.
Ich weiß nicht ein noch aus.
Gott sei gnädig und hilf.
Gib Kraft zu tragen, was Du schickst.
Laß die Furcht nicht über mich herrschen,
sorge Du väterlich für die Meinen,
für Frau und Kinder.

Barmherziger Gott, vergib mir alles,
was ich an Dir
und den Menschen gesündigt habe.
Ich traue Deiner Gnade und gebe mein
Leben ganz in Deine Hand.
Mach Du mit mir, wie es Dir gefällt und
wie es gut für mich ist.
Ob ich lebe oder sterbe, ich bin bei Dir
und Du bist bei mir, mein Gott.
Herr, ich warte auf Dein Heil
und auf Dein Reich.
Amen.

Unverzagt und ohne Grauen
soll ein Christ, wo er ist,
stets sich lassen schauen.
Wollt' ihn auch der Tod aufreiben,
soll der Mut dennoch gut
und fein stille bleiben.
Kann uns doch kein Tod nicht töten,
sondern reißt unsern Geist
aus viel tausend Nöten,
schließt das Tor der bittern Leiden
und macht Bahn, da man kann
gehn zu Himmelsfreuden.

Paul Gerhardt

Von Karl-Friedrich Bonhoeffer [Leipzig]
Sonntag, d. 21. 11. 43

Lieber Dietrich! Eben habe ich eine Sprecherlaubnis für Dich und mich beantragt. Ich hatte wie Du ja weißt schon öfter mit dem Gedanken gespielt, wußte nur nicht, ob ich Dir dadurch einen anderen, Dir vielleicht *noch* erwünschteren Besuch verpatze. Man hat mich aber darüber beruhigt, und da Du in Deinem Brief vom 22. Okt., den ich vor ein paar Tagen auf Umwegen zugeschickt bekam, auch ausdrücklich schreibst, es würde Dich freuen, habe ich es also getan. Hoffentlich klappt es also das nächste Mal ...
Ich habe den Tag benutzt, um mir ein paar Arbeiten durchzuüberlegen, die ich schon seit langem abfassen will. Ich habe das Gefühl, die Zeit drängt, aber ich komme nicht recht vorwärts. Es ist nicht nur der leere Magen, der einen manchmal etwas kitzelt und vom Schreibtisch zur Unzeit aufstehen läßt. Es ist eben überhaupt zur Zeit nicht ganz einfach, sich auf reine Wissenschaft zu konzentrieren. Andrerseits sollte man es tun, solange man noch heile Fenster hat, was bei uns zu Hause noch der Fall ist. Im Institut ist mein Hörsaal schon ziemlich durchgepustet und nicht benutzbar. Veröffentlichen können wir ja unsere Arbeiten immer noch ziemlich unbeschränkt. Hoffentlich ist nun wirklich Deine Gefängniszeit bald überstanden! Es ist ja für uns ganz unvorstellbar, was das heißt, solange allein sein zu müssen.
Also alles Gute und vielleicht sehen wir uns bald.

Dein Karl-Friedrich

An Eberhard Bethge [Tegel] Freitag, d. 26. 11. 43

Lieber Eberhard! Es ist also wirklich dazu gekommen, – wenn auch nur für einen Augenblick; aber das ist nicht so wichtig; auch ein paar Stunden wären ja viel zu wenig, und man wird hier in der Abgeschlossenheit so aufnahmefähig, daß man auch von ein paar Minuten lange zehren kann. Dieses Bild – die vier Menschen[1], die mir in meinem Leben am nächsten stehen, einen Augenblick um mich gehabt zu haben – das wird mich nun lange begleiten. Als ich herauf in meine Zelle kam, lief ich eine Stunde lang nur auf und ab, das Essen stand da und wurde kalt, und ich mußte schließlich über mich selbst lachen, wie ich mich dabei ertappte, daß ich von Zeit zu Zeit ganz stereotyp vor mich hinsagte: „das war wirklich schön!" Ich habe immer intellektuelle Hemmungen, wenn ich das Wort „unbeschreiblich" für etwas verwende; denn wenn man sich etwas Mühe gibt und die nötige Klarheit erzwingt, dann gibt es m. E. sehr wenig „Unbeschreibliches"; aber im Augenblick scheint mir der heutige Vormittag dazu zu gehören. Nun liegt Karl's Zigarre vor mir[2], eine wirklich unwahrscheinliche Realität, – war er denn nett? und verständnisvoll? und V?[3] es ist einfach großartig, daß Du sie sahst! –, dann die gute alte beliebte „Wolf" Hamburg aus besseren Zeiten, – neben mir auf einem Karton aufgebaut steht Maria's Adventskranz –, in meinem Vorratsregal warten u. a. Eure Rieseneier auf die nächsten Frühstücke (es hat ja keinen Sinn, wenn ich sage, „so etwas dürft Ihr Euch nicht absparen!" aber ich denke es, und freue mich doch!) ...

Nun hast Du Dich ja selbst davon überzeugen können, daß ich in jeder Hinsicht der Alte bin und daß es mir gut geht. Ich glaube, es hat ein Augenblick genügt, um uns beiden klarzumachen, daß alles, was in den vergangenen 7½ Monaten vorgefallen ist, uns beide im Wesentlichen unverändert gelassen hat; ich hatte es auch keinen Moment je bezweifelt und Du gewiß auch nicht. Das ist der Vorteil, wenn man 8 Jahre lang fast jeden Tag, jedes Ereignis miteinander erlebt, jeden Gedanken miteinander besprochen hat. Da braucht man nur eine Sekunde, um übereinander Bescheid zu wissen, und eigentlich braucht man nicht einmal mehr diese Sekunde. Ich kann mich an meinen ersten Gefangenenbesuch – den bei Fritz O.[4], Du warst auch mit! – erinnern, daß er mich ganz scheußlich mitgenommen hat, obwohl Fritz sehr heiter und nett war. Ich hoffe nun sehr, daß es Dir heute bei mir nicht ähnlich gegangen ist! Das würde nämlich auf der falschen Vorstellung beruhen, als sei das Gefangensein eine ununterbrochen empfundene Qual. So ist es ja nicht, und gerade solche Besuche erleichtern einem das Leben tagelang ganz fühlbar, auch wenn sie natürlich manches in einem aufwekken, was glücklicherweise eine Weile geschlafen hat. Aber auch das schadet nichts. Man weiß wieder einmal, wie reich man war, man wird dankbar dafür und faßt neue Hoffnung und Lebenswillen. Ich danke Dir und Euch allen *sehr!* Wann und wo werde ich Dich besuchen können? Sieh doch, daß Du noch recht lange in Lissa bleibst! Wir müssen uns wirklich so schnell wie möglich nach meiner Entlassung sehen. Eigentlich ist es doch eine Scheußlichkeit, daß sie einem Soldaten, der seinen nächsten Freund besuchen will, das abschlagen. Verdammte Bürokraten! Aber man lernt aus allem und auch daraus für später!

27. 11.

Inzwischen war hier der erwartete Großangriff auf Borsig[5]. Es ist wirklich ein einzigartiges Gefühl, die „Weihnachtsbäume", diese Leuchtabsteckzeichen, die das Kommandoflugzeug abwirft, unmittelbar über sich heruntergehen zu sehen. Schauderhaft das Toben und Schreien der Gefangenen in ihren Zellen. Wir hatten keine Toten, nur Verwundete; aber bis 1 Uhr waren wir mit Verbinden fertig. Ich konnte gleich danach ganz fest schlafen. Ganz offen reden die Leute hier von der Angst, die sie gehabt haben. Ich weiß nicht recht, was ich davon halten soll; denn eigentlich ist die Angst doch auch etwas, dessen sich der Mensch schämt. Ich habe das Empfinden, man könnte eigentlich nur in der Beichte davon reden. Es kann sonst so leicht etwas Schamloses darin liegen. Deswegen braucht man ja noch lange nicht den Heroischen zu markieren. Andrerseits kann eine naive Offenheit etwas ganz Entwaffnendes haben. Aber es gibt eben auch so eine zynische, ich möchte fast sagen: gottlose, Offenheit, die sich dann ebenso auf dem Gebiet des Saufens und Hurens austobt, und die so einen chaotischen Eindruck macht. Ob nicht die Angst doch auch zu den „pudenda" gehört, die verborgen werden sollen? Ich muß das noch weiter überlegen, Du wirst ja darin auch Deine Erfahrungen gemacht haben.

Daß wir die grauenhaftesten Dinge des Krieges jetzt so intensiv erleben müssen, ist, wenn wir sie überleben, für später wohl die notwendige Erfahrungsgrundlage dafür, daß nur auf dem Boden des Christentums ein Wiederaufbau des

Lebens der Völker im Innern und Äußern möglich ist. Darum müssen wir das, was wir erleben, wirklich in uns bewahren, verarbeiten, fruchtbar werden lassen und es nicht von uns abschütteln. Noch nie haben wir den zornigen Gott so handgreiflich zu spüren bekommen, und auch das ist Gnade. „Heute, so ihr seine Stimme hört, verstocket eure Herzen nicht." Die Aufgaben, denen wir entgegengehen, sind ungeheuer; für sie sollen wir jetzt vorbereitet und reif gemacht werden ...

28. 11. Der 1. Advent

Er begann mit einer ruhigen Nacht. Gestern abend im Bett habe ich zum erstenmal im Neuen Lied die – „unsere" – Adventslieder aufgeschlagen. Kaum eines kann ich vor mich hinsummen, ohne an Finkenwalde, Schlönwitz, Sigurdshof erinnert zu werden. Heute früh hielt ich meine Sonntagsandacht, hängte den Adventskranz an einen Nagel und band das Lippi'sche Krippenbild hinein. Zum Frühstück aß ich das zweite Eurer Straußeneier mit Hochgenuß. Bald danach wurde ich aufs Revier zu einer Besprechung geholt, die bis Mittag dauerte. Nach dem Essen habe ich auf Grund der üblen Erfahrungen des letzten Alarms (eine Luftmine in 25 m Entfernung, Revier ohne Fenster, Licht, hilfeschreiende Gefangene, um die sich außer uns aus dem Revier niemand kümmerte; aber auch wir konnten in der Dunkelheit wenig helfen und beim Öffnen einer Zelle von Schwerbestraften muß man immer vorsichtig sein, daß sie einem nicht mit dem Stuhlbein über den Kopf schlagen, um auszureißen – kurz, es war nicht schön!) einen Bericht über Erfahrungen und Notwendigkeiten der ärztl. Versorgung bei Alarmen hier im Haus geschrieben. Hoffentlich nützt es was. Ich bin froh, irgendwie mithelfen zu können und zwar an vernünftiger Stelle.

Vergessen habe ich noch Dir zu berichten, daß ich gestern nachmittag die märchenhaft duftende „Wolf"-Zigarre im Revier bei netter Unterhaltung geraucht habe. Ich danke Dir sehr dafür! Die Zigarettenfrage ist seit den Alarmen leider katastrophal.

Beim Verbinden baten die Verwundeten um eine Zigarette und die Sanitäter und ich selber haben vorher auch allerlei

vertilgt. Umso dankbarer bin ich für das, was Ihr mir vorgestern mitgebracht habt! Übrigens sind fast im ganzen Haus die Scheiben heraus, und die Leute sitzen frierend in ihren Zellen. Obwohl ich vergessen hatte, mein Fenster beim Herausgehen zu öffnen, fand ich nachts zu meiner größten Überraschung die Scheibe unversehrt. Darüber bin ich sehr froh, wenn mir auch die anderen schrecklich leid tun.
Wie schön, daß Du doch noch Advent mitfeiern kannst! Ihr werdet jetzt gerade die ersten Lieder zusammen singen. Das Altdorfer'sche Krippenbild fällt mir ein und dazu der Vers: „Die Krippen glänzt hell und klar, die Nacht gibt ein neu Licht dar, Dunkel muß nicht kommen drein, der Glaub' bleibt immer im Schein" – und dazu die adventliche Melodie,

aber nicht im 4/4 Takt, sondern in dem schwebenden erwartenden Rhythmus, der sich dem Text anpaßt! Nachher werde ich noch eine der erfreulichen Novellen des alten W. H. Riehl lesen. Die würden Dir auch Spaß machen, auch zum Vorlesen in der Familie sind sie sehr geeignet. Man muß versuchen, sie mal zu kriegen.
Leider bin ich auf literarischem Gebiet mit Maria noch nicht konform. Sie schreibt mir so sehr gute, natürliche Briefe, aber sie liest ... Rilke, Bergengruen, Binding, Wiechert, von denen ich die letzten drei für unter unserem Niveau, den ersten für ausgesprochen ungesund halte. Eigentlich passen sie also alle garnicht zu ihr ... Über solche Dinge müßte man miteinander sprechen können, und ich weiß nicht, ob sie so ganz unwichtig sind. Ich möchte gern, daß meine Frau auch in solchen Fragen mit mir möglichst konform geht. Aber ich denke, es ist nur eine Sache der Zeit. Ich mag es garnicht, wenn Frauen und Männer verschiedener Meinung sind. Sie müssen zusammen wie ein uneinnehmbares Bollwerk dastehen. Findest Du das nicht auch? Oder gehört das etwa auch zu meiner „tyrannischen" Natur, die Du so genau kennst? dann mußt Du es mir sagen! Wahrscheinlich drückt sich in diesen literarischen Dingen auch der Altersunterschied aus. Die Generation von Maria und Renate ist eben leider mit einer sehr schlechten zeitgenössischen Literatur groß ge-

worden und den Anschluß an das ältere Schrifttum finden sie viel schwerer als wir. Je mehr wir an die wirklich guten Sachen herangekommen sind, desto fader ist uns doch die dünne Limonade der neueren Produktion geworden, manchmal fast bis zum Übelwerden. Kennst Du ein Buch aus der schönen Literatur der letzten ca. 15 Jahre, von dem Du glaubst, daß es Bestand hat? Ich nicht. Es ist teils Gewäsch, teils Gesinnungsmacherei, teils wehleidige Sentimentalität – aber keine Erkenntnis, keine Gedanken, keine Klarheit, keine Substanz und fast immer eine schlechte, unfreie Sprache. Ich bin an diesem Punkt ganz bewußt ein laudator temporis acti. Du doch auch? –

29. 11.

Der heutige Montag unterscheidet sich von allen bisherigen deutlich. Während sonst am Montag morgen das Geschrei und Geschimpfe auf den Gängen am wüstesten war, sind offenbar nach den Erlebnissen der vorigen Woche selbst die größten Schreier und Angeber recht kleinlaut geworden, eine sehr spürbare Veränderung!
Ich muß Dir persönlich übrigens noch folgendes sagen: die schweren Luftangriffe, besonders der letzte, bei dem ich, als durch die Luftmine im Revier die Fenster herausstürzten und Flaschen und Medikamente aus Schränken und Regalen fielen, völlig im Dunkeln auf dem Fußboden lag und nicht viel Hoffnung auf einen guten Ausgang hatte, führen mich ganz elementar zum Gebet und zur Bibel zurück. Darüber später einmal mündlich mehr. In mehr als einer Hinsicht ist diese Gefängniszeit für mich eine sehr heilsame Pferdekur. Aber das läßt sich im Einzelnen wohl wirklich nur persönlich erzählen.
Eben wurde ein Koffer mit Konserven und der Fahrpelz bei mir abgegeben. Ich ließ mich sofort hinunterführen und hoffte noch einen Blick von Dir zu erwischen, da hieß es, „ein junger Mann“ – (bitte sehr! das würde von mir bestimmt keiner mehr sagen! oder sollte es etwa Klaus D.[6] gewesen sein?) – habe das vor 2 Stunden abgegeben und sei sofort wieder gegangen. Habt vielen, vielen Dank! Es ist sicher gut, für alle Fälle eine haltbare Reserveration hier zu haben und auch der Pelz ist bei dem fensterlosen Haus, durch das auch

meine Zelle ausgekühlt wird, sehr willkommen. Es ist wirklich wunderbar, wie Ihr immer gleich an alles denkt und es auch in die Tat umsetzt. Ich glaube, in dieser Hinsicht ist unsere Familie wirklich etwas ganz Besonderes, glaubst Du nicht auch? und wie gut, daß Du jetzt ganz darin eingeschlossen bist. Man kann, wenn man in schwieriger Lage ist, ganz sicher sein, daß alles nur Denkbare geschieht, um Hilfe und Erleichterung zu bringen. Das kannst Du auch wissen, wenn Du irgendwo draußen bist! Ich glaube, dieses Füreinandereintreten ist ein Erbstück, das alle Familienglieder mitgekriegt haben. –

Dienstag, d. 30. 11.

Heute hoffe ich diesen Brief loszuwerden. Drum also Schluß. Versuch doch bis über Weihnachten in Lissa zu bleiben! Dann können wir uns vielleicht wirklich noch sehen. Wie ist Deine Adresse? Wie erreiche ich Dich sofort nach meiner Entlassung durch Blitzgespräch oder Blitztelegramm? Bleibt gesund, Du und Renate! Gott behüte Euch! Von ganzem Herzen

Dein treuer Dietrich

R.[7] wollte mir am Anfang gar zu gern an den Kopf; nun mußte er sich mit einer höchst lächerlichen Anklage begnügen, die ihm wenig Ruhm eintragen wird. Übrigens finde ich, daß Du für den Fall, daß Du irgendwo in Gefangenschaft gerätst, hier einen Code abmachen mußt, bevor Du herausgehst. – In den vergangenen Monaten habe ich wie noch nie erfahren, daß ich alles, was ich hier an Erleichterungen und Hilfe bekomme, nicht mir selbst, sondern anderen Menschen verdanke. Ich habe früher gelegentlich empfunden, daß Du unter der Tatsache, daß auch Du vieles in Deinem Leben andern Menschen verdankst, etwas leidest. Aber das ist eben ganz verkehrt. Der Wunsch, alles durch sich selbst sein zu wollen, ist ein falscher Stolz. Auch was man anderen verdankt, gehört eben zu einem und ist ein Stück des eigenen Lebens, und das Ausrechnenwollen, was man sich selbst „verdient“ hat und was man anderen verdankt, ist sicher nicht christlich und im übrigen ein aussichtsloses Unternehmen. Man ist eben mit dem, was man selbst ist und was man empfängt, ein Ganzes. Das wollte ich Dir noch sagen, weil ich es jetzt selbst erlebt habe und doch nicht erst jetzt, sondern unausgesprochen schon in den langen Jahren unserer vita communis. Ich habe von Dir bestimmt nicht weniger empfangen als Du von mir.

[1] Eltern, Maria v. Wedemeyer und E. Bethge. [2] Gruß von Karl Barth, den E. Bethge auf der im Auftrag der Abwehr erfolgten Reise im Sommer 1943 hatte besuchen und informieren können. [3] Vissert 't Hooft. [4] Fritz Onnasch, im Winter 1937/38 für einige Wochen in Stettin verhaftet. [5] Lokomotivfabrik in Tegel. [6] Klaus v. Dohnanyi. [7] Dr. Roeder.

BERICHT
über Erfahrungen bei Alarmen

[28. 11. 43]

Der Alarm am 26. Nov. hat im Revier des WUG Tegel zu folgenden Erfahrungen geführt. Bereits durch eine der ersten in der Nähe fallenden Bomben wurden sämtliche Fenster und Verdunklungsvorrichtungen des Reviers zerstört, stürzten aus dem Arzneischrank mehrere Gefäße mit Arzneien, der Fußboden war mit Staub und Trümmern bedeckt, der Versuch, die Verdunkelung behelfsmäßig instandzusetzen, scheiterte, da immer neue Bombeneinschläge folgten. Als kurz danach in etwa 25 m Entfernung eine Sprengbombe oder Luftmine die Gefängnismauer einriß, Türen, Fenster und Dachbedeckung des WUG schwer beschädigte, erhob sich aus den Zellen der eingeschlossenen U-Gefangenen ein wildes An-die-Türen-Schlagen, Schreien, um Hilfe Rufen von Verwundeten. Bei dem allgemeinen Lärm, der dadurch entstand, abgesehen von den Bombeneinschlägen, war es kaum möglich, festzustellen, wo wirklich Verwundete waren. Die Revierbelegschaft öffnete einige Zellen und stellte kleine Verwundungen fest, eine sofortige Behandlung aber war unmöglich, da das Revier ohne Beleuchtung war, und wäre auch bei schwersten Verwundungen nicht möglich gewesen. Erst nach dem Beschuß konnte die Verdunkelung instandgesetzt und mit der Behandlung begonnen werden ...
Daraus ergeben sich folgende Konsequenzen: 1. Soll eine

ärztl. Versorgung in Ernstfällen gewährleistet sein, so ist die Anlage eines Sanitätsbunkers erforderlich. 2. Sanitätsdienstgrade unter den U-Häftlingen sind bei Alarm nach Möglichkeit zur Dienstleistung im Revier auszuschließen. 3. Es sind Maßnahmen erforderlich, die es ermöglichen, die Verwundeten sofort ausfindig zu machen, was bei dem gegenwärtigen Zustand nicht möglich ist. Wenn die Sicherung des Lebens der leitende Gesichtspunkt ist, so wäre eine möglichst weitgehende Ausschließung der U-Häftlinge aus ihren Zellen und die sofortige Herstellung von Splittergräben erforderlich. 4. Auch die ungünstige seelische Auswirkung auf einen Soldaten, der als Untersuchungshäftling wegen eines vielleicht nur geringen Deliktes eingeschlossen in der Zelle ohne Aussicht auf rechtzeitige Hilfeleistung einen schweren Luftangriff über sich ergehen lassen muß, darf in ihrer Bedeutung nicht unterschätzt werden ...

An die Eltern

[Tegel] 1. Advent. 28. 11. 43

Liebe Eltern! Obwohl man nicht weiß, ob und wie Briefe gegenwärtig bestellt werden, möchte ich doch gern am Nachmittag des ersten Advent an Euch schreiben. Das Altdorfersche Weihnachtsbild, auf dem man die Heilige Familie mit der Krippe unter den Trümmern eines verfallenen Hauses sieht – wie kam er nur vor 400 Jahren dazu, entgegen aller Tradition, das so darzustellen? – ist einem diesmal besonders gegenwärtig. Auch so kann und soll man Weihnachten feiern, das wollte er vielleicht sagen; jedenfalls sagt er es uns. Ich denke gern daran, wie Ihr jetzt wohl mit den Kindern zusammensitzt und mit ihnen Advent feiert wie vor Jahren mit uns. Nur tut man alles wohl jetzt intensiver, weil man nicht weiß, wie lange man es noch hat.

Ich denke noch etwas mit Grausen daran, daß Ihr beide, und ohne daß einer von uns dabei war, so eine schlimme Nacht und einen so schlimmen Augenblick durchmachen mußtet. Es kommt einem so unfaßlich vor, daß man in solchen Zeiten eingesperrt ist und nichts helfen kann. Ich hoffe nun sehr,

daß das wirklich bald zu Ende geht und nicht weitere Verzögerungen erleidet. Trotzdem, beunruhigt Euch bitte um mich nicht. Man wird sehr gestärkt aus dieser ganzen Sache hervorgehen.
Daß wir hier den erwarteten Angriff auf Borsig in unserer Nähe hatten, wißt Ihr sicher schon. Nun hat man die – nicht gerade christliche – Hoffnung, daß sie sobald nicht wieder in unsere Gegend kommen. Es war auch nicht gerade schön, und wenn ich einmal frei bin, werde ich Vorschläge machen, wie man das für solche Fälle hier verbessern kann. Erstaunlicherweise blieben meine Fensterscheiben heil, während fast alle anderen kaputt sind. So ist es für die anderen wirklich scheußlich kalt. Da die Gefängnismauer z. Teil eingerissen ist, kann vorläufig auch keine „Bewegung" stattfinden. Wenn nur wenigstens die Möglichkeit bestünde, nach den Alarmen etwas voneinander zu hören!
Es war sehr schön Euch wiederzusehen. Habt vielen Dank, daß Ihr kamt und auch für alles Mitgebrachte! Es ist ein sehr beruhigendes Gefühl, Euch für's erste in Sakrow zu wissen. Maria darf jetzt nicht nach Berlin kommen; selbst wenn sie Sprecherlaubnis bekommt, sollte man erst abwarten, wie sich die Dinge weiter entwickeln. Was wird denn mit Renate werden? Eine Entbindung in Berlin kommt doch wohl garnicht in Frage? Aber wohin dann?
In den letzten Tagen habe ich sehr gern die „Geschichten aus alter Zeit" von dem alten Kulturhistoriker W. H. Riehl gelesen. Wahrscheinlich kennt Ihr sie aus viel früherer Zeit. Heute sind sie so gut wie unbekannt und doch sehr hübsch und erfreulich zu lesen. Auch zum Vorlesen für die Kinder wären sie geeignet. Soviel ich weiß, hatten wir früher ein paar Bände von ihm; aber wir haben sie inzwischen wohl längst zu irgendeiner Büchersammlung gegeben. – Wenn Ihr mir mal das Buch über den Aberglauben mitbringt, wäre es sehr schön. Hier fangen die Leute an, Karten zu legen, ob am Abend Alarm kommt! Es ist interessant, wie in so aufgeregten Zeiten der Aberglaube blüht und wie viele doch bereit sind, mindestens mit einem halben Ohr darauf zu hören.
Lebt wohl! Grüßt alle Geschwister und Kinder sehr. Gott behüte uns alle. Euch dankt für alles Euer Dietrich

Lieber Dietrich! Wie und womit soll ich nur anfangen, um Dir meine Freude zu zeigen und alles, was ich gehend, stehend oder im Gespräch mit Renate Dir erzähle, in einen viel zu kurzen Brief zu bekommen? Mitten in dem Chaos der Angriffe und der daraus erwachsenen Arbeit war *das* Ereignis für mich, daß ich Dich sah, und einen so ausführlichen guten Brief, den ersten, von Dir bekam. Ich las ihn schon mehrfach und bin traurig, nicht die Ruhe zum Schreiben jetzt zu haben, wie Du sie hattest. Ich war erstaunt, Dich am Freitag so munter und gut aussehend zu finden. Munter, frisch, garnicht blaß und im ganzen wie gewohnt die Situation beherrschend, ein wenig bemüht, uns unter allen Umständen über Deine Lage Trost und Vertrauen zu vermitteln. Ich habe mich riesig gefreut, daß wir das Sehen fertig brachten. Und dann bekam ich nachmittags den Brief mit den schönen Sachen ... Heute höre ich, daß ich wohl nach Meran kommen soll, so sind ja weniger warme Sachen von Nöten. Als ich nachmittags eine ganze Stunde vor Hans' Klause auf Chr.[1] warten mußte, hatte ich Ruhe, Deinen ganzen Brief sozusagen langsam zu essen. Der biblische Ausdruck, daß Joh. den Brief aß, ist doch ganz treffend, nur daß es mich nachher nicht „im Bauche grimmte"[2], bei Hesekiel tut es das ja auch nicht.

Dein Brief zeigte mir, wie verschieden unser beider Leben diese Zeit über gewesen ist. Im wesentlichen fühlte ich mich beim Militär Dir doch recht nahegerückt durch den uns so gänzlich ungewohnten Verlust der Selbstbestimmung. Und ich habe seitdem neu und anders an Dich gedacht, wenn ich in der Kolonne endlos marschieren und marschieren mußte. Und dann stellte ich mir vor, daß Du neben mir sein müßtest und wie Du dann wohl die blöden Lieder mitbrüllen müßtest und ich mußte über uns beide da im Stillen herzlich lachen ...

Ganz besonders danke ich Dir für die Verse, die Du mir aufgeschrieben hast, sehr gern nehme ich sie in meiner Brieftasche mit auf die Fahrt ins Ungewisse. Ja, wenn Du mit mir zusammen Soldat sein könntest. Hier in Spandau waren die

Leute ja so, daß ich gern mit ihnen noch zusammen geblieben wäre. Eine merkwürdige Achtung und das Interesse für so einen kuriosen seltenen Beruf vor allem bei den 17 bis 18jährigen. Jetzt in Lissa ist das freilich sehr anders. Die Leute sind alle in jeder Beziehung so in Ordnung und langweilig, nach Zuverlässigkeit und anständigen Anschauungen ausgesucht[3]. Ich bin etwas allein und demgemäß still. Ich bin sehr traurig, wenn ich daran denke, wie Du jetzt gearbeitet und geschrieben hast und ich nichts davon höre, vielleicht auf lange nicht. Schön war es ja, daß ich solange noch predigen konnte; jetzt soll ich auch in Lissa predigen und bekomme dazu die Erlaubnis. Aber die Kreise, mit denen ich vornehmlich zusammen war, sind ja homines religiosi.
Leider werde ich jetzt dauernd unterbrochen. Inzwischen ist es auch der 1. Dez. schon geworden und ich habe unter Schwierigkeiten noch bis zum Sonnabend Urlaubsverlängerung. Ob Du inzwischen noch in die Lehrter Straße kommst und ich Dich sehe? ...
Leider ist uns nie eine Traupredigt von Dir in die Hände gekommen. Hast Du sie über R.[4] geschickt? Niemand weiß etwas davon ...

Freitag, 3.

Nun ist es soweit, daß ich fort muß. Die Zeit, die ich mir heute vornahm, Dir noch zu schreiben, wurde mir plötzlich verpatzt, da ich gegen alle Verabredung doch wieder mit dem Auto gerufen wurde und es eine Panne gab, die alle Zeit kostete. So tut es mir sehr leid, Dir das Fragment schikken zu müssen, aber es geht nicht anders.
Laß Dich sehr grüßen. Ich denke viel an Dich und hoffe Dich doch bald zu sehen.
In Treue, von Herzen Dein Eberhard

[1] Christine v. Dohnanyi, die ihren Mann im Gefängnis (Lehrter Straße) besuchte. [2] Off. 10,9 f. [3] Für militärische Einheiten der Abwehr politisch ausgesuchte Soldaten. [4] Dr. Roeder.

Lieber Dietrich! Den stillen 2ten Advent will ich zu einem Brief an Dich benützen. Wir sind hier draußen in Sakrow, was wohltuend ist nach der Woche, die mit Fenster zunageln, Scheiben einsetzen und unzulänglichen Versuchen das Dach mit Teppichen und Brettern zu decken mit ganz unzureichendem Material – es fehlt an Nägeln, Pappen, Hämmern usw. – verbracht wird. Ich habe einen alten Pfleger aus meiner Klinik zu Hilfe. Ich hoffe in der nächsten Woche wieder einen oder den anderen Patienten empfangen zu können. Gesundheitlich geht es uns gut. Die kalten Zimmer sind, wenn man körperlich arbeitet, nicht so sehr bemerkbar. Die Hauptsorge ist jetzt die Heizung vor dem Einfrieren zu bewahren. Die Veranda mit 22 zerschlagenen Scheiben ist das Hauptgefahrmoment. Erstaunlich ist, daß in Deinem Zimmer alle Scheiben erhalten sind, obwohl es der Seite, auf der die Sprengbombe gefallen ist, ausgesetzt war. – Immerhin besteht doch die Möglichkeit, einige Zimmer wohnbar zu machen. Dafür muß man dankbar sein, wenn man die sonstigen Zerstörungen in der Stadt sieht ... Mein alter, mir sehr nahe stehender Assistent Burlage ist in seinem Luftschutzkeller mit 150 andern erschlagen worden. Seine Frau ist, weil sie um den Hund zu retten, herausgegangen war, verschont geblieben. Zutt[1] hat nichts außer seinem Koffer gerettet. Im ganzen ist es erfreulich und überraschend zu sehen, wie leicht wenigstens für den Augenblick der Verlust des Besitzes ertragen wird. Karl-Friedrich ist heute früh nach Leipzig zurückgefahren, besorgt, ob der schwere Angriff auf Leipzig sein Haus betroffen hat, bei der Nähe des Wasserturmes nicht unberechtigt. Wir wollen versuchen, ihn noch am Abend anzurufen. Ich nehme an, daß Mama noch schreiben will und schließe deshalb. Ich will gleichzeitig einen Antrag auf Sprecherlaubnis schreiben.
Herzlich Dein Vater, der im Stillen auf ein gemeinsames Weihnachten hofft ...

[1] Prof. Dr. J. Zutt, damals Leiter einer psychiatrisch-neurologischen Privatklinik im Westend.

An Eberhard Bethge [Tegel]
2. Advent [5. 12. 43]

Lieber Eberhard! Das Bedürfnis, mich an einem stillen Sonntagvormittag mit Dir zu unterhalten, ist so groß und der Gedanke, daß so ein Brief vielleicht auch Dir eine einsame Stunde unterhaltsamer machen könnte, so verlockend, daß ich, ohne zu wissen ob, wie und wo Dich diese Zeilen erreichen, Dir schreiben will. Wie mir gestern K[arl] Fr[iedrich], der hier völlig überraschend auftauchte, erzählt hat, bist Du erst gestern nach Lissa zurückgefahren. Möchte Dir die Zeit nicht zu schwer werden! Du bist doch durch Deine Internatserziehung gegen manches abgehärteter als ich. Wie und wo mögen wir beide diesmal Weihnachten feiern? Ich wünsche Dir, daß es Dir gelingt, etwas von der Freude, die Du in diesen Adventswochen immer wieder in den Kreis der Brüder getragen hast, auch den Soldaten, mit denen Du zusammen bist, zu vermitteln. Denn nicht nur die Angst, wie ich sie hier bei jedem neuen Luftalarm bei den Leuten immer neu erlebe, ist ansteckend, sondern auch die Ruhe und die Freude, mit der wir dem jeweils Auferlegten begegnen. Ja, ich glaube, die stärkste Autorität bildet sich durch solche Haltung, – wenn sie nicht zur Schau getragen, sondern echt und selbstverständlich ist. Die Menschen suchen einen ruhenden Pol und richten sich nach ihm aus. Ich glaube, Draufgängertypen sind wir beide nicht, aber das hat mit dem Herzen, das durch Gnade fest wird, auch nichts zu tun.
Ich spüre übrigens immer mehr, wie alttestamentlich ich denke und empfinde; so habe ich in den vergangenen Monaten auch viel mehr A. T. als N. T. gelesen. Nur wenn man die Unaussprechlichkeit des Namens Gottes kennt, darf man auch einmal den Namen Jesus Christus aussprechen; nur wenn man das Leben und die Erde so liebt, daß mit ihr alles verloren und zu Ende zu sein scheint, darf man an die Auferstehung der Toten und eine neue Welt glauben; nur wenn man das Gesetz Gottes über sich gelten läßt, darf man wohl auch einmal von Gnade sprechen, und nur wenn der Zorn und die Rache Gottes über seine Feinde als gültige Wirklichkeiten stehen bleiben, kann von Vergebung und von Feindes-

liebe etwas unser Herz berühren. Wer zu schnell und zu direkt neutestamentlich sein und empfinden will, ist m. E. kein Christ. Wir haben darüber ja schon manchmal gesprochen und jeder Tag bestätigt mir, daß es richtig ist. Man kann und darf das letzte Wort nicht vor dem vorletzten sprechen. Wir leben im Vorletzten und glauben das Letzte, ist es nicht so? Lutheraner (sogenannte!) und Pietisten würden eine Gänsehaut bei diesen Gedanken kriegen, aber richtig ist es darum doch. In der „Nachfolge" habe ich diese Gedanken nur angedeutet (im ersten Kap.) und nachher nicht richtig durchgeführt. Das muß nun später geschehen. Die Konsequenzen sind sehr weitreichend, u. a. für das kathol. Problem, für den Amtsbegriff, für den Gebrauch der Bibel etc., aber vor allem eben für die Ethik. Warum wird im A. T. kräftig und oft zur Ehre Gottes gelogen (ich habe die Stellen jetzt zusammengestellt), totgeschlagen, betrogen, geraubt, die Ehe geschieden, sogar gehurt (vgl. den Stammbaum Jesu), gezweifelt u. gelästert und geflucht, während es im N. T. dies alles nicht gibt? Religiöse „Vorstufe"? Das ist eine sehr naive Auskunft; es ist ja ein und derselbe Gott. Aber darüber später und mündlich mehr!
Es ist inzwischen Abend geworden. Eben sagte der Uffz., der mich vom Revier in meine Behausung brachte, als wir uns verabschiedeten etwas verlegen lächelnd, aber doch ganz ernst zu mir: „Beten Sie doch, Herr Pfarrer, daß wir heute keinen Alarm kriegen!"
Denke Dir, heute vormittag stellte sich im Gespräch mit einem hier gefangenen Sanitäter heraus, daß er Max Wedemeyers Tod miterlebte und ihn tot zur Truppe zurückgebracht hat. Ich kann es jetzt Maria noch nicht mitteilen, da solche Gespräche ja an sich unerlaubt sind und ich briefliche Rückfragen befürchte. Aber es ist doch sehr merkwürdig. Max hat gegen den Befehl seines Majors einen Stoßtrupp gemacht und ist durch Herzschuß gefallen.
Meinen täglichen Spaziergang mache ich seit einiger Zeit mit einem Gauredner, Kreisleiter, Regierungsdirektor, ehem. Mitglied der DC-Kirchenregierung in Braunschweig, z. Zt. Standortführer der Partei in Warschau. Er ist hier total zusammengeklappt und schließt sich mit einer geradezu kind-

lichen Anhänglichkeit an mich an, holt sich in jeder Kleinigkeit Rat, erzählt mir, wann er geweint hat etc. Nachdem ich mehrere Wochen sehr kühl war, verschaffe ich ihm jetzt einige Erleichterungen, wofür er rührend dankbar ist und mir immer wieder erklärt, er sei so froh, gerade mit einem Manne wie mir hier zusammengetroffen zu sein. Kurz, es gibt die seltsamsten Situationen; wenn ich Dir nur erst mal richtig erzählen könnte!

Ich habe noch über das Reden über die eigene Angst, von dem ich Dir kürzlich schrieb, nachgedacht. Ich glaube, unter dem Anschein der Ehrlichkeit wird hier etwas als „natürlich" ausgegeben, was doch imgrunde ein Symptom der Sünde ist; es ist wirklich ganz analog dem offenen Reden über sexuelle Dinge. „Wahrhaftigkeit" heißt eben doch nicht, daß alles, was ist, aufgedeckt wird. Gott selbst hat den Menschen Kleider gemacht, d. h. in statu corruptionis sollen viele Dinge im Menschen verhüllt bleiben, und das Böse, wenn man es schon nicht ausrotten kann, soll jedenfalls verhüllt werden; Bloßstellung ist zynisch; und wenn der Zyniker sich auch besonders ehrlich vorkommt oder als Wahrheitsfanatiker auftritt, so geht er doch an der entscheidenden Wahrheit, nämlich, daß es seit dem Sündenfall auch Verhüllung und Geheimnis geben muß, vorbei. Das Große an Stifter liegt für mich darin, daß er darauf verzichtet, in das Innere des Menschen einzudringen, daß er die Verhüllung respektiert und den Menschen gewissermaßen nur ganz vorsichtig von außen, aber nicht von innen her betrachtet. Jede Neugierde ist ihm ganz fremd. Es ist mir einmal eindrucksvoll gewesen, als Frau von Kleist-Kieckow mir mit wirklichem Entsetzen von einem Film erzählte, in dem das Wachstum einer Pflanze mit Zeitraffer dargestellt war; sie und ihr Mann hätten das nicht ertragen können als ein unerlaubtes Eindringen in das Geheimnis des Lebens. In dieser Richtung liegt Stifter. Aber geht nicht auch von hier aus eine Brücke zu der sog. englischen „Heuchelei", der man die deutsche „Ehrlichkeit" gegenüberstellt? Ich glaube, wir Deutschen haben die Bedeutung der „Verhüllung" d. h. imgrunde den status corruptionis der Welt nie recht begriffen. Kant sagt einmal sehr gut in der Anthropologie, wer die Bedeutung

des Scheins in der Welt verkenne und bestreite, der sei ein Hochverräter an der Menschheit.
Hast Du übrigens das Buch über den „Witiko", das mir Freitag mitgebracht wurde, aufgetrieben? Wer sollte es sonst sein? Obwohl es mehr fleißig als klug ist, habe ich es z. T. mit großem Interesse gelesen. Hab vielen Dank!
Übrigens: „Die Wahrheit sagen", worüber ich einen Aufsatz[1] schrieb, heißt m. E. sagen, wie etwas in Wirklichkeit ist, d. h. Respektierung des Geheimnisses, des Vertrauens, der Verhüllung. „Verrat" z. B. ist nicht Wahrheit, ebensowenig wie Frivolität, Zynismus etc. Das Verhüllte darf nur in der Beichte offenbart werden, d. h. vor Gott. Auch darüber später mehr! – Zur psychischen Bewältigung von Widrigkeiten gibt es einen leichteren Weg des „An den Widrigkeiten Vorbeidenkens" – das habe ich so ungefähr gelernt – und einen schwereren: sie bewußt ins Auge fassen und überwinden; das kann ich noch nicht. Man muß das aber auch lernen; denn das erste ist ein kleiner Selbstbetrug, glaube ich, allerdings wohl ein erlaubter. Nun leb wohl.

In Treue denkt an Dich Dein Dietrich

[1] Vgl. S. 149.

Von Susanne Dress

Friedrichsbrunn, d. 14. 12. 43

Lieber Dietrich! Nun sitze ich hier oben in Schnee und Rauhreif bei wenig Feurung und bin in Gedanken doch ständig in Berlin. Wie sehr hatte ich doch gehofft mit den Kindern über Weihnachten zu Haus sein zu können und dann auch eine Sprecherlaubnis bei Dir zu bekommen. Noch mehr hatte ich allerdings gehofft, daß Du zu Weihnachten wieder bei den Eltern sein könntest. Aber vielleicht soll man in dieser Adventszeit lernen auf andere Dinge zu hoffen. Was mag nun die dunkle Zeit um Weihnachten wieder bringen? Ich war sehr froh, die tollen Tage in Berlin zu sein, um tagsüber bei den Eltern helfen und abends bei den Angriffen bei Walter sein zu können und nicht nur hier die Flieger herüber brummen zu hören und tagelang keine Nachrichtsmöglichkeit zu haben. Durch die Reisesperre werde ich nun wohl diesmal bis Anfang Januar hierbleiben müssen. Das gemeinsame Leben mit den Leipzigern geht weiter gut. So sehr gemeinsam ist es ja auch garnicht mehr, da ich hier oben im Jungenszimmer mit meinen Beiden hause ... Wir haben 3 Betten, 3 Stühle, 2 Tische, 1 Waschtisch, 1 Kleiderschrank, 1 Kleiderbaum und einen Ofen im Zimmer, auf dem man auch etwas kochen kann, wenn man genug Feuer darunter tut. An dem einzigen freien Platz, wo man aufrecht stehen könnte, hat Fräulein Erna, wie sie hier war, genau in Kopfhöhe den Adventskranz an der Decke aufgebaumelt und da er bereits zu nadeln beginnt, hat man mehrmals am Tag das Haupt mit Tannennadeln bedeckt, die erst lästig werden, wenn sie hinten in den Hals hineinrutschen. Du kannst Dir denken, wie eng und gemütlich es war, als Walter hier war. Aber er war so glücklich, mal wieder mit den Kindern zusammen zu sein, daß er garnichts dagegen hatte ... Weihnachtsvorbereitungen sind dies Jahr nun völlig ausgefallen ... Nun wünschen wir Dir von Herzen ein gesegnetes Weihnachtsfest und ein besseres neues Jahr.

Es grüßt Dich von Herzen Deine Suse

An Eberhard Bethge

[Tegel] 15. 12. 43

Lieber Eberhard! Als ich gestern Deinen Brief las, war es mir, als gäbe eine Quelle, ohne die mein geistiges Leben zu verdorren begann, nach langer langer Zeit wieder die ersten Tropfen Wasser. Dir kommt das natürlich übertrieben vor; denn erstens hat sich für Dich inzwischen eine andere Quelle aufgetan und außerdem hast Du viele Möglichkeiten des Ersatzes. Das ist in meiner Abgeschlossenheit ganz anders. Ich muß notgedrungen vom Vergangenen leben; das Zukünftige, das sich für mich in Maria ankündigt, besteht doch bisher noch so sehr in Andeutungen, daß es viel mehr im Horizont der Hoffnung als im Bereich des Besitzes und der handgreiflichen Erfahrung liegt. Jedenfalls hat Dein Brief meine gerade in den letzten Wochen etwas eingerosteten und müde gewordenen Gedanken wieder ins Laufen gebracht. Ich war eben so völlig daran gewöhnt, alles mit Dir auszutauschen, daß eine so plötzliche und so lange Unterbrechung eine tiefe Umstellung und eine große Entbehrung bedeutete. Nun sind wir wenigstens wieder im Gespräch ... Hab vielen Dank, daß Du mir schriebst und schreib mir von Zeit zu Zeit. Es darf R.[1] und Genossen nicht gelingen zu allem Porzellan, was sie zerschlagen, auch noch unsere wichtigsten persönlichen Beziehungen zu zerstören.

Zunächst nun ein paar äußere Dinge: die Traupredigt geriet versehentlich in das Testament, das Papa von mir hat, und wurde darin mitverschlossen. Bitte laß sie Dir von Papa herausgeben. Es ist nichts besonderes, aber sie entstand in den Tagen Eurer Hochzeit und ich würde mich freuen, wenn Ihr sie gelegentlich doch noch lest.

Wie kommt es, daß Du nicht nach Warschau, sondern nach Forli kommst? (ich brauche Deine kunsthistorischen Kenntnisse ja wohl nicht erst durch die Erinnerung an die Engelsbilder von Melozzo da Forli in den Vatik. Museen aufzufrischen?) In vieler Hinsicht ist das ja sympathischer; aber richte Dich nur auch auf sehr kalte Tage ein, wenig Kohlen, schlechte Öfen, Steinfußböden, Gebirge, und Frühling nicht vor März/April. Besonders warme Strümpfe wirst Du brauchen. Die Adressen von Marianne[2] und Georg[3] hast Du ja. Weißt Du, zu wem Du kommst? Stehst Du noch irgendwie in Zusammenhang mit Deiner früheren militärischen Stelle[4] oder garnicht mehr? Lerne nur ordentlich italienisch. Man braucht bei den vielen italienischen Gefangenenlagern doch immer mehr Dolmetscher. In 8 Wochen mußt Du es können. Da es hauptsächlich Sache des Gehörs ist, wird es Dir sehr leicht fallen. – Hast Du meinen *zweiten* Brief bekommen?

Ich nehme an, daß zu Weihnachten aus Kl. Krössin oder Kieckow wieder eine Spickgans einläuft oder etwas ähnliches. Ich habe nun an Dich die große Bitte, Dir die Hälfte davon zu nehmen und die andere den Eltern zu geben. Ich möchte sie bestimmt nicht hier haben; so etwas paßt einfach nicht hierher und es macht *gar* keinen Spaß es allein zu essen. Ihr könnt mir ja *eine* Scheibe schicken, aber mehr bestimmt nicht. Es ist wirklich sehr viel netter zu denken, daß Ihr miteinander, d. h. Renate und Du, ein schönes Frühstück habt! Das klingt zwar fabelhaft altruistisch, ist aber wirklich imgrunde egoistisch (und das klingt nun noch viel altruistischer! was ist da zu machen? zumal man ja unter uns dem anderen keine altruistischen sondern nur egoistische Freuden gönnt!) Also bitte tut mir den Gefallen und ärgert mich nicht!! Außerdem weißt Du ja von früher, daß ich mir garnicht so sehr viel daraus mache. Hans müßte auch eine Scheibe kriegen; denn er ist ja ein fanatischer Spickgansverehrer! So, das wären die äußeren Dinge.

Und nun nehme ich mit Freuden Dein „abendliches Gespräch" auf (zumal hier wieder einmal das Licht ausgegangen ist und ich bei Kerzen sitze.) Ich stelle mir also vor, wir säßen wie in alten Zeiten nach dem Abendbrot (und der regelmäßigen abendlichen Arbeit[5]) zusammen oben in meinem Zimmer und rauchten, schlügen gelegentlich Akkorde auf dem Klavichord an und erzählten uns was der Tag gebracht hat. Dann würde ich Dich zunächst unendlich viel zu fragen haben, über die Ausbildungszeit, über Deine Reise zu Karolus[6] ... Und schließlich würde ich anfangen Dir zu erzählen, z. B. daß es trotz allem, was ich so geschrieben habe, hier scheußlich ist, daß mich die grauenhaften Eindrücke oft bis in die Nacht verfolgen und daß ich sie nur durch Aufsagen unzähliger Liederverse verwinden kann und daß dann das Aufwachen manchmal mit einem Seufzer statt mit einem Lob Gottes beginnt. An die physischen Entbehrungen gewöhnt man sich, ja man lebt monatelang sozusagen leiblos – fast zu sehr –, an die psychischen Belastungen gewöhnt man sich nicht, im Gegenteil; ich habe das Gefühl, ich werde durch das, was ich sehe und höre, um Jahre älter und die Welt wird mir oft zum Ekel und zur Last. Vermutlich wunderst Du Dich jetzt, daß ich das so sage und denkst an meine Briefe, ja Du selbst schriebst so nett, ich sei „etwas bemüht" gewesen, Euch über meine Lage Zuversicht zu geben. Ich frage mich selbst oft, wer ich eigentlich bin, der der unter diesen gräßlichen Dingen hier immer wieder sich windet und das heulende Elend kriegt, oder der, der dann mit Peitschenhieben auf sich selbst einschlägt und nach außen hin (und auch vor sich selbst) als der Ruhige, Heitere, Gelassene, Überlegene dasteht und sich dafür (d. h. für diese Theaterleistung, oder ist es keine?) bewundern läßt? Was heißt „Haltung" eigentlich? Kurz, man kennt sich weniger denn je über sich selbst aus und legt auch keinen Wert mehr darauf, und der Überdruß an aller Psychologie und die Abneigung gegen die seelische Analyse wird immer gründlicher. Ich glaube, darum ist mir Stifter und Gotthelf so wichtig gewesen. Es geht um Wichtigeres als um Selbsterkenntnis.

Dann würde ich mit Dir darüber sprechen, ob Du glaubst, daß dieser Prozeß, der mich in Zusammenhang mit der Abwehr gebracht hat (und ich denke, das ist kaum verborgen geblieben) möglicherweise die Ausübung meines Berufes für später gefährdet? Diese Frage kann ich zunächst überhaupt nur mit Dir besprechen und vielleicht können wir, falls es zur Sprecherlaubnis kommt, darüber etwas reden. Überleg es Dir und sag mir bitte die Wahrheit.

Und schließlich könnte ich ja nicht anders als mit Dir auch von Maria sprechen. Nun sind wir fast 1 Jahr verlobt und haben uns noch nie 1 Stunde allein gesehen! Ist das nicht ein Wahnsinn? ... Wir müssen uns über Dinge unterhalten und schreiben, die uns beiden imgrunde nicht die wichtigsten sind, wir sitzen alle Monate eine Stunde brav wie auf der Schulbank nebeneinander und werden wieder auseinandergerissen ... Ist das nicht für sie eine unmögliche Situation? Dabei hält sie sie mit einer so großartigen Selbstverständlichkeit durch. Nur manchmal klingt etwas anderes durch, so beim letzten Besuch, als ich ihr sagte, auch Weihnachten sei noch nicht gewiß, seufzte sie und sagte: ach, es wird mir *zu* lange! Dabei weiß ich genau, daß sie mich nicht im Stich läßt; „zu lange" wird es nicht für ihre „Haltung", sondern für ihr Herz; und das ist viel wichtiger. Das einzige, was ich mir selbst immer wieder sage, ist, daß es ja ohne unser Zutun alles so gekommen ist und also wohl seinen Sinn haben wird. Wenn ich ihr nur kein Unrecht tue, indem ich sie überfordere ... Manchmal denke ich, ich hätte nun eigentlich mein Leben mehr oder weniger hinter mir und müßte nur noch meine Ethik fertig machen. Aber weißt Du, in solchen Augenblicken faßt mich ein mit nichts anderem zu vergleichendes Verlangen danach, ein Kind zu haben und nicht spurlos abzutreten – wohl auch eher ein alttestamentlicher als neutestamentlicher Wunsch ... Ja, dies alles würde ich Dir sagen und noch vieles mehr und würde wissen, daß (vorausgesetzt daß Du nicht gerade eine Zeitung liest oder einschläfst oder gar an Renate denkst!) Du mich wie kein anderer anhören und mir guten Rat geben würdest. Es mag sein, daß alles Problematische im Augenblick meiner Entlassung weggeblasen ist – hoffentlich! Vielleicht kannst Du mir doch noch ein paar Worte zu meinen Fragen und zu meinen Überlegungen schreiben.

Wenn wir uns doch noch vor Deiner Abreise in Freiheit sehen könnten! Aber wenn nun wirklich Weihnachten mir auch noch im Gefängnis zugedacht ist, so werde ich das in meiner Weise als ein „Frontweihnachten" begehen, darin kannst Du außer Sorge sein. Die großen Schlachten sind leichter zu schlagen und weniger zermürbend als der tägliche Kleinkrieg. Auch hoffe ich doch, daß Du im Februar auf irgendeine Weise ein paar Tage Urlaub herausschlägst und bis dahin bin ich bestimmt raus; denn bei dem Quatsch, den sie mir anhängen, müssen sie mich beim Termin herauslassen.

Ich schreibe wieder an dem Aufsatz über: Was heißt die Wahrheit sagen? Die Bedeutung des Vertrauens, der Treue, des Geheimnisses, wird gegenüber dem „zynischen" Wahrheitsbegriff, für den alle diese Bindungen nicht existieren, stark herausgearbeitet. „Lüge" ist die Zerstörung und die Feindschaft gegen das Wirkliche, wie es in Gott ist; wer zynisch die Wahrheit sagt, lügt. – Übrigens, ich vermisse den Gottesdienst so merkwürdig wenig. Woran liegt das?

Dein biblischer Vergleich mit dem „Essen des Briefes" ist sehr hübsch. – Solltest Du nach Rom kommen, so besuche doch Schönhöffer[7] in der „Propaganda fide". – War der Ton bei den Soldaten sehr übel oder nimmt man auf Dich Rücksicht? Hier im Revier geht es zwar sehr unverblümt, aber nicht schweinisch zu. Einige von den jungen Gefangenen erliegen scheints dem langen Alleinsein und den langen dunklen Abenden so vollständig, daß sie darunter ganz kaputt gehen. Es ist auch ein Irrsinn, diese Leute monatelang beschäftigungslos einzusperren; es ist wirklich in jeder nur denkbaren Hinsicht nichts als demoralisierend. –

16. 12.

Der Anwalt hat mich natürlich wieder im Stich gelassen. Dieses Warten ist widerlich. Es ist bei Gefangenen wohl wie bei Kranken und Kindern; was man verspricht, muß man halten. – Was aus mir nach meiner Entlassung wird, ist wohl noch ganz im Dunklen. Aber, wenn Du einen vernünftigen Uof[8] haben solltest in Italien, kannst Du nicht evtl. mit dem ganz offen reden, daß Du einen Freund und Vetter hättest, mit dem Du gern zusammen wärst und ob er mich nicht anfordern kann? Das wäre doch wirklich schön! man könnte sich in allen Situationen beistehen! – Ich will schließen, um Deine Zeit nicht übermäßig in Anspruch zu nehmen. Ich wünsche Dir und Renate ein unvergleichlich schönes Weihnachten und einen zuversichtlichen Abschied ... Wenn Du die Ehe als das „bleibend Stabile in allen fließenden Verhältnissen" bezeichnest, so hast Du damit gewiß recht. Aber wir wollen zu diesen stabilen Dingen doch auch eine gute Freundschaft zählen. Nun leb wohl und Gott behüte Dich! In Treue denkt an Dich Dein Dietrich

Eben läßt sich der Anwalt melden!

[1] Dr. Roeder. [2] Leibholz in Oxford. [3] G. K. A. Bell, Bischof von Chichester; Anschriften für den Fall einer Gefangennahme durch die Engländer. [4] Abwehr. [5] Codewort für das Abhören englischer Nachrichtensendungen. [6] Karl Barth. [7] Msgr. Dr. Johannes Schönhöffer im Vatikan. [8] Unteroffizier.

An die Eltern

[Tegel] 17. XII. 43

Liebe Eltern! Es bleibt mir wohl nichts übrig als Euch für alle Fälle schon einen Weihnachtsbrief zu schreiben. Wenn es mir auch über mein Begriffsvermögen geht, daß man mich möglicherweise noch über Weihnachten hier sitzen lassen will, so habe ich in den vergangenen 8½ Monaten doch gelernt, das Unwahrscheinliche gerade für wahrscheinlich zu halten, und mit einem sacrificium intellectus über mich ergehen zu lassen, was ich nicht ändern kann – allerdings ganz vollständig ist dieses sacrificium doch nicht und der intellectus geht im Stillen seine eigenen Wege.

Ihr müßt nun vor allem nicht denken, daß ich mich durch dieses einsame Weihnachten werde niederschlagen lassen; es wird in der Reihe der verschiedenartigen Weihnachten, die ich in Spanien, in Amerika, in England gefeiert habe, für immer seinen besonderen Platz einnehmen, und ich will in späteren Jahren nicht beschämt, sondern mit einem gewissen Stolz an diese Tage zurückdenken können. Das ist das einzige, was mir niemand nehmen kann.

Daß es aber nun auch Euch, Maria und den Geschwistern und Freunden nicht erspart bleibt, mich Weihnachten im Gefängnis zu wissen, und daß damit über die wenigen fröhlichen Stunden, die Euch in dieser Zeit noch geblieben sind, ein Schatten fallen soll, das kann ich nur dadurch verwinden, daß ich glaube und weiß, daß Ihr nicht anders denken werdet als ich und daß wir in unserer Haltung angesichts dieses Weihnachtsfestes einig sind; und das kann schon darum garnicht anders sein, weil ja diese Haltung nur ein geistiges Erbstück von Euch ist. Ich brauche Euch nicht zu sagen, wie groß meine Sehnsucht nach Freiheit und nach Euch allen ist. Aber Ihr habt uns durch Jahrzehnte hindurch so unvergleichlich schöne Weihnachten bereitet, daß die dankbare Erinnerung daran stark genug ist, um auch ein dunkleres Weihnachten zu überstrahlen. In solchen Zeiten erweist es sich eigentlich erst, was es bedeutet, eine Vergangenheit und ein inneres Erbe zu besitzen, das von dem Wandel der Zeiten und Zufälle unabhängig ist. Das Bewußtsein, von einer geistigen Überlieferung, die durch Jahrhunderte reicht, getragen zu sein, gibt einem allen vorübergehenden Bedrängnissen gegenüber das sichere Gefühl der Geborgenheit. Ich glaube, wer sich im Besitze solcher Kraftreserven weiß, braucht sich auch weicherer Gefühle, die meiner Meinung nach doch zu den besseren und edleren der Menschen gehören, nicht zu schämen, wenn die Erinnerung an eine gute und reiche Vergangenheit sie hervorruft. Überwältigen werden sie denje-

nigen nicht, der an den Werten festhält, die ihm kein Mensch nehmen kann.
Vom Christlichen her gesehen kann ein Weihnachten in der Gefängniszelle ja kein besonderes Problem sein. Wahrscheinlich wird in diesem Hause hier von Vielen ein sinnvolleres und echteres Weihnachten gefeiert werden als dort, wo man nur noch den Namen dieses Festes hat. Daß Elend, Leid, Armut, Einsamkeit, Hilflosigkeit und Schuld vor den Augen Gottes etwas ganz anderes bedeuten als im Urteil der Menschen, daß Gott sich gerade dorthin wendet, wo die Menschen sich abzuwenden pflegen, daß Christus im Stall geboren wurde, weil er sonst keinen Raum in der Herberge fand, – das begreift ein Gefangener besser als ein anderer und das ist für ihn wirklich eine frohe Botschaft, und indem er das glaubt, weiß er sich in die alle räumlichen und zeitlichen Grenzen sprengende Gemeinschaft der Christenheit hineingestellt und die Gefängnismauern verlieren ihre Bedeutung.
Ich werde am heiligen Abend sehr an Euch alle denken, und ich möchte gern, daß Ihr glaubt, daß auch ich ein paar wirklich schöne Stunden haben werde und mich die Trübsal bestimmt nicht übermannt. Am schwersten wird es für Maria sein. Es wäre schön, sie bei Euch zu wissen. Aber es wird für sie besser sein, wenn sie zu Hause ist. Wenn man an die Schrecken denkt, die in letzter Zeit in Berlin über so viele Menschen gekommen sind, dann wird einem erst bewußt, für wieviel wir noch dankbar sein müssen. Es wird wohl überall ein sehr stilles Weihnachten werden und die Kinder werden später noch lange daran zurückdenken. Aber vielleicht geht gerade dabei manchem zum ersten Mal auf, was Weihnachten eigentlich ist. Grüßt die Geschwister und die Kinder und alle Freunde sehr von mir. Gott behüte uns alle.
In großer Dankbarkeit und Liebe grüßt Euch Euer Dietrich

An Eberhard Bethge

[Tegel] 18. 12. 43

Lieber Eberhard! Auch Du mußt wenigstens einen Weihnachtsbrief bekommen. Ich glaube nicht mehr an meine Freilassung. Nach meiner Auffassung wäre ich beim Termin am 17. 12. freigekommen; aber die Juristen wollten den sichereren Weg gehen, und nun werde ich voraussichtlich noch Wochen, wenn nicht Monate hier sitzen. Die letzten Wochen waren psychisch eine schwerere Belastung als alles Vorige. Aber daran ist nun nichts mehr zu ändern, nur daß es schwerer ist sich in etwas zu fügen, wovon man glaubt, daß es hätte verhindert werden können als in das Unvermeidliche. Aber wenn Tatsachen geschaffen sind, so oder so, muß man sich eben zurechtfinden. Ich denke heute vor allem daran, daß auch Du bald Tatsachen gegenüberstehen wirst, die für Dich sehr hart sein werden, wohl noch härter als für mich. Ich meine nun, daß man zunächst alles versuchen soll, um diese Tatsachen noch abzuändern. Ist alles versucht und vergeblich, dann ist das Tragen viel leichter. Es ist zwar nicht alles, was geschieht, einfach „Gottes Wille". Aber es geschieht schließlich doch nichts „ohne Gottes Willen" (Matth. 10,29) d. h. es gibt durch jedes Ereignis, und sei es noch so ungöttlich, hindurch einen Zugang zu Gott. Wenn man so wie Du eben erst eine überaus glückliche Ehe begonnen hat und Gott dafür gedankt hat, dann ist es maßlos schwer sich darein zu finden, daß derselbe Gott, der eben noch diese Ehe begründet hat, nun schon wieder eine Zeit so großer Entbehrung von uns verlangt. Nach meinen Erfahrungen gibt es nichts Quälenderes als die Sehnsucht. Manche Menschen sind in ihrem Leben von früh auf schon so durcheinandergeschüttelt worden, daß sie sich eine große Sehnsucht sozusagen garnicht mehr leisten, sie haben sich abgewöhnt den inneren „Spannungsbogen" über lange Zeit hinaus auszudehnen und schaffen sich kurzfristigere und leichter zu befriedigende Freuden als Ersatz. Das ist das traurige Schicksal der proletarischen Schichten und der Ruin aller geistigen Fruchtbarkeit. Man darf wirklich nicht sagen, daß es für den Menschen gut ist, wenn er früh und oft im Leben Prügel bezogen hat. In den meisten Fällen macht das den Menschen doch kaputt. Gewiß sind sie für Zeiten wie die unsre abgehärteter, aber auch unendlich viel stumpfer. Wenn *wir* für längere Zeit von den Menschen, die wir lieben, getrennt werden, dann *können* wir einfach nicht, wie die meisten anderen, uns einen billigen Ersatz

durch andere Menschen schaffen, – ich meine nicht aus Moral, sondern einfach aus unserem Wesen heraus. Der Ersatz widert uns an. Wir müssen einfach warten und warten, wir müssen an der Trennung unsäglich leiden, wir müssen Sehnsucht empfinden fast bis zum Krankwerden – und nur dadurch halten wir die Gemeinschaft mit den Menschen, die wir lieben, aufrecht, wenn auch auf eine sehr schmerzhafte Weise. Ich habe ein paar Mal in meinem Leben das Heimweh kennen gelernt; es gibt keinen schlimmeren Schmerz, und ich habe in den Monaten hier im Gefängnis ein paar Mal ganz schreckliche Sehnsucht gehabt. Und weil ich denke, daß es Dir in den nächsten Monaten ähnlich gehen wird, wollte ich Dir schreiben, was für Erfahrungen ich dabei gemacht habe. Vielleicht können sie Dir etwas nützen.
Die erste Folge solcher Sehnsuchtszeiten ist immer, daß man den normalen Tagesablauf irgendwie vernachlässigen möchte, daß also eine gewisse Unordnung in unser Leben kommen will. Ich war manchmal in der Versuchung, morgens einfach nicht um 6 Uhr aufzustehen wie üblich, – was durchaus möglich gewesen wäre, – sondern länger zu schlafen. Ich habe mich bisher immer noch dazu zwingen können, das nicht zu tun; es war mir klar, daß das der Anfang der Kapitulation gewesen wäre, dem vermutlich Schlimmeres gefolgt wäre; und von der äußeren und rein körperlichen Ordnung (morgendliches Turnen, Kaltabwaschen) geht schon etwas Halt für die innere Ordnung aus. Weiter: es ist nichts verkehrter, als den Versuch zu machen, in solchen Zeiten sich irgendeinen Ersatz für das Unerreichbare zu schaffen. Es gelingt doch nicht und eine nur noch größere innere Unordnung tritt ein; die Kraft aber, die Spannung zu überwinden, die doch nur aus der vollen Konzentration auf den Gegenstand der Sehnsucht entspringen kann, wird angefressen und das Durchhalten noch unerträglicher ... Weiter: ich glaube, es ist gut, nicht mit Fremderen von seinem Zustand zu reden, – das wühlt nur noch mehr auf, – sondern nach Möglichkeit sich für Nöte anderer Menschen offenzuhalten. Vor allem darf man nie dem self-pity, dem Sichselbstbemitleiden, verfallen. Und was nun schließlich die christliche Seite der Sache betrifft, so sagt der Vers: „... daß nicht vergessen werde, / was man so gern

vergißt, / daß diese arme Erde / nicht unsre Heimat ist" wohl etwas wesentliches, aber doch nur etwas Allerletztes. Ich glaube, wir sollen Gott in unserem *Leben* und in dem, was er uns an Gutem gibt, so lieben und solches Vertrauen zu ihm fassen, daß wir, wenn die Zeit kommt und da ist – aber wirklich erst dann! – auch mit Liebe, Vertrauen und Freude zu ihm gehen. Aber – um es deutlicher zu sagen – daß ein Mensch in den Armen seiner Frau sich nach dem Jenseits sehnen soll, das ist milde gesagt eine Geschmacklosigkeit und jedenfalls nicht Gottes Wille. Man soll Gott in dem finden und lieben, was er uns gerade gibt; wenn es Gott gefällt, uns ein überwältigendes irdisches Glück genießen zu lassen, dann soll man nicht frömmer sein als Gott und dieses Glück durch übermütige Gedanken und Herausforderungen und durch eine wildgewordene religiöse Phantasie, die an dem, was Gott gibt, nie genug haben kann, dieses Glück wurmstichig werden lassen. Gott wird es dem, der ihn in seinem irdischen Glück findet und ihm dankt, schon nicht an Stunden fehlen lassen, in denen er daran erinnert wird, daß alles Irdische nur etwas Vorläufiges ist und daß es gut ist, sein Herz an die Ewigkeit zu gewöhnen und schließlich werden auch die Stunden nicht ausbleiben, in denen wir aufrichtig sagen können: „ich wollt, daß ich daheime wär ..." Aber dies alles hat seine Zeit und die Hauptsache ist, daß man mit Gott Schritt hält und ihm nicht immer schon einige Schritte vorauseilt, allerdings auch keinen Schritt hinter ihm zurückbleibt. Es ist Übermut, alles auf einmal haben zu wollen, das Glück der Ehe und das Kreuz und das himmlische Jerusalem, in dem nicht Mann und Frau ist. „Er tut alles fein zu seiner Zeit" (Pred. 3). Alles hat „seine Stunde: weinen und lachen, ... herzen und ferne sein von herzen, ... zerreißen und zunähen ... und Gott sucht wieder auf, was vergangen ist". Dies letzte heißt doch wohl, daß nichts Vergangenes verloren ist, daß Gott mit uns unsere Vergangenheit, die zu uns gehört, wieder aufsucht. Wenn also die Sehnsucht nach einem Vergangenen uns überfällt – und das geschieht zu völlig unberechenbaren Zeiten – dann können wir wissen, daß das nur eine der vielen „Stunden" ist, die Gott für uns noch bereit hält und dann sollen wir wohl nicht auf eigene Faust, sondern mit Gott das Vergangene wieder aufsuchen. Genug davon, ich sehe, daß ich mir zu viel zugemutet habe; ich kann Dir eigentlich doch nichts zu dieser Sache sagen, was Du nicht schon selbst weißt.

4. Advent.

Was ich gestern geschrieben habe, war kein Weihnachtsbrief. Heute muß ich Dir vor allem einmal sagen, wie ungeheuer ich mich darüber freue, daß Du Weihnachten zu Hause[1] sein kannst! Das ist ein Glück, das so leicht kein anderer hat als Du.

Der Gedanke, daß Du in Freiheit und mit Renate das 5. Kriegsweihnachten feierst, ist für mich so beruhigend und macht mich so zuversichtlich für alles Weitere, daß ich mich täglich darüber freue. Ihr werdet ein sehr schönes und frohes Fest feiern; und nach dem, wie es Dir bisher gegangen ist, glaube ich, daß es garnicht so sehr lange dauert, bis Du wieder einmal auf Urlaub in Berlin bist, und Ostern wollen wir doch schon wieder in Frieden zusammen feiern, nicht wahr?

Mir geht in den letzten Wochen immer wieder der Vers durch den Kopf: „Lasset fahr'n, o liebe Brüder, / was euch quält, / was euch fehlt, / ich bring alles wieder." Was heißt dies: „ich bring alles wieder"? Es geht nichts verloren, in Christus ist alles aufgehoben, aufbewahrt, allerdings in verwandelter Gestalt, durchsichtig, klar, befreit von der Qual des selbstsüchtigen Begehrens. Christus bringt dies alles wieder und zwar so, wie es von Gott ursprünglich gemeint war, ohne die Entstellung durch unsere Sünde. Die aus Eph. 1,10 stammende Lehre von der Wiederbringung aller Dinge — *ἀνακεφαλαίωσις* — re-capitulatio (Irenäus) ist ein großartiger und überaus tröstlicher Gedanke. Das „Gott sucht wieder auf, was vergangen ist" bekommt hier seine Erfüllung. Und niemand hat das so einfach und kindlich auszudrücken vermocht wie P. Gerhardt in dem Wort, das er dem Christuskind in den Mund legt: „ich bring alles wieder". Vielleicht kann Dir dieser Vers in den kommenden Wochen auch etwas helfen. Außerdem habe ich zum ersten Mal in diesen Tagen das Lied: „Ich steh an Deiner Krippe hier . . ." für mich entdeckt. Ich hatte mir bisher nicht viel daraus gemacht. Man muß wohl lange allein sein und es meditierend lesen, um es

aufnehmen zu können. Es ist in jedem Wort ganz außerordentlich gefüllt und schön. Ein klein wenig mönchisch-mystisch ist es, aber doch gerade nur so viel, wie es berechtigt ist; es gibt eben neben dem Wir doch auch ein Ich und Christus, und was das bedeutet, kann garnicht besser gesagt werden als in diesem Lied; nur noch einige Stellen aus der Imitatio Christi, die ich jetzt in der lateinischen Ausgabe hin und wieder lese (sie ist übrigens lateinisch doch unendlich viel schöner als deutsch), gehören hierhin; auch denke ich gelegentlich an das  aus dem augustinischen „o bone Jesu" von Schütz. Ist dieser Passus nicht in gewisser Weise, nämlich in seiner ekstatischen, sehnsüchtigen und doch so reinen Andacht auch so etwas wie die „Wiederbringung" alles irdischen Verlangens? „Wiederbringung" ist übrigens ja nicht zu verwechseln mit „Sublimierung"! „Sublimierung" ist *σάρξ*, (und pietistisch?!), „Wiederbringung" ist Geist und zwar nicht im Sinne von „Vergeistigung" (was auch *σάρξ* ist), sondern *καινὴ κτίσις* durch das *πνεῦμα ἅγιον*. Ich glaube, daß dieser Gedanke auch sehr wichtig ist, wenn wir mit Menschen zu sprechen haben, die uns nach dem Verhältnis zu ihren Toten fragen. „*Ich* bring alles wieder" – d. h. wir können und sollen es uns nicht selbst wieder nehmen, sondern von Christus geben lassen. (Übrigens, wenn ich mal begraben werde, dann möchte ich gern, daß das „Eins bitte ich vom Herren" und „Eile mich, Gott zu erretten" und „o bone Jesu " gesungen wird.)
Am 24. mittags soll hier immer ein rührender alter Mann aus eigenem Antrieb kommen und Weihnachtslieder blasen. Nach den Erfahrungen vernünftiger Leute ist aber die Wirkung nur die, daß die Häftlinge das heulende Elend kriegen und ihnen dieser Tag nur noch schwerer würde; es wirke „demoralisierend", sagte einer, und ich kann es mir vorstellen. In früheren Jahren sollen die Häftlinge mehrfach dabei gepfiffen und Krach geschlagen haben, wohl einfach um nicht weich zu werden. Ich glaube auch, daß angesichts *dieses* Elendes, das in diesem Hause herrscht, eine doch mehr oder weniger nur spielerisch-sentimentale Erinnerung an Weih-

nachten unangebracht ist. Es würde schon ein gutes, persönliches Wort, eine Predigt dazu gehören. Ohne ein solches kann die Musik allein direkt zur Gefahr werden. Glaube übrigens bitte nicht, daß ich mich persönlich irgendwie davor fürchte; das wirklich nicht; aber mir tun die vielen hilflosen jungen Soldaten in ihren Zellen leid.
Man wird wohl überhaupt diesen Druck, der durch die täglichen schweren Eindrücke auf einem lastet, niemals mehr ganz los werden; und wahrscheinlich ist das auch ganz richtig so. Die Gedanken einer gründlichen Reform der Strafjustiz beschäftigen mich sehr und werden hoffentlich auch einmal fruchtbar gemacht werden können.
Wenn Du den Brief noch rechtzeitig kriegst, so sorge doch bitte dafür, daß ich für die Festtage etwas Gutes zu lesen bekomme. Ich hatte um einiges seit längerer Zeit gebeten, es scheint aber nicht zu haben zu sein. Etwas spannend darf es ruhig sein. Wenn Du ohne Schwierigkeiten die „Prädestinationslehre“ von Barth (ungebunden) oder die Gotteslehre finden kannst, laß sie mir doch mitbringen. *Bitte* komme selbst nicht her, es sei denn, daß Du Sprecherlaubnis hast! Deine Zeit ist jetzt auch knapp und gehört Renate.
Dieser Tage las ich die Palästinareise, die der alte Soden mit Knopf gemacht hat; nichts besonderes; aber den Plan habe ich doch gefaßt, nach dem Krieg mit Dir dorthin zu reisen. Es scheint, als hätte man doch nur als Theologe etwas davon, für den Laien ist wohl zu vieles enttäuschend. Unsere Frauen nehmen wir dann bis Italien mit und lassen sie dort auf uns warten. Was hältst Du davon?
Der Propagandaredner, mit dem ich täglich spazieren gehe, wächst sich allmählich geradezu zu einer schwer erträglichen Klette aus. Während im Ganzen die Leute hier doch versuchen, Haltung zu bewahren, auch in sehr schweren Fällen, ist er total zusammengeklappt und macht eine wirklich traurige Figur. Ich bin so nett wie möglich zu ihm und rede zu ihm wie zu einem Kind. Es ist manchmal schon fast komisch. Netter ist es, daß, wie ich hörte, die in der Küche oder im Freien arbeitenden Gefangenen sich nachmittags mitteilen, wann ich im Revier bin und dann mit irgendwelchen Gründen heraufkommen, weil es so nett wäre, sich mit mir zu

unterhalten. Das ist natürlich eigentlich unerlaubt, aber es hat mir Spaß gemacht, als ich es erfuhr, und Dir macht es sicher auch Spaß. Aber sieh, daß nicht darüber geredet wird. Dieser Brief ist wohl für längere Zeit die letzte Möglichkeit, daß wir uns ohne Mitleser schreiben. Bei meiner Entlassung werde ich Dich sehr vermissen; denn ich stelle mir die erste Zeit draußen nicht leicht vor. Es werden viele große Entschlüsse zu fassen sein. Dafür würde ich Dich brauchen. Auf einige meiner Fragen in meinen Briefen hätte ich natürlich gern eine kurze Antwort. Auch wenn Du noch sonst etwas zu sagen hast, was für mich wichtig ist, dann lasse es mich bitte wissen. Ich fürchte, die Zeit unserer Trennung könnte zu lang werden und wir haben dann Wesentliches nicht ausgetauscht. Aber ich will andererseits Deine Berliner Tage nicht zu sehr in Anspruch nehmen. – Genießt diese Tage so sehr Ihr könnt und vor allem, komme bald und gesund wieder! Es ist doch ein kleiner Trost, daß Du in eine so schöne und interessante Gegend fährst. Du wirst Dich dabei auch an den August 1936[2] erinnern! Und wenn Du irgend kannst, sieh doch, ob Du mich nicht auch in Deine Gegend holen kannst! – In Florenz wohnt ein „Weltbund"mann, mit dem ich auf vielen Konferenzen zusammen war, ich glaube ein Professor[3]; Protestant, ich habe leider den Namen vergessen, Du findest ihn aber im Jahrbuch (Annual Book) unter „Italien" des Weltbundes, das unter meinen Büchern ist, und kannst ihm ohne weiteres unter Bezugnahme auf mich schreiben. Er kennt mich genau. Vielleicht kann er Dir etwas nützen. Es ist immer gut, so irgend jemand an der Hand zu haben. Falls Du das Jahrbuch nicht findest, braucht Renate nur mal bei Diestel[4] anzurufen und ihn zu fragen; er weiß es sofort und hat vielleicht noch mehrere Adressen. Ich würde es nicht unterlassen, sondern alle diese Adressen für alle Fälle mitnehmen. Du kannst dadurch sehr nützliche Beziehungen kriegen ...

Nun Schluß! lies und vergiß nicht Sprüche 18,24[5]. – Ein schönes Fest, ein gutes neues Jahr und einen erträglichen Dienst und vor allem eine baldige Heimkehr wünscht Dir von ganzem Herzen Dein getreuer Dietrich

Nun scheint die Entscheidung gefallen zu sein, daß ich Weihnachten nicht bei Euch sein kann – aber keiner wagt es mir zu sagen. Warum eigentlich nicht? Traut man mir so wenig contenance zu oder hält man es für schonender, mich von Tag zu Tag in leeren Hoffnungen zu wiegen?[6] ... Die Engländer haben für diesen Zustand das treffende Wort „tantalisieren" geprägt. Aus lauter Mitleid hat man Maria und mich ein paar Wochen lang „tantalisiert". Wärest Du dagewesen, Eberhard, Du hättest ... mir den Freundschaftsdienst der Wahrheit erwiesen. Morgen oder übermorgen soll ich Dich sprechen können ... Das ist ein Ereignis. Die Eltern und auch Maria muß ich schonen; Dir werde ich nichts vormachen und Du mir auch nicht. Das haben wir früher nicht getan und wollen es nie tun. Ich werde Dir nach unserem Zusammensein nicht mehr schreiben können. Aber ich will Dir schon heute dafür danken, daß Du kommst und daß Du noch für mich da bist. Wenn Du übrigens von Italien aus an Renate schreibst und Du legst gelegentlich einen Zettel für mich bei und wenn es nur ein paar Worte sind, so wirst Du mich sehr froh machen. Gibt es nicht bei Seen so etwas wie Kläranlagen? Du kennst ja meine technischen Ahnungslosigkeiten – aber irgendsoetwas gibt es und so etwas bist Du für mich. Ich möchte Dir morgen irgendwie sagen, daß für mich die Führung meiner ganzen Angelegenheit ganz entscheidend eine Glaubensfrage ist und ich habe das Gefühl, sie ist zu sehr eine Sache der Berechnung und der Vorsicht geworden. Es geht mir wirklich [nicht] um die doch mehr oder weniger kindliche Frage, ob ich Weihnachten zu Hause bin oder nicht, ja es geht nicht einmal entscheidend, daß ich gern mit Maria in Ruhe zusammen wäre und daß ich mit Dir vor Deiner Ausreise gern noch einmal vieles bespräche; daran läge mir zwar sehr viel; aber ich könnte es, glaube ich, gern zum Opfer bringen, wenn ich es „im Glauben" tun könnte und wüßte, daß es so sein müßte. „Im Glauben" kann ich alles ertragen (— hoffe ich —), auch eine Verurteilung, auch die anderen befürchteten Folgen (Ps. 18,30[7]); aber eine ängstliche Vorsicht zermürbt. Macht Euch bitte keine Sorgen um mich,

wenn etwas Schlimmeres geschieht. Das haben andere Brüder auch schon durchgemacht. Aber ein glaubensloses Hin- und Herschwanken, ein endloses Beraten ohne Handeln, ein Nichts-wagen-wollen, das ist eine wirkliche Gefahr. Ich muß die Gewißheit haben können, in Gottes Hand und nicht in Menschenhänden zu sein. Dann wird alles leicht, auch die härteste Entbehrung. Es handelt sich – ich glaube, das kann ich wirklich sagen – jetzt nicht bei mir um eine „begreifliche Ungeduld", wie man vielleicht sagen wird, sondern darum, daß alles im Glauben geschieht. In dieser Richtung sind die Gegner viel weniger gefährlich als die guten Freunde. Und vermutlich bist Du der einzige, der das versteht. Ich glaube, daß auch Maria schon etwas davon spürt. Wenn Du in den nächsten Tagen und Wochen an mich denkst, so tue es bitte in diesem Sinne (Ps. 60,4[8]). Und wenn Du mir dazu ein Wort zu sagen hast, so sei so gut und schreibe es mir. Ich möchte nicht glaubenslos durch diese Sache hindurchgehen.
M. E. werde ich im Jan. od. Februar frei sein bzw. sofort militärisch eingesetzt werden. Wenn Du an Deiner Stelle irgendetwas dafür tun kannst – und es gern tust –, daß ich auch dorthin komme, so laß Dich nicht durch Ratschläge anderer davon abbringen. Die Frage ist nur, ob Du dort jemanden hast, zu dem Du vertrauensvoll sprechen kannst. Allerdings müßte es bald geschehen. Wir müssen es lernen, anders zu handeln als die Immerbedenklichen, deren Versagen wir ja aus größeren Zusammenhängen kennen. Man muß sich klar über das werden, was man will, man muß sich fragen, ob man es verantworten kann, und dann muß man es mit einer unwiderstehlichen Zuversicht tun. Dann und nur dann kann man auch die Folgen tragen. Du mußt übrigens wissen, daß ich noch keinen Augenblick meine Rückkehr 1939[9] bereut habe noch auch irgendetwas von dem, was dann folgte. Das geschah in voller Klarheit und mit bestem Gewissen. Ich will nichts von dem, was sich seit damals ereignet hat, aus meinem Leben streichen, weder das persönliche (– wäre ich anders verlobt? wärest Du verheiratet? außerdem Sigurdshof, Ostpreußen, Ettal, meine Krankheit unter Deiner Assistenz, die Berliner Zeit) noch das Allgemeine. Und daß ich jetzt sitze (erinnerst Du Dich an das Jahr, das

ich Dir im vorigen März prophezeite?), rechne ich auch zu dem Teilnehmen an dem Schicksal Deutschlands, zu dem ich entschlossen war. Ohne jeden Vorwurf denke ich an das Vergangene und ohne Vorwurf nehme ich das Gegenwärtige hin; aber ich möchte nicht durch menschliche Manipulationen in Ungewißheit geraten. Wir können nur in der Gewißheit und im Glauben leben – Du bei den Soldaten draußen, ich in der Zelle, Maria und Renate im Warten und Hoffen. – In der „Imitatio Christi" las ich gerade: Custodi diligenter cellam tuam, et custodiet te! (halte treu Wacht über deine Zelle und sie wird Wacht halten über dich!). – Gott erhalte uns im Glauben.

[1] D. Bonhoeffer hatte erfahren, daß E. Bethge vor der Abstellung ins Feld gleich noch einmal einen Urlaub erhalten hatte. [2] Urlaubsreise, die D. Bonhoeffer und E. Bethge im Anschluß an die oekumenische Konferenz in Chamby nach Rom unternommen hatten. [3] Dr. Cesare Gay (ehemals Mitglied der Jugendkommission des Weltbundes) oder Prof. Ernesto Comba. [4] Berliner Superintendent, Vorsitzender der deutschen Gruppe des Weltbundes für Freundschaftsarbeit der Kirchen. [5] „Ein treuer Freund liebt mehr und steht fester bei denn ein Bruder." [6] Infolge der draußen gegebenen Übersicht arbeiteten Familie und Freunde darauf hin, Bonhoeffers Prozeß, wenn überhaupt, dann nur in Kombination mit dem v. Dohnanyis zustandekommen zu lassen, weil man befürchtete, daß der Fall sich nicht auf die relativ harmlosen Anklagepunkte beschränken ließe. [7] „Denn mit dir kann ich Kriegsvolk zerschlagen und mit meinem Gott über die Mauer springen." [8] „Mit Gott wollen wir Taten tun. Er wird unsere Feinde untertreten." [9] Rückkehr aus Amerika im Juli 1939.

Vom Vater

[Sakrow] 25. Dez. 43

Lieber Dietrich! Die Hoffnung, Dich vielleicht an Weihnachten zu Hause zu haben, hat unseren Briefverkehr beeinträchtigt. Doch sind wir durch die Sprecherlaubnis, die Maria und Eberhard hatten, über Dein Ergehen einigermaßen im Bilde. Auf unseren Antrag, Dich in diesen Weihnachtstagen zu sprechen, sind wir leider bis jetzt ohne Bescheid geblieben. Der Postverkehr ist, wie man auch sonst spürt, sehr wechselnd. Bis der Brief Dich erreicht, haben wir Dich vielleicht schon gesprochen. Die Einleitung des gestrigen Weihnachtstages durch den morgendlichen Angriff der Engländer war häßlich und hat wohl wieder viel Unglück diesmal anscheinend in die südöstlichen Vororte gebracht. Bei uns ist nichts passiert. Wir haben, nachdem die Dohnanyikinder nachmittags mit Christel bei Hans waren[1], abends mit Schleichers und Bethges gefeiert. Die Dohnanyikinder hatten noch einen hübschen Baum gebracht, den Eberhard mit Renate schmückte. Die Kinder waren fröhlich, Eberhard las die Weihnachtsepistel. Es ist zum ersten Male, daß wir in unserem Hause keinen Baum haben und die Kinder und Enkel nicht bei uns haben konnten. Daß wir in Gedanken viel bei Dir und Sabine waren, kannst Du Dir denken. Wir waren aber dankbar, in einem unversehrten Haus[2] mit den hiesigen Kindern zusammen sein zu können. Wenn auch das Fehlen von Hans und Christel einen tiefen Schatten warf und den kleinen Christoph am Baum zu Tränen brachte, so war doch die Zuversicht, daß nun bald die Befreiung kommen muß, so groß, daß allmählich bei den Kindern die Fröhlichkeit sich durchsetzte und wir haben dann bei Heringssalat, Gans – einem Patientengeschenk – und Mohntörtchen vergnügt zusammengesessen, soweit das bei uns Alten im Hinblick auf all das, was man im vergangenen Jahr erlebt hat, möglich war...

Herzlich Dein Vater

[1] Hans v. Dohnanyi lag mit einer Embolie vom 24. 11. 43–22. 1. 44 in der Charité und wurde dort von Prof. Sauerbruch behandelt (vgl. DB, 906 ff).
[2] Das Dohnanyische Hause in Sakrow.

An Renate und Eberhard Bethge — Heilig Abend 1943

Liebe Renate, lieber Eberhard! Es ist 1/2 10 Uhr abends; ich habe ein paar schöne friedliche Stunden verbracht und in großer Dankbarkeit daran gedacht, daß Ihr heute zusammen sein könnt... Daß wir auch in diesem Jahr die Losungen austauschen konnten, war mir eine der größten Weihnachtsfreuden. Ich hatte schon manchmal daran gedacht und darauf gehofft, aber es nicht mehr für möglich gehalten. Nun wird uns dieses Buch, das mir gerade in den vergangenen Monaten so wichtig war, auch das nächste Jahr hindurch begleiten, und wir werden, wenn wir es morgens lesen, besonders aneinander denken. Habt vielen, vielen Dank! Ganz besonders hübsch habt Ihr den schönen Gedichtband für mich ausgesucht, ich lese immerfort und mit viel Freude und Gewinn darin. Etwas traurig war es mir zuerst, daß ich Euch diesmal garnichts Hübsches schenken konnte; aber meine Gedanken und Wünsche sind, wenn das noch möglich ist, herzlicher denn je bei Euch gewesen.

Für die Euch nun bevorstehende Zeit der Trennung möchte ich Euch gern einiges sagen. Wie schwer uns solche Trennung fällt, davon braucht man garnicht erst zu sprechen. Aber da ich ja nun 3/4 Jahr von allen Menschen, an denen ich hänge, getrennt bin, habe ich einige Erfahrungen gemacht, die ich Euch schreiben möchte. Eberhard und ich haben bisher alle Erfahrungen, die uns wichtig waren, ausgetauscht und uns dadurch in vielem geholfen; und daran wirst Du, Renate, nun irgendwie teilnehmen. Du mußt dabei etwas versuchen, den „Onkel" zu vergessen und mehr an den Freund Deines Mannes zu denken. Zunächst: es gibt nichts, was uns die Abwesenheit eines lieben Menschen ersetzen kann und man soll das auch garnicht versuchen; man muß es einfach aushalten und durchhalten; das klingt zunächst sehr hart, aber es ist doch zugleich ein großer Trost; denn indem die Lücke wirklich unausgefüllt bleibt, bleibt man durch sie miteinander verbunden. Es ist verkehrt, wenn man sagt, Gott füllt die Lücke aus; er füllt sie garnicht aus, sondern er hält sie vielmehr gerade unausgefüllt, und hilft uns dadurch, unsere echte Gemeinschaft miteinander – wenn auch unter Schmerzen – zu bewahren. Ferner: je schöner und voller die Erinnerungen, desto schwerer die Trennung. Aber die Dankbarkeit verwandelt die Qual der Erinnerung in eine stille Freude. Man trägt das vergangene Schöne nicht wie einen Stachel, sondern wie ein kostbares Geschenk in sich. Man muß sich hüten, in den Erinnerungen zu wühlen, sich ihnen auszuliefern, wie man auch ein kostbares Geschenk nicht immerfort betrachtet, sondern nur zu besonderen Stunden und es sonst nur wie einen verborgenen Schatz, dessen man sich gewiß ist, besitzt; dann geht eine dauernde Freude und Kraft von dem Vergangenen aus. Ferner: Trennungszeiten sind für das Zusammenleben nicht verloren und unfruchtbar, sie brauchen es jedenfalls nicht zu sein, sondern es kann sich in ihnen – allen Problemen zum Trotz – eine ganz merkwürdig starke Gemeinschaft bilden. Weiter: ich habe es hier besonders erfahren, daß die *Tatsachen* immer bewältigt werden können und daß nur die Sorge und die Angst sie vorher ins Maßlose vergrößern. Vom ersten Aufwachen bis zum Einschlafen müssen wir den anderen Menschen ganz und gar Gott befehlen und ihm überlassen, und aus unseren Sorgen um den Anderen Gebete für ihn werden lassen. „Mit Sorgen und mit Grämen ... läßt Gott sich *garnichts* nehmen“ ...

1. Feiertag.

Ich hoffe sehr da zu sein, wenn Euer Kind geboren wird. Du, Eberhard, sprachst neulich von Namen. Wenn ich ehrlich bin, muß ich sagen, daß mir diese Frage auch schon durch den Kopf gegangen ist. Wenn es ein Junge ist, fände ich „Eberhard“ am schönsten; ich habe es gern, wenn Namen sich vererben. Ihr denkt scheint's noch an „Dietrich“. Der Name ist gut, das Vorbild weniger; einen gewissen Sinn hat es schon, da es ja sehr unwahrscheinlich gewesen wäre, daß Ihr Euch ohne mein Dasein kennen gelernt hättet. Daß ich mich auch wirklich sehr darüber freuen würde, gestehe ich mit etwas Beschämung doch gern ein ...

Wieder liegen all die schönen Geschenke ... aufgebaut auf der Kante des hochgeklappten Bettes und vor mir sind die Bilder, an denen ich mich freue. Noch zehre ich fast ununterbrochen von Deinem Besuch ... Es war wirklich eine „necessitas“! Es gibt einen geistigen Hunger nach einer Aussprache, der viel quälender ist als der leibliche und ich kann eben in der Weise und über bestimmte Dinge mit niemandem so sprechen wie mit Dir. In wenigen Worten und Andeutungen sind ganze Fragenkomplexe berührt und geklärt. Dieses nach jahrelanger, nicht immer reibungsloser Übung gewonnene Aufeinandereingestellt- oder -eingespieltsein dürfen wir nie mehr

verlieren. Es ist ein unglaublicher Gewinn und eine ungewöhnliche Hilfe. Was haben wir in den 1 1/2 Stunden alles berührt und voneinander zu erfahren bekommen! Ich danke Dir sehr dafür, daß Du das erwirkt und durchgesetzt hast. Es hat Dir und Renate einen Vormittag gekostet. Aber ich denke, Ihr habt es trotzdem gern getan. Es *war* eine necessitas und ich kann jetzt auch wieder ganz anders an Dich denken. Im übrigen hat Dein Besuch mir die Anregung zu einer kleinen Arbeit gegeben, die ich Dir vielleicht demnächst schicken kann, und für die große Arbeit hat er mir neu Mut und Lust gemacht ...
Die Leute hier haben mir Weihnachten so hübsch wie möglich machen wollen; aber ich war immer wieder froh, wenn ich wieder für mich allein war; das hat mich selbst gewundert und ich frage mich manchmal, wie ich mich unter den Menschen wieder zurechtfinden werde. Du, Eberhard, kennst ja meine gelegentlichen Rückzüge aus großen Festen auf mein Zimmer. Ich fürchte, das wird noch schlimmer geworden sein. Ich habe die Einsamkeit trotz aller Entbehrungen doch auch lieb gewonnen. Sehr gern spreche ich mit einem oder zwei Menschen; aber jede größere Ansammlung von Menschen und vor allem jedes Gerede und Geschwätz ist mir ein Greuel. Maria wird es in dieser Hinsicht nicht leicht mit mir haben.

2. Feiertag.

Heute fährst Du, Eberhard, fort. Möchte, wenn Ihr morgen aufwacht, Gott Euer Herz stärken und keine Traurigkeit in Euch aufkommen lassen; möchte er jedem von Euch täglich Aufgaben zeigen, die der Mühe wert sind (Losung heute Luk. 2,17!![1]); möchte er Euch alle Wege ebnen und Euch froh wieder zusammenführen und auch mir den Tag schenken, an dem ich Euch beide wiedersehe. – Gott behüte Euch und uns alle. Von Herzen denkt an Euch Euer Dietrich

... Wenn Ihr Geld braucht, *bitte* hebt es einfach ab! Soviel Ihr wollt – Eberhard, versuche doch mal zusammen zu stellen, was die Menschen, mit denen Du zusammenkommst, eigentlich glauben! Es läßt sich vermutlich in wenigen Sätzen zusammenfassen und ist doch sehr wichtig zu wissen ...

Du weißt doch, Eberhard, daß ich trotz aller Beruhigungen, die man mir gibt, genau weiß, wie Dir in Deiner derzeitigen Tätigkeit zu Mute ist!! Aber was soll man darüber viel sprechen, wenn man sich so genau kennt. Man weiß es, das ist genug. Klaus' Äußerung, daß ihm dieses Erlebnis immer noch fehle, ist übrigens nicht nur ad hoc gemacht, er hat es früher manchmal gesagt (allerdings doch nur theoretisch)... Wir denken darin ja beide etwas anders. – Daß Du übrigens auch Weymarn[2] besucht hast, dafür danke ich Dir noch besonders. Es wird große Freude hervorgerufen haben! Es war wirklich sehr nett von Dir.

[1] „Da die Hirten es aber gesehen hatten, breiteten sie das Wort aus, das zu ihnen von diesem Kinde gesagt war." [2] A. v. Weymarn, Mitarbeiter im Oekumenischen Rat in Genf.

An die Eltern

[Tegel] 25. XII. 43

Liebe Eltern! Weihnachten ist vorüber. Es hat mir ein paar stille, friedliche Stunden gebracht und vieles Vergangene war ganz gegenwärtig. Die Dankbarkeit dafür, daß Ihr und alle Geschwister in den schweren Luftangriffen bewahrt worden seid, und die Zuversicht, Euch in nicht zu ferner Zeit in Freiheit wiederzusehen, war größer als alles Bedrückende. Ich habe mir Eure und Maria's Kerzen angezündet und die Weihnachtsgeschichte und einige schöne Weihnachtslieder gelesen und vor mich hingesummt, und habe dabei an Euch alle gedacht und gehofft, daß Ihr nach aller Unruhe der vergangenen Wochen doch auch eine friedliche Stunde finden möchtet. Euer Weihnachtspaket war eine große Freude, besonders der Becher des Urgroßvaters aus dem Jahre 1845, der nun mit Tannengrün auf meinem Tisch steht. Aber auch die materiellen Genüsse waren sehr schön und werden noch eine Weile vorhalten. Von den Geschwistern bekam ich interessante Bücher und Weihnachtsgebäck. Ich lasse ihnen allen sehr dafür danken. Maria, die noch am 22. hier war, schenkte

78

mir die Armbanduhr, die ihr Vater getragen hat, als er fiel. Das hat mich sehr gefreut. Dann hatte sie noch ein Paket für mich abgegeben, das mir erst gestern früh ausgehändigt wurde, ganz wunderhübsch gepackt, mit Pfefferkuchen und Grüßen von der Schwiegermutter und Großmutter. Es war mir etwas traurig zumut, daß ich ihr nichts schenken konnte; aber ich möchte es erst tun, wenn ich wieder frei bin und es ihr selbst geben kann; ich habe ihr das auch gesagt und sie fand es auch schöner so. Ich bin ganz gewiß, daß sie wie alles Bisherige so auch diese Weihnachtstage, in denen sie Vater und Bruder vermißt und mich im Gefängnis weiß, gefaßt und tapfer begehen wird, – wenn es auch über die Kraft zu gehen scheint. Sie hat es sehr früh gelernt, in dem, was Menschen uns zufügen, eine stärkere und gütigere Hand zu erkennen.

Nun werde ich auch zu Deinem Geburtstag, liebe Mama, noch nicht bei Euch sein. Wenn man Dir doch mit irgendetwas eine Freude machen könnte! Sicher werden es alle versuchen. Ich kann Dir nur sagen, daß wir Dich in diesen schweren Zeiten mehr denn je brauchen und daß ich mir die vergangenen Monate meiner Haftzeit überhaupt nicht ohne Dich denken kann. Wie Ihr beide diesen Schlag getragen habt, das wird für die Enkel ihr Leben lang eine wichtige Erinnerung und mehr als das sein. Ich bin bei jedem Brief und bei jedem Besuch, den ich von Euch bekomme, aufs neue dankbar dafür und werde es immer bleiben. Wenn Ihr Euch nur nicht so oft zu viel zumutetet und Euch körperlich etwas mehr schontet. Das wäre ein wirklicher Geburtstagswunsch von mir an Dich, aber ich fürchte leider, daß gerade dieser unerfüllt bleibt. Und doch wäre es uns allen eine so große Beruhigung.

Auch das neue Jahr wird noch manche Sorge und Unruhe bringen; aber ich glaube, wir dürfen in dieser Silvesternacht doch mit größerer Zuversicht denn je den Vers aus dem alten Neujahrslied singen und beten: „Schleuß zu die Jammerpforten / und laß an allen Orten / nach so viel Blutvergießen / die Freudenströme fließen.“[1] Ich wüßte nicht, was wir uns Größeres auch zu Deinem Geburtstag erbitten und wünschen könnten.

Ich danke Euch für alles, was Ihr im vergangenen Jahr für mich getan habt.
Es grüßt Euch von Herzen Euer Dietrich

[1] Aus Paul Gerhardts Lied „Nun laßt uns gehn und treten".

Von Eberhard Bethge

Lissa[1], 2. 1. 44

Lieber Dietrich. Ich muß versuchen, Dir nochmal einen Gruß zukommen zu lassen und Dir zu sagen, wie mich der Besuch bei Dir und Deine Briefe erfüllt haben. Du glaubst nicht, wie oft ich sie schon gelesen habe, Teile davon Renate vorlas und Etliches auch der Familie bekanntgab. Ich weiß ja nicht, wie es Dir ergangen ist, von mir muß ich Dir jedenfalls sagen, daß ich fast erleichtert und befreit am 23. von Dir ging und nun der Abschied etwas leichter erschien, da dies noch stattgefunden [hat] und in so einem rasenden Tempo immerhin doch viele viele Dinge angedeutet worden sind. Nachher sah ich freilich, daß es viel besser gewesen wäre, ich hätte Deine Briefe vorher gehabt und mich so gründlicher auf die Probleme eingestellt. Du hast aber hoffentlich mir angemerkt, wie beglückt ich war, Dich endlich zu sprechen, direkt von Dir zu hören und zu lesen. Du schreibst, außer der Ehe sei doch auch diese Freundschaft mit unter die stabilen Dinge zu rechnen. Das ist eben nicht so, auf die Anerkennung und Rücksichtnahme von andern her gesehen. Die Ehe hat eben – gleich ob sie zwischen den zweien das Stabile hat oder nicht – die äußere Anerkennung, jeder, in diesem Fall die ganze Familie, muß sie in Rechnung stellen und findet es richtig, daß vieles für sie unternommen werden muß und soll. Die Freundschaft – sie mag so ausschließlich und bis in alle Güter hineingehend sein – hat keine „necessitas", wie Vater bei der Frage des Sprechantrags sich ja ausdrückte. Deine Briefe gehen selbstverständlich an Maria, fast so an Karl-Friedrich, aber es kostet erst einen extra Kampf, daß ich sie auch haben müßte. Von all dem aus verstehst Du auch, wie für mich Deine Briefe und der Besuch fast etwas Befreiendes hatten. Beim Militär, sagst Du ja auch, berücksichtigt niemand, daß jemand einen sehr guten Freund hat. Die Freundschaft ist eben ganz und gar inhaltlich bestimmt, gehalten und hat nur so Bestand ...

Jedenfalls laß Dir sehr danken für alles, was Du mir gesagt hast, für die vielen interessanten Andeutungen Deiner Arbeit und Überlegungen, die Du schriebst und die mich nun sehr begleiten. Die Alttestamentlichkeit, die Bedeutung des Scheins, das gute Gewissen zu den Gütern dieser Erde; vielleicht finde ich bald Ruhe, dazu Näheres zu schreiben und Dir es doch zukommen zu lassen. Jetzt habe ich wider Erwarten noch eine Frist wegen Dienstreisesperre bis zum 6. 1. ... Übrigens sprach ich gleich am 23. mit Lokies[2] über die Berufsbelastung; er sah da gar kein Problem für den Fall, daß erstmal alle Hüllen fallen werden und bisher könne aus Unkenntnis sich doch niemand *ernsthaft* mit der Sache in Leitung oder sonst befassen. Er meinte auch nicht, daß sich schon eine bestimmte erschwerende Allgemeinstimmung Dir gegenüber gebildet habe, dafür hielte er das theologische Vertrauen, das Du genössest, für zu groß und unangefochten ...[3]

[1] Garnison in Posen. [2] Hans Lokies, damals Direktor der Gossner-Mission und Mitglied des Berliner Bruderrates. [3] Der zweite Teil des Briefes ist verlorengegangen.

Von Eberhard Bethge [Charlottenburg]
Sonnabend, d. 8. 1. 44

Lieber Dietrich. Heute hörtest Du, daß ich auf der Durchreise schon wieder da bin, morgen früh gehts weiter; nochmal die Beanspruchung eines Abschieds. Es übt sich merkwürdig wenig ein. Deshalb schnell noch einen Gruß – leider ein sehr unvollkommenes Bruchstück. Wir freuten uns so, Deinen Brief von den Weihnachtstagen zu haben und danken sehr für Deine Worte an uns beide ... Du glaubst nicht, welche Ruhe und Sicherheit von Deinen Briefen, die Du an mich gelangen ließest, ausgeht. Du hast und nimmst Dir dort die

Ruhe, lange gute Briefe zu schreiben. Alles hier in Berlin hat sonst keine rechte Zeit und Muße mehr für einander und die Not des Täglichen macht egoistisch, nervös. Darum tuen Deine Zeilen so wohl ... Hab vielen Dank. Das wollte ich Dir wenigstens noch sagen, ehe ich fahre ... Dein Eberhard

Von Eberhard Bethge Im Zuge nach München, 9. 1. 44

Lieber Dietrich. Vor fast einem Jahr saßen wir auf dieser gleichen Strecke zusammen im Zuge und fuhren zum letzten Male gemeinsam nach München. Es war noch eine sehr schöne Fahrt. Du lasest den Tayllerand, wir aßen im Speisewagen, ich schrieb wahrscheinlich wieder an Renate. Wir hörten Palestrina[1] und wunderten uns, tranken Kaffee bei Ninne[2] (ich will morgen zu ihr) und heimsten noch viele schöne Bücher ein, zurück rechneten wir Geld und Eßmarken miteinander ab; Du warst wie immer sehr großzügig. Wir hatten viele gute Hoffnungen[3]. Inzwischen hast Du viel durchgemacht, was wir damals nicht ahnten. Ich bringe mit dieser Fahrt ein ganz neues $^3/_4$ Jahr Erfahrung zum Abschluß. Etwas Neues beginnt. Nun will ich, ehe es dunkel wird – in Wehrmachtszügen gibt es kein Licht – etwas mit Dir plaudern. Du hast mir übrigens öfter aus Münchner Zügen geschrieben, besinnlicher als sonst. Freilich noch lange nicht so wie Du es jetzt getan hast.
Es war nun ein $^3/_4$ Jahr ohne Dich ... Du hättest manches in dieser Zeit sicher klarer zum Bewußtsein erhoben, was mir durch Renates Dasein aufgegeben war: das kritische Empfinden gegen Phrasen, schnelle Trugschlüsse, gegen Selbstzufriedenheit, frommen Stil, pharisäische Kleinbürgerlichkeit in der Kirche ... Ihr immer gegenwärtiges Ohr – ohne daß wirklich viel ausgesprochen wurde – zwingt dazu, alles neu zu überprüfen ... Durch sie wird mir – scheint mir – vieles bei Dir klarer und verständlicher, die Verschiedenheiten unserer Herkunft – Deiner und meiner –; was es bedeutet, daß Du in *dieser* Familie Theologe wurdest und bist ...

Deine Pfeife halte ich in Ehren ... Ich habe doch so ernste Situationen wie Du jetzt noch nicht durchgemacht. Ich bin mir meiner nicht sicher, wie es mit der Situationsbeherrschung sein sollte, wenn ich übersähe, was gerade wirklich los ist. Bildung und Tod sokratisch? Der Gebildete als der, der sich nichts vormacht und nicht sich in Aktivität betäubt oder es nicht aushält, der aber im christl. Glauben die Überwindung kennt? Es wird dunkel, ich sehe nichts mehr. Für jetzt Schluß

Dein Eberhard

Jetzt geht das Schreiben doch weiter. Wir sind sonst als Soldaten kein Licht wert, aber dieser Fronturlauber hat merkwürdigerweise doch Licht bekommen und das will ich noch ausnutzen. Wir fahren jetzt den Thüringer Wald herunter. Wer weiß, wann ich wieder dazu komme. Wenn wir doch jetzt regelmäßig und auf schnellem Wege miteinander korrespondieren könnten ...

Die „sehnsuchtslosen" proletarischen Schichten, die sich überall Ersatzbefriedigungen schaffen und den Spannungsbogen kurz werden lassen, die sind übrigens die geeignetsten Krieger dieser Zeit; die Länge des Krieges entwickelt diese Dinge erschreckend. Auf so einer Bude von 12 Mann wird man wirklich zum Verächter. Wie schnell sind die Menschen, wo sie sich hinplatzen „zu Hause", so schamlos zu Hause und dabei *so* brauchbare gehorsame Soldaten!

Ich schreibe eben so, wie ich in Deinen Briefen blättere. Vielleicht hat nur der echt Gebildete Heimweh, der Intellektuelle ja nicht. Wohlgetan hat mir, was Du über Glück und Kreuz schreibst. Hast Du darüber ein Kapitel? Das ist doch vielleicht sehr wichtig, daß man da kein falsches schlechtes Gewissen hat.

Deine Traupredigt werden wir nun hoffentlich bald bekommen. Es ist schrecklich, wie schwierig jetzt alles ist. Man wagt Deine Eltern nur mit größter Vorsicht um etwas zu bitten. – Du machst mir so nett Mut, daß ich mal schreiben soll. Du hast ja schon viel erreicht und ich traue Dir allerhand Hebammenkünste zu, das wäre freilich Dein Meisterstück an mir. Zunächst ist nur meine kritische Ader gewachsen, nicht die Unbefangenheit. Ich lese noch lieber von Dir als selber schreiben ... Du hast mir soviel schöne Sachen geschrieben; ich kann nur immer antippen, will Dir aber wenigstens zeigen, daß mich alles eingehendst beschäftigt. Ich warte, daß wir uns sehen und sprechen ...

10. 1.

Also immer noch nicht alles geklärt. Morgen geht's nach Verona. Inzwischen verbringe ich 2 Nächte an bekannter Stelle: Europäischer Hof[4]. Natürlich besetzt. Aber das Berufen auf unser, Dein Wohnen vergangenes Jahr hier öffnete mir ein Zimmer.
Nun besuche ich noch Ninne Kalckreuth, die sich am Telefon sehr freute. Also auf Wiedersehn. Nun geht's über den Brenner.

Dein Eberhard

Wie ist es mit der Angst Christi, die doch ausgesprochen wird?

[1] In München. [2] Christine Gräfin Kalckreuth, die D. Bonhoeffer ihre Wohnadresse für die polizeiliche Anmeldung in München zur Verfügung gestellt hatte, s. DB, 769 u. 787. [3] Auf den Umsturzversuch im März 1943, s. DB, 875 ff. [4] Münchener Hotel, in dem Bonhoeffer vor allem während der Ettaler Zeit bei Durchfahrten übernachtete.

Von Renate Bethge

Sakrow, d. 10. 1. 44

Lieber Onkel Dietrich! Hab vielen Dank für Deinen langen Brief. Wir haben uns wirklich sehr darüber gefreut ... Gestern früh ist Eberhard nun abgefahren, erst einmal nach München. Heute nachmittag hat er angerufen, daß er morgen vormittag weiterfahren müsse nach Verona, und wahrscheinlich dort in der Nähe sein Ziel sei. Den Namen des Ortes weiß er aber noch nicht, auch nicht, ob er nun, wie es zuerst ja hieß, Schreiber wird. Ich habe etwas Angst, daß er doch noch weiter fahren muß, denn was man uns hier so vorher gesagt hat, war eigentlich noch nie richtig ... Das Gefühl des Getrenntseins auf unabsehbar lange Zeit ist recht scheußlich, besonders das Gefühl der eigenen völligen Machtlosigkeit allem gegenüber. Ich denke jetzt viel daran, was Du uns dar-

über geschrieben hast. Hoffentlich wird unsere Geduld nicht auch so lang auf die Probe gestellt wie Deine. Aber man hofft ja, daß alles auch nicht mehr lange dauert. Was Du so über Deine Arbeiten schreibst ist hochinteressant. Wir sind natürlich alle schon sehr gespannt darauf. Es ist wirklich fabelhaft, daß Du in dieser Weise dort arbeiten kannst, ich kann mir das schlecht vorstellen in solcher Umgebung. Die Eltern haben ihr Haus mal wieder so weit gebracht, daß sie heute wieder dort eingezogen sind ...
Nun viele Grüße und vielen Dank für alles! Deine Renate

Von Eberhard Bethge

Im Süden, 15. 1. 44

Lieber Dietrich. Zwar ist es noch eine Weile bis zu Deinem Geburtstag, aber wie ich höre, dauert die Post so endlos lange, daß ich schon jetzt schreibe. Vielleicht erreicht Dich der Gruß noch rechtzeitig. Laß Dir also von Herzen gratulieren und laß Dir diesen Tag nicht zum Trauertag werden. Es wäre viel Grund dazu da und ich denke egoistisch auch an unsere unüberbrückbare Ferne voneinander. Ich habe den Eindruck, daß wir Deinen Geburtstag sowieso seltener zusammen gefeiert haben als meinen; ich erinnere mich an meinen deutlich hier und da, vor allem jetzt an jenen Abend in Florenz; Deiner ist mir besonders erinnerlich von einigen Malen in Finkenwalde. Am letzten warst Du wohl auf Reisen. Nun müssen wir in einer Weise stille halten, wie wir das eigentlich nicht mehr gewohnt waren.
Ich habe es, den ersten zwei Tagen nach zu urteilen, gut. Ich sitze in der Nähe der Stelle[1], wo wir nach der heißen Autofahrt noch gerade im letzten Abendschimmer die 7 Hügel sahen ... Du wirst ... auf ein merkwürdiges Jahr zurücksehen, das ohne Parallele ist ...
Wie meine Wünsche sind, liegt nahe ... Schreibmöglichkeiten; und ein wenig mehr Mut bei Dir, die Dinge in lesbare Form zu bringen; vielleicht jemand, der Dir eine technische Hilfe ist, die Dir dieses saure Stadium möglichst erleichtert. Im übrigen, als ich einige Stellen Deiner Briefe dem Vater[2] vorlas,

waren er und andere mit ihm durch Deinen Stil wieder sehr beeindruckt. Ich verstehe nicht mehr, warum manche Leute finden, es sei so schwer, ihn zu verstehen. Es ist da wohl die Konzentration, die die Menschen beansprucht...
Ob ich bald wieder etwas von Dir hören kann? Zu Haus wird weiter alles so bedrängt und gehetzt sein und mir geht es diese beiden Tage in dem Landhaus gut und ich habe nichts zu tun als die Sonne zu genießen...
Im übrigen stell Dir vor, ich leere eins der vielen Weingläser auf Dein Wohl!
Mit herzlichsten Grüßen Dein Eberhard

[1] Rignano, unterhalb des Monte Soratte an der Via Flaminia. Erinnerung an die Romreise 1936 nach der oekumenischen Konferenz in Chamby.
[2] Rüdiger Schleicher.

An die Eltern

[Tegel] 14. 1. 44

Liebe Eltern! Gerade hat Susi hier wieder das Paket für mich abgegeben, wofür ich ihr und Euch sehr danke. Wenn ich geahnt hätte, daß ich so lange hier sein würde, dann hätte ich schon viel früher darum gebeten, daß Ihr Euch nicht so sehr viel Mühe für mich macht und vor allem, daß Ihr nicht Eure sowieso schon knappen Rationen noch einschränkt, um mir etwas zu schicken. Natürlich ist es jedesmal wieder eine große Freude, Euer Paket zu bekommen, aber sie wird allmählich doch beeinträchtigt durch den Gedanken, daß Ihr nicht so ernährt seid, wie Ihr es bei den großen Anstrengungen, die Ihr nun besonders nach den Bombenschäden habt, brauchtet. Ich hatte schon gehofft, daß Ihr Euch inzwischen zu einer Ruhepause in Pätzig entschlossen hättet; es wäre mir wirklich eine große Beruhigung, wenn Ihr wenigstens einige Zeit aus den Alarmnächten, Instandsetzungsarbeiten und dem Berliner Trubel überhaupt herauskämt und eine einigermaßen normale Ernährung hättet; außerdem würde es mich natürlich freuen, wenn Ihr das Haus, in dem ich später einmal zu Hause zu sein hoffe, kennen lernt... Wenn sich dann eines Tages in meiner Sache irgendetwas rührt,

seid Ihr ja leicht erreichbar, und wie schön wäre es, wenn ich dann zusammen mit Maria nach Pätzig käme und Euch dort träfe. Ich weiß, Ihr laßt Euch ungern zu Reisen zureden und es nützt meist nichts. Aber vielleicht könnte ich es mir von Euch zum Geburtstag wünschen? Vor allem dürft Ihr Euch eben nicht übernehmen, alles andere ist demgegenüber ganz nebensächlich!
Gestern und heute sind bei Euch Geburtstage[1]. Ihr werdet abends wohl mit K. Friedrich und Rüdiger zusammensein. Man muß heute für jeden Tag und jede Stunde dankbar sein, in der man noch zusammensein kann. Ich sitze bei offenem Fenster, in das die fast frühlingsmäßige Sonne scheint, und ich nehme diesen ungewöhnlichen schönen Jahresanfang für ein gutes Omen. Gegenüber dem vergangenen kann dieses Jahr nur besser werden. – Es geht mir gut. Ich arbeite wieder etwas konzentrierter und lese mit besonderer Freude Dilthey. – Hoffentlich erfahre ich bald, daß Ihr gereist seid! Bleibt nur gesund und seid herzlich gegrüßt von Eurem dankbaren

Dietrich

[1] Karl-Friedrich Bonhoeffer am 13., Rüdiger Schleicher am 14. Januar.

Vom Vater

[Sakrow] den 16. 1. 44

Lieber Dietrich! Den ruhigen Sonntag hier in Sakrow will ich zu einem Brief an Dich benutzen. Die Wochentage sind noch immer ziemlich unruhig durch die Leute, die an den Fenstern, Türen und am Dach rumoren. Dazwischen kommen Patienten und was der Tag sonst bringt. Im ganzen sind wir jetzt wieder soweit, daß es warm wird und man ohne Wintermantel in den Räumen – nicht in allen – sein kann. Hoffentlich ist nicht alles umsonst und der nächste Angriff wirft wieder alles zusammen. Unser Haus in der Kurländer Allee ist als Totalschaden bezeichnet und den Mietern Räumungsbefehl gegeben. – Es kommen nun die Schreibereien und Gänge wegen der Schadenmeldung und des Ersatzes der Mieten usw. In den nächsten kommenden

dunklen Nächten wollen wir nachts hier sein. Man interessiert sich jetzt für den Mondaufgang, über den man sich früher keine Gedanken machte. Dabei stelle ich bei mir eine beschämende Unkenntnis des Mondumlaufs fest. Es scheint, daß die Engländer jetzt – anders als früher – die hellen Nächte fürchten, wohl wegen der Nachtjäger. Die Friedrichsbrunner schreiben, daß sie dort die Fliegerschlacht beim Tagesangriff der Amerikaner mitangesehen, Flugzeuge abstürzen und Gefangene einbringen gesehen haben, eine aufregende Sache für [die] Bonhoefferschen und Dreß'schen Kinder. Im ganzen sehe ich, daß die Leute, die mehrfache Angriffe und Bombeneinschläge in der Nähe mitgemacht haben und gute Haltung bewahrt haben, doch häufig hinterher nicht unberührt bleiben. Concentrationsfähigkeit und Merkfähigkeit leidet, sie werden emotionell erregbarer, gereizt oder kommen leichter zu Tränen. Im Verkehr auf den Bahnen ist das auch merkbar. Im Haus geht viel Zeit mit Suchen hin, man weiß nicht, was man im Keller oder sonst wie weggeschafft hat und arbeitet im ganzen langsamer. Die Soldaten meinen, daß das untätige Dabeisitzen beim Bombenangriff in der Heimat sehr viel unangenehmer empfunden wird, als im Feld, wo man zu handeln hat.
Ich hoffe, daß wir Dich bald wieder sprechen können. Den Antrag habe ich abgehen lassen wohl vor 8–10 Tagen. Über Deinen Weihnachts- und Neujahrsbrief haben wir uns sehr gefreut, wenn sie auch erst vor wenigen Tagen an uns gelangten. Heute hat Renate den ersten Brief von Eberhard aus Verona bekommen. Indessen ist er weiter nach Süden gekommen. – Uns geht es gesundheitlich gut. Rüdiger hat uns berichtet, daß er Dich gut aussehend gefunden hat.

Herzliche Grüße Vater

An Eberhard Bethge [ohne Datum; aus Tegel abgegangen am 18. 1. 44]

Lieber Eberhard! Seit Du ins Ungewisse gefahren bist, sind meine Gedanken ständig bei Dir. Hoffentlich höre ich recht

bald, wo Du gelandet bist. Daß es Dir doch noch einmal gelang, mit Renate zusammenzusein und sie sogar nach Berlin zu bringen – gehört nun wohl schon fast zu dem Dich begleitenden Glück bzw. zu dem Dir überall begegnenden Wohlwollen der Menschen ... Ich kenne überhaupt keinen Menschen, der Dich nicht leiden kann, während ich viele kenne, die mich nicht leiden können. Ich nehme das für mich garnicht schwer; ich finde überall, wo ich Gegner finde, auch Freunde und das genügt mir. Aber es liegt wohl daran, daß Du von Natur offen und bescheiden bist, während ich verschlossen und etwas anspruchsvoll bin ...
Ich bin noch immer froh in Gedanken daran, daß Du Weihnachten da warst. Niemand hätte mein Fehlen besser ersetzen können. Auch daß Dohnanyis sich so freuten, daß Du [da] warst, wie aus Briefen und Erzählungen von Klaus, der mich besuchte, hervorgeht, freute mich sehr. Klaus ist doch ein netter Kerl geworden. Was sind diese Kinder heute schon lebenskundiger und fertiger als wir in diesem Alter waren! Ich glaube, da kann eine ganz ausgezeichnete Generation heranwachsen, die auch klarer, offener und furchtloser ist als die unsere.
Ich schreibe seit einiger Zeit an der kleinen literarischen Arbeit, die durch unser kurzes Zusammensein angeregt wurde. Aber, wie fast immer, nimmt sie mir mehr Zeit als ich anfangs dachte. Ich schicke sie Dir, sobald sie fertig ist – wenn es überhaupt was Vernünftiges wird[1]. — Ich habe in der letzten Zeit etwas planlos durcheinander gelesen, eine Geschichte von Scotland Yard, eine Geschichte der Prostitution, den Delbrück fertig – ich finde ihn in seinen Problemen eigentlich uninteressant –, Reinhold Schneider's Sonette – sehr verschieden in der Güte, einige sehr gut; im Ganzen fehlt mir an der gesamten neuesten Produktion die hilaritas – die „Heiterkeit" –, die jeder wirklich großen und freien geistigen Leistung innewohnt; man steht immer unter dem Eindruck eines etwas gequälten und erzwungenen Machens statt unter dem einer freien Lust am Schaffen. Verstehst Du, was ich meine? – Z. Zt. lese ich einen riesigen engl. Roman, der von 1500 bis heute geht, von Hugh Walpole, 1909 geschrieben. Außerdem interessiert mich Dilthey sehr und eine

Stunde täglich lerne ich das Buch für Sanitätspersonal, für alle Fälle.
Der Brief blieb ein paar Tage liegen; inzwischen kam Rüdiger zu mir und erzählte mir, daß Du zuerst nach Verona kämest, mehr wußte er auch nicht. Ich warte täglich auf Nachricht darüber, auch auf W.[2], den ich seit 14 Tagen fast nicht sah! Du hast ihn ja noch gesehen und das freut mich sehr. – In den letzten 3 Tagen las ich einen nicht schlechten, aber beispiellos offenen französ. Roman: „Mariages" ... Ich wurde darin bestärkt, daß der naturalistische u. psychologische Roman uns doch nicht mehr genügt. Aber darüber müßte man eben sprechen können.
Heute soll W. kommen. Gut. – Der Angriff auf Magdeburg hat hoffentlich nicht auch die Stätten Deiner Erinnerungen betroffen ...
Nun bleib gesund und sei allen physischen und psychischen Belastungen gewachsen wie bisher. Die Losungen sind meine tägliche Freude. Hab Dank für alles!

In Treue grüßt Dich Dein Dietrich

[1] Verlorengegangen. [2] Dr. Wergin, der Verteidiger.

An Renate und Eberhard Bethge

[Tegel] 23. 1. 44

Liebe Renate, lieber Eberhard! Seit dem 9. 1. denke ich anders an Euch als bisher. Daß Ihr noch kurz vor dem Abschied die Losung Jes. 42,16[1] zusammen gelesen habt, stellt diese Gedanken in ein besonderes Licht; auch ich hatte an diesem Tag, von dem ich ja wußte, was er für Euch bedeutete, die Losungen immer wieder mit besonderer Beteiligung und großer Dankbarkeit gelesen; denn auch für mich war ja dieser Sonntag, wenn auch anders als für Euch, ein Einschnitt. Es ist ein merkwürdiges Gefühl, einen Menschen, an dessen Ergehen und Schicksal man selbst jahrelang irgendwie sehr beteiligt gewesen ist, eines Tages einer ganz unbekannten Zukunft, der gegenüber man so gut wie ohnmächtig ist, entgegengehen sehen zu müssen. Dieses Bewußtsein der eigenen Ohnmacht von dem Du, Renate, auch schreibst, hat, finde ich, zwei Seiten, es ist beängstigend, aber es ist doch auch irgendwie befreiend. Solange wir selbst das Schicksal eines anderen Menschen mitzugestalten versuchen, werden wir doch letzten Endes die Frage, ob das, was wir tun, auch wirklich zum Besten des anderen ist, nie ganz los, jedenfalls bei den großen Eingriffen in ein anderes Leben; wenn uns dann plötzlich fast alle Möglichkeiten, selbst etwas mitzuwirken, abgeschnitten werden, dann steht hinter aller Angst um den anderen doch auch irgendwo das Bewußtsein, daß sein Leben nun ganz in bessere und stärkere Hände gelegt ist. Sich gegenseitig diesen Händen anzuvertrauen ist wohl die große Aufgabe der kommenden Wochen und vielleicht auch Monate für Euch, für uns. Nachdem ich gestern erfuhr, daß Du, Eberhard, nun irgendwo südlich Rom bist, ist mir diese Aufgabe noch viel klarer geworden. Ich unterdrücke alle Fragen, die ich in diesem Zusammenhang mir selbst immer wieder vorhalten will. Mag in dem, was den Tatsachen vorausgeht, noch so viel menschliches Versagen, Sichverrechnen und Schuld liegen, in den Tatsachen selbst ist Gott. Wenn wir lebend durch diese nächsten Wochen oder Monate hindurchkommen, dann werden wir nachher sehr klar erkennen, daß es gut war, daß für uns alle die Dinge gerade so kamen, wie sie gekommen sind. Der Gedanke, daß manches Schwere im Leben hätte vermieden werden können, wenn wir weniger mutig darauflos gelebt hätten, ist doch wirklich zu fade, als daß man ihn auch nur einen Augenblick ernstnehmen könnte. Es ist mir im Blick auf Eure Vergangenheit so völlig gewiß, daß es richtig war, was bisher geschah, daß auch das Gegenwärtige nur richtig sein kann. Auf echte Freuden und Lebensinhalte zu verzichten, um Schmerzen zu vermeiden, ist sicher nicht christlich und auch nicht menschlich.

Ich warte nun mit großer Spannung auf Deinen ersten Bericht von draußen, Eberhard. Ich habe eben das Gefühl, daß Du gewissermaßen auch mit meinen Augen die Dinge siehst, sowie ich das Hiesige auch mit Deinen Augen sehe. Wir erleben unsere verschiedenen Geschicke also auch irgendwie

stellvertretend füreinander. Was Du von draußen schreiben wirst, das werde ich vorbehaltlos glauben, wie es vielleicht auch umgekehrt bei Dir der Fall ist meinen Briefen von hier gegenüber; und vor allem wird das so sein, wenn wir uns erst wieder *sprechen* können!
Gerade kommt die Nachricht von der Landung in Nettuno[2]. Ob Du dort irgendwo bist? Bei jeder solchen Wendung merke ich, daß Gelassenheit nicht ein Stück meiner Natur ist, sondern daß ich sie mir immer wieder mühsam erobern muß; übrigens Gelassenheit von Natur ist doch wohl in den meisten Fällen nur ein euphemistischer Ausdruck für Indifferenz und Indolenz und insofern nicht gerade etwas sehr Respectables! –; bei Lessing las ich kürzlich: „ich bin zu stolz mich unglücklich zu denken – knirsche eins mit den Zähnen – und lasse den Kahn gehen, wie Wind und Wellen wollen. Genug, daß ich ihn nicht selbst umstürzen will!" Sollte dieser Stolz und dieses Zähneknirschen dem Christen ganz untersagt und fremd sein? etwa zugunsten einer vorzeitig vorbeugenden milden Gelassenheit? die doch wieder etwas ganz anderes ist als das sture, stumpfe, starre, leblose und vor allem gedankenlose Sich-einem-Unvermeidlichen-Unterwerfen. Ich glaube, daß Gott besser geehrt wird, wenn wir das Leben, das er uns gegeben hat, in allen seinen Werten kennen und ausschöpfen und lieben und darum auch den Schmerz über beeinträchtigte oder verlorene Lebenswerte stark und aufrichtig empfinden – man beschimpft das ja gern als die Schwäche und Empfindsamkeit der bürgerlichen Existenz – als wenn man gegen die Werte des Lebens stumpf ist und daher auch gegen den Schmerz stumpf sein kann. Hiob's Wort: „der Herr hat's gegeben usw. . . ." schließt das eher ein als aus, wie ja auch aus seinen zähneknirschenden Reden und ihrer göttlichen Rechtfertigung (cap. 42,7 ff) gegenüber der falschen, vorzeitigen frommen Ergebung seiner Freunde deutlich genug hervorgeht. – Verzeih Renate, daß ich gleich wieder in die Theologie komme. Es sind eben solche Gesprächsfragmente, wie sie in Briefen zwischen Eberhard und mir unvermeidlich sind. – Vor allem hatte ich Euch sagen sollen und wollen, wie froh ich war, von Euch direkt zu hören und noch dazu so ausführlich! Das war ein

wirkliches Ereignis! Wie dankbar bin ich dem Schaffner, der den Münchner Fronturlauberzug entgegen den sonstigen Gepflogenheiten erleuchtet hat ... Es wäre gut, Du hättest ein paar Photos von mir bei Dir[3]; sie sind anstelle von Visitenkarten doch schließlich bei meinen vielen Bekannten, an die ich nicht alle schreiben kann, zu brauchen. Hast Du damals auf der Autofahrt mit Henne's[4] eigentlich den Prof. Reinh. Niebuhr kennen gelernt? Er wie auch Dr. Leiper und Prof. Dr. theol. Paul Lehmann sind ja gute Freunde von mir. N. und Paul L. sind außerdem sehr sprachkundig; das ist auch immer eine Hilfe. An Cedergren's kannst Du Dich doch auch immer wenden, Du warst doch ihr Gast[5]. Er hat jetzt eine wichtige Stelle im Roten Kreuz. Übrigens kannst Du sie alle besonders von Martin[6] grüßen! Dafür, daß Du meine Briefe an die Eltern kriegst, werde ich auch noch sorgen.
Was Du in diesem Zusammenhang über die Freundschaft, die sich im Unterschied zu Ehe und Verwandtschaft keiner allgemein anerkannten Rechte erfreut, und die daher ganz auf dem ihr innewohnenden Gehalt beruht, sagst, finde ich sehr gut beobachtet. Es ist ja tatsächlich nicht leicht, die Freundschaft soziologisch einzuordnen. Sie muß wohl als ein Unterbegriff des Kultur- und Bildungsbegriffs verstanden werden, während Bruderschaft unter den Kirchenbegriff und Kameradschaft unter den Begriff der Arbeit und den Begriff des Politischen fällt. Ehe, Arbeit, Staat und Kirche haben ihr konkretes göttliches Mandat, wie steht es aber mit Kultur und Bildung? Ich glaube nicht, daß man sie einfach dem Arbeitsbegriff unterordnen kann, so verlockend das in vieler Hinsicht wäre.
Sie gehören nicht in den Bereich des Gehorsams, sondern in den Spielraum der Freiheit, der alle drei Bereiche der göttlichen Mandate umgibt. Wer von diesem Spielraum der Freiheit nichts weiß, kann ein guter Vater, Bürger und Arbeiter, wohl auch ein Christ sein, aber ob er ein voller Mensch ist (und insofern auch ein Christ im vollen Umfang des Begriffs), ist mir fraglich. Unsere „protestantisch" (nicht lutherisch!)-preußische Welt ist so stark durch die 4 Mandate bestimmt, daß der Spielraum der Freiheit dahinter ganz zurückgetreten ist. Ob vielleicht – so scheint es heute fast –

der Begriff der Kirche es ist, von dem aus allein das Verständnis für den Spielraum der Freiheit (Kunst, Bildung, Freundschaft, Spiel) wieder zu gewinnen ist? also die „ästhetische Existenz“ (Kierkegaard) gerade nicht aus dem Bereich der Kirche zu verweisen, sondern gerade in ihr neu zu begründen wäre? ich glaube das eigentlich, und der Anschluß an das Mittelalter würde auch von hier aus neu gewonnen werden! Wer kann denn z. B. in unseren Zeiten noch unbeschwert Musik oder Freundschaft pflegen, spielen und sich freuen? Sicher nicht der „ethische“ Mensch, sondern nur der Christ. Gerade weil die Freundschaft in den Bereich dieser Freiheit („des Christenmenschen“!?) gehört, muß man sie allem Stirnrunzeln der „ethischen“ Existenzen gegenüber zuversichtlich verteidigen – gewiß ohne den Anspruch auf die „necessitas“ eines göttlichen Gebotes, aber mit dem Anspruch auf die „necessitas“ der *Freiheit*! Ich glaube, daß innerhalb des Bereiches dieser Freiheit die Freundschaft das weitaus seltenste – wo gibt es sie eigentlich noch in unserer vorwiegend durch die 3 ersten Mandate bestimmten Welt? – und kostbarste Gut ist. Es läßt sich mit den Gütern der Mandate nicht vergleichen, es ist ihnen gegenüber sui generis, aber gehört doch zu ihnen wie die Kornblume zum Ährenfeld.
Zu Deiner Bemerkung über die „Angst Christi“: Sie wird doch nur im *Gebet* (wie auch in den Psalmen) ausgesprochen (es ist mir immer noch dunkel, warum die Evangelisten dieses Gebet, das kein Mensch gehört haben kann, – die Auskunft, daß Jesus es den Jüngern im evangelium quadraginta dierum offenbart habe, ist eine Ausflucht! – berichten; kannst Du mir dazu etwas sagen?). – Deine Erinnerung an Sokrates zum Thema Bildung und Tod ist vielleicht sehr fruchtbar. Ich muß darüber noch nachdenken. Klar ist mir an dem ganzen Problem eigentlich nur, daß eine „Bildung“, die in der Gefahr versagt, keine ist. Bildung muß der Gefahr und dem Tod gegenübertreten können – „ímpavidúm feriént ruínae“ (Horaz) („einen Unerschrockenen werden die Ruinen treffen“) – wenn sie ihn auch nicht „überwinden“ kann; was heißt überwinden? Im Gericht die Vergebung, im Schrecken die Freude finden? Aber darüber müssen wir noch mehr sprechen.

Nun zum Namen Eures erwarteten Kindes. Wäre nicht, wenn es ein Mädchen wird, Sabine sehr nett? Ihr habt doch beide ein gutes Verhältnis zu ihr und ich finde den Namen selbst sehr hübsch, etwas altmodisch, aber vielleicht gerade darum. Übrigens finde ich Amalie auch garnicht so schlimm; gern hatte ich auch immer den Namen Angelica, ich verbinde ihn unwillkürlich immer mit Fra Angelico. Und wie gefällt Euch Adelheid? Komisch, es sind alles Namen mit einem langen ā. Sie sind wohl klangvoller als andere (oder sollte das Unterbewußtsein irgendwie höchst persönlich von Māriā ausgehen?). Über den Jungensnamen will ich mich nun ausschweigen ...

So, nun für heute Schluß! In unzähligen Gedanken und guten Wünschen ist immer bei Euch und grüßt Euch

Euer Dietrich

Hast Du in Rom einen Besuch in der „Propaganda" gemacht? Was hast Du alles gesehen? Die Erinnerungen an 1936 sind wieder ganz wach, aber Du würdest noch viel mehr von damals wissen als ich. Wenn Du den Laokoon wiedersiehst, achte doch mal darauf, ob er (der Kopf des Vaters) nicht möglicherweise das Vorbild für spätere Christusbilder ist. Mich hat das letzte Mal dieser Schmerzensmann der Antike sehr ergriffen und lange beschäftigt. Wie schön wäre es, wenn wir zusammen dort sein könnten. Über mich brauchst Du Dir keine Sorgen zu machen. Es geht mir gut und es sind ein paar wirklich *sehr* nette Leute hier, die Du später auch mal kennen lernen mußt. Wenn es nur schon soweit wäre ...

Mit meinem täglichen Spaziergenossen habe ich einen neuen Ton anschlagen müssen; trotz aller Bemühungen sich an mich anzuschmeißen, entglitt ihm kürzlich eine Bemerkung über das Problem Gert etc.[7], die mich veranlaßt hat, ihn so ablehnend und kühl zu behandeln, wie ich vielleicht noch nie jemanden behandelt habe, wie ich auch dafür gesorgt habe, daß ihm prompt alle kleinen Annehmlichkeiten entzogen werden. Nun soll er ruhig eine Weile herumwimmern, das läßt mich – ich wundere mich selbst, aber es ist mir auch interessant! – völlig kalt. Er ist wirklich eine klägliche Figur, aber gewiß nicht der „arme Lazarus"! – Daß wir zusam-

men Paten bei Dieter Z.[8] sind, finde ich sehr nett. Lokies' Meinung war mir doch sehr wichtig und beruhigend. – Wenn ich Dich, Renate, noch zu sehen kriegte, würde ich mich *sehr* freuen! . . .
Übrigens, soviel ich weiß, waren die Eltern nur ein einziges Mal in ihrem Leben kurze Zeit getrennt, als Papa im Weltkrieg eine Inspektionsreise im Westen machen mußte! Was waren das für Zeiten und für Ehen! Und wie verschiedene Gestalten von *guten* Ehen gibt es doch! – Den „Witiko" wirst Du jetzt nicht lesen können mit seinen 1000 Seiten, aber später müßt Ihr ihn zusammen lesen! Maria war auch sehr beglückt davon.
Ich wüßte sehr gern, wie und auf welcher Basis Du mit den anderen Menschen auskommst? Ich würde gern mal zuhören, wenn Du Dich mit Deinen Kameraden unterhältst. Schreibst Du mal darüber? Mir geht es weiter gut. Ich arbeite und warte. Im übrigen bin ich in jeder Hinsicht von ungebrochenem Optimismus und wünsche, daß Du es auch bist! Auf baldiges frohes Wiedersehen! Dietrich

Ich bemühe mich hier schon darum, daß wir irgendwie zusammenkommen. Ich fände das für alle Eventualitäten doch sehr gut. Hast Du eine Möglichkeit? Ich denke manchmal, wenn Du hier wärst, stünde bei mir auch schon manches anders. Ich höre nur Theorien, nichts Konkretes geschieht. Ist das „bürgerlich"? Ob Du es im September ähnlich empfunden hast? Kurz, später machen wir es besser!
Was wird aus Rom werden? Der Gedanke, daß es zerstört werden könnte, ist mir ein Alpdruck. Wie gut, daß wir es noch im Frieden sahen! Hoffentlich höre ich *bald* von Dir.

[1] „Die Blinden will ich auf dem Wege leiten, den sie nicht wissen; ich will sie führen auf den Steigen, die sie nicht kennen." [2] Die Alliierten hatten sich von der See her bei Anzio und Nettuno, südlich von Rom, einen Brückenkopf erkämpft. [3] Für den Fall einer Kriegsgefangenschaft im Westen. [4] 1939 Kirchenvorsteher der deutschen St. Paul-Gemeinde in London [5] Auf der Schwedenreise im März 1936 des Finkenwalder Predigerseminars. [6] Niemöller. [7] Gemeint ist das Judenproblem. [8] Wolf-Dieter Zimmermann, einst Seminarist in Finkenwalde.

Vom Vater [Charlottenburg] 25. 1. 44

Lieber Dietrich! Wenn Dich der Geburtstagsglückwunsch rechtzeitig erreichen soll, muß man frühzeitig schreiben. Hoffentlich gelingt es, daß Maria oder wir Dich an dem Tage sprechen können ... Daß Dir die Freiheit schon als Geburtstagsgeschenk kommen wird, ist ja nach dem bisherigen Geschäftsgang Deiner Angelegenheit nicht anzunehmen, aber sie steht doch, wie wir überzeugt sind, in baldiger Aussicht, nachdem es nun bald ein Jahr geht! Wir sind dankbar, daß Du bisher gut durchgehalten hast, Mut und Arbeitslust behalten hast und gesund geblieben bist. Daß Dich diese bösen Monate an innerem Erleben bereichert haben, ist mir nicht zweifelhaft. Es ist doch etwas anderes das alles, was Gefangensein bedeutet, selbst durch Monate hindurch durchgemacht zu haben, als es so von außen und durch Unterhaltung mit Gefangenen, wie ich es seiner Zeit in meiner Beobachtungsstation gehabt habe, einigermaßen mitzuerleben. Aber nun wäre es auch genug ...
Man wagt es schon kaum mehr, sich das Leben ohne den Druck, der auf einem liegt, vorzustellen. Aber das liegt etwas am Alter, dem der Optimismus und die Elastizität allmählich abhanden kommt; hinzu kommt die unproduktive Unruhe, in der man die Zeit außerhalb der eigentlichen Tagesarbeit verbringt mit der Vorsorge der Sicherung vor den nächtlichen Angriffen. Das macht allmählich müde und würde glaube ich leicht zu einer indolenten Resignation führen, wenn man nicht durch den Blick auf Kinder und Enkel aufgefrischt würde. Das ist etwas, wofür wir Alten Euch Jungen dankbar sind. Ich hoffe wir sehen uns bald. Bis dahin nimm meine guten Wünsche zu Deinem Festtag. Möge er Dir trotz des unerfreulichen Äußeren einiges Nette bringen.

Herzlich Dein Vater

Von der Mutter [Charlottenburg] 27. 1. 44

Mein lieber Dietrich! Der 4te Februar rückt heran, und ich denke des Wandels der Zeiten! Viele glückselige Kindergeburtstage ziehen an mir vorüber mit Torte, Schlagsahne, Kasperletheater und Maskeraden! Ich merke darin auch, daß ich alt werde, die Erinnerung an früheste Zeiten ist wohl auch ein Zeichen dafür...

Du rätst uns so sehr zu verreisen, es sprechen aber eben doch viele Gründe dagegen, Du bist so zu sagen nicht allein schuld, daß wir hier bleiben wollen. – Christel[1] ist doch recht mitgenommen, und man kann ihr doch sicher etwas sein, und Papa hat eben doch sehr viel mit Patienten zu tun, trotz seines hohen Alters, und Ärzte und Kranke wissen, was sie an ihm haben, und das hält ihn glaube ich doch eher jung, als wenn er sich jetzt irgendwo zur Ruhe setzte. Wir sind ja nachts meist draußen[2], so brauchst Du Dich nicht um uns zu sorgen. Wir möchten Dich bitten zu Deinem Geburtstag einen Wunsch nach irgendeinem Gegenstand aus dem Hause auszusprechen. Überleg Dir mal was Du gern hättest. Vielleicht das Schränkchen von Minna Herzlieb, das ihr Goethe schenkte? Ich will schließen. Gott behüte Dich und sei mit Dir auch im kommenden Jahr.

Deine Mutter

[1] Christine v. Dohnanyi, deren Mann gerade (22. 1. 44) aus der Charité wieder in das Gefängnis überstellt worden war, s. DB, 907. [2] In Dohnanyis Haus in Sakrow.

Von Renate Bethge

Sakrow, den 28. 1. 44

Lieber Onkel Dietrich! Zu Deinem Geburtstag möchte ich Dir sehr herzlich gratulieren und Dir alles Gute wünschen. Es ist ja doch eigentlich anzunehmen, daß Dein nächstes Lebensjahr besser als das alte verläuft. Du schreibst ja auch selbst, daß Du Optimist bist. Wir sind es natürlich auch, denn wie sollte man sonst weiter leben? Ich danke Dir auch noch für den Gruß, den Du uns durch die Großeltern hast bestellen lassen, ich habe mich sehr darüber gefreut und ihn auch Eberhard weiterbestellt. – Auf die Sprecherlaubnis hoffe ich sehr, ich habe mit Hans-Walter zusammen beantragt und wir erwarten täglich eine Antwort. Hans-Walter

hat doch nur bis zum 2. Urlaub. Heute Nacht ist nun auch noch die Post ausgebombt, so daß in der Siedlung nichts ankam. Hoffentlich war sie nicht dabei.
Von Eberhard habe ich nun schon seit einer Woche keine Nachricht mehr... Was nun seit der Landung in Nettuno aus ihm geworden ist, weiß man natürlich nicht. Damals schrieb er aber ganz zufrieden von seinem Ort, er läge in einem einsamen Landgutshaus zu 15 Mann einschließlich Vorgesetztem. Er habe das Gefühl, daß ein ganz netter Ton herrsche. Er sollte am kommenden Montag eine Kraftfahrprüfung machen und meinte, dann irgendwie in dieser Richtung eingesetzt zu werden, nebenbei vielleicht noch mit Schreiberei. Wenn das alles dort so geblieben wäre, könnte man ja ganz zufrieden sein, aber man kann es ja eigentlich nicht denken, und daß so lang keine Post mehr gekommen ist, spricht auch dagegen. Daß es Dir ganz gut geht und Du weiter viel arbeiten kannst, freut uns alle sehr; aber nun dürfte die Sache ja doch endlich mal ein Ende haben. Du mußt doch außerdem nachher da sein, um unser Kind zu taufen. Wer wird es wohl eher sehen, Eberhard oder Du?...
Daß die Eltern jetzt immer in der Stadt sind, ist nicht sehr schön, Mutter regen die Alarme auf. Aber Vater will eben durchaus im Haus bleiben, weil er denkt, daß er vielleicht noch löschen könnte. Da will Mutter ihn natürlich auch nicht immer alleine lassen.
Leider haben wir diesmal kein rechtes Geschenk für Dich, ich habe Dir nur ein paar S-le gebacken, die ich Maria dann mitgeben werde.
Nun alles Gute und viele Grüße Deine Renate

An Eberhard Bethge [Tegel] 29. u. 30. 1. 44

Lieber Eberhard! Obwohl Du sicher von Renate täglich Briefe hast – wenn sie Dir auch nicht täglich ausgehändigt werden mögen, so daß Du um die Qual des Wartens und der Ungewißheit nicht herumkommst –, freust Du Dich doch vermutlich über jeden Brief; aber nicht nur darum, sondern auch weil ich es selbst nur schwer ertragen kann, Dir nicht zu schreiben, benutze ich diesen stillen Sonnabend Nachmittag, der sich von dem Gepolter der letzten beiden Nächte[1] merkwürdig abhebt, um mich etwas mit Dir zu unterhalten. Wie mögen die ersten Tage der unmittelbaren Berührung mit dem Krieg und möglicherweise die ersten persönlichen Eindrücke von dem angelsächsischen Gegenüber, den wir bisher nur aus friedlichen Zeiten kennen, auf Dich gewirkt haben? Daß wir diese fundamentalen Erlebnisse nicht gemeinsam durchmachen können, ist mir nur schwer verständlich; denn wir werden sie später doch – sub conditione Jacobea – gemeinsam verarbeiten und für unseren Beruf fruchtbar zu machen haben. Wenn ich jetzt morgens und abends an Dich denke, so muß ich mich ernstlich davor hüten, daß ich nicht mit meinen Gedanken an den vielerlei Sorgen und Nöten, die Dich betreffen, hängen bleibe, sondern daß es wirklich ein Gebet wird. In diesem Zusammenhang muß ich einmal mit Dir über das Gebet in der Not sprechen. Es ist eine schwierige Sache und doch ist das Mißtrauen, mit dem wir es bei uns selbst begleiten, vielleicht auch nicht gut. Ps. 50 heißt es ganz deutlich: Rufe mich an in der Not, so will ich Dich erretten, so sollst Du mich preisen! Die ganze Geschichte der Kinder Israel besteht aus solchen Hilfeschreien. Und ich muß sagen, daß gerade die letzten beiden Nächte mich wieder ganz elementar vor diese Frage gestellt haben. Wenn die Bomben so um das Haus herum einschlagen, kann ich garnicht anders, als an Gott, an sein Gericht, an den „ausgereckten Arm" seines Zorns (Jes. 5,25 und 9,11–10,4), an meine mangelnde Bereitschaft zu denken; ich spüre, wie so etwas wie Gelübde ausgesprochen werden, und dann denke ich an Euch alle und sage: lieber mich als einen von ihnen, – und spüre dabei, wie ich an Euch hänge. Ich will nicht mehr darüber sagen, das geht nur mündlich, – aber es ist eben doch so, daß die Not kommen muß, um uns aufzurütteln und ins Gebet zu treiben, und ich empfinde das jedensmal als beschämend, und es ist es auch. Vielleicht liegt es daran, daß es mir in einem solchen Augenblick bisher unmöglich gewesen ist, den anderen ein christliches Wort zu sagen. Als wir gestern abend wieder auf dem Fußboden lagen und einer vernehmlich: „ach Gott, ach Gott!“ rief – sonst ein sehr leichtfertiger Geselle – brachte ich es nicht über mich, ihn irgendwie christlich zu ermutigen und zu trösten, sondern ich weiß, daß ich nach der Uhr sah und nur sagte: es dauert höchstens noch 10 Minuten. Das geschah nicht mit Überlegung, sondern von selbst und wohl aus dem Gefühl heraus, diesen Augenblick nicht zu religiösen Erpressungen benutzen zu dürfen (Übrigens hat ja Jesus am Kreuz auch nicht auf die beiden Schächer eingeredet, sondern einer von ihnen hat sich an ihn gewandt!).

Leider hat mich vorgestern nacht ein großer Verlust getroffen. Der für mein Gefühl bei weitem intelligenteste und menschlich sympathischste Mann aus dem hiesigen Haus ist in der Stadt durch einen Volltreffer getötet worden[2]. Ich hätte ihn später bestimmt mit Dir zusammengebracht und wir hatten schon manche Pläne für die Zukunft. Wir hatten viele gute Gespräche, kürzlich brachte er mir noch „Daumier und die Justiz“ mit und ich habe es noch bei mir; ein aus dem Arbeiterstand hervorgegangener wirklich gebildeter Mann, Photograph, Vater von 3 Kindern. Das hat mich sehr erschüttert.

In den letzten Tagen habe ich wieder an der kleinen literarischen Arbeit, von der ich schon schrieb, gesessen; es ist die Begegnung zweier langjähriger Freunde nach langer Trennung im Krieg. Ich hoffe, dieses Gespräch Dir bald schicken zu können. Du brauchst keine Angst zu haben, es ist *kein* Schlüsselroman! ...

In früheren Zeiten hätte eins der Probleme, mit denen wir jetzt fertig zu werden haben, genügt, um uns reichlich auszufüllen. Jetzt sollen wir Krieg, Ehe, Kirche, Berufsfragen, Wohnungssorgen, Gefahr und Tod nahestehender Menschen, dazu meine gegenwärtige besondere Situation auf einen Nenner bringen. Bei den meisten Menschen gehen diese Dinge ja wohl einfach unverbunden nebeneinander her. Für den Christen und für den „Gebildeten“ ist das unmöglich, er läßt sich weder aufspalten noch zerreißen; der gemeinsame Nenner muß sich sowohl gedanklich wie in der persönlichen einheitlichen Lebenshaltung finden lassen. Wer sich von den Ereignissen und Fragen zerreißen läßt, hat die Probe für Gegenwart und Zukunft nicht bestanden. Bei dem jungen Witiko heißt es einmal, er ziehe in die Welt „um das *Ganze* zu tun"; es geht also um den *ἄνθρωπος τέλειος (τέλειος* heißt ja ursprünglich „ganz" = vollkommen) – „Ihr sollt ganz (*τέλειος*) sein, wie euer Vater im Himmel ‚ganz' ist" (Matth. 5,48), – im Unterschied zum *ἀνὴρ δίψυχος* – dem „Zweifler" – aus Jacobus 1,8. Witiko „tut das Ganze", indem er sich im wirklichen Leben zurechtzufinden sucht und dabei immer auf den Rat der Erfahrenen hört, also indem er selbst ein Glied des „Ganzen" ist. Man wird nicht für sich allein ein „Ganzer", sondern nur mit anderen zusammen ...

Ich habe gerade angefangen, Harnacks Geschichte der Preußischen Akademie zu lesen, sehr schön. Ich glaube, in diesem Thema schlägt eigentlich sein Herz und er hat mehrfach gesagt, daß er sie für sein bestes Buch halte. – Wie mag es Dir körperlich gehen? Schreib mal ein Wort darüber. Mir geht es erstaunlicherweise eigentlich immer gut. Das Bewußtsein unter keinen Umständen hier krank werden zu dürfen, macht wohl auch etwas aus. Zum Lesen habe ich immer Kraft und Konzentration genug, zum Schreiben und Produzieren nicht immer, aber doch hin und wieder ganz gut. Wie ich mich wieder an die Menschen gewöhnen werde, weiß ich noch nicht.

Nun Schluß! Der Brief soll weg. Ich befehle Dich und Renate und uns alle der Güte Gottes. Heute ist Mt. 8,23 Evangelium! „Ihr Kleingläubigen, warum seid ihr so furchtsam? – Was ist das für ein Mann, daß ihm Wind und Meer gehorsam sind?"

In täglicher treuer Gemeinschaft Dein Dietrich

[1] Zweimal Luftangriffe auf die Borsig-Werke, unmittelbar neben dem Gefängnis. [2] Nach Notizen in Bonhoeffers Losungsbuch ein Herr Engel.

Lieber Dietrich. In wenigen Tagen ist Dein Geburtstag und ich weiß noch nicht einmal irgend etwas von Euch allen, wie die letzten offenbar furchtbaren Angriffe bis zum 30. 1. gewesen sind, was passiert ist, wie es Dir, wie es Renate ergeht. Meine Gedanken sind ständig bei Euch allen. Dies Stück Eigenleben, das man behält, obwohl sonst über einen verfügt wird wie über die Esel, die doch recht willenlos hier die steilen Bergpfade ersteigen, wird einem zur Qual. Deine Gedanken, daß gerade das zu unserem Stand notwendig dazugehört und wir darin uns gerade beweisen müssen als das, was wir sind, trösten mich etwas ... Zum Glück laufen die Briefe jetzt einigermaßen. Die letzte Nachricht ist vom 22. Ein Brief freilich lief 3 Wochen. Die Verbindungswege werden kolossal gestört; aufgebaut und wieder zerschmissen. Dabei sind es ja wirklich wenig Straßen, die überhaupt hinüberführen. Etwas bedrückend ist dieses Problem des Heimmarsches überhaupt ...

Auf die literarische Arbeit bin ich sehr gespannt[1]. Hoffentlich kommt sie bald!! Ich bin im Wesentlichen damit beschäftigt, Italienisch zu treiben und Briefe zu schreiben. Mitgenommen habe ich mir die Renaissance von Burckhardt und genieße das zuweilen sehr. Aber diese Privatbeschäftigungen haben ihre große Schwierigkeit durch die Unruhe, ständige Abrufmöglichkeit und den fehlenden eigenen Platz zum Sitzen ... Laß Dich vielmals grüßen im Gedenken an Deinen Geburtstag. Du wirst mit besonderen Gedanken die Losung des 4. lesen[2]. An Frau von Kleist schrieb ich vor längerem von hier. Ob Du von mir einen Gruß haben wirst? In Treue

Dein Eberhard

Übrigens soll Schönfeld[3] sehr angekratzt sein, kein Gehalt bekommen. Ich verstehe es noch nicht, habe nur diese Andeutungen. Jetzt erfuhr ich erst, daß Paton[4] im August gestorben ist, das wird Dir wehe tun.

[1] Sie kam nie an und ist verlorengegangen. [2] „Du erhörst Gebet, darum kommt alles Fleisch zu dir“ (Ps. 65,3). „Des Gerechten Gebet vermag viel, wenn es ernstlich ist“ (Jak. 5,16). [3] Dr. Hans Schönfeld in Genf. [4] William Paton in London.

An Eberhard Bethge [Tegel] 1. 2. 44

Lieber Eberhard! Carpe diem – d. h. in diesem Fall, ich nutze jede Gelegenheit, Dir einen Gruß zu schreiben. Erstens könnte ich wochenlang schreiben, ohne ans Ende zu kommen mit allem, was ich Dir zu erzählen hätte, zweitens weiß man nicht, wie lange es noch geht. Und nachdem Du ja doch einmal dazu berufen sein wirst, meine Biographie zu schreiben, so will ich Dir dazu noch möglichst vollständiges Material zur Verfügung stellen! Also! – Heute sah ich Susi, sehr nett und frisch und warmherzig. Es ist wirklich merkwürdig, wie sich ein Mensch, der so wenig wie sie als Mädchen zur Pfarrfrau prädestiniert schien, in ihren menschlichen und kirchlichen Beruf hineinleben kann. Sie geht wirklich ganz darin auf und das ist doch sehr schön. Und wie waren wir denn als Jungens von 17/18 Jahren? War es sehr anders? Und doch sind wir irgendwie Pfarrer geworden. Was für seltsame Wege, auf denen man zum „Christsein" geführt wird! – Die Besuche sind überhaupt furchtbar verschieden, obwohl ich mich natürlich über jeden einzelnen freue. Die Frauen sind im ganzen freier und unbefangener ... Karl-Friedrich war natürlich sehr nett ... bei Rüdiger, über dessen Besuch ich mich auch sehr gefreut habe, und der mir wirklich freundliche Dinge gesagt hat (u. a. für den Gesundheitszustand der Eltern läge bei mir nicht die culpa, sondern nur die causa – selbstverständlich lateinisch!), war es rührend, wie er ... sprach und zwar immer wieder zu Maetz hin, um jedes nicht ganz vorschriftsmäßige Thema von vornherein auszuschließen ... Von Klaus habe ich noch nichts gesehen ... ich halte, abgesehen von allem anderen, für möglich, daß er innerlich zu empfindsam ist, um sich dem Eindruck hier aussetzen zu wollen. Darin sind wir in unserem Beruf glücklicherweise doch etwas robuster geworden. Die Erinnerung an den 23. 12.[1] ist mir noch immer eine Quelle der Freude und des Stolzes und der Dankbarkeit.

Du wirst wissen, daß die letzten Nächte schlimm waren, besonders die am 30. 1. Unsere Ausgebombten kamen morgens zu mir, um sich ein bißchen trösten zu lassen. Aber ich glaube, ich bin ein schlechter Tröster. Zuhören kann ich, aber

sagen kann ich fast nie etwas. Aber vielleicht ist schon die Art, in der man nach bestimmten Dingen fragte und nach anderem nicht, ein gewisser Hinweis auf das Wesentliche. Auch scheint es mir wichtiger, daß eine bestimmte Not wirklich erlebt wird, als daß man irgendetwas verwischt und retouschiert. Nur gegen gewisse falsche Interpretationen der Not bin ich unnachsichtig, weil sie auch ein Trost sein wollen und doch ein ganz falscher sind. So lasse ich die Not *uninterpretiert* und glaube, daß das ein verantwortlicher Anfang ist, allerdings nur ein Anfang, über den ich sehr selten hinauskomme. Manchmal denke ich, der wirkliche Trost müsse ebenso unvermutet hereinbrechen wie die Not. Aber ich gebe zu, daß das eine Ausflucht sein kann.
Etwas, was mir bei mir selbst und bei anderen immer wieder rätselhaft ist, ist die Vergeßlichkeit in bezug auf die Eindrücke während einer Bombennacht. Schon wenige Minuten danach ist fast alles von dem, was man vorher gedacht hat, wie weggeblasen. Bei Luther genügte ein Blitzschlag, um seinem ganzen Leben auf Jahre hinaus eine Wendung zu geben. Wo ist dieses „Gedächtnis" heute? Ist nicht der Verlust dieses „moralischen Gedächtnisses" – scheußliches Wort! – der Grund für den Ruin aller Bindungen, der Liebe, der Ehe, der Freundschaft, der Treue? Nichts haftet, nichts sitzt fest. Alles ist kurzfristig, kurzatmig. Aber die Güter der Gerechtigkeit, der Wahrheit, der Schönheit, alle großen Leistungen überhaupt brauchen Zeit, Beständigkeit, „Gedächtnis", oder sie degenerieren. Wer nicht eine Vergangenheit zu verantworten und eine Zukunft zu gestalten gesonnen ist, der ist „vergeßlich" und ich weiß nicht, wo man einen solchen pakken, stellen, zur Besinnung bringen kann. Denn auch jedes Wort, wenn es auch im Augenblick beeindruckt, verfällt der Vergeßlichkeit. Was ist da zu tun? ein großes Problem der christlichen Seelsorge. – Sehr gut fand ich neulich Deinen Ausdruck: die Menschen sind so schnell und so „schamlos zu Haus". Ich werde ihn Dir stehlen und verwenden und auswerten ...
Machst Du übrigens auch die Beobachtung, daß ungebildete Leute sehr schwer *sachlich* entscheiden können, daß immer mehr oder weniger zufällige Nebenumstände den Ausschlag

geben?! Ich finde es auffallend. Die Trennung von sachlichem und persönlichem Denken muß wohl doch erst sehr *gelernt* werden. Allerdings, viele lernen es nie (siehe unsere Berufskollegen u. a.).

2. 2. [44]

Ist es richtig, daß Du *nördlich* Rom bist? und z. Zt. der Küche zugeteilt? Hoffentlich kriegst Du doch die Stadt noch einmal zu sehen; das muß ja eine Tantalusqual sein, vor den Toren zu liegen und nicht hineinzudürfen. Ein schwacher Trost ist mir, daß Du sie ja einmal gesehen hast...
Da in den vergangenen Nächten viel Post verloren gegangen ist, hast Du vielleicht auch meinen Brief vom 29. 1. nicht gekriegt? Das wäre schade. Den an Renate und Dich gemeinsam gerichteten (vor ca. 8 Tagen) wirst Du hoffentlich inzwischen haben. Wie lange ich mich noch an meinem gegenwärtigen Aufenthaltsort amüsieren muß, steht noch ebensowenig fest wie vor 8 Wochen. Ich nutze jeden Tag nach Kräften, um mit meinem Lese- und Arbeitspensum noch möglichst weit zu kommen; denn was später kommt, ist doch ganz ungewiß. Leider ist die Bücherbeschaffung das einzige, was nicht recht klappt. So geraten die Pläne etwas durcheinander. Eigentlich wollte ich das 19. Jahrhundert in Deutschland möglichst gründlich kennen lernen. Dazu fehlt mir jetzt vor allem noch eine gute Kenntnis von Dilthey. Seine Sachen sind aber offenbar nicht zu beschaffen. Daß die naturwissenschaftliche Seite bei mir so ganz ausfällt, empfinde ich als eine peinliche, aber nicht mehr aufzuholende Lücke.
Mein derzeitiger Partner, von dem ich Dir nun schon mehrfach schrieb, wird immer jämmerlicher. Er hat noch zwei Kollegen hier, von denen der eine den ganzen Tag heult, der andere sich – buchstäblich – während der Alarme, selbst gestern nacht beim Voralarm! – die Hosen vollmacht. Als er mir das gestern, selbst am Heulen, mitteilte und ich loslachte und schimpfte, wollte er mich darüber belehren, daß man keinen Menschen in seinen [Leiden] verlachen und verurteilen dürfe. Das ging mir nun wirklich zu weit und ich habe ihm mit allem Nachdruck meine Verachtung über Leute ausgesprochen, die anderen gegenüber hart sein konnten und gro-

ße Reden über ein gefährliches Leben etc. halten und selbst bei der geringsten Belastungsprobe zusammenklappen, das sei rundweg eine Blamage und ich sei demgegenüber völlig mitleidlos; im übrigen würde ich solche Vertreter aus der Innung herausschmeißen, weil sie sie lächerlich machen etc. Er hat sich sehr gewundert und hält mich wahrscheinlich für einen sehr zweifelhaften Christen. Im übrigen wird das Benehmen dieser Herren hier bereits sprichwörtlich und tut seine Wirkung, die ihnen nicht gerade angenehm sein kann.
Mir ist diese Erfahrung ungemein lehrreich, wenn sie auch zum ekelhaftesten gehört, was ich bisher hier gesehen habe. Ich verachte glaube ich, wirklich nicht leicht einen Menschen, der in Not gerät, und habe das auch sehr unmißverständlich ausgesprochen, so daß ihm wohl die Haare zu Berge standen, aber dies ist mir wirklich nur verächtlich. Hier stehen 17/18 Jährige an viel gefährdeteren Stellen während der Alarme und benehmen sich tadellos und diese ... (ich hätte fast einen militärischen Ausdruck gebraucht, über den Du Dich gewundert hättest!) winseln herum. Wirklich ein Brechmittel! Na, jeder blamiert sich so gut wie er kann. –
Ich hoffe, Du wirst nicht glauben, daß ich unter die Kraftmeier gegangen bin. Dazu gibt es hier sonst wenig genug Anlaß! Aber es gibt eine Schwäche, für die das Christentum nicht zuständig ist und gerade für sie will man es in Anspruch nehmen und beschmutzen. Da müssen wir dafür sorgen, daß die Konturen klar bleiben. – Susi brachte mir gestern den großen Band über den Magdeburger Dom mit. Ich bin ganz begeistert von den Skulpturen, besonders einigen der klugen Jungfrauen. Die Seligkeit, die auf diesen ganz irdischen, fast bäuerlichen Gesichtern liegt, ist wirklich beglückend und ergreifend. Ich konnte mich garnicht daran erinnern. Du wirst sie ja gut kennen!
Nun leb wohl für heute, Eberhard. In Treue denkt immer an Dich

Dein Dietrich

[1] Sprecherlaubnis für E. Bethge.

Von Karl-Friedrich Bonhoeffer [Leipzig] 4. 2. 44

Lieber Dietrich! Wer hätte gedacht, daß Du heute an Deinem Geburtstag noch immer in Gefangenschaft sitzt. Deine Geduld wird wirklich auf eine harte Probe gestellt. Ob Du wenigstens von den Eltern oder Geschwistern heute Besuch kriegst? Maria ist ja wohl nicht in Berlin. Sie hat mich hier in Leipzig vorigen Sonnabend angerufen, von Altenburg aus. Leider war ich gerade verreist, in Friedrichsbrunn bei Grete und den Kindern. Es wäre dort sehr nett gewesen, wenn man nicht von der Sorge um Euch in Berlin beherrscht würde. Bei jedem Angriff auf Berlin kommen Schwärme von Fliegern über den Harz geflogen, daß die ganze Luft von dieser wilden Jagd erdröhnt. Man geniert sich dann für jede Stunde, in der man das Leiden all der vielen Tausende wieder vergessen hatte und hat das Gefühl, daß man sofort hinfahren sollte, um zu helfen zu versuchen. Aber das Schlimme an der Zeit ist ja gerade, daß man kaum helfen kann. Denn die paar Stunden beruflicher Freiheit reichen natürlich dazu, um an die anderen zu denken, aber nicht, um ihnen ernstlich beizustehen.

Ich bin von Friedrichsbrunn aus in Göttingen gewesen, wo ich seit 10 Jahren nicht mehr war. Schon seit vielen Jahren bin ich immer wieder von dort eingeladen worden, und nun hat die Beweglichkeit des angebombten Strohwitwers doch dazu ausgereicht, daß es einmal zustande gekommen ist. Ich hatte einen Vortrag im physikalischen Kollegium über den Mechanismus der rhythmischen Reaktionen und bin damit auf das erhoffte Interesse der Biologen gestoßen. Einquartiert war ich in der Herzberger Landstraße, schräg gegenüber von Sabines ehemaliger Wohnung[1]. Ich habe in den Tagen viel an sie denken müssen, vor 10 Jahren wohnte ich bei ihr. Sie wird heute mit ihren Gedanken und Sorgen auch bei uns und besonders bei Dir sein. Wissenschaftlich habe ich mich dort so wohl gefühlt, wie lange nicht mehr! Es war das nicht nur die Freundlichkeit, mit der ich überall aufgenommen wurde. Ich habe dort eine ganze Reihe Leute wiedergesehen, denen die reine Wissenschaft einfach ihr Lebensinhalt ist, – und einige neue dazu kennen gelernt. Ich kam mir wirklich vor wie „in eine bessere Welt entrückt".

Hier kämpfe ich um Arbeitskräfte für ein Notdach, um die Reste des Instituts zu retten, laufe von Amt zu Amt, um endlich Wasser und Licht für meine Wohnung zu kriegen, schreibe mir die Finger wund, um die verbrannten Bibliotheksbücher und Chemikalien wieder zu beschaffen und verhandle mit Osram über die Aufnahme einer Beratungstätigkeit. Alles was mir wissenschaftlich am Herzen liegt, bleibt liegen.

Morgen erwarte ich einen Anruf von Maria, den sie vorigen Sonnabend angekündigt hat, und bin gespannt, ob sie irgendwelche Nachrichten [hat]. Übermorgen früh will ich, wenn nichts dazwischen kommt, nach Berlin.

Alles Gute und auf baldige Freiheit! Dein Karl-Friedrich

[1] Von dort war die Familie Leibholz 1938 in die Emigration nach England aufgebrochen.

An Eberhard Bethge

[Tegel] 4. 2. [44]

Lieber Eberhard! Es gibt am Morgen meines heutigen Geburtstages für mich nichts Natürlicheres als Dir zu schreiben und mich daran zu erinnern, daß wir acht mal hintereinander diesen Tag zusammen gefeiert haben. Die Arbeit bleibt ein paar Stunden liegen, was ihr vielleicht ganz gut bekommt, und ich warte auf den Besuch von Maria oder den Eltern, obwohl es noch nicht ganz sicher ist, ob es klappt. Vor 8 Jahren saßen wir abends am Kamin zusammen[1], Ihr hattet mir das Violinkonzert D-dur geschenkt und wir hörten es zusammen, dann mußte ich Euch etwas von Harnack und vergangenen Zeiten erzählen, was Euch aus irgendeinem Grunde besonders gefiel, und schließlich wurde die Schwedenreise definitiv beschlossen. Ein Jahr später schenktet Ihr mir die Septemberbibel mit einem hübschem Votum und Deinem Namen an der Spitze. Es folgten Schlönwitz und Sigurdshof und viele feierten damals mit, die nicht mehr unter uns sind.

Das Singen vor der Tür, das Gebet bei der Andacht, das Du an diesen Tagen übernahmst, das Claudius'sche Lied[2], das ich Gerhard verdanke, – dies alles bleiben schöne Erinnerungen, denen die scheußliche Atmosphäre hier nichts anhaben kann. Voller Zuversicht denke ich daran, daß wir Deinen nächsten Geburtstag wieder zusammen feiern und – wer weiß? – vielleicht schon Ostern! Dann werden wir wieder zu unsrer eigentlichen Lebensaufgabe zurückkehren, und es wird viel und schöne Arbeit geben; und das, was wir inzwischen erlebt haben, wird nicht umsonst gewesen sein. Daß wir das Gegenwärtige aber so erleben können, wie wir es beide tun, dafür werden wir einander wohl immer dankbar bleiben. Ich weiß, daß Du heute an mich denkst und wenn in diesen Gedanken nicht nur das Vergangene, sondern auch die Hoffnung auf eine – wenn auch veränderte, so doch gemeinsame Zukunft enthalten ist, dann bin ich sehr froh.
Nun wird es wohl nicht mehr lange dauern, bis Du von Renate eine frohe Nachricht bekommst. Einen solchen einzigartigen Freudentag unter Fremden feiern zu müssen, die einem nicht helfen können, die Freude richtig auszuleben, zu ordnen und mit dem täglichen Leben zu verbinden, sondern für die mehr oder weniger jede Freude im Schnaps ihr Ziel und ihren Höhepunkt hat, muß nicht leicht sein. Ich würde Dir sehr wünschen, daß Du einen Menschen fändest, mit dem Du Dich näher zusammenfindest – der einzige, bei dem sich das hier anbahnte, ist, wie ich schon schrieb, beim Alarm umgekommen –; aber ich glaube, es ist für uns, die wir inbezug auf Freundschaft anspruchsvoller geworden sind als die meisten anderen Menschen, auch schwerer das zu finden, was man sucht und entbehrt. Auch in dieser Hinsicht geht es nicht so einfach mit dem „Ersatz".
Mitten aus dem Brief heraus wurde ich heruntergerufen, wo mich Maria als erstes mit der Freudennachricht empfing: „Renate hat einen kleinen Jungen bekommen und er heißt Dietrich!" Alles ist gut gegangen, in 1½ Stunden war er da und Mama hat mit Christel die Hebamme gemacht! Was für eine Überraschung und was für ein Glück! Ich bin so froh, wie ich es garnicht sagen kann. Und wie glücklich wirst Du erst sein. Und daß alles so rasch u. gut ging! Nun hast Du also

einen Sohn und alle Gedanken richten sich voller Hoffnungen in die Zukunft. Was mag an Anlagen alles in ihm liegen!... Rüdigers Gemüt und empfindsames Gewissen, Papa's Menschlichkeit – es sind wahrhaft viele gute Kräfte, die da zusammengekommen sind und es wird nicht lange dauern, bis sie allmählich zur Entfaltung kommen. Und nun soll er also wirklich Dietrich heißen; ich weiß nicht, was ich dazu sagen soll; daß ich ihm ein guter Patenonkel und „Groß"onkel (!) werden werde, das hoffe ich Euch versprechen zu können; und ich müßte heucheln, wenn ich nicht sagte, daß ich mich wirklich unendlich darüber freue und stolz darauf bin, daß Ihr Eurem Ersten meinen Namen gegeben habt. Daß er mir mit seinem Geburtstag nun einen Tag zuvorgekommen ist, bedeutet gewiß, daß er sich seinem Namensonkel gegenüber seine Selbständigkeit bewahren will und ihm immer um ein Stück vorangehen will. Ich finde die Nähe dieser Tage besonders nett. Wenn er später mal hört, wo sein Onkel war, als er seinen Namen erhielt, wird ihn das vielleicht auch beeindrucken. Ich danke Euch sehr, daß Ihr Euch so entschlossen habt und ich glaube, die anderen werden sich auch darüber freuen!

d. 5. 2.

Am gestrigen Tag, an dem sich viele Leute sehr nett um mich kümmerten, habe ich eigentlich meinen eigenen Geburtstag völlig vergessen und immerfort nur den Geburtstag des kleinen Dietrich gefeiert. Selbst der rührende kleine Blumenstrauß, den mir einige hiesige Mitbewohner gepflückt haben, stand in meinen Gedanken an dem Bett Eures kleinen Jungen. Wirklich keine größere Freude konnte mir dieser Tag bringen. Erst beim Einschlafen wurde mir klar, daß Du in unserer Familie einen Generationsschub verursacht hast, Urgroßeltern, Großeltern, Großonkels und Tanten und junge Onkels und Tanten sind mit dem 3. 2. kreiert worden! Das ist eigentlich ein starker Eingriff von Dir! so z. B. mich in [die] 3. Generation zu befördern!... Renate schickte mir zum Geburtstag gestern noch wundervolle selbstgebackene „S'le". Maria brachte ein märchenhaftes Paket, die Eltern schenkten mir das „Herzliebschränkchen", das Goethe einmal der Minna Herzlieb geschenkt hat. Von Klaus bekam ich Dilthey: „Von deutscher Dichtung und Musik", ich erzähle Dir darüber später! Werdet Ihr Mama und Christel zu Paten bitten? Ich muß leider Schluß machen; der Brief soll fort. Kopf und Herz sind so übervoll von guten und fröhlichen Gedanken, daß ich sie doch nicht alle auf's Papier bringen kann. Aber Du weißt, wie ich an Dich denke und Deine Freude mit Dir zu teilen versuche und mich immerfort mit Dir unterhalte ... Nun möchte ich es Dir bald nachtun! – Leb wohl, bleib gesund, Gott behüte und segne Euch beide und den kleinen Jungen! In Treue Dein Dietrich

Ich schreibe gleich noch an Renate. Ihr könnt die Briefe ja dann austauschen!
Klaus schenkte mir noch ein Gesangbuch der Brüdergemeinde aus dem Jahre 1778; oder sollte es eine Verwechslung sein und es kommt von Dir? Es sieht aus, wie Deine Art Geschenke; aber auch Klaus schenkt ja sehr hübsch. Von Dir erwartete ich wirklich nichts anderes und besseres als gute Gedanken und Wünsche und dafür danke ich Dir, auch wenn es im Trubel des Dienstes nur ein kurzes Gedenken sein konnte! Hoffentlich höre ich bald von Dir ... Ich schreibe Dir, so oft es möglich ist. Es können natürlich mal Pausen eintreten, aber ich hoffe es nicht. Mir geht es gut.

[1] In Finkenwalde im Predigerseminar. [2] „Ich danke Gott und freue mich ..."

An Renate Bethge

[Tegel] 5. 2. 44

Liebe Renate! Wie soll ich Dir sagen, wie sehr ich mich mit Dir und Eberhard freue? ... Ich werde den Augenblick nie vergessen, als Maria mir gestern als allererstes erzählte, daß Du einen Jungen bekommen hast, und daß er Dietrich heißen soll. Da konnte ich wirklich Geburtstag feiern, aber nicht meinen, sondern den des kleinen Dietrich ... Besonders hübsch finde ich es, daß Du nun nicht irgendwo im Krankenhaus liegen mußt, sondern in Sakrow sein kannst. Wenn uns nun doch in den nächsten Tagen die Flieger verschonten; ich glaube es eigentlich. Da sieht man wieder einmal, wie so vieles, was uns vorher Sorge machte, sich nachher ganz unerwartet glücklich und einfach lösen kann. Es ist nun einmal nichts mit den Sorgen! Sag Dir das doch auch jetzt jeden Tag in Gedanken an Eberhard! Die Dinge liegen wirklich in einer besseren Hand als in der unseren.

Daß Ihr den Jungen Dietrich genannt habt, freut mich sehr. Nicht viele Leute, die in meiner Lage sind, werden etwas ähnliches erleben. Mitten in allem Schweren erfahren wir immer wieder eine übergroße Güte und Freundlichkeit. Ist es nicht eigentlich auch Eberhard immer so gegangen? – Die Losung des 3. 2.[1], die Ihr ja auch lest, ist schön. Wenn Euer Junge einmal mehr von der Gerechtigkeit und der Macht Gottes auf Erden *sieht* als wir, dann kann man ihn glücklich preisen. Und daß der Lehrtext uns auffordert, uns vorläufig noch eine Zeitlang in *blindem* Vertrauen unter die gewaltige Hand Gottes zu beugen, dann wollen wir das tun in der Hoffnung, daß die kommende Generation nicht nur die gewaltige, sondern auch die gütige Hand Gottes zu spüren bekommt. –

Ich muß schließen, damit der Brief noch fortkommt! Gott behüte Dich, Eberhard und Euer Kind!

Von Herzen grüßt Dich Dein Onkel Dietrich

Ich habe Eberhard geschrieben, Du würdest ihm diesen Brief auch schicken.

[1] „Der Herr wird richten der Welt Enden und wird Macht geben seinem König" (1. Sam. 2,10). „So demütigt euch nun unter die gewaltige Hand Gottes, daß er euch erhöhe zu seiner Zeit" (1. Petr. 5,6).

An Eberhard Bethge

[Tegel] 12. 2. 44

Lieber Eberhard! Ich lag ein paar Tage wegen einer kleinen Grippe im Bett, bin aber wieder auf, was auch gut ist; denn ich werde voraussichtlich in etwa einer Woche meine fünf Sinne ganz beieinander haben müssen[1]. Bis dahin will ich noch möglichst viel lesen und schreiben; denn wer weiß, wann das wieder so möglich ist. Heute früh hatte ich eine ganz große Überraschung. Beim Überfliegen der Zeitung traf mein Auge unwillkürlich auf den Namen Dietrich und – noch ohne zu kombinieren – ganz in der Nähe auf den Namen Bethge. Sehr lange hat es dann allerdings nicht gedauert, bis ich begriff. Man mag nun sagen, was man will, – es ist doch etwas am gedruckten Wort; Dir wird es ebenso gegangen sein; die objektive Tatsächlichkeit wird noch einmal unterstrichen und nun kann also die Welt an dem freudigen Ereignis teilnehmen. Gestern waren die Eltern hier und erzählten noch einmal vom 3. 2. und wie gut alles gegangen ist; außerdem sähe der Kleine besonders nett aus, sagte sogar Papa. Was für ein Glück, daß in den ersten 10 Tagen keine schweren Angriffe kamen und uns hoffentlich auch noch einige Zeit erspart bleiben...

Wird es nun bei Euch schon etwas Frühling? Hier fängt gerade der Winter an. In meinen Phantasien lebe ich viel in der Natur und zwar eigentlich im sommerlichen Mittelgebirge, d. h. in den Waldwiesen bei Friedrichsbrunn oder auf den Hängen, von denen aus man über Treseburg auf den Brokken sieht. Ich liege dann auf dem Rücken im Grase, sehe bei leichtem Wind die Wolken über den blauen Himmel ziehen und höre die Geräusche des Waldes. Es ist merkwürdig, wie stark Kindheitseindrücke dieser Art gestaltend auf den ganzen Menschen einwirken, so daß es mir geradezu unmöglich und meinem Wesen widersprechend erschiene, daß wir etwa ein Haus im Hochgebirge oder auch am Meer gehabt haben könnten! Das Mittelgebirge ist für mich die Natur, die zu mir gehört – Harz, Thüringer Wald, Weserberge – bzw. die mich gebildet hat. Es gibt gewiß auch einen spießbürgerlichen Harz und ein wandervogelhaftes Wesergebirge – ebenso wie es ein mondänes und ein Nietzsche'sches Engadin, ein romantisches Rheinland, eine Berliner Ostsee und eine kokette Fischerhütten-Armut und -Schwermut gibt – und so ist vielleicht „mein" Mittelgebirge das „bürgerliche" (im Sinne des Natürlichen, nicht Exaltierten, der Selbstbescheidung und Selbstgenügsamkeit (?) des Nichtweltanschaulichen, der Zufriedenheit mit dem Konkreten und vor allem des Nach-

außen-hin-sich-nicht-zu-erkennen-Gebens). Es wäre ganz verlockend die soziologische Betrachtung der Natur einmal weiterzuführen. Übrigens ist mir an Stifter der Unterschied zwischen Einfalt und Einfachheit deutlich geworden. Stifter ist nicht einfältig, sondern einfach (ebenso wie das „Bürgerliche" „einfach" ist). „Einfalt" ist (auch im Theologischen) eher ein ästhetischer Begriff, – (hatte Winckelmann eigentlich recht für die antike Kunst mit der Definition der „edlen Einfalt"? (doch bestimmt nicht in bezug z. B. auf den Laokoon), „stille Größe" finde ich sehr gut) – „Einfachheit" ist ein ethischer Begriff. „Einfach" kann man *werden*, „einfältig" kann man nur *sein*. Zur „Einfachheit" kann man erziehen und bilden, – ja, es ist eins der wesentlichen Ziele der Erziehung und Bildung –, Einfalt ist ein Geschenk. Ein analoges Verhältnis sehe ich in den Begriffen des „Reinen" und des „Maßvollen". „Rein" kann man nur *sein*, vom Ursprung oder vom Ziel her, d. h. von der Taufe oder von der Vergebung im Abendmahl her, es ist wie „Einfalt" ein Ganzheitsbegriff; die verlorene Reinheit – und unser aller Reinheit ist verloren! – kann im Glauben wiedergeschenkt werden, im Werden und im Leben aber können wir nicht mehr „rein", sondern nur noch „maßvoll" sein; und das ist ein mögliches und notwendiges Ziel der Erziehung und Bildung.
Wie beeindruckt Dich die italienische Landschaft? Gibt es eigentlich eine italienische Landschaftsmalerei? also irgendetwas Analoges zu Thoma oder auch zu Claude Lorrain oder Ruysdael oder Turner? Oder ist dort die Natur ganz in die Kunst aufgesogen, so daß man sie für sich garnicht mehr sehen kann? Ich kann mich gegenwärtig nur an gute Städtebilder erinnern, aber garnicht an rein landschaftliches.

13. 2.

Ich beobachte hier oft an mir selbst und an anderen den Unterschied zwischen Mitteilungsbedürfnis, Wunsch nach Aussprache und Verlangen nach Beichte. Das Mitteilungsbedürfnis kann bei Frauen gelegentlich vielleicht ganz reizvoll sein, bei Männern finde ich es widerwärtig. Völlig unterschiedslos wird vor jedem Beliebigen über eigene Angelegenheiten geschwatzt, gleichgültig, ob sie den andern interessieren, ob er überhaupt etwas damit zu tun hat, einfach weil man eben schwatzen muß; hat man diesen fast physischen Drang ein paar Stunden bezwungen, dann ist man nachher froh darüber, daß man sich nicht hat gehen lassen. Es ist mir hier manchmal beschämend zu sehen, wie sich Menschen in ihrem Mitteilungsbedürfnis erniedrigen, wie sie zu solchen, die es keineswegs wert sind und die auch kaum noch zuhören, unaufhörlich von ihren Angelegenheiten reden; und das Eigentümlichste dabei ist, daß sie dabei nicht einmal das Bedürfnis haben, die Wahrheit zu sagen, sondern eben einfach nur über sich reden wollen, Wahres und Erlogenes. Etwas ganz andres ist der Wunsch nach einem guten Gespräch, also nach einer geistigen Begegnung. Die Wenigsten aber sind hier imstande Gespräche zu führen, die über das Persönliche hinausgehen. Wieder etwas andres ist das Verlangen nach einer Beichte. Ich glaube, das ist aus dem Grunde hier nicht häufig, weil es weder subjektiv noch objektiv in erster Linie um „Sünde" geht. Es wird Dir vielleicht in den Gebeten, die ich Dir schickte, aufgefallen sein, daß die Bitte um Vergebung der Sünden nicht im Mittelpunkt steht; ich würde es für seelsorgerlich und sachlich ganz verfehlt halten, hier methodistisch[2] vorzugehen. Darüber müssen wir mal sprechen.

14. 2.

Bitte nimm doch, falls es für Renate jetzt irgendeine Erleichterung gäbe, ganz unbekümmert von meinem Geld! – Es sieht so aus als würde sich in 8 Tagen für mich etwas entscheiden. Hoffentlich. Sollte es sich zeigen, daß man mich in Martin's Gegend[3] schickt, was ich nicht glaube, so sei bitte auch darüber ganz beruhigt. Ich bin wirklich ganz ohne Sorge, was mich selbst angeht. Seid Ihr es bitte auch. – Leb wohl, der Brief soll weg; er ist in Gedanken, Stil und Schrift noch stark durch einen von Aspirin etc. verdösten Kopf beeinträchtigt. Aber vor Dir brauche ich mich ja deswegen nicht zu entschuldigen. Du hast mich im Herbst 41 während meiner Krankheit in noch blöderem Zustand gesehen! – Also nimm alle guten Wünsche und treuen Grüße

von Deinem Dietrich

Ich wurzele schon sehr über einem Patengeschenk! Würde Renate der Pelzsack freuen? Sie kann mit dem Kleinen zusammen hineinkriechen und bei Maria sind viele Pelze, sodaß wir ihn nicht brauchen. – Hast Du schon irgendwelche Beziehungen zum Div. Pfarrer aufgenommen? Wie steht es mit einer etwaigen Verwendung bei ihm oder überhaupt als Kriegspfarrer? Willst Du es versuchen? Hier könnte es bei Dohrmann[4] unterstützt werden. Schreib mal darüber! ...

[1] Wiederum Hoffnung auf einen Prozeßtermin. [2] Zum Verständnis des Begriffs s. E, 131f. [3] Martin Niemöller im Konzentrationslager Dachau. [4] Feldbischof.

Von Eberhard Bethge

[Rignano] 15. 2. 44

Lieber Dietrich! ... Neulich sah ich wieder die ewige Stadt und soweit ich Zeit hatte, nutzte ich sie nicht für das Forum oder Pantheon, sondern für die Peterskirche und mit einer Führung gelang es hineinzukommen. Sonst stehen da Sperrposten. Diesmal hat mir einen großen Eindruck die Pietà von Michelangelo gemacht. Wohl nachdem man bereits wußte, wie sie in der Nische steht und eigentlich klein ist. Sie ist ja ein Werk des ganz jungen Michelangelo. Es geht mir jetzt so, daß ich die Kirche immer wieder sehen möchte. Von dem Berg aus, wo wir Verpflegung usw. bekommen[1], sieht man gelegentlich, wenn's sehr klar ist, die Kuppel alles überragen. Die Führung schloß mit Audienz beim Papst, und so habe ich ihn auch gesehen. Es waren etwa 40 Offiziere und 400 Mannschaften. Mit jedem sprach er ein paar Worte. Er sah älter aus, als nach den Bildern zu erwarten war. Was haben die Katholiken es jetzt leicht, da sie auf die Worte weithin verzichten können und Habitus und Geste predigen. Denn das merkt man doch, wie empfindlich und abweisend die Leute gegen falsche Worte sind. Andere Besuche konnte ich noch nicht machen[2] ... wir wechseln unsern Standort etwas nach Süden[3] in die Nähe des päpstlichen Sommersitzes ...

Der Brief muß fort und ich muß Wache stehen. Heute das erste Mal. Der Verkehr ist jetzt bei uns zu groß. Beim Wachestehen unterhalte ich mich mit Renate und Dir.

Dein Eberhard

[1] Monte Soratte, in dessen Stollen Kesselrings Hauptquartier lag. [2] Bei Monsignore Leiber und Schönhöffer in der Propaganda fide, die in die Konspiration eingeweiht waren. [3] Velletri vor dem alliierten Brückenkopf Anzio-Nettuno, südlich von Castel Gandolfo.

An die Eltern [Tegel] 20. 2. 44

Liebe Eltern! Verzeiht, daß ich in letzter Zeit nicht mehr regelmäßig schrieb. Die Hoffnung, Euch endlich etwas Definitives in meiner Sache mitteilen zu können, hat mich die Briefe von einem Tag auf den andren verschieben lassen. Wenn einem mit aller Bestimmtheit erst der Juli 43, dann – wie Ihr Euch selber erinnern werdet – als äußerste Grenze der September 43 als Abschluß der Angelegenheit zugesichert wird, und es vergeht dann Monat um Monat, ohne daß sich das Geringste rührt, und wenn man noch dazu der zuversichtlichen Überzeugung ist, daß sich bei einer Verhandlung, die der Sache auf den Grund geht, alles sehr einfach klären würde, und wenn man schließlich die Aufgaben sieht, die heute draußen auf einen warten – dann kommt man bei allem Bemühen, Geduld und Verständnis aufzubringen, doch gelegentlich in die Verfassung, in der man besser keine Briefe schreibt, sondern eine Weile schweigt, erstens weil aus ungeordneten Gedanken und Empfindungen doch nur ungerechte Worte entstehen, zweitens weil das Geschriebene meist längst überholt ist, wenn es den andren erreicht. Es ist immer wieder ein kleiner innerer Kampf, sich ganz nüchtern an das Tatsächliche zu halten, sich Illusionen und Phantasien aus dem Kopf zu schlagen und mit dem Gegebenen sich zufrieden zu geben, weil man auch dort, wo man die äußeren Notwendigkeiten nicht versteht, an eine innere und unsichtbare Notwendigkeit glaubt. Außerdem – ein Leben, das sich im

Beruflichen und Persönlichen voll entfalten kann und so zu einem ausgeglichenen und erfüllten Ganzen wird, wie es in Eurer Generation noch möglich war, gehört wohl nicht mehr zu den Ansprüchen, die unsere Generation stellen darf. Darin liegt wohl der größte Verzicht, der uns Jüngeren, die wir Euer Leben noch vor Augen haben, auferlegt ist und abgenötigt wird. Das Unvollendete, Fragmentarische unseres Lebens empfinden wir darum wohl besonders stark. Aber gerade das Fragment kann ja auch wieder auf eine menschlich nicht mehr zu leistende höhere Vollendung hinweisen. Daran muß ich besonders beim Tode so vieler meiner besten ehemaligen Schüler denken. Wenn auch die Gewalt der äußeren Ereignisse unser Leben in Bruchstücke schlägt, wie die Bomben unsere Häuser, so soll doch möglichst noch sichtbar bleiben, wie das Ganze geplant und gedacht war, und mindestens wird immer noch zu erkennen sein, aus welchem Material hier gebaut wurde oder werden sollte.
Heute war Maria auf der Reise zu ihrer neuen Tätigkeit hier. Es war sehr schön. Aber es ist für sie wirklich alles sehr hart. – Nachdem Karl-Friedrichs Leipziger Institut nun ganz kaputt ist, wird er wohl doch die Berliner Berufung annehmen? Ich würde ihn gern einmal wieder hier sehen. – Daß es Hans[1] garnicht recht besser geht, ist doch allmählich recht bedrückend. Es muß schauderhaft sein, sich nicht voll im Besitz seiner intellektuellen Kräfte zu fühlen. Er tut mir wirklich sehr leid. – Renate scheint es gut zu gehen? Was hört sie von ihrem Mann? Vielleicht schreibt sie mal etwas darüber, wenn sie wieder auf ist ... Von Ursel bekam ich einen sehr netten Geburtstagsbrief, für den ich ihr sehr danke. Reist doch noch etwas nach Pätzig! Es wäre wirklich gut und meine Schwiegermutter freute sich so sehr darauf.
Bitte grüßt alle und seid selbst herzlich gegrüßt

von Eurem dankbaren Dietrich

[1] Hans v. Dohnanyi.

An Eberhard Bethge [Tegel] 21. 2. 44

Lieber Eberhard! Es war eine unbeschreibliche Freude von Dir zu hören! Außerdem heute von Maria, daß Du ihr zu meinem Geburtstag geschrieben hast! Das war wirklich ein guter Freundschaftsdienst. Hab vielen Dank für beides! Neulich mußte ich einmal anläßlich Hiob cap. 1 daran denken, daß der Satan sich vom Herrn die Erlaubnis holt zu versuchen, mich in dieser Zeit von meinen Freunden zu trennen – und daß ihm das nicht gelingen soll!

Ganz kurz hörte ich heute von der Audienz im Vatikan und bin nun unendlich neugierig, mehr davon zu hören. Ich freue mich sehr, daß Du diesen Eindruck gehabt hast, wenn er wohl auch nicht mehr ganz dem alten Zeremoniell, wie ich es noch 1924 erlebte, entspricht. Trotzdem wird es im Gegensatz zu dem, was Du sonst z. Zt. erlebst, besonders anregend und wichtig gewesen sein. Ich nehme an, daß einige bockbeinige Lutheraner das noch als einen Schandfleck in Deine Biographie setzen werden, und gerade darum freue ich mich, daß Du es gemacht hast... Sonst sind es immer nur Bruchstücke, die ich zum Mosaik zusammensetzen muß.

Von mir muß ich Dir leider berichten, daß ich voraussichtlich erst nach Ostern von hier wegkomme. Solange Hans krank ist, kann keine Veränderung vorgenommen werden. Ich werde nicht ganz das Gefühl los, daß etwas zu viel gefingert und phantasiert worden ist, und daß die einfachsten Dinge noch nicht geschehen sind. Ich bin ganz überzeugt von dem besten Willen aller Beteiligten; aber allzuleicht hält man ein Gespräch, einen Einfall, eine Hoffnung schon für eine Tat und ich stelle eigentlich immer wieder mit Verwunderung fest, daß im Grunde seit 6 Monaten nichts geschehen ist, obwohl man gewiß sehr viel Zeit u. auch Schlaf geopfert hat mit Überlegungen und Besprechungen; das einzige, was von selbst geschehen wäre, nämlich die Klärung vor Weihnachten ist verhindert worden. Ob die übergroße Bedenklichkeit, – über die Du Dich bei mir ja auch oft kopfschüttelnd amüsiert hast, ich denke an unsre Reisen! – doch eine negative Kehrseite der bürgerlichen Existenz ist, d. h. eben jenes Stück Glaubenslosigkeit, das in gesicherten Zeiten verborgen bleibt,

150

aber in ungesicherten zum Vorschein kommt, und zwar in der Gestalt der „Angst" – ich meine nicht „Feigheit", das ist zweierlei („Angst" kann sich ebenso in Tollkühnheit wie in Feigheit äußern) – vor dem selbstverständlichen, schlichten Tun und vor dem Aufsichnehmen notwendiger Entscheidungen. Ich habe mir hier oft Gedanken darüber gemacht, wo die Grenzen zwischen dem notwendigen Widerstand gegen das „Schicksal" und der ebenso notwendigen Ergebung liegen. Der Don Quichote ist das Symbol für die Fortsetzung des Widerstandes bis zum Widersinn, ja zum Wahnsinn – ähnlich Michael Kohlhaas, der über der Forderung nach seinem Recht zum Schuldigen wird ... der Widerstand verliert bei beiden letztlich seinen realen Sinn und verflüchtigt sich ins Theoretisch-Phantastische; der Sancho Pansa ist der Repräsentant des satten und schlauen Sichabfindens mit dem Gegebenen. Ich glaube, wir müssen das Große und Eigene wirklich unternehmen und doch zugleich das Selbstverständlich- und Allgemein-Notwendige tun, wir müssen dem „Schicksal" – ich finde das „Neutrum" dieses Begriffes wichtig – ebenso entschlossen entgegentreten wie uns ihm zu gegebener Zeit unterwerfen. Von „Führung" kann man erst *jenseits* dieses zwiefachen Vorgangs sprechen, Gott begegnet uns nicht nur als Du, sondern auch „vermummt" im „Es", und in meiner Frage geht es also im Grunde darum, wie wir in diesem „Es" („Schicksal") das „Du" finden, oder mit andern Worten, wie aus dem „Schicksal" wirklich „Führung" wird. Die Grenzen zwischen Widerstand und Ergebung sind also prinzipiell nicht zu bestimmen; aber es muß beides da sein und beides mit Entschlossenheit ergriffen werden. Der Glaube fordert dieses bewegliche lebendige Handeln. Nur so können wir die jeweilige gegenwärtige Situation durchhalten und fruchtbar machen.

Ob sich hier Unterschiede zwischen theologischer und juristischer Existenz zeigen? Ich denke dabei z. B. an den extremen Gegensatz zwischen Klaus und Rüdiger *innerhalb* der „gesetzlich"-juristischen Haltung ... auf der anderen Seite unsere beweglichere, lebendigere, weil letztlich wirklichkeitsgemäßere „theologische" Haltung.

23. 2.

Wenn Du Gelegenheit hast, in der Karwoche nach Rom zu kommen, so würde ich Dir raten, am Gründonnerstag den Nachmittagsgottesdienst (etwa von 2–6) in St. Peter mitzumachen; das ist, da die röm. Kirche die Feste mit dem Vortag um 12 Uhr mittags beginnen läßt, der eigentliche Karfreitagsgottesdienst; soviel ich mich erinnere (ich weiß es aber nicht genau) ist auch am Mittwoch schon ein großer Gottesdienst. Am Gründonnerstag findet das Auslöschen der 12 Kerzen am Altar – als Symbol der Flucht der Jünger – statt, bis in dem riesigen Raum nur noch die eine Kerze in der Mitte – Christus – brennt; außerdem die Reinigung des Altars; am Sonnabend früh gegen 7 Uhr findet die Wasserweihe (soviel ich mich erinnere, verbunden mit der Ordination der jungen Geistlichen) statt, bis um 12 Uhr Mittags das große Osterhalleluja gesungen wird, die Orgel spielt wieder, die Meßglöckchen läuten, die verhüllten Bilder werden enthüllt. Es ist die eigentliche Osterfeier. Irgendwo sah ich in Rom auch einen griech.-orthodoxen Gottesdienst, der mich damals – es sind jetzt 20 Jahre her! – sehr beeindruckt hat. Der Sonnabendgottesdienst ist übrigens im Lateran (zuerst im Baptisterium) sehr berühmt; ich war auch damals dort. Wenn Du gegen Sonnenuntergang mal auf dem Pincio bei der Kirche Trinità del Monte vorbeikommst, sieh doch, ob die Nonnen dort noch um diese Zeit singen; ich habe es einmal gehört und war sehr beeindruckt; ich glaube, es steht sogar im Baedecker (!).

Wieweit magst Du wohl mit den kriegerischen Ereignissen dort unten in Berührung kommen? Ich nehme an hauptsächlich mit Luftangriffen, so wie wir hier. Die Intensivierung des Luftkrieges in den letzten ca. 10 Tagen, besonders die starken Tagesangriffe, geben einem zu denken. Ob die Engländer jetzt bewußt die Luftschlacht herausfordern als Vorbereitung zur Invasion und um unsere Abwehr stärker an den innerdeutschen Raum zu binden?

Je länger wir aus unserem eigentlichen beruflichen und persönlichen Lebensbereich herausgerissen sind, desto mehr empfinden wir, daß unser Leben – im Unterschied zu dem unserer Eltern – fragmentarischen Charakter hat. Die Darstellung der großen Gelehrtengestalten des vorigen Jahrhunderts in Harnack's „Geschichte der Akademie" macht mir das besonders deutlich und stimmt einen fast etwas wehmütig. Wo gibt es heute noch ein geistiges „Lebenswerk"? Wo gibt es das Sammeln, Verarbeiten und Entfalten, aus dem ein solches entsteht? Wo gibt es noch die schöne Zwecklosigkeit und doch die große Planung, die zu einem solchen Leben gehört? Ich glaube, auch bei Technikern und Naturwissenschaftlern, die als einzige noch frei arbeiten können, existiert so etwas nicht mehr. Wenn mit dem Ende des 18. Jahrhunderts der „Universalgelehrte" zu Ende geht und im 19. Jahrhundert an die Stelle der extensiven Bildung die intensive tritt, wenn schließlich aus ihr sich gegen Ende des vorigen Jahrhunderts der „Spezialist" entwickelt, so ist heute eigentlich jeder nur noch „Techniker" – selbst in der Kunst (in der Musik von gutem Format, in Malerei und Dichtung nur von höchst mäßigem!). Unsere geistige Existenz aber bleibt ein Torso. Es kommt wohl nur darauf an, ob man dem Fragment unsres Lebens noch ansieht, wie das Ganze eigentlich angelegt und gedacht war und aus welchem Material es besteht. Es gibt schließlich Fragmente, die nur noch auf den Kehrichthaufen gehören (selbst eine anständige „Hölle" ist noch zu gut für sie) und solche, die bedeutsam sind auf Jahrhunderte hinaus, weil ihre Vollendung nur eine göttliche Sache sein kann, also Fragmente, die Fragmente sein müssen – ich denke zum Beispiel an die Kunst der Fuge. Wenn unser Leben auch nur ein entfernter Abglanz eines solchen Fragmentes ist, in dem wenigstens eine kurze Zeit lang die sich immer stärker häufenden, verschiedenen Themata zusammenstimmen und in dem der große Kontrapunkt vom Anfang bis zum Ende durchgehalten wird, so daß schließlich nach dem Abbruch – höchstens noch der Choral: „Vor Deinen Thron tret ich hiermit"[1] – intoniert werden kann, dann wollen wir uns auch über unser fragmentarisches Leben nicht beklagen, sondern daran sogar froh werden. Jeremia 45 läßt mich nicht mehr los. Erinnerst Du Dich vielleicht noch an den Finkenwalder Sonnabend Abend, als ich es auslegte? Auch hier ein – notwendiges – Lebensfragment – „aber Deine Seele will ich Dir zur Beute geben".

Eben erhielt ich einen sehr netten Brief von Renate vom 28. 1., noch etwas in Sorge um Dich, da sie 8 Tage ohne Nachricht war. Das ist ja nun glücklicherweise geklärt. Bist Du nun eigentlich Schreiber oder Kraftfahrer?, oder beides? Listen hast Du ja – als Sextanerreminiszenz! – immer gern angelegt und bist dafür von mir oft genug zu unrecht verspottet worden. Nun wirst Du gewiß Vorbildliches und Einmaliges darin leisten! Daß Du außer den Üblichen auch einen etwas brauchbaren Genossen für Unterhaltungen und Unternehmungen gefunden hast[2], freut mich sehr. Aber wieviel lieber wäre ich an seiner Stelle. Ob es noch einmal dazu kommt, oder ob wir doch vielleicht schon Ostern hier wieder wie in alten Zeiten feiern? Du siehst, ich lasse die Hoffnung nicht sinken. Tu Du es auch nicht.
Mir geht es wieder einigermaßen; nur bin ich, wie immer nach diesen Grippen, noch sehr müde und das beeinträchtigt das produktive Arbeiten leider sehr. Trotzdem hoffe ich mit der kleineren literarischen Sache bald fertig zu sein. Wie hältst Du es körperlich durch? Wie ist die Ernährung? Wann kriegst Du Urlaub? Wann taufen wir Euren Jungen? Wann sprechen wir einmal wieder miteinander, viele Stunden lang? Leb wohl, Eberhard. Bleib gesund! Was macht das Italienisch? Kommst Du irgendwie zur Musik? Gott behüte Dich.
Es denkt täglich an Dich Dein getreuer Dietrich

25. 2. Kannst Du nicht dort unten irgendeine kleine kunsthistorische Arbeit versuchen? Was sagst Du zu meiner Frage über den Laokoon als „Schmerzensmann"? Eben waren die Eltern hier. Es ist alles zu Haus in Ordnung.

[1] J. S. Bachs unvollendete „Kunst der Fuge" wurde mit diesem Choral als Schluß überliefert. [2] J. Rainalter.

Von Eberhard Bethge

[Rignano] 22. 2. 44

Lieber Dietrich. Die Gelegenheit eines Boten will ich nützen, Dir nocheinmal einen Dank für Deine Briefe zu sagen ... Daß ich so schnell hörte, daß Du im Alarm dieser Tage bewahrt geblieben bist, war mir eine große Beruhigung. Wenn

ich auf meinen gelegentlichen Fahrten etwas weiter südlicher nachts den Zauber sehe und höre[1], werde ich besonders an Sakrow und Euch erinnert. Das ist sehr ähnlich, nur daß es hier länger dauert. Aber ich erlebte es bisher ja nur selten. Die Leute, die im Augenblick von uns dort länger sind und heimatliche Angriffe nicht kannten, sind völlig davon erfüllt und erzählen jede Einzelheit mit Übertreibungen wieder und wieder. Freilich war ich beim Schlimmsten nicht dabei. Das ferne Artilleriefeuer berührt einen merkwürdig wenig. Man weiß etwa, bis dahin kommen sie und wenige Kilometer dahinter macht einem das Heulen der Granaten nicht soviel aus. Natürlich sind alle Sinne gespannt. In der Ferne sah ich auf dem Wasser die [alliierte] Flotte liegen, durchs Glas nach großen und kleinen Einheiten zu unterscheiden, gelegentlich blitzten die Breitseiten auf und es gab das helle Heulen. Es geht dort wohl kolossal verbissen zu. Die weitere Umgebung, all die schönen bekannten Orte der Albanerberge, auch die Papstsitze sehen fürchterlich aus und werden dazu völlig von unsern kampierenden Einheiten durcheinander gewirbelt. Das herumlaufende Vieh wird abgeschossen und ohne Sorgfalt „gefressen". In manchen Häusern tobt sich eine tolle Zerstörungswut aus, die damit endet, daß man sich in der Mitte der Zimmer unanständig verewigt. Das Haus für die Unsern dort mußten wir erst mühsam säubern von solchen und andern Spuren.
Unter den Kameraden bin ich der jüngste an Soldatenmonaten ... Aber ich muß sagen, daß sich alle im Ganzen anständig benehmen mir gegenüber. Eine falsche Empfindlichkeit gegen Redewendungen und immer wiederkehrende pornographische Auslassungen ist ja unangebracht. Wenn es, durch meinen Beruf hervorgerufen, zu geistlichen Dingen geht, dann hebt bei der Ungefährdetheit hier und Selbstsicherheit des alten Soldaten sofort eine lange sehr wortreiche Erklärung des eigenen Standpunktes rechtfertigender Art an. Eine große Rolle spielt das „jeder nach seiner Façon". Neulich gestand mir einer freilich nach einer Audienz beim Papst, er wandle sich jetzt vom negativen zum positiven Katholik. Mein Verheiratetsein spielt bei den Katholiken eine Rolle, man findet es gut und sieht im Zölibat

bei sich selbst eine wesentliche Quelle der Bespöttelei. Das Ganze spielt sich immer vor versammelter Mannschaft ab. Ich hab den Eindruck, da ist es nicht angebracht, die Selbstrechtfertigungen zu diskutieren und viel zu widersprechen. Aber es kann auch falsche Zurückhaltung darin liegen. Ich bin ja unter ihnen, was ich bin. Ein Gottgläubiger ist hier unter uns; er greift mich aber nie an, sondern er äußert nur mal gelegentlich: er ist ja auch Soldat, und jetzt ist er für mich nur Soldat. Ich widersprach ihm. Alles, was gesprochen wird, steht natürlich ganz wesentlich unter dem mir gebotenen Verhalten unter Leuten, die in vielem ungebrochene Überzeugungen[2] haben und mir Vorsicht angeraten sein lassen und Dinge ausschließen, die uns wichtig sind.
Tief schmerzt mich, wenn ich an Orten vorbeifahre, die wir beide zusammen sahen, wie vorgestern in der Nähe der Stelle, wo wir zusammen eines Abends mit dem Auto rumpelnd hinausfuhren[3] und es schließlich nur schwer weiterging und wir umkehrten; daß der Krieg – und nun sehe ich die Zerstörungen und die Unerbittlichkeit, mit der *alles* hineingezogen wird – sich die schönsten Stellen aussucht. Es gibt keine, gar keine Rücksichten mehr. Frauen und Kinder ziehen hungernd an den Straßen entlang und bitten um Brot. Und daß ich in allem mit drin stecke? Die meisten sind völlig abgestumpft dagegen. Welche Aufgabe, wieder *Menschen* zu erziehen.
Auf Deine Arbeit, die Begegnung der 2 Freunde, bin ich gespannt. Ich habe mich sehr gefreut, zu lesen, welche guten Dienste Dir der Witiko leistet...
Die Vergeßlichkeit für die eben erlebte Not ist tatsächlich merkwürdig. Ob sie zunächst eine leibliche Reaktion ist? Ganz vergessen ist sie ja nicht. Und man nimmt das Erlebte in neue Not leider als Belastung mit hinein. Ganz körperlich spürbar ist dies Abschütteln, Sich-freimachen beim Fahren, wie ich es jetzt zweimal tat, aus dem Kriegsgebiet[4]. Bis in die ewige Stadt lastet es auf einem, was man sieht und hört. Mit den ersten Häusern beginnt einen das Leben aufzunehmen, trubelig, und hinter der Stadt beginnt fast schon ein „zu Hause". Man ist doch meist nach durchlebter Gefahr gesprächiger als sonst, man tut dies und jenes mit Eifer noch,

wenn man aus dem Keller gestiegen ist, wenn es wirklich schlimm war. Nach der schlimmsten Nacht, erzählten die Kameraden, sind sie auf der Schaukel dort in ihrem Garten wie die Kinder herumgetollt und gesprungen ...
Nun muß ich für heute schließen. Ich denke viel an Dich mit manchen Wünschen und Bitten. Laß Dich sehr grüßen

von Deinem Eberhard

[1] Artillerieduelle bei Anzio-Nettuno. [2] Gemeint sind nationalsozialistische Überzeugungen und Vorsicht wegen der Konspiration. [3] Via Appia (1936). [4] Von Velletri, südlich Rom, nach Rignano.

An Eberhard Bethge

[Tegel] 1. 3. 44

Lieber Eberhard! Es ist nichts Besonderes, was ich Dir heute zu schreiben hätte; aber der Wunsch, daß Du Dich nicht einsam fühlst und auch nicht einen Augenblick lang glauben könntest, Du seiest irgendwie vergessen, man habe sich eben mit Deinem Fernsein irgendwie abgefunden, – der Wunsch, Dich wissen zu lassen, daß ich, soweit das möglich ist, in täglichem geistigen Austausch mit Dir lebe, – daß ich kein Buch lesen, keinen Abschnitt schreiben kann, ohne mich mit Dir darüber zu unterhalten oder mich wenigstens zu fragen, was Du wohl dazu sagen würdest – kurz dies alles nimmt von selbst die Gestalt dieses Briefes an, auch wenn man eigentlich nichts „mitzuteilen" hat. D. h. mitzuteilen gibt es natürlich genug, aber man weiß nicht, wo man anfangen sollte und so verschiebt man es auf den großen Augenblick des Wiedersehens. Was wird das für ein Tag für Dich werden, wenn Du zum ersten Mal Deinen Sohn siehst, (der nach der Meinung meiner Schwiegermutter, die mich kürzlich besuchte, übrigens auch mir etwas ähnlich sein soll, – die allgemeine Auffassung ist, daß er *Dir* gleich sähe, und daß er ein besonders nettes und ausgesprochenes Gesicht habe), wenn Du Renate wiedersiehst – und schließlich bilde ich mir auch ein, daß Du Dich auch darauf freust mit mir wieder zusammenzusein und die Erfahrungen und Erkenntnisse eines langen

Jahres auszutauschen; für mich jedenfalls gehört diese Erwartung zu den großen Hoffnungen, die ich für die nächste Zeit habe. Auch Dir wird es vermutlich manchmal so gehen, daß Du Dir kaum mehr vorstellen kannst, daß das alles eines Tages eintreten wird, man glaubt es kaum, daß man die Mauer von Hindernissen, die einen von dieser Erfüllung der Wünsche trennt, einmal durchstoßen kann – aber „was verzieht, ist desto süßer ...“, und ich muß sagen, ich gehe in diesen neuen Monat mit großen Hoffnungen[1], und ich denke, Du tust das ebenso. Ich nehme noch einmal einen Anlauf, um die letzte Zeit so intensiv wie möglich auszuwerten. Vielleicht kannst Du doch auch Eindrücke gewinnen, die für Dein ganzes Leben wichtig werden. Die tägliche Bedrohung des Lebens, wie wir sie im Augenblick fast alle irgendwie erfahren, spornt in einzigartiger Weise zur Wahrnehmung des Augenblicks, zum „Auskaufen der Zeit“ an. Manchmal denke ich, ich lebe so lange, wie ich noch ein wirkliches großes Ziel vor mir habe. Kennst Du dieses Gefühl auch? oder ist es etwas vermessen? ...

Das weniger Reflektierte Deines Wesens macht Dich eher zu einem Glied der jüngeren als meiner eigenen Generation und insofern kann ich mich Dir gegenüber sogar als „Onkel“ fühlen. Was Dich bei uns Älteren beeindruckt hat, ist vermutlich hauptsächlich die durch die Reflektion gegangene und dadurch gehärtete Sicherheit, also eine Reflektion, die nicht zum Intellektuellentum und damit zur Auflösung und zum Relativismus geführt hat, sondern die in die Lebenshaltung selbst eingegangen ist und die Lebensimpulse nicht geschwächt, sondern gestärkt hat. Trotzdem halte ich „Euch Jüngere“ für lebenstüchtiger als uns. Man sagt in Amerika, daß die Neger sich erhalten hätten, weil sie das Lachen nicht verlernt hätten, daß die Indianer aber untergegangen seien, weil sie zu „stolz“ gewesen seien. In dieser Richtung ungefähr liegt das, was ich meine.

Doch für heute Schluß! Es sollte nur ein kurzes Zeichen des täglichen Gedenkens sein von Deinem treuen Dietrich

[1] Auf Veränderungen durch Kriegsereignisse, Prozeß und Konspiration.

Lieber Dietrich. Am Sonntag bekam ich mit großer Freude Deinen Brief vom 12. Februar und danke Dir dafür sehr. Jeder Brief von Dir ist ein Ereignis und löst eine Menge Fragen aus ... Nun hörte ich auch, daß jetzt wohl schon eine Entscheidung da sein muß. Wie lange wird es dauern, ehe ich davon etwas vernehme ...
Ich denke in diesen Tagen viel an Dich. Das fing gleich am Sonntag früh damit an, daß ich bei der Epistel 2. Kor 6,1–10 Dich auf der Kanzel in Schlönwitz stehen sah und mich an die lange schöne Predigt erinnerte. Für die Brüder war es ein Ereignis. Ich spielte die Orgel. Sehr anregend finde ich Deine Landschaftsbetrachtung. Ich sehe ja nun mit ganz wenig Ausnahmen garnicht die italienische Stadt, sondern das Land, wenn auch noch ein wenig winterlich. Über das Tibertal auf die Berge. Hier und da auf Bergspitzen ein Städtchen, zusammengeschachtelt, so wie wir damals beide an der Via Cassia 1936 Radicofani liegen sahen. Aber es ist wahr, im Gespräch mit meinem Juristen hier bestätigten wir, es gibt eigentlich keine typische *italienische* Landschaftsmalerei, immer nur ist sie Staffage oder Hintergrund. Was den Italiener interessierte, ist der Mensch und die Architektur, Städtebau. Ob er darum auch Machiavelli hervorbrachte und so früh das Staatliche neben der Kunst eine entscheidende Rolle spielte? Ist das überhaupt bei den Südlichen so, daß ihnen die Landschaft eben selbstverständliche Fülle ist und es da nichts zu entdecken gibt – oder die Natur ist der Feind in der sengenden Hitze? Gibts griechische, gibts spanische Landschaftsmalerei? Ich glaube eigentlich nicht. Wer hier neben Antike, Kirche und Städten auch die Landschaft entdeckte und malte, waren die Deutschen, Romantiker, die Generation um Kalckreuth, 1820–40. Den schönen Nemisee und Albanersee, Rocca di papa – das sah ich alles, aber wie verwüstet! Wieviel haben sie hier gezeichnet, knorrige Eichen, Flußtäler usw. Mir kamen hier viele Erinnerungen an Klaus' schöne Mappen von Kalckreuth und Freunden, die er uns nach der Verlobung bei sich zeigte. Dann sein schöner Eichenwald im Treppenhaus ...

Mir wird ... die Armseligkeit der Havelgegend und ihres Sandes deutlich. Und doch wäre ich lieber dort als hier. Der Regen strömt hier mit Eimern und kurz darauf wärmt die schönste Sonne, sodaß in wenigen Stunden die Gänseblümchen groß und fett, die gelben, blauen Blumen am Weg sich schon auftun. Es quält sich nicht alles lange, sondern kommt mit großer Fülle und Macht. Und wie gehen die Landser durch die Welt, unter diesen Menschen und in dieser Landschaft ... Sie möchten nur immer die deutsche Polizei herhaben, damit Ordnung und Arbeit zu sehen wären ...
Die Freude mancher Menschen am Geschäft ist ekelhaft und das wohnt unmittelbar neben sympathischen Eigenschaften der gleichen Personen, mit denen man sich unterhalten, lachen und Pferde stehlen kann ...
Für Deine Entschlüsse, Renate Deine guten Sachen abzutreten, hab vielen vielen Dank. Das ist sehr nett von Dir. Ich habe etwas Sorge, es scheint tatsächlich mit ihrer Ernährung etwas Schwierigkeiten zu haben. Aber wenn Du in diesen Tagen die schweren Tage[1] hast, brauchst Du selbst alles. Andere solche Verhandlungen hat man nun mit angehört. Diese nicht. Oder sind sowieso keine Menschen zugelassen? Ich denke, es wird so sein. Das wird schlimm und aufregend jetzt für die Großeltern sein ...
Ich kann mich einfach nicht entschließen, jetzt schon darum zu bitten, daß Renate das Kind taufen läßt. Ich rechne bei normalem Verlauf doch damit, im Sommer daheim sein zu können und möchte zu gern dabei sein. Der Pelzsack ist ganz wundervoll. Divisionspfarrer habe ich noch nicht gesehen. Das ist nicht ganz einfach, da wir hier sehr allein wohnen. Mit dem Kriegspfarrer müssen wir vielleicht noch etwas warten.
Ob Du nun den Sohn zu sehen bekommen wirst, oder ob Du noch Schlimmeres erwarten mußt? Ich brenne auf eine Nachricht.
In treuem Gedenken laß Dich herzlichst grüßen

Dein Eberhard

[1] Der erwartete Prozeß.

Liebe Eltern! Nun habt Ihr wieder den weiten Weg gemacht und hier unten ein Paket für mich abgegeben, und ich konnte Euch wieder nicht selbst dafür danken, sondern muß mich darauf verlassen, daß es der Unteroffizier richtig ausrichtet. Hoffentlich kommt nun doch bald die Sprecherlaubnis! Maria hatte Euch wohl erzählt, daß ich ihr das letzte Mal – obwohl dieses Thema sonst eigentlich nicht zu unseren Gesprächsstoffen gehört – gesagt habe, daß das Essen wegen herabgesetzter Rationen hier etwas knapper geworden ist und ich daher manchmal etwas Hunger hatte, was aber auch sicher damit zusammenhing, daß ich während der paar Grippetage[1] fast nichts gegessen hatte. Nun habt Ihr mich wieder so schön versorgt und ich gebe ohne weiteres zu, daß die Welt sich doch manchmal wieder etwas anders ansieht, wenn man etwas richtiges im Magen hat und daß auch die Arbeit besser vom Fleck kommt. Trotzdem wäre es mir ein ganz scheußlicher Gedanke, wenn ich Euch, die Ihr den ganzen Tag viel zu tun habt, noch etwas wegesse; Ihr braucht Eure Kräfte jetzt nötiger als ich. Nun ist es wieder März geworden und Ihr seid immer noch nicht gereist. Meine Schwiegermutter wartet sehr auf Euch. Schade ist nur, daß Maria jetzt nicht zu Hause ist. Ich bekam übrigens heute den ersten Brief von ihr aus Bayern. Sie hat die Cousine, bei der sie die Kinder unterrichtet und im Hause hilft, besonders gern und scheint sich wohlzufühlen. So ist das hoffentlich für sie die beste Lösung für die letzten Wochen – und ich hoffe doch, daß es sich nur darum noch handelt – bis zu unserem Wiedersehen und bis wir gemeinsame Pläne machen können. Am schönsten wäre es natürlich, wir könnten alle zusammen nach Pätzig fahren und dort dann auch gemeinsam über die Zukunft beraten. Aber nach der Länge der bisherigen Geduldsprobe ist es ja wohl ein fast vermessener Gedanke, darauf zu warten.

Von Karl-Friedrich, Hans-Christoph und von Hörnchen[2] bekam ich noch sehr nette Geburtstagsbriefe. Hans-Christoph's Schilderungen des noch friedensmäßigen Lebens in Bukarest haben mich überrascht. Es wundert mich, daß sich ein Land in Europa heute noch eine solche Sonderexistenz leisten darf.

Ihm selbst hat es bei seiner Afrika- und Italiendivision besser gefallen. Sagt doch bitte allen vielen Dank!
Die Harnacksche Akademiegeschichte hat mich sehr beeindruckt und mich teils glücklich teils wehmütig gestimmt. Es gibt heute so wenige Menschen, die an das 19. und 18. Jahrhundert noch innerlich und geistig Anschluß suchen; die Musik versucht sich aus dem 16. und 17. Jahrhundert zu erneuern, die Theologie aus der Reformationszeit, die Philosophie aus Thomas von Aquino und Aristoteles, die heutige Weltanschauung aus der frühgermanischen Vergangenheit – aber wer ahnt überhaupt noch, was im vorigen Jahrhundert, also von unseren Großvätern, gearbeitet und geleistet worden ist, und wieviel von dem, was sie gewußt haben, ist uns bereits verloren gegangen! Ich glaube, die Menschen werden eines Tages aus dem Staunen über die Fruchtbarkeit dieser jetzt vielfach so mißachteten und kaum gekannten Zeit nicht herauskommen. – Könntet Ihr mir bitte Dilthey: „Weltanschauung und Analyse des Menschen seit Renaissance und Reformation" verschaffen? – Wie geht es Renate, ihrem Kind und ihrem Mann? – Bitte grüßt alle sehr von mir!
Euch grüßt herzlich Euer dankbarer Dietrich

Hans Walter gratuliere ich sehr zum 20. Geburtstag!

[1] Nach Notizen im Losungsbuch um den 8.–10. Februar. [2] Der Vetter, H. Chr. v. Hase, zu der Zeit Divisionspfarrer, und Maria Czeppan, geb. Horn, die langjährige Erzieherin im Hause Bonhoeffer.

Vom Vater

[Charlottenburg] 3. 3. 44

Lieber Dietrich! Gestern bekamen wir Deinen Brief. Es geht uns wie Dir. Man denkt, bis der Brief in Deinen Händen ist, haben wir uns vielleicht schon gesprochen und er ist überholt. Dadurch wurde auch unser Schreiben unregelmäßiger. Wir warten schon sehr auf die nächste Sprecherlaubnis. Es verzögert sich eben alles durch den Weg über Torgau[1]. Unsre Absicht nach Pätzig zu fahren, ist vorläufig auf den 13. d.

Mts. gerichtet ... Wir denken daran, die nächsten hellen Nächte in der Wohnung zu sein[2]. Das Hin und Her ist für Mama mit der doppelten Hausführung recht anstrengend ... Draußen in Sakrow sind zur Nacht nun auch Dressens, bis sie ihre Sachen transportfähig haben. Suse will dann wieder zu den Kindern. Walter wird bis auf weiteres wohl draußen bleiben. Renate mit Mutter und Kind und die von der Mutter unlösbare Christine ist auch noch da. So hat Christel mit 4 Generationen nun reichlich Zulage zu all dem übrigen, wenn wir auch wie im Hotel an 3 verschiedenen Tischen essen und jede Familie für sich kocht. Da der Schwarm zumeist morgens nach Berlin eilt und sich abends erst wieder einfindet, hat sie den Tag etwas Ruhe. – Ich wünsche mir für Mama sehr etwas Ausspannung. Das Hin und Her, das ungewohnte in der Küche stehen, ihr Wunsch an den vielen Stellen zu helfen macht sie, ohne daß sie das wahr haben will, recht müde. Es wird ihr eine große Last von der Seele fallen, wenn, wie wir sicher sind, das Frühjahr, wenn auch noch nicht für das große Ganze, so doch für die Familie die Sorge behoben wird.

4. 3.

Eben nachdem ich um Beschleunigung der Sprecherlaubnis gebeten habe, kommt diese. Es wird also wohl so werden, daß der Brief überholt ist, wenn er zu Dir kommt. Dein Brief von Hans Christoph und der Klein Krössiner Großmutter sind indessen wohl in Deinen Händen. Mama möchte Dir immer schreiben und ist traurig, daß sie so zerrissen wird. Herzlich Dein Vater

[1] Zensur durch das nach Torgau verlegte Reichskriegsgericht. [2] In den Vollmondnächten rechnete man damals aufgrund verstärkter Nachtjägerabwehr weniger mit Alarmen.

An Eberhard Bethge

[Tegel] 9. III. 44

Lieber Eberhard! Heute habe ich durch die Eltern wieder von Dir gehört, jedenfalls, daß es Dir erträglich geht; und obgleich das nicht viel ist, da wir vom Leben mehr wollen als daß es „erträglich“ ist, ist das doch eine gewisse Beruhigung, sofern man unsren gegenwärtigen Zustand sowieso nur als „status intermedius“ betrachtet; wenn man nur wüßte, wie lange dieser „Fegefeuerzustand“ dauert! Mir persönlich ist nunmehr der Mai in Aussicht gestellt worden! ist das nicht eine schandbare Bummelei? Die Eltern fahren jetzt nach Pätzig, wo sie sich hoffentlich erholen. Sepp ist wieder ganz zu Hause und hat seine Sache in alter Frische und mit trotzigem Gesicht durchgepaukt[1].

Ich habe noch nicht auf Deine Gedanken über Michelangelo – Burckhardt – „hilaritas“ geantwortet. Es leuchtet mir einerseits ein, jedenfalls was Burckhardt's Thesen angeht. Andrerseits darf man die hilaritas nicht nur als die klassische Heiterkeit (Raffael, Mozart) verstehen; auch – um ein paar Namen zu nennen – Walther von der Vogelweide, der Bamberger Reiter, Luther, Lessing, Rubens, Hugo Wolf, Karl Barth haben etwas von der hilaritas, die ich auch als Zuversicht zum eigenen Werk, als Kühnheit und Herausforderung der Welt und des vulgären Urteils, als feste Gewißheit, der Welt mit dem eigenen Werk, auch wenn es ihr nicht gefällt, etwas *Gutes* zu erweisen, als hochgemute Selbstgewißheit beschreiben möchte. Ich gebe zu, daß Michelangelo oder auch Rembrandt – und mit Abstand – Kierkegaard, Nietzsche auf ganz anderer Linie liegen als die vorher genannten. Es liegt etwas weniger Thetisches, Evidentes, Abgeschlossenes in ihren Werken, etwas weniger Überwundenes, weniger Abstand von sich selbst und Humor. Trotzdem würde ich auf einige von ihnen den Begriff der hilaritas in dem beschriebenen Sinne anwenden, als notwendiges Attribut der Größe. Hier liegt die – vermutlich bewußte – Schranke Burckhardt's.

Ich habe mich in letzter Zeit mit der nicht durch Renaissance bedingten, sondern aus dem Mittelalter, vermutlich aus der *Kaiseridee* im Kampf gegen das Papsttum, erwachsenen „Weltlichkeit“ des 13. Jahrhunderts (Walther von der Vogelweide, Nibelungen, Parzival, erstaunlich die Toleranz gegen die Mohammedaner in der Gestalt des Halbbruders Parzival's Feirefiz!, Naumburger und Magdeburger Dom) beschäftigt. Es ist nicht eine „emanzipierte“, sondern eine

„christliche", aber auch antiklerikale Weltlichkeit. Wo ist diese, von der Renaissance ganz wesensverschiedene, „Weltlichkeit" eigentlich abgebrochen? Ich glaube bei Lessing – im Unterschied zur westlichen Aufklärung – noch etwas davon zu entdecken, in anderer Weise auch noch bei Goethe und später bei Stifter und Mörike (von Claudius und Gotthelf ganz zu schweigen), garnicht aber bei Schiller und den Idealisten. Es wäre so wichtig hier zu einer guten Ahnenreihe zu kommen. Dabei stellt sich auch die Frage, welche Bedeutung der Antike noch zukommt. Ist sie noch ein echtes Problem und eine Kraftquelle für uns oder nicht? Die moderne Betrachtung unter dem Gesichtspunkt des „πόλις-Menschen" haben wir doch eigentlich auch schon hinter uns. Die klassizistische Betrachtung unter dem ästhetischen Gesichtspunkt ist doch nur noch für Wenige von Bedeutung und etwas museal. Die humanistischen Grundbegriffe – Menschlichkeit, Toleranz, Milde, Maß – sind schon bei Wolfram von Eschenbach und im Bamberger Reiter etc. in schönster Weise da und uns hier zugänglicher und verbindlicher als in der Antike selbst. Wieweit also hängt „Bildung" noch mit der Antike zusammen? Ist die Ranke'- bis Delbrücksche Konzeption der Geschichte als eines Kontinuums, das aus „Altertum", „Mittelalter" und „Neuzeit" besteht, wirklich gültig? oder hat nicht gerade Spengler mit der These von den in sich geschlossenen Kulturkreisen mindestens auch recht – wenn er auch die geschichtlichen Vorgänge zu biologisch versteht? Die Auffassung vom geschichtlichen Kontinuum beruht imgrunde auf Hegel, der den Gesamtverlauf der Geschichte in der „Neuzeit", d. h. in seinem System der Philosophie, kulminieren sieht; sie ist also *idealistisch* (trotz des Ranke'schen Satzes, daß jeder geschichtliche Augenblick *„unmittelbar* zu Gott" ist; aus diesem Satz *hätte* sich eine Korrektur der Grundkonzeption des Entwicklungskontinuums ergeben können; das geschah aber nicht); die Spengler'sche „Morphologie" ist *biologisch* und hat darin ihre Grenzen (was heißt „Altern", „Untergang" einer Kultur?). Für den Bildungsbegriff bedeutet das, daß man weder idealistisch die Antike schlechthin als *das* Fundament bezeichnen kann, noch aber auch „biologisch-morphologisch" sie aus unserem Bil-

dungskreis einfach eliminieren kann. Bis man darin weiter sieht, wird es gut sein, nicht aus einem allgemeinen Geschichtsbegriff, sondern ganz von den *Inhalten* und *Gegenständen* her das Verhältnis zur Vergangenheit und speziell zur Antike zu bestimmen. Vielleicht bringst Du in dieser Richtung etwas Wichtiges aus Italien mit? Persönlich ist mein Verhältnis zur Renaissance und zum Klassizismus leider immer ein kühles geblieben und ich empfinde beides irgendwie als mir fremd; ich kann es mir nicht wirklich aneignen. Schreib mir auch etwas über Deine diesbezüglichen Eindrücke und Gedanken. Ob nicht die Kenntnis anderer Länder und die innere Berührung mit ihnen für uns heute ein viel bedeutenderes Element der Bildung ist als die Antike? Natürlich gibt es in beiden Fällen ein Banausentum; aber vielleicht gehört es zu unsren Aufgaben, die Begegnung mit anderen Völkern und Ländern über das Politische, Geschäftliche oder Snobistische hinaus zu einem wirklichen Bildungserlebnis zu gestalten. Damit würde ein bisher ungenutzt gelassener Strom für unsere Bildung fruchtbar gemacht und zugleich an eine alte europäische Überlieferung angeknüpft.
Eben werden wieder durch den Drahtfunk Einflüge starker Verbände gemeldet. Die beiden letzten Tagesangriffe auf Berlin waren von hier aus z. T. ganz gut zu beobachten[2]. Man sah über den wolkenlosen Himmel größere Formationen mit ihren Kondensstreifen fliegen bei z. T. recht erheblichem Flakbeschuß. Der Alarm dauerte gestern (9. 3.) 2 1/2 Stunden, also länger als in der Nacht. Heute ist der Himmel bedeckt. Ich bin sehr froh, daß Renate in Sakrow ist; auch in Gedanken an Dich. Eben geht die Sirene; so muß ich unterbrechen und nachher weiterschreiben.
Es waren wieder zwei Stunden „Bombenabwürfe in allen Stadtteilen", laut Drahtfunk. Ich habe in den Monaten hier versucht zu beobachten, wie weit die Menschen noch an irgendetwas „Übersinnliches" glauben. Ich finde noch ganz allgemein verbreitet folgende 3 Gedanken, die sich teils in abergläubischen Bräuchen ausdrücken: 1. „Drücke mir den Daumen" hört man hier unzählige Male am Tag; es wird dem teilnehmenden Gedenken also irgendeine Kraft zuge-

sprochen und man will sich in entscheidenden Stunden nicht allein, sondern von andren unsichtbar begleitet wissen. Zum 2. „Unberufen“ und „Holz anrühren“ ist der allabendliche Ausruf bei der Erörterung der Frage „ob sie heute nacht kommen oder nicht“; eine Erinnerung an den Zorn Gottes über menschliche Hybris, ein metaphysischer, nicht nur moralischer Grund zur Demut. 3. „Keiner entgeht seinem Schicksal“ und als Folge daraus, daß jeder dort bleiben soll, wo er hingestellt ist. Christlich interpretiert könnte man in diesen drei Punkten die Erinnerung an Fürbitte und Gemeinde, an Zorn und Gnade Gottes und an die göttliche Führung finden. Zu dem Letzten gehört noch der hier sehr oft gebrauchte Satz: „Wer weiß, wozu es gut ist?“ Völlig zu fehlen scheint mir jede eschatologische Reminiszenz. Oder hast Du da Anderes beobachtet? Schreib doch überhaupt mal über Deine diesbezüglichen Beobachtungen!

Zum zweiten Mal erlebe ich die Passionszeit hier. Ich wehre mich innerlich dagegen, wenn ich in Briefen ... Wendungen lese, die von meinem „Leiden“ sprechen. Mir kommt das wie eine Profanierung vor. Man darf diese Dinge nicht dramatisieren. Ob ich mehr „leide“ als Du oder als die meisten Menschen heute überhaupt, ist mir mehr als fraglich. Natürlich ist vieles scheußlich, aber wo ist es das nicht?

Vielleicht haben wir an diesem Punkt überhaupt manches zu wichtig und feierlich genommen. Ich habe mich früher manchmal darüber gewundert, wie lautlos die Katholiken über diese Fälle hinweggehen. Sollte das aber doch vielleicht die größere Kraft sein? Vielleicht wissen sie aus ihrer Geschichte besser, was wirklich Leiden und Martyrium ist, und schweigen zu geringfügigen Belästigungen und Hemmungen. Ich glaube z. B., daß zum „Leiden“ entscheidend auch das körperliche Leiden hinzugehört, wirkliche Schmerzen usw. Wir betonen so gern das seelische Leiden; gerade dieses aber sollte uns Christus abgenommen haben und ich finde im Neuen Testament oder auch den altchristlichen Märtyrerakten nichts davon. Es ist doch wohl ein großer Unterschied, ob die „Kirche leidet“ oder ob einem ihrer Diener dieses oder jenes widerfährt. Ich glaube, hier muß manches korrigiert werden; ja, offen gestanden, ich schäme mich manchmal fast, wie viel wir von unseren eigenen Leiden gesprochen haben. Nein, Leiden muß eine ganz andere Dimension haben, als was ich bisher erlebt habe. – Nun genug für heute! Wann werden wir uns wieder sprechen können? Bleib gesund, freue Dich an dem schönen Land, verbreite hilaritas um Dich und erhalte sie Dir selbst!

In täglichem treuem Gedenken grüßt Dich von Herzen

Dein Dietrich

Siehst Du eine Möglichkeit für mich, in Deine Gegend zu kommen? – Bist Du auch weiterhin immer sehr vernünftig?[3] Ich hoffe es! Wir haben jetzt hier Leute von Klausens (dem Kleinen) bis zu Papas Alter. Wirst Du eigentlich satt? Kann man Dir etwas schicken? Maria täte es gern. – Ich warte wieder seit 3 Wochen auf W's[4] Besuch, der sich ansagte und ohne Nachricht wegblieb. Ziemlich rücksichtslos, aber allmählich gewöhnt man sich auch daran. Begreifen kann ich es eigentlich nicht. Demgegenüber ist die unermüdliche Treue der Eltern eine große Wohltat ... Es gibt eben Situationen, in denen die schlichteste *Tat* mehr ist als die größten Entwürfe und Pläne und Diskussionen. Ich lasse mir das aus meinen gegenwärtigen Erfahrungen auch selbst gesagt sein. Wenn ich an Deine damalige Reise zu Gerhard und an Deinen Besuch (und mehrmaligen Versuche) hier denke und an die wöchentliche Fahrt der Eltern und an Maria's Reisen, dann sind mir das wirkliche Beispiele. Ich will wirklich gegen keinen ungerecht sein. Jeder tut, wie es ihm eben gegeben ist. Aber Matthäus 25,36[5] bleibt bestehen als das Wichtigste.

Leb wohl! Der Brief geht jetzt ab!

[1] Dr. Josef Müllers Prozeß wurde abgesondert und endete mit einem Freispruch, aber nicht mit einer Entlassung, was D. Bonhoeffer hier noch nicht wußte; s. DB, 909. [2] Am 6. 3. 44 notierte Bonhoeffer in seinem Losungsbuch den ersten Tagesangriff auf Berlin. [3] Gemeint ist: keine politisch gefährlichen Dinge zu sagen oder zu tun, vor allem in bezug auf die illegale Korrespondenz; wahrscheinlich war in Tegel jemand entdeckt worden. [4] Der Verteidiger Dr. Wergin. [5] „Ich bin gefangen gewesen, und ihr seid zu mir gekommen."

Lieber Eberhard! Die Nachrichten von den schweren Kämpfen in Eurer Nähe lassen mich fast unablässig zu Dir hindenken und jedes Wort, das ich in der Bibel lese, und jeden Liedvers mit auf Dich beziehen. Deine Sehnsucht ... wird in diesen gefahrvollen Tagen besonders stark sein, und jeder Brief wird sie nur vergrößern. Aber gehört es nicht zum Wesen des Mannes im Unterschied zum Unfertigen, daß das Schwergewicht seines Lebens immer dort ist, wo er sich gerade befindet, und daß die Sehnsucht nach der Erfüllung seiner Wünsche ihn doch nicht davon abzubringen vermag, dort, wo er nun einmal steht, ganz das zu sein, was er ist? Der Heranwachsende ist nie ganz dort, wo er ist; das gehört geradezu zu seinem Wesen, sonst wäre er vermutlich ein Stumpfbold; der Mann ist immer ein Ganzer und entzieht der Gegenwart nichts. Seine Sehnsucht, die den anderen Menschen verborgen bleibt, ist immer schon eine irgendwie überwundene Sehnsucht; und je mehr er zu überwinden hat, um immer ganz gegenwärtig zu sein, desto geheimnisvoller und vertrauenswürdiger wird er im Grunde seines Wesens für die Mitmenschen, insbesondere für Jüngere, die noch auf dem Wege sind, den er schon durchschritten hat. Wünsche, an die wir uns zu sehr klammern, rauben uns leicht etwas von dem, was wir sein sollen und können. Wünsche, die wir um der gegenwärtigen Aufgabe willen immer wieder überwinden, machen uns – umgekehrt – reicher. Wunschlosigkeit ist Armut. In meiner jetzigen Umgebung finde ich fast nur Menschen, die sich an ihre Wünsche klammern und dadurch für andere Menschen nichts sind; sie hören nicht mehr und sind unfähig zur Nächstenliebe. Ich denke, auch hier muß man leben als gäbe es keine Wünsche und keine Zukunft, und ganz der sein, der man ist. Es ist merkwürdig, wie sich andere Menschen dann an uns halten, ausrichten und sich etwas sagen lassen. Ich schreibe Dir das alles, weil ich denke, daß Du in dieser Zeit auch eine sehr große Aufgabe hast und weil Du später froh sein wirst im Gedanken daran, daß Du sie erfüllt hast, soweit es ging. Wenn man einen Menschen in Gefahr weiß, möchte man ihn ganz als den wissen, der er ist.

Es gibt erfülltes Leben trotz vieler unerfüllter Wünsche; das ist es wohl, was ich eigentlich sagen wollte. Verzeih, daß ich Dir immer wieder mit solchen „Betrachtungen" komme, aber ich lebe eben hier vorwiegend in der Betrachtung und Du verstehst das schon richtig. Im übrigen muß ich in notwendiger Ergänzung zu dem Vorigen sagen, daß ich mehr denn je daran glaube, daß wir auch der Erfüllung unserer Wünsche entgegengehen und uns keineswegs der Resignation hinzugeben haben.

Mir wurde kürzlich Ursels Besuch angekündigt. Hoffentlich bringt sie Renate mit. Daß Maria für einige Wochen in Bayern ist, wirst Du wissen. Sie hilft dort beim Unterricht der Kinder ihres Vetters von Truchsess. Es ist für sie nun doch bald mehr als genug. Ihre Mutter war kürzlich wieder hier, wirklich sehr rührend, von morgens 4 bis nachts 11 Uhr unterwegs! ...

Ich gehe wieder einmal durch Wochen, in denen ich wenig in der Bibel lese; ich weiß immer nicht recht, was ich davon halten soll; ich habe nicht das Gefühl einer Verschuldung dabei und ich weiß auch, daß ich mich nach einiger Zeit wieder mit Heißhunger darauf stürzen werde. Darf man das als einen ganz „natürlichen" geistigen Vorgang nehmen? Ich neige fast dazu. Weißt Du, in der Zeit unserer vita communis[1] gab es das doch auch; gewiß ist die Gefahr einer Verschluderung immer da, aber man soll doch auch nicht ängstlich an diesem Punkt werden, sondern sich darauf verlassen, daß der Magnet nach einigen Ausschlägen wieder in die richtige Richtung zeigt. Meinst Du nicht auch? Hat die Losung 1 Mose 41,52[2] Dir neulich auch so gut getan wie mir? Sie war mir bisher unbekannt gewesen. Es wird jetzt ein Jahr, daß wir die letzten Tage und Unternehmungen gemeinsam verbrachten, und daß ich Dein Trauzeuge sein konnte! Immer wieder wundere [ich] mich darüber, daß ich bis zu diesem Tag mit Dir zusammensein konnte ... Ich bin begierig, wie die Zukunft unsern Weg weiterführt, ob es noch einmal irgendwie ein gemeinsamer wird; etwa in beruflicher Tätigkeit, – was ich mir sehr wünschen würde – oder ob wir uns mit dem Vergangenen zufrieden geben müssen. Es waren doch ganz wunderbare Jahre. – Wenn ich nur

bald einmal etwas Ausführliches über Deine jetzigen Eindrücke hören würde! Es wäre mir sehr wichtig! –
Gott behüte Dich, Eberhard. In Treue Dein Dietrich

Wann kriegst Du Urlaub? Ich werde nicht vor Mitte Mai von hier wegkönnen.

[1] Das „Bruderhaus" im Predigerseminar Finkenwalde. [2] „Gott hat mich lassen wachsen in dem Lande meines Elends", 17. 3. 44.

An den Vater

[Tegel] 23. IV.[1] 44

Lieber Papa! Die schöne Erinnerung an Deinen 75. Geburtstag vor einem Jahr muß nun auch für dieses Jahr noch vorhalten. Es scheint heute schon fast unglaublich, daß wir im vorigen Jahr noch ein so frohes Zusammensein der Familie und der Freunde haben konnten. Man darf sich nur durch eine vorübergehend trübere Gegenwart den inneren Besitz einer schönen Vergangenheit nicht rauben lassen. Die große Kantate über „Lobe den Herren ...", die wir am Morgen und am Abend Deines Geburtstages sangen, dazu das Bild der vielen mitmusizierenden Kinder, wird uns allen auch in diesem Jahr noch ganz gegenwärtig sein als eine wirkliche große Freude. Und die schweren Eindrücke des vergangenen Jahres werden bei uns Erwachsenen wie bei den Kindern nur befestigt haben, was wir damals meinten. Christoph, der Dir am Morgen ein paar Hugo Wolf-Frühlingslieder sang, wird inzwischen wohl seine Stimme gewechselt haben und durch Renate seid Ihr vor wenigen Wochen Urgroßeltern geworden, durch mein Geschick seid Ihr Eurer künftigen Schwiegertochter vielleicht näher gekommen als es sonst gewesen wäre, durch die Kriegsereignisse ist die Familie im Laufe des Jahres verstreut worden. Aber bei allen Veränderungen äußerer Art haben wir doch wohl gerade in diesem Jahr den festen Zusammenhalt unserer großen Familie in allen ihren Gliedern stärker erfahren als je. Und daß das ganz entscheidend daran liegt, daß Ihr der unveränderte Mittelpunkt der Familie geblieben seid, daran gibt es keinen

Zweifel. Und dafür danke ich Euch heute ganz besonders. Ich glaube auch, daß es in Eurem Sinne ist, wenn ich mir die Vorwürfe, daß durch mich so viel Kummer in Dein vergangenes Lebensjahr gekommen ist, aus dem Kopf schlage. Gewiß haben Dich die Gedanken an mich auch um ein großes Stück ruhige Arbeit gebracht. Aber da ich aus Euren Briefen und Besuchen weiß, daß Ihr die Widrigkeiten des vergangenen Jahres ebenso aufnehmt und auffaßt wie ich, werde ich über alle diese Dinge immer wieder ganz ruhig. Daß auch wieder bessere Tage kommen werden und daß der Tag unseres Wiedersehens in der Freiheit ein sehr schöner sein wird, von dieser Zuversicht lebe ich täglich.
Ich freue mich sehr, daß Ihr nun doch ein paar Tage wenigstens auf's Gut gefahren seid und wünsche sehr, daß sie Euch etwas Erholung bringen; und ich warte nun auch schon sehr auf Eure Erzählungen. Was mögt Ihr zum Lesen mitgenommen haben? Wenn Euch dieser Brief noch in Pätzig erreicht, so grüßt bitte sehr herzlich von mir. Schade nur, daß Maria nicht da ist. Sie schrieb mir, daß sie über Ostern in Bayern bleibt. Für sie ist es sicher besser, wenn sie nicht zu sehr hin- und hergerissen wird, sondern etwas zur Ruhe kommt. Und trotzdem ist das ja kaum möglich, solange bei mir die Dinge noch nicht geklärt und entschieden sind.
Wird nun Hans Walter vor seinem Fronteinsatz mich noch besuchen dürfen? Ihr erzähltet, er habe darum gebeten und ich würde mich sehr freuen. Auch eines der Geschwister sähe ich sehr gern wieder. Besonders aber freue ich mich auf das nächste Wiedersehen mit Euch.
Ich wünsche Dir, lieber Papa, ein besseres und stilleres neues Jahr, das uns alle wieder zusammenführt.
Es grüßt Euch in großer Dankbarkeit Euer Dietrich

[1] Verschrieben, richtig III.

An Eberhard Bethge

[Tegel] 24. III. 44

Lieber Eberhard! Es war eine sehr große Freude, soviel von Dir zu hören! Wirklich ganz wunderbar, daß der Dialog aufrechterhalten bleibt; und ich empfinde ihn eben doch immer als den fruchtbarsten, den ich habe. Es gehört wohl zu den Gesetzen des geistigen Verstehens, daß die eigenen Gedanken, die von anderen verstanden werden, doch immer zugleich eine durch das Medium der Person gehende Verwandlung und Befreiung erfahren. Insofern sind Briefe wirklich immer „Ereignisse" wie Du schreibt ... Ich würde es gut verstehen, wenn es für Dich z. Zt. nur 3 Probleme gäbe, Krieg, Ehe, Kirche; daß aber der Umkreis Deiner Beobachtungen und Interessen so viel weiter gespannt ist in einer schönen geistigen Freiheit, ist mir eine große Freude und ein Beweis für Deine unveränderte Gemütsverfassung. Ich weiß, daß für manche Brüder das Wachestehen in der Nacht von großer Bedeutung geworden ist. Ob es Dir ebenso geht? ... Dir wird jetzt vermutlich oft die Tauffrage Eures Kindes im Kopfe herumgehen und darum hauptsächlich schreibe ich Dir, weil ich mir denken könnte, daß Dich eine gewisse „Inkonsequenz" bedrückt. Wir haben früher manchmal ermahnt, man solle die Kinder um des Sakraments willen möglichst bald taufen, auch wenn die Väter nicht dabei sein könnten. Die Gründe dafür sind klar. Und doch kann auch ich nicht anders als Dir in Deinem Warten zustimmen. Warum? Ich halte es nach wie vor für gut und wünschenswert und besonders als Beispiel für die Gemeinde für richtig – speziell für einen Gemeindepfarrer – wenn er sein Kind bald taufen läßt, vorausgesetzt, daß er es wirklich im Glauben an die Wirksamkeit des Sakramentes tut. Trotzdem, der Wunsch des Vaters an dieser Handlung fürbittend selbst teilzunehmen, hat sein relatives Recht; und ich muß, wenn ich mich selbst prüfe, bekennen, daß vor allem der Gedanke, daß Gott auch das noch ungetaufte Kind, dem die Taufe zugedacht ist, liebt, mich bestimmt. Ein Gesetz der Kindertaufe gibt es im NT nicht. Sie ist eine der Kirche geschenkte Gnadengabe, die in starkem Glauben empfangen und genutzt werden darf und sie kann daher auch ein sehr starkes Glaubenszeugnis für die Gemeinde sein; aber daß man sie sich innerlich abzwingt, ohne daß der Glaube selbst dazu zwingt, ist nicht biblisch. Nur als Demonstration verliert die Kindertaufe ihr Recht. Auch die Gebete für ein Kind und die Bitte

zu Gott, uns bald den Tag zu schenken, an dem wir es zusammen zur Taufe bringen können, bleiben nicht unerhört. Solange man die berechtigte Hoffnung haben kann, daß dieser Tag nicht allzu fern ist, kann ich nicht glauben, daß es bei Gott auf den Tag ankommt. So darf man im Vertrauen auf Gottes freundliche Fügung getrost etwas warten, um später mit stärkerem Glauben tun zu können, was man im Augenblick nur als ein lastendes Gesetz empfinden würde ... So würde ich also – ohne Skrupel! – eine Weile warten; später wird man wieder weiter sehen. Ich glaube, die Ausrichtung auf die Taufe und wie sie möglichst stark im Glauben begangen werden könne, kann wichtiger sein als ihr gesetzlicher Vollzug.
Von Deinen unmittelbaren Eindrücken vom Krieg gibst Du uns wohl weniger zu wissen, um uns nicht zu beunruhigen. Ich glaube aber, daß ich mir trotzdem ein ungefähres Bild machen kann und denke täglich an Dich mit der Bitte um Bewahrung. Deine Tätigkeit ist an sich ja wohl relativ interessant; der Sache nach ist es ja wirklich dasselbe, an welchem Rad der großen Maschine man mitdreht. Daß Dir das Interesse am Geschäftlichen, was sich so leicht damit verbindet, widerlich ist, kann ich mir denken und ist mir begreiflich. Letzten Endes aber hat der persönlich wirklich Intakte doch immer die größere Autorität. Ich erlebe es ja hier auch, wie schwer es manchen wird, die Gebiete wirklich zu trennen; ich empfinde es oft fast als tragisch. Du lernst jetzt das Stück Erde, das ich so sehr liebe, viel besser kennen als ich. Wie gern säße ich neben Dir im Auto und sähe die Cecilia Metella oder die Villa Hadriani. Die Pietà ist mir immer schwer zugänglich gewesen. Du mußt mal erklären, warum sie Dich so beeindruckt.

25. 3.

Gestern nacht war es wieder sehr lebhaft. Der Blick vom Dach auf die Stadt war erschütternd. Noch bin ich ohne Nachricht von den Geschwistern – die Eltern fuhren Gott sei Dank gestern nach Pätzig – aber im Westen war nicht sehr viel los. Toll finde ich es, wie man bei der Meldung der Anflüge immer wieder ganz unwillkürlich dazu verführt

wird, anderen Städten – nach dem Motto: „Heiliger St. Florian, verschon mein Haus, zünd' andre an" – das auf den Hals zu wünschen, wovor einem selbst graut; „vielleicht bleiben sie in Magdeburg, in Stettin etc." – wie oft hört man das als Stoßseufzer. In solchen Augenblicken wird man sich der natura corrupta und des peccatum originale sehr bewußt; insofern sind sie vielleicht ganz heilsam. Im übrigen ist die Luftaktivität der letzten Tage ja wieder ganz außerordentlich und ich frage mich, ob es nicht wieder mal die Abfindung für die nicht stattfindende Invasion ist.
Ich werde nun erst im Mai weitere Zukunftspläne machen können; allmählich zweifle ich an allen derartigen zeitlichen Prognosen und werde gleichgültig dagegen; wer weiß, ob es dann wieder heißt „im Juli"? Die persönliche Zukunft ist mir gegenüber dem Allgemeinen ganz nebensächlich geworden; und beides hängt ja doch sehr eng miteinander zusammen. So hoffe ich, daß wir unsere Zukunftspläne wieder miteinander beraten können ... Mich wundert ..., was die angeblich trockenen Juristen alles zusammenphantasieren! Die Quelle des nüchternen Urteilens und Handelns liegt eben doch ganz woanders!
Die Auskunft, die ich Dir kürzlich gab, ist überholt[1]. Schreib bitte wieder nach Haus. Mir geht es hier weiter gut; allmählich gehört man sozusagen zum Inventar und hat manchmal sogar weniger Ruhe als man wünscht.
Du hast wohl recht, daß der Süden überhaupt die Landschaftsmalerei kaum kennt – mit der Ausnahme von Südfrankreich? und Gauguin? oder waren das vielleicht auch keine Südländer? ich weiß es nicht, wie ist es mit Claude Lorrain? Hingegen lebt sie in Deutschland und England. Der Südländer *hat* die schöne Natur, wir sehnen uns nach ihr und lieben sie wehmütig, wie etwas Seltenes. Übrigens ohne Zusammenhang damit: die Mörike'sche Formulierung: „Was aber schön ist, selig scheint es in ihm selbst" trifft wohl etwa mit J. Burckhardt zusammen? Wir denken leicht in zu primitiven Nietzsche'schen Alternativen, als gäbe es diesem – apollinischen – Schönheitsbegriff gegenüber nur noch den dionysischen, oder wie wir heute sagen dämonischen. Das ist aber durchaus nicht so. Nimm z. B. Brueghel oder Velasquez

oder auch H. Thoma, Leopold Kalckreuth oder die französischen Impressionisten. Das ist eine Schönheit, die weder klassisch noch dämonisch ist, sondern einfach irdisch ist, und die ihr ganz eigenes Recht hat; persönlich muß ich sagen, daß für diese Schönheit eigentlich allein mein Herz schlägt. Hierher gehören auch die neulich erwähnten Magdeburger Jungfrauen und die Naumburger Figuren. Ob nicht die „faustische" Deutung der Gotik überhaupt verfehlt ist? Woher käme sonst so ein Widerspruch zwischen Plastik und Architektur? ...
Schluß für heute! Sonst wirst Du mit dem Lesen garnicht fertig. Ich bin in der Erinnerung so froh, daß Du damals noch die Kantate „Lobe den Herrn ..." eingeübt hast! Es war *sehr gut* für alle!

In großer Treue immer Dein Dietrich

27. III.

Ob ich Dir doch heute schon meine besonderen Grüße und Wünsche für die Ostertage sagen muß? Ich weiß nicht, wie lange die Briefe unterwegs sind und ich möchte gern, daß Du weißt, daß ich mich gerade in den vor- und nachösterlichen Wochen durch viele gute Erinnerungen mit Dir verbunden weiß. Wenn ich in diesen Tagen das Neue Lied immer wieder durchblättere, so wird mir klar, daß ich die gesungene Osterfreude im Wesentlichen Dir zu verdanken habe. Seit einem Jahr habe ich keinen Choral mehr singen hören. Aber es ist merkwürdig, wie die nur mit dem inneren Ohr gehörte Musik, wenn man sich ihr gesammelt hingibt, fast schöner sein kann, als die physisch gehörte; sie hat eine größere Reinheit, alle Schlacken fallen ab; sie gewinnt gewissermaßen einen „neuen Leib"! Es sind nur einige wenige Stücke, die ich so kenne, daß ich sie von innen her hören kann; aber gerade bei den Osterliedern gelingt es besonders gut. Die Musik des tauben Beethoven wird mir existenziell verständlicher, besonders gehört für mich dahin der große Variationssatz aus Opus 111, den wir mal zusammen von Gieseking hörten:

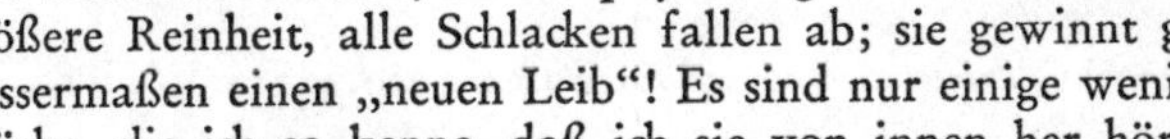

Übrigens höre ich in letzter Zeit doch auch manchmal das Sonntagskonzert von 18–19 Uhr, wenn auch durch scheußliches Radio ...
Ostern? Unser Blick fällt mehr auf das Sterben als auf den Tod. Wie wir mit dem Sterben fertig werden, ist uns wichtiger als wie wir den Tod besiegen. Sokrates überwand das Sterben, Christus überwand den Tod als ἔσχατος ἐχθρός (1. Kor. 15,27). Mit dem Sterben fertig werden bedeutet noch nicht mit [dem] Tod fertig werden. Die Überwindung des Sterbens ist im Bereich menschlicher Möglichkeiten, die Überwindung des Todes heißt Auferstehung. Nicht von der ars moriendi, sondern von der Auferstehung Christi her kann ein neuer reinigender Wind in die gegenwärtige Welt wehen. *Hier* ist die Anwort auf das: δὸς μοὶ ποῦ στῶ καὶ κινήσω τὴν γῆν. Wenn ein paar Menschen dies wirklich glaubten und sich in ihrem irdischen Handeln davon bewegen ließen, würde vieles anders werden. Von der Auferstehung her leben – das heißt doch Ostern. Findest Du auch, daß die meisten Menschen nicht wissen, woher sie eigentlich leben? Die perturbatio animorum greift außerordentlich um sich. Es ist ein unbewußtes Warten auf das lösende und befreiende Wort. Aber noch ist wohl nicht die Zeit, daß es gehört werden kann. Aber sie wird kommen, und dieses Ostern ist vielleicht eine der letzten großen Gelegenheiten, uns auf unsere künftige Aufgabe vorzubereiten.
Ich wünsche Dir, daß Du Dich trotz der Dir auferlegten Entbehrung dran freuen kannst. Lebwohl, ich muß schließen, da der Brief weg soll. Von Herzen Dein Dietrich

[1] Bezieht sich wahrscheinlich auf die Warnung vom 9. 3., vgl. S. 261.

Von Karl-Friedrich Bonhoeffer

[z. Zt. Charlottenburg] 26. 3. 44

Lieber Dietrich! Wenn Du diesen Brief bekommst, wird es vielleicht gerade ein Jahr sein, daß Du in Gefangenschaft sitzt. Unausdenkbar für jeden von uns, der das nicht erlebt hat! Deine Briefe kursieren immer noch in der ganzen Familie und sind uns eine große Freude. Aber ich würde Dich sehr gern einmal wiedersehen und sprechen. Ich habe deswegen wieder einmal um Sprecherlaubnis gebeten. Bei so viel Familienmitgliedern kann jeder einzelne eben nur selten drankommen und Eltern und Braut gehen vor.

Ich sitze hier im Wohnzimmer der Eltern, die jetzt in Pätzig sind und das Haus Deiner zukünftigen Schwiegermutter kennen lernen. Ich freue mich sehr, daß sie sich endlich zum Fahren entschlossen haben. Besonders Mama hat es mit großem inneren Widerstreben getan, obwohl sie es ganz dringend nötig hat. Es ist einfach zu viel für sie; sie muß einmal ausspannen. Bei den Bombenangriffen selbst läßt sie sich allerdings nicht das Geringste merken und, wenn man in irgendeiner Weise zur Vorsicht rät, nimmt sie das fast übel. Aber natürlich bedeutet das neben all dem andern doch auch eine Anspannung. Leider bleiben sie voraussichtlich nicht viel länger als acht Tage; zum Teil werden sie sich auch dadurch zurückgetrieben fühlen, daß sie Sprecherlaubnis für Dich bekommen haben. So wirst Du sie wohl in der Woche vor Ostern sehen, noch bevor Du diesen Brief von mir bekommst.

Ich bin inzwischen nun auch wieder halber Berliner geworden. Wenn vielleicht auch nicht genau „halber", so werde ich doch voraussichtlich in der nächsten Zeit hier öfter zu tun haben, im Zusammenhang mit meiner neuen Tätigkeit bei Osram. Es kann natürlich sein, daß ich mich von hier aus wieder „verlagern" werde, ein Begriff der in der Zeit Deiner Gefangenschaft große Aktualität bekommen hat. Überhaupt wirst Du staunen, wie sich die Welt in dem einen Jahr verändert hat, wenn Du herauskommst. Die wissenschaftliche Arbeit ist allmählich sehr schwierig geworden. Die Bücher der Bibliotheken sind „verlagert" und schwer zugänglich, die Institute angeschlagen, die Leute durch allerhand häusliche Sorgen abgelenkt. Man muß mehr als alle Energie, die man hat, zusammenreißen, um sich zur Konzentration zu zwingen. Ich habe seit Monaten Dinge liegen, die zu 80 Prozent fertig sind, aber ich komme nicht zum Schluß. – Und doch wäre es auf unserm Gebiet auch für die Technik ent-

scheidend, daß die prinzipiellen Dinge in der reinen Wissenschaft vorwärts getrieben würden. Dauernd kann man schließlich nicht vom Kapital leben. Ich wäre glücklich, wenn ich irgendwo eine geeignete, ruhige Ausweichstelle fände, wo ich meine wissenschaftlichen und technischen Untersuchungen durchführen und vielleicht Grete und die Kinder hinbringen könnte. Meine Vorlesungen in Leipzig würde ich dann auf wenige Tage zusammendrängen und dort sozusagen besuchsweise erledigen. Ich fürchte aber, so etwas wird sich nicht mehr finden lassen.
Ich fahre in den nächsten Tagen wieder nach Leipzig und komme erst nach Ostern wieder. Hoffentlich habe ich bis dahin Sprecherlaubnis. Man darf Dir wohl doch ein „frohes“ Fest wünschen?

Alles Gute! Stets Dein Karl-Friedrich

Von Eberhard Bethge [Rignano, Ende März 44]

Lieber Dietrich ... Der Chef hier und der Nächsthöhere, beide menschlich nett zu mir, sind doch so „modern“[1] und soldatisch eingestellt, daß ich über meine Probleme nie so reden kann, wie es manchmal wünschenswert wäre. Einer ist drunter, der mir neulich im Suff sagte, im Frieden nach dem Sieg würde mit solchen wie mir und Rainalter (Akademikern) von der Partei gehörig verfahren werden. Das fanden die meisten deplaciert. Nun, wenn ich kommen kann, werden wir uns ja manches überlegen. Was wird bis dahin geschehen? Die Wehrmachtsberichte erfordern jetzt ein trotziges und standfestes Herz; d. h. nur bei denen, die sich überhaupt für ihn interessieren. Ich bin sehr neugierig, was Du jetzt alles über Musik bei Dilthey liest ...
Sepp[2] würde ich gern sehen. Seine Frau sprach ich ja mal kurz. Er hat sicher seine hilaritas behalten. Interessant, daß Du Dich jetzt mit dem Mittelalter so beschäftigt hast. 13. Jahrhundert. Ich hatte jetzt wegen der Mode darin so etwas ein Widerstreben gegen diese Zeit des „Reiches“[3]. Aber Deine Beobachtung der „Weltlichkeit“ ohne anti ist doch sehr reiz-

voll. Ich sitze im Augenblick hier ja auf dem Lande und sehe nichts von Mittelalter und Renaissance, sondern nur Campagna, Landwirtschaft, mitunter einen antiken Pflasterstein und Marmorreste von alten Bauten an der Straße[4] mit einem Fries. Zu Deinen Beobachtungen, was die Leute glauben, kommt hier noch dazu ein Interesse für Wahrsagerinnen. Manche gehen von Zeit zu Zeit tatsächlich immer wieder hin unter gleichzeitiger Versicherung, daß sie das alles ja nicht glaubten ... Die Sache mit der Dramatisierung der „Leiden", Dinge zur Darstellung zu bringen, eine Rolle daraus machen, das verstehe ich, glaube ich, gut. Es ist wohl eine Form des sich inneren Wehrens gegen Schmerzen, es kann sogar eine Form des Sich-Absetzens davon sein ...
Sei sehr herzlich gegrüßt. Bald ist Palmsonntag und Ostern.

Dein Eberhard

[1] D. h. nationalsozialistisch. [2] Dr. Josef Müller, nach seiner vermeintlichen Entlassung aufgrund des Freispruchs. [3] Dies bezieht sich, außer auf das Mittelalter, auf die von Goebbels geschaffene Wochenzeitung „Das Reich", mit der in besonderem Maße die Gebildeten angesprochen werden sollten. [4] Die Via Flaminia.

Vom Vater

Pätzig, 27. III. 43[1]

Lieber Dietrich! Als wir vergangenen Donnerstag von Tegel zurückkamen, fanden wir die Sprecherlaubnis vor. Das war sehr schmerzlich, weil wir den Besuch nun bis zu unserer Rückkehr von Pätzig verschieben mußten. Die Fahrt dorthin ließ sich nicht gut nochmals verschieben. Indessen hofft ja Maria, Dich nächster Zeit – wohl am 30ten – besuchen zu können. Wir sind am Freitag ohne besondere Strapazen hier angekommen. Karl Friedrich hatte uns zur Bahn begleitet. Hier werden wir sehr verwöhnt und ich hoffe sehr, daß Mama sich in den Tagen hier etwas erholt, wo sie für nichts zu sorgen hat. Das Wetter ist kühl windig, meist Schneegestöber. Das hat den Vorzug, daß man sich nicht zu viel im Freien bewegt und wirklich zum Stillsitzen und Ruhehalten genötigt ist. Wir sind hier in einem sehr sympathi-

schen Umkreis. Mutter und Kinder Wedemeyer sind uns in jeder Beziehung eine Freude und besonders in dem Gedanken, daß es Dir späterhin nicht schwer werden wird, Dich hier heimisch zu fühlen. Auch die vielen Bombenflüchtlinge, die hier sind, sind nette, rücksichtsvolle Menschen. Das selbstlose, fürsorgliche Wesen der Hausherrin wirkt sich auf die ganze Hausgemeinschaft aus. Sonnabend hatten wir allerhand musikalische Darbietungen der Jugend. Cello, Klavier, Flöte und Deklamation. Wir fühlten uns sehr an unsere Sonnabend-Musikabende erinnert, als Ihr alle noch im Hause wart. Gestern las uns Frau von Wedemeyer Erinnerungen ihres Mannes an seinen Vater vor. Sie interessierten mich nicht nur, weil es sich um einen Mann von offenbar besonderer Willensstärke handelt, der trotz jahrelangem Gefesseltsein an den Rollstuhl die Zügel seiner Wirtschaft in fester Hand hielt, sondern auch weil sich trotz des ganz anderen Interessenkreises die grundsätzliche Einstellung zum Leben und zu Erziehungsfragen kaum von der in unseren schwäbischen Familien geübten unterschied. Wir werden voraussichtlich am Dienstag den 4. April zurückfahren und hoffen Dich dann Mittwoch oder Donnerstag besuchen zu können. Mama wollte Dir eigentlich auch schreiben. Wir haben aber beschlossen, daß sie es erst in ein paar Tagen tut, da Du dann nicht aus der selben Situation zwei Briefe im wesentlichen desselben Inhaltes bekommst. Ich glaube, der Aufenthalt hier wird Mama gut tun. Wir sind etwas beunruhigt über den letzten Angriff auf Berlin, über den wir noch nichts Näheres gehört haben. Man bekommt keinen telefonischen Anschluß. Mama grüßt Dich sehr, sie schreibt eben an Maria.
Auf baldiges Wiedersehen Dein Vater

[1] Verschrieben, richtig 44.

An Eberhard Bethge

[Tegel] 2. 4. 44

Lieber Eberhard! Wenn nun wohl auch Ostern vorübergehen wird, ohne daß wir zu Hause sind und uns wiedersehen, so

verschiebe ich diese Hoffnung doch nicht weiter als bis auf Pfingsten. Was meinst Du dazu? Bei Euch wird jetzt ein herrlicher Frühling sein, und Du wirst Dich danach sehnen, eines Tages das alles, was Du jetzt siehst, in friedlichen Zeiten Renate zeigen zu können. Unter normalen Verhältnissen hättest Du wohl heute Klaus und Christoph konfirmiert. Es ist hier ein klarer, aber noch etwas kühler Palmsonntag-Morgen. Wie würden wir uns an einem solchen Festtag in der Familie freuen können! Aber wie gut ist es, daß Du seit Jahren – ich glaube seit Papa's 70. Geburtstag – wohl sämtliche Familienfeste mitgefeiert und mit verschönt hast. Es tut mir immer wieder sehr leid, daß Maria die Familie eigentlich nur unter dem Druck des letzten Jahres kennen gelernt hat; nur Hans-Walters Abschiedsfest hat sie miterlebt. Vor ein paar Tagen war sie hier und erzählte sehr anschaulich, wie sie am 29. 3. in Pätzig Papa's Geburtstag vorgefeiert haben. Maria war für 2 Tage hingefahren, um die Eltern dort zu treffen. Morgens Singen vor der Tür, Geburtstagsfrühstück der Eltern mit Maria und ihrer Mutter allein, ein offenbar ziemlicher schlaraffenhafter Geburtstagstisch mit ländlichen Produkten, große Festtafel ... Mich hat das alles wirklich sehr gefreut, auch in Gedanken an die Eltern, die für solche spontanen Freundlichkeiten doch ein sehr offenes Herz haben. Beide sollen heiterer und gelöster Stimmung sein, was mich nach diesen üblen Monaten sehr beglückt ...
Ganz zufällig bekam ich kürzlich hier Ursel und Dorothee zu sehen. Daß man H. W. den Besuch abschlug, gehört zu denjenigen Dingen, die ich mir merken werde! Ich empfinde das als niedrige Handlungsweise, die man nicht ohne weiteres durchgehen lassen darf. Dorothee fand ich wohlaussehend, Ursel immer noch etwas schmal. Nun habe ich mir ein Bild des Kleinen erbeten und bin sehr gespannt darauf ...
Denke Dir, ich habe aus einem zufälligen Anlaß heraus plötzlich wieder mit der Graphologie begonnen und es macht mir viel Spaß; ich arbeite gerade den Klages durch. An den Handschriften Angehöriger aber vergreife ich mich nicht. Es gibt hier genug andere Interessenten. Ich bin von der Zuverlässigkeit der Sache doch überzeugt. Du weißt doch, daß

ich als junger Student so erfolgreich darin war, daß es mir selbst unangenehm wurde und ich es – seit nun fast 20 Jahren – aufsteckte. Aber nun, nachdem ich die Gefahren der Psychologie hinter mir zu haben glaube, interessiert es mich doch wieder sehr und ich spräche gern mit Dir darüber. Sollte es mir wieder unheimlich werden, so lasse ich es gleich wieder. Ich könnte mir denken, daß Du auch sehr gute Erfolge haben könntest; denn es gehören zwei Dinge dazu, von denen Du das zweite in höherem Maße hast als ich: Einfühlung und genauestes Beobachtungsvermögen. Wenn Du Lust hast, schreibe ich Dir mal einiges mehr darüber.
In der 800 Seiten dicken Klopstockbiographie von Karl Kindt (ehem. D[eutschen] Christen), 1941, fand ich sehr eindrucksvolle Auszüge aus Klopstock's Drama: „Der Tod Adams", in dem er das Sterben des ersten Menschen darstellt; schon die Idee ist interessant, die Ausführung sehr wuchtig. Ich hatte früher schon manchmal daran gedacht, Klopstock zu rehabilitieren. So interessiert mich das Buch sehr.
Am 23.4. hat Maria Geburtstag. Willst Du ihr vielleicht einen kurzen Gruß schicken? Sie würde sich bestimmt sehr freuen ... So, das war ein reiner Erzählbrief, der einfach aus dem Wunsch mich heute vormittag mit Dir zu unterhalten (in andern Zeiten hätten wir heute eine herrliche Musik gemacht!) und Dich nicht ohne Nachricht zu lassen, entstand.
Ich habe eine ganz genaue Karte der Umgebung von Rom und sehe sie oft an, wenn ich an Dich denke und stelle mir vor, wie Du auf den dortigen Straßen schon längst mit gewohnter Orientierung herumfährst und aus der nicht sehr weiten Ferne die Laute des Krieges hörst und von den Bergen auf das Meer siehst.
Gott behüte Dich die Tage auf allen Wegen! In Treue grüßt Dich von Herzen Dein Dietrich

An Ruth v. Wedemeyer [Tegel] 10.4.44

Liebe Mutter![1] Wenn Ihr an Deinem Geburtstag im großen Familien- und Freundeskreis zusammen seid und fröhlich

und dankbar den schönen Tag feiert, dann mußt Du wissen und spüren, daß aus der Stille einer verschlossenen Zelle heraus unaufhörlich gute Gedanken und Wünsche zu Dir gehen ... Ich habe die Losungen des 19. 4. aufgeschlagen[2]. Sie weisen uns auf die hin, die aus der Ewigkeit uns rufen und bei uns sind, auf Vater und auf Max[3]. Du wirst in Deinen Gedanken ganz bei ihnen sein und doch auch ganz bei uns und bei denen, die Dich auf dieser Erde brauchen. Die Zeit zwischen Ostern und Himmelfahrt ist mir immer besonders wichtig gewesen. Schon richtet sich unser Blick auf das Letzte, aber noch haben wir unsere Aufgaben, unsere Freuden und unsere Schmerzen auf dieser Erde und die Kraft des Lebens ist uns durch Ostern zuteil. Ich sage nichts anderes als was ich erfahren habe, wenn ich Dir heute dafür danke, daß Du uns auf diesem Wege zwischen Ostern und Himmelfahrt vorangehst; es ist der Segen, den Vater und Max Dir und uns hinterlassen haben. Auch ich will mit Maria diesen Weg gehen, ganz bereit für das Letzte, für die Ewigkeit und doch ganz gegenwärtig für die Aufgaben, für die Schönheiten und für die Nöte dieser Erde. Nur auf diesem Wege können wir miteinander ganz froh und ganz ruhig werden. Mit ausgestreckten offenen Händen wollen wir empfangen, was Gott uns schenkt und uns daran freuen aus ganzem Herzen und mit stillem Herzen wollen wir hingeben, was Gott uns noch nicht gewährt oder nimmt ...
Ich danke Dir für alles, was Du im vergangenen Jahr für mich getan hast. Gott erhalte Dich im kommenden Jahr uns und Deinem ganzen Haus. Dein dankbarer Sohn Dietrich

Die Eltern haben sich so sehr wohl bei Euch gefühlt, und Du hast es ihnen so besonders schön gemacht, daß ich ganz glücklich darüber war. Sie haben das Gefühl, sich mit Dir besonders gut zu verstehen. Ich danke Dir für diese Tage ganz besonders!

[1] Ruth v. Wedemeyer, geb. v. Kleist-Retzow, die Schwiegermutter. [2] „In deine Hände befehle ich meinen Geist; du hast mich erlöst, Herr, du treuer Gott" (Ps. 31,6). „Ich habe Lust, abzuscheiden und bei Christo zu sein, was auch viel besser wäre" (Phil. 1,23). [3] Beide 1942 an der Ostfront gefallen.

HAFTBERICHT NACH EINEM JAHR IN TEGEL

Die Aufnahmeformalitäten wurden korrekt erledigt. Ich wurde für die erste Nacht in eine Zugangszelle eingeschlossen; die Decken auf der Pritsche hatten einen so bestialischen Gestank, daß es trotz der Kälte nicht möglich war, sich damit zuzudecken. Am nächsten Morgen wurde mir ein Stück Brot in die Zelle geworfen, so daß ich es am Boden auflesen mußte. Der Kaffee bestand zu einem Viertel aus Kaffeesatz. Von außen drangen in meine Zelle zum erstenmal jene wüsten Beschimpfungen der Untersuchungsgefangenen durch das Personal, die ich seither täglich von morgens bis abends gehört habe. Als ich mit den anderen Neueingelieferten anzutreten hatte, wurden wir von einem Schließer als Strolche etc. etc. tituliert, jeder wurde nach dem Grund seiner Verhaftung gefragt: als ich sagte, daß mir dieser nicht bekannt sei, antwortete der Schließer höhnisch lachend: „Den werden Sie schon bald genug erfahren!" Es dauerte ein halbes Jahr, bis ich einen Haftbefehl erhielt. Beim Durchgehen der verschiedenen Büros wollten gelegentlich Unteroffiziere, die meinen Beruf erfahren hatten, sich kurz mit mir unterhalten. Es wurde ihnen bedeutet, daß niemand mit mir sprechen dürfe. Während des Badens tauchte plötzlich ein mir unbekannt gebliebener Unteroffizier auf und fragte mich, ob ich Pastor N. [M. Niemöller] kenne; als ich dies bejahte, rief er: „Das ist ein guter Freund von mir", und verschwand wieder. Ich wurde in die abgelegenste Einzelzelle auf dem oberen Stock gebracht; ein Schild, welches jedem den Zutritt ohne besondere Genehmigung verbot, wurde angebracht. Es wurde mir mitgeteilt, daß mein Schriftverkehr bis auf weiteres gesperrt sei, daß ich nicht, wie alle anderen Häftlinge, eine halbe Stunde des Tages ins Freie dürfe, worauf ich der Hausordnung gemäß einen Anspruch habe. Ich erhielt weder Zeitungen noch Rauchwaren. Nach 48 Stunden wurde mir meine Bibel zurückgegeben. Sie war darauf untersucht worden, ob ich Säge, Rasiermesser etc. eingeschmuggelt hatte. Im übrigen öffnete sich die Zelle in den nächsten zwölf Tagen nur zum

Essenempfang und zum Heraussetzen des Kübels. Es wurde kein Wort mit mir gewechselt. Ich blieb ohne Mitteilung über Grund und Dauer meiner Haft. Wie ich aus Bemerkungen entnahm und wie sich auch bestätigte, war ich auf der Abteilung für die schwersten Fälle untergebracht, wo die zum Tode Verurteilten und an Händen und Füßen Gefesselten lagen.

In der ersten Nacht in meiner Zelle konnte ich wenig schlafen, da in der Nebenzelle ein Häftling mehrere Stunden hintereinander laut weinte, ohne daß sich jemand darum kümmerte. Ich glaubte damals, das würde auch zu den allnächtlichen Erlebnissen gehören; es hat sich jedoch in all den folgenden Monaten nur noch einmal wiederholt. Von dem eigentlichen Betrieb im Hause bekam ich in diesen ersten Tagen völliger Isolierung nichts zu sehen; nur aus dem fast ununterbrochenen Schreien der Schließer formte ich mir ein Bild von den Vorgängen. Der wesentliche Eindruck, der bis heute derselbe geblieben ist, bestand darin, daß hier der Untersuchungshäftling bereits als Verbrecher behandelt wird und daß praktisch für den Gefangenen keine Möglichkeit besteht, sich bei ungerechter Behandlung zu seinem Recht zu verhelfen. Später hörte ich mehrfach Gespräche von Schließern, in denen sie ganz unverblümt sagten, bei einer eventuellen Meldung eines Gefangenen über ungerechte Behandlung oder gar darüber, geschlagen worden zu sein – was an sich streng verboten ist –, würde man doch niemals dem Gefangenen, sondern immer ihnen glauben, zumal sich immer ein Kamerad finden werde, der unter Eid für sie aussagen würde; ich habe auch von Fällen erfahren, in denen diese üble Praktik befolgt worden ist.

Nach zwölf Tagen wurden im Hause meine verwandtschaftlichen Verhältnisse bekannt[1]. Es war für mich persönlich zwar sehr erleichternd, aber objektiv beschämend, wie sich von diesem Augenblick an alles veränderte. Ich wurde in eine geräumigere Zelle gelegt, diese wurde mir täglich durch einen Fourier gereinigt, es wurden mir beim Essenausteilen größere Rationen angeboten, was ich stets ablehnte, da diese nur auf Kosten der Mitgefangenen gegangen wären, der Hauptmann holte mich zum täglichen Spaziergang ab, was zur Folge hatte, daß das Personal mich mit ausgesuchter Höflichkeit behandelte, mehrere kamen sich sogar entschuldigen: „sie hätten ja nicht gewußt etc. ..." Peinlich! –

Gesamtbehandlung: Tonangebend sind diejenigen Schließer, die den Gefangenen gegenüber den übelsten und brutalsten Ton anschlagen. Der ganze Bau hallt von wüsten Schimpfworten ehrenrühriger Art, so daß auch ruhigere und gerechtere Schließer sich davon angeekelt fühlen; aber sie können sich kaum durchsetzen. Gefangene, die später freigesprochen werden, müssen sich hier während monatelanger Untersuchungshaft wie Verbrecher beschimpfen lassen und sind allem völlig wehrlos ausgeliefert, da Beschwerdemachen des Gefangenen rein theoretisch ist. Private Besitzverhältnisse, Zigaretten, Versprechungen für später spielen eine erhebliche Rolle. Der kleine Mann ohne Beziehungen etc. muß alles über sich ergehen lassen. Dieselben Leute, die sich an anderen Gefangenen austoben, begegnen mir mit kriecherischer Höflichkeit. Versuche, mit ihnen ein vernünftiges Wort über die Behandlung aller anderen Gefangenen zu sprechen, scheitern daran, daß sie im Augenblick alles zugeben, aber eine Stunde später dieselben wie vorher sind. Ich darf nicht unterlassen zu sagen, daß auch eine Anzahl der Schließer ruhig, sachlich und nach Möglichkeit freundlich mit den Gefangenen umgehen; aber sie bleiben meist in untergeordneten Posten.

Essen: Der Gefangene kann sich des Eindrucks nicht erwehren, daß er die ihm zustehenden Rationen nicht voll erhält. Von dem angeblich in die Suppe verarbeiteten Fleisch ist häufig nicht das Geringste zu merken. Brot und Wurst werden sehr ungleich geschnitten. Eine Wiegeprobe einer Wurstration, die ich persönlich durchführte, ergab 15 g statt 25 g. Küchenfouriere und in der Küche Dienst tuende Unteroffiziere sind voll von unerfreulichen Eindrücken und Beobachtungen in dieser Hinsicht. Bei einer Belegschaft von 700 Gefangenen wirkt sich bereits die geringste Ungenauigkeit enorm aus. Ich weiß glaubwürdig, daß bei Kostproben des Gefangenenessens durch Arzt oder Offiziere eine starke

Fleisch- oder Sahnesauce in die dafür bestimmten Teller zugesetzt werden. Das Lob der guten Gefangenenverpflegung ist daher nicht verwunderlich. Ich weiß ebenso, daß das für die Gefangenen bestimmte Fleisch vorher in den Kesseln für die Personalkost ausgekocht worden ist etc. etc. Ein gelegentlicher Vergleich zwischen Gefangenen- und Personalkost ist einfach verblüffend. Unter aller Kritik ist das Sonntags- und Feiertagsmittagessen; es besteht aus einer völlig fett-, fleisch- und kartoffellosen Wasserkohlsuppe. An diesen Tagen werden keine Essensproben vorgenommen. Daß die Verpflegung bei längerer Haft für junge Leute völlig unzulänglich ist, scheint mir unzweifelhaft. Eine Gewichtsstatistik der Gefangenen wird nicht geführt. Obwohl es sich um Untersuchungsgefangene handelt und noch dazu um Soldaten, die zum Teil direkt zur Truppe entlassen werden, ist es streng verboten, sich Eßwaren schicken zu lassen[2]; das wird den Häftlingen unter Androhung schwerer Strafen mitgeteilt. Eßwaren, selbst Eier und belegte Brote, die den Häftlingen von Angehörigen bei Besuchen mitgebracht werden, werden zurückgewiesen. Das schafft bei Besuchern und Häftlingen große Verbitterung. Heeresstreifen, die die Häftlinge einliefern, lassen sich – entgegen bestehender Bestimmungen – in der Küche verpflegen.

Beschäftigung: Der weitaus größte Teil der Untersuchungshäftlinge verbringt den Tag ohne jede Arbeit, obwohl die meisten um Arbeit bitten. Sie erhalten aus einer sehr mittelmäßigen Bücherei in der Woche drei Bücher. Beschäftigungsspiele jeder Art (Schach etc.) sind auch in den Gemeinschaftszellen verboten und werden dort, wo Häftlinge sich solche behelfsmäßig angefertigt haben, weggenommen, die betreffenden Häftlinge werden bestraft. Eine gemeinnützige Beschäftigung für die ca. 700 Gefangenen, wie sie z. B. in der Anlegung von Luftschutzunterständen bestehen würde, wird nicht unternommen. Gottesdienste gibt es nicht. Die zum Teil sehr jugendlichen Gefangenen (u. a. Flakhelfer) müssen unter dem Mangel an Beschäftigung und Betreuung besonders in langer Einzelhaft Schaden an Körper und Seele leiden.

Licht: In den Wintermonaten mußten die Gefangenen oft mehrere Stunden lang im Dunkeln sitzen, da aus Trägheit des Personals das Licht in den Zellen nicht eingeschaltet wurde. Wenn die Gefangenen, denen das Recht auf Beleuchtung zusteht, sich in solchen Fällen durch Herausstecken der Fahne oder durch Klopfen bemerkbar machten, wurden sie vom Personal wütend angeschrieen und das Licht wurde bis zum nächsten Tag nicht eingeschaltet. Auf die Pritschen dürfen sich die Gefangenen erst beim Zapfenstreich legen, so daß sie die Stunden bis dahin völlig im Dunkeln sitzen müssen. Das ist innerlich sehr zermürbend und erzeugt nur Bitterkeit.

Alarme: Luftschutzkeller gibt es für die Gefangenen nicht. Es wäre bei den vorhandenen Arbeitskräften eine Kleinigkeit gewesen, hierfür rechtzeitig Sorge zu tragen. Nur für die Leitung des Hauses wurde ein Befehlsbunker angelegt. Im übrigen werden bei Alarmen nur die Gefangenen des obersten Stockwerkes in die Erdgeschoßzellen mit eingeschlossen. Auf meine Frage, warum nicht auch die Insassen des zweiten Stocks auf den ersten gebracht würden, wurde geantwortet, das mache zuviel Arbeit. Ein Sanitätsbunker existiert nicht. Als bei einem schweren Angriff das Revier gebrauchsunfähig wurde, konnte erst nach dem Beschuß mit dem Verbinden der Verletzten begonnen werden. Das Schreien und Toben der eingeschlossenen Gefangenen bei einem schweren Angriff, die zum Teil wegen geringfügiger Vergehen oder gar unschuldig hier sitzen, vergißt derjenige nie, der es erlebt hat. 700 Soldaten werden hier schutzlos den Gefahren eines Bombenangriffs ausgesetzt.

Einzelnes: Die einzige Möglichkeit für den Gefangenen, in dringenden Fällen mit dem Personal in Verbindung zu treten, besteht im Herausstecken der Fahne. Diese bleibt oft stundenlang unbeachtet bzw. schiebt ein vorbeigehender Schließer die Fahne einfach wieder zurück, ohne sich nach dem Wunsche des Gefangenen zu erkundigen. Klopft der Gefangene dann an die Tür, so ergeht eine Schimpfkanonade über ihn. Meldet sich außerhalb der Behandlungszeit ein Gefangener krank, so macht er dadurch dem Personal besondere

Umstände und wird dementsprechend meist wütend angefahren; nur mit großen Schwierigkeiten kann er es erreichen, daß er ins Revier geführt wird. Ich habe zweimal erlebt, wie Gefangene mit Fußtritten ins Revier gestoßen wurden; der eine von ihnen hatte eine akute Blinddarmentzündung und mußte sofort ins Lazarett überführt werden, der andere hatte einen lang anhaltenden Weinkrampf. – Sämtliche Untersuchungshäftlinge, auch die mit den geringsten Straftaten, werden in Fesseln zur Vernehmung und Verhandlung vorgeführt; für einen Soldaten in Uniform bedeutet das eine schwere Kränkung und wirkt bei der Vernehmung bedrükkend. – Die Fouriere, die sowohl die Kübel entleeren wie die Verpflegung austeilen müssen, erhalten zum Waschen dieselbe geringe Seifenmenge, die schon für die gewöhnlichen Häftlinge kaum ausreicht.

[1] Der auch für die Militärgefängnisse verantwortliche Stadtkommandant von Berlin, Paul v. Hase, ein Vetter der Mutter, hatte nach ihm gefragt.
[2] Das Verbot wurde teils durch Bestechung, teils auch dank der Freundlichkeit von einzelnen Bewachern ständig übertreten.

GEFREITER BERG

Mit befriedigtem und sattem Lächeln nimmt der Hauptfeldwebel Meier ein grünes Paket in Empfang und läßt es in der Aktentasche verschwinden, die er in seinem Schreibtisch sorgfältig verschließt. Dann setzt er sein dienstliches Gesicht auf und fragt: „... und Ihr Herzleiden, Müller?" Müller nimmt Haltung an und stottert: „Herr Hauptfeldwebel, meine Frau ..." „Ich frage nach Ihrem Herzleiden, Müller! Es hat sich – nicht gebessert? verschlechtert?" „Jawohl, Herr Hauptfeldwebel, jawohl – verschlechtert, entschieden verschlechtert!" beteuert Müller hastig und aufgeregt. „Aber nicht wahr, Müller, vielleicht in drei Monaten ...?" „Jawohl, Herr Hauptfeldwebel, selbstverständlich, gewiß, d. h. vielleicht, ja vielleicht, Herr Hauptfeldwebel, in drei Monaten. Drei Monate sind ja eine lange ..." Er unterbricht sich. Müller verfolgt mit gierigen Blicken die Bewegungen des Hauptfeldwebels, der eine Liste hervorzieht, hinter einen Namen eine kurze Notiz macht und die Liste wieder in den Aktendeckel legt. Der Gefreite Müller atmet auf. Er möchte sich bedanken, aber er spürt, daß er das nicht darf. „Es ist gut, Müller, Sie können gehen!" sagt der Hauptfeldwebel mit Würde. Als Müller schon die Türklinke in der Hand hält, sagt der Hauptfeldwebel wie beiläufig, ohne Müller anzusehen: „... und, nicht wahr, Müller, Sie vergessen nicht ...!" „Aber, Herr Hauptfeldwebel!" Müller verbeugt sich, als stünde er bei sich im Geschäft hinter dem Ladentisch. Verbindlich lächelnd und sich nochmals verbeugend, geht er.

Das Telefon klingelt. „Hier W. U. G., Hauptfeldwebel Meier – wer dort? – ich kann nicht verstehen – ah, Herr Major!" Meier nimmt Haltung an, sein Gesicht erstarrt zu einer ergeben lächelnden Maske. – „Verzeihung, Herr Major, ich hatte nicht ... um eine Abstellung, Herr Major?" – Meiers Stimme klingt belegt. – „Ah, ich verstehe, Herr Major wollen einen Mann zu uns abstellen." – Meiers Stimme ist wieder ganz frei. – „Selbstverständlich, Herr Major, jawohl, wir haben einen Platz frei — ausgezeichneter Mann — kommt von der Front — schwer verwundet — voll dienstfähig — verständnisvolle Behandlung — kameradschaftliche Behandlung — aber selbstverständlich, Herr Major! — Hervorragende Kameradschaft hier — selbstverständlich! — der Mann kann sofort antreten — wie bitte? — verständnisvolle Behandlung? Aber, Herr Major, das ist doch selbstverständlich, — Frontkämpfer! — — bitte sehr, Herr Major!" — Verbeugung, Lächeln, — „Danke gehorsamst, Herr Major — Herr Major können sich ganz auf mich verlassen — zu Befehl, Herr Major!" Meier legt den Telefonhörer rasch und beunruhigt auf. Neuer Mann? — kann ich gar nicht brauchen. — Frontkämpfer? diese Leute bringen oft so einen unangenehmen Ton mit — passen nicht hierher — sehen alles anders an als wir — ja, wenn man selbst draußen gewesen wäre — na, vielleicht doch nicht voll diensttauglich — schwer verwundet? verständnisvolle Behandlung? Kameradschaft? Zweimal dieselbe Frage? Meier stutzt, schüttelt den Kopf. Na, schließlich habe ich ja hier zu bestimmen, murmelt er selbstgefällig vor sich hin. Er greift nach dem Schreibtischschlüssel und ist gerade dabei, das verschlossene Paket zu öffnen, als es klopft. Das Paket verschwindet sofort wieder. Verärgert ruft Meier: „Herein!"

Der diensttuende Unteroffizier tritt ein und stößt einen Soldaten in Hand- und Fußfesseln vor sich her, so daß dieser in die Stube stolpert. „Der heutige Zugang, Herr Hauptfeldwebel. Fahnenflucht, Zelle 127." Der Gefangene sieht sich verwirrt um. Er sieht sehr übermüdet und ausgehungert aus. „Wollen Sie gefälligst militärische Haltung annehmen, Sie Strolch", brüllt der Hauptfeldwebel. „Sie haben wohl noch keinen Kasernenhof gesehen?" Der Gefangene reißt sich zusammen. „Wie alt?" „Achtzehn Jahre, Herr Hauptfeldwebel." „Beruf?" „Abiturient, Herr Hauptfeldwebel." „Von wo?" „Von der Front, Herr Hauptfeldwebel." „Von der Front, Sie Schwein? Wissen Sie auch, was das für Folgen hat?" „Jawohl, Herr Hauptfeldwebel." Ein leichtes Zittern geht durch den Körper. „Von der Front, Sie feiger Lump? Sie lassen also Ihre Kameraden im Stich? Sie unterwühlen Manneszucht und Ordnung? Sie wollen mitten im Krieg

Ihrem persönlichen Vergnügen nachgehen? Sich satt fressen und sich mit Huren herumtreiben, während jeder anständige Mann für sein Vaterland das Letzte opfert mit Blut und Leben? Irgendeinem verlumpten Mädel sind Sie nachgelaufen, was?" „Nein, Herr Hauptfeldwebel." „Nein, sagen Sie? Lügen wollen Sie auch noch, Sie Schmutzfink? Warum sind Sie fahnenflüchtig geworden?" „Ich weiß es nicht, Herr Hauptfeldwebel. Es kam so." „Sie wissen es nicht? Es kam so? Wissen Sie nicht, daß der deutsche Mann einen Willen hat, damit er den inneren Schweinehund überwindet? Es kam so!! Das ist das Allerneueste!" Das Zimmer zittert vom Brüllen und Lachen des Vorgesetzten. „Sie wissen es also nicht, warum Sie ausgerückt sind? Ich will es Ihnen sagen, ich weiß es. Weil Sie ein elender Schurke sind, der vor jeder Kugel zittert und der nun auf dem Sandhaufen seine verdiente Kugel bekommen wird. Wieviele Stunden waren Sie denn überhaupt an der Front, Sie Muttersöhnchen, Sie besserer Herr, Sie Abiturient, Sie?" „Den ganzen Winter, Herr Hauptfeldwebel." „Wo?" „In Rußland." „Den ganzen Winter? Warum wurden Sie denn eingezogen?" „Ich habe mich vor einem Jahr freiwillig gemeldet, Herr Hauptfeldwebel." „... um sich draußen herumzudrücken! Haben Sie denn überhaupt einen Russen gesehen?" „Ich habe das E. K. I, Herr Hauptfeldwebel." Unwillkürlich richtet sich der Blick des jungen Häftlings auf die linke Brust des Hauptfeldwebels, die nur das fleckenlose, gut gebügelte, grüne Tuch einer neuen Uniform zeigt. Dann sieht er dem Hauptfeldwebel gerade ins Gesicht und wundert sich, daß es auffallend jung, gesund und wohlgenährt aussieht. Der Hauptfeldwebel spürt das und wird unruhig. „Das E. K. I?" braust er auf. „Warum tragen Sie es denn nicht?" Verächtlich sieht der Hauptfeldwebel auf die gebleichte, zerschlissene Uniform des Gefangenen. „Ich habe es nach meiner Verhaftung selbst abgelegt." „E. K. I? freiwillig abgelegt?" Der Hauptfeldwebel lacht dröhnend. Der Unteroffizier greift ein: „Herr Hauptfeldwebel, das E. K. I ist im Soldbuch eingetragen." „Im Soldbuch? Sie Dummkopf!" schreit der Hauptfeldwebel außer sich. „Mensch, wissen Sie denn noch nicht, daß diese Gauner auch ihre Soldbücher fälschen? Schwere Urkundenfälschung! Auch das noch. Na warte, mein Junge, Dir werden wir's schon zeigen!" Der Gefangene schweigt. Er sieht furchtbar müde und gequält aus, aber seine flackernden Augen bohren sich tief in das satte Gesicht des Hauptfeldwebels hinein. „Wo wurden Sie verhaftet?" „Ich weiß es nicht, Herr Hauptfeldwebel. Ich war bewußtlos im Schnee liegen geblieben." „Wie lange waren Sie unterwegs?" „Ungefähr zwölf Stunden; dann konnte ich nicht mehr." „Wohin wollten Sie?" „Ich weiß es nicht. Nur weg von der Front. Ich lief einfach darauf los. Ich war nicht mehr bei Sinnen. Die anderen waren alle auch weggelaufen!" „Und woher wußten denn die, die Sie fanden, daß Sie fahnenflüchtig waren?" „Weil ich es gesagt habe." „Und warum haben Sie Idiot das denn zugegeben? Warum haben Sie nicht gesagt, Ihre Einheit sei auf dem Rückzug?" „Weil ich den Posten, auf den ich gestellt war, ohne Befehl verlassen habe. Wer sich vor der Front drückt, ist feige vor dem Feind und fahnenflüchtig." Der Hauptfeldwebel fährt zusammen. „Was ist Ihr Vater?" „Offizier." Der Hauptfeldwebel wirft dem Unteroffizier einen scheuen Blick zu. „Bringen Sie den Gefangenen auf seine Zelle!" Die Fußfesseln klirren, als der Gefangene Haltung annimmt. Die Tür schließt sich.

Dem Hauptfeldwebel Meier ist nicht wohl nach diesem Gespräch. Er will es vergessen. Rasch greift er wieder nach dem Paket, öffnet es hastig, schneidet sich ein großes Stück Wurst ab und beißt gierig hinein. Unwillkürlich tastet er mit seiner Hand auf die linke Uniformseite, als brenne dort noch der Blick des jungen Häftlings. „Verfluchtes Volk, diese Frontsoldaten!" murmelt er vor sich hin.

Starkes Klopfen. Der Hauptfeldwebel Meier erschrickt. Er ist nervös geworden. Die Tür wird rasch geöffnet, als Meier noch den Biß herunterschluckt. „Gefreiter Berg meldet sich im Auftrag des Herrn Major zum Dienst." Eine ruhige, feste Stimme. Meier rückt seinen Rock zurecht, streicht sich über den gepflegten Scheitel, blickt auf und bleibt einen Augenblick sprachlos. Was er sieht, ist kaum mehr ein menschliches Gesicht zu nennen. Eine schwere Verbrennung, wie sie von Flammenwerfern verursacht werden, hat dieses Gesicht völlig zerstört. Stücke fremden Fleisches hat man eingesetzt, die

Nase ist zerfetzt, der Mund hat keine Lippen, die Ohrmuscheln sind nur noch zur Hälfte da. Der Hauptfeldwebel versucht, sich zu fassen, aber noch starrt er wortlos die in jugendlich straffer Haltung vor ihm stehende Gestalt an. „Der Herr Major", beginnt er schließlich, „hat Sie zu uns geschickt?" „Jawohl, Herr Hauptfeldwebel." Dem Hauptfeldwebel Meier schwirren die Worte des Majors durch den Kopf: „Ausgezeichneter Mann – Frontsoldat, – verständnisvolle Behandlung – Kameradschaft." „Sie sind voll dienstfähig?" „Jawohl, Herr Hauptfeldwebel." „Sind Sie noch in Lazarettbehandlung?" „Nein, Herr Hauptfeldwebel, ich bin geheilt entlassen." Meier ringt nach Worten. „Und Sie meinen also . . .?" er stockt. „Jawohl, Herr Hauptfeldwebel, ich meine, daß ich meinen Dienst hier ebenso tun werde wie an der Front." Der Hauptfeldwebel zuckt zusammen. „Selbstverständlich, selbstverständlich, mein Freund – der Herr Major – Sie sind verheiratet?" fragt er plötzlich. „Nein, noch nicht, Herr Hauptfeldwebel." – Noch nicht. Worauf hofft dieser Mensch da noch? – „Wie alt sind Sie?" „Achtundzwanzig Jahre alt." – Genau so alt wie ich selbst, denkt der Hauptfeldwebel. Es graust ihm. „Was sind Sie von Beruf?" „Volksschullehrer, Herr Hauptfeldwebel." – Vernichtete Existenz. Wäre es nicht für so einen besser gewesen, wenn . . .? Der Hauptfeldwebel denkt diesen Gedanken nicht zu Ende. – „Es ist gut", sagt er, „Sie können gehen. Der Unteroffizier vom Dienst wird Ihnen Ihre Anweisungen geben."

Meier geht lange in seiner Stube auf und ab, ohne zu wissen, woran er eigentlich denkt. Er empfindet einen beklemmenden Druck auf Herz und Magen wie vor einer heraufsteigenden Übelkeit. Er öffnet die Fenster und holt tief Atem. Wieder geht er auf und ab. Plötzlich bleibt er vor dem Spiegel stehen und sieht lange hinein. Das beruhigt ihn. Er findet sich gut und gepflegt aussehend. Seine neuen hohen Stiefel und der enge Sitz der Uniform, die er sich kürzlich anschaffte, geben seiner Figur etwas Schneidiges, Offiziersmäßiges, worüber er äußerst befriedigt ist. Er muß auf einmal an den letzten Kameradschaftsabend mit Damen denken, bei dem er auf einige jüngere Frauen einen starken

Eindruck gemacht hat. Er sieht sich an der Spitze der Tafel, – aber während er das Gesicht einer besonders reizvollen Frau zu beschwören versucht, erscheint ihm die grausige Maske des verwundeten Frontsoldaten. Dann gehen ihm einige Abenteuer der letzten Wochen durch den Kopf. Er hatte für Sekt und eine ansehnliche kalte Abendplatte gesorgt. Die Bewunderung seiner Begleiterin. – Wieder das Gesicht. Das Gesicht – die Dame – die Abendplatte – alles geht ihm durcheinander. Er geht ans Telefon und verlangt die Küche. „Schicken Sie Müller sofort zu mir!"

Nach einer Stunde verläßt Müller die Stube des Hauptfeldwebels. Seine letzten Worte waren: „Sie können sich ganz auf mich verlassen, Herr Hauptfeldwebel. – Ich verstehe vollkommen, es ist wirklich ganz unmöglich. –"

Vor der Tür stößt er auf den Gefreiten Berg, der von seinem ersten Rundgang durch die Zellen kommt. Müller faßt sich schnell und fragt verbindlich lächelnd, nur um etwas zu sagen: „Nun, wie gefallen Ihnen unsere Halunken?" „Halunken?" antwortet Berg. „Ich habe da eben auf Zelle 127 einen Jungen gesehen, – ich wäre froh, wenn alle Soldaten so wären wie der. Allerdings, es ist ein Jammer um ihn – Fahnenflucht. Da ist nichts zu machen. Wenn man dem noch ein einziges Mal eine Chance gäbe; der würde die Schande ausmerzen. Ein Jammer." „Nein, allerdings gar nichts zu machen", sagt Müller mit rohem Lächeln und macht eine Geste, die das bevorstehende Schicksal des jungen Soldaten bezeichnet. Berg schüttelt den Kopf: „Kamerad, warst Du draußen in Rußland?" Müller wird verlegen: „Nein, leider, – ich habe ein Herzleiden, nervöses Herzleiden. Aber schließlich bringt man ja auch hier seine Opfer, die Luftangriffe, die aufreibende Arbeit mit den Strolchen ..." „Hm –" Berg schüttelt wieder seinen Kopf. – „soweit ich heute gesehen habe, sitzen hier größtenteils Kameraden, die einmal eine Dummheit gemacht haben, aber Strolche – ich weiß nicht, ich fürchte, die sind woanders zu finden. – Ich will Dich nicht aufhalten, Du bist wohl auf dem Weg zur Küche. Bis nachher also! – Kocht auch den Gefangenen etwas Gescheites. Wir brauchen die draußen wieder. Mit Skeletten können wir dort nichts anfangen. Bis nachher!" – Berg dreht sich um und läßt Müller stehen. Müller stutzt, will etwas sagen, weiß aber nicht, was, besinnt sich einen Augenblick und sagt dann vor sich hin: „So, so ein Junge, also so einer bist Du.“ Statt in die Küche geht er sofort ins Krankenrevier. Dort bringt er das Gespräch so nebenbei auf Berg: Ausgezeichneter Mann, Frontsoldat – verständnisvolle Behandlung, – gewiß – aber man dürfe doch gerade einem solchen Mann auch nicht zu viel zumuten. Es sei doch eigentlich gar nicht zu verantworten, daß er diesen schweren Dienst usw., usw. Er bekommt eine glatte Abfuhr, Berg sei voll dienstfähig. Im übrigen verstehe man nicht, was Müller das angehe, ob er irgendein persönliches Interesse habe. Müller stammelt, er habe ja nur helfen wollen, es sei doch ein Kamerad von der Front, und der Herr Hauptfeldwebel selbst habe Bedenken gehabt. Es wird ihm geantwortet, er könne dem Herrn Hauptfeldwebel mitteilen, daß diese Bedenken gegenstandlos seien.

Mittagessen. Müller setzt sich neben Berg und beginnt, ihn mit einem schmelzend liebenswürdigen Lächeln zu unterhalten. Er fragt nach der Front, nach der Verwundung. Berg ist einsilbig. Der Hauptfeldwebel sitzt gegenüber. Um zu trinken, muß Berg, da seine Lippen gefühllos sind, einen Schlauch benutzen. Er tut es möglichst unauffällig. Der Hauptfeldwebel starrt entsetzt auf diesen Vorgang, Müller wendet sich ab. Beide denken an den nächsten Kameradschaftsabend mit Damen. Das ist einfach eine Unmöglichkeit. Berg lobt während der Mahlzeit das Essen als ungewöhnlich gut und sagt, nun müsse er auch gleich einmal das Gefangenenessen kosten; denn sie selbst seien ja schließlich nur Heimattruppen, die Gefangenen aber müßten größtenteils wieder zur Front zurück. Diese Bemerkung stößt auf allgemein eisiges Schweigen.

Nach dem Essen, als alle den Speiseraum verlassen haben, wechselt der Hauptfeldwebel mit Müller noch einige Worte.

Am nächsten Tag begrüßt Müller den Gefreiten Berg mit besonderer Herzlichkeit und schiebt ihm ein kleines Paket in die Hand. „Du wirst das brauchen nach allem, was Du durchgemacht hast!“ Berg öffnet es „Wie komme ich zu einem Pfund Butter?“ sagt er laut. Im selben Augenblick geht ein anderer Unteroffizier vorbei. „Wenn Ihr es übrig habt – worüber ich mich wundere – werde ich es auch unter die Gefangenen meiner Abteilung verteilen. Im übrigen war es ein Fraß, den die Gefangenen bekommen haben. Also, schäme Dich!“ Müller beißt sich auf die Lippen und geht. So also ist Berg nicht in die Hand zu bekommen.

Müller aber ist unermüdlich. Er weiß, was es für ihn bedeutet, den Hauptfeldwebel zufriedenzustellen. Er knüpft am nächsten Tage – entgegen einem bestehenden Verbot (aber er hat ja den Hauptfeldwebel hinter sich!) – mit einzelnen Gefangenen aus Bergs Abteilung Gespräche darüber an, ob nicht die schreckliche Entstellung seines Gesichtes auf die Gefangenen in ihrer ohnedies schon so schweren Lage bedrückend wirke. Erstauntes Kopfschütteln, verständnislose, ja ausgesprochen feindselige Verneinungen seiner Frage sind die Antwort. Müller muß sich beeilen, den üblen Eindruck seiner Frage durch allerlei Geschwätz wieder zu verwischen.

Beim Mittagessen geschieht es, daß Berg, dessen Mundmuskeln nicht richtig funktionieren, beim Trinken den Schlauch fallen läßt und das Getränk über den Tisch verschüttet. Indigniertes Kopfschütteln des Hauptfeldwebels und niederträchtig mitleidiges Lächeln Müllers.

Tags darauf wird Berg zur Abnahme der Sprecherlaubnis der Gefangenen mit ihren Angehörigen eingeteilt. Der Hauptfeldwebel empfängt einige der besuchenden Damen nachher in seinem Zimmer. Später läßt er durch Müller verbreiten, ein Besucher habe ihn gebeten, wenn möglich, das nächste Mal einen anderen Unteroffizier zur Abnahme der Sprecherlaubnis zu bestimmen; es sei für sie unerträglich, beim Anblick eines so schauerlich zerstörten Gesichtes ein Wort herauszubringen.

Berg spürt, daß über ihn gesprochen wird. Er beginnt zu ahnen, aus welchem Grunde.

Wieder sitzt Müller bei der Mahlzeit neben ihm. „Ein Unsinn sind diese monatelangen Haften bei Leuten mit Dummen Jungen-Streichen. Die werden dadurch nur verdorben. Eine schnelle kurze und scharfe Strafe wäre viel besser“, sagt Berg. „Na, und was würde dann aus uns?“ platzt Müller heraus. „Ich meine ...“ Er versucht nun vergeblich, seine vorigen Worte zu vertuschen. „Ich meine, – schließlich müssen die Leute doch irgendetwas verbrochen haben, sonst wären sie ja nicht hier, und dann schadet es ihnen gar nichts, einmal ein paar Monate zu schmoren." „Ich meine dagegen, daß das in jeder Hinsicht falsch ist", ruft Berg erregt. „Sei vorsichtig, Berg, sei vorsichtig", trumpft Müller nun auf, „Du kritisierst hier, und wenn das der Feldwebel hört..." „Das, was hier vorgeht, werden ganz andere Leute als der Hauptfeldwebel hören! Das versichere ich Dir!" ruft Berg. Müller erbleicht.

Tags darauf wird Berg zum Hauptfeldwebel befohlen. „Ich muß Ihnen leider mitteilen, Berg, daß Sie mit sofortiger Wirkung abberufen sind. Es tut mir aufrichtig leid. Ich hätte gerade einen Frontkämpfer wie Sie gerne hier behalten." „Darf ich fragen, aus welchem Grunde ich abberufen bin, Herr Hauptfeldwebel?" „Sie haben keinen Anspruch auf Beantwortung dieser Frage." „Ich werde aber auf Beantwortung bestehen, Herr Hauptfeldwebel", sagt Berg trotzig. „Nun gut, gut, lieber Berg, ich will es Ihnen ausnahmsweise sagen. Es liegt ein dienstlicher Befehl vor." Berg wird bleich. Er glaubt nicht, was der Hauptfeldwebel sagt, ja, er ist überzeugt, daß der Hauptfeldwebel ihn anlügt, aber er hat keine Möglichkeit, das noch zu prüfen. Berg nimmt militärische Haltung an und verläßt die Stube.

Als er nach Erledigung der Formalitäten noch einmal die Zelle des Abiturienten aufschließt, sieht er die Spuren von Tränen in dessen Augen, aber es geht ein Aufleuchten über das Gesicht des jungen Fahnenflüchtigen, als er Berg erblickt. „Was ist los, Junge?" fragt Berg. „Ich möchte zurück an die Front", sagt er und die Tränen steigen ihm aus den Augen. „Ich auch", sagt Berg und beißt die Zähne zusammen. „Kopf hoch, Junge, ich gehe für Dich zum General. Du kommst wieder hinaus. Aber ich muß Dir jetzt Leb wohl sagen. Ich gehe." „Sie gehen?" ruft der Junge entsetzt und verzweifelt. „Sie gehen? Warum? Warum nur? Sie waren hier der Einzige..." „Ich will es Dir sagen: Dem Hauptfeldwebel paßt mein Gesicht nicht." Beide schweigen erschüttert. Berg geht an die Tür. „Leb wohl, Kamerad!" „Leb wohl, Kamerad!"

III. ÜBERDAUERN BIS ZUM UMSTURZ
APRIL BIS JULI 1944

Lieber Eberhard! Eigentlich wollte ich Dir in den Feiertagen schreiben; aber ich hatte infolge vieler sehr gut gemeinter Besuche weniger Ruhe als mir lieb gewesen wäre. Nicht einmal einen Brief an Maria konnte ich fertig kriegen. Ich habe mich aber eben doch schon so an die Stille des Alleinseins gewöhnt, daß ich nach kurzer Zeit immer schon wieder danach Verlangen habe. Ich kann mir garnicht vorstellen, den Tag wieder einmal wie früher oder gar so wie Du jetzt verbringen zu müssen. Du weißt ja, daß ich Familienfeste schon früher nicht recht durchhielt; hoffentlich hat sich das jetzt nicht zu sehr ausgewachsen. Nach einem guten Gespräch habe ich zwar großes Verlangen; aber Gerede ohne rechten Sinn geht mir schrecklich auf die Nerven. Ähnlich geht es mir mit der durchschnittlichen Radiomusik; ich empfinde sie einfach garnicht als Musik, sondern als ein ganz leeres Geplärre. Sicher liegt in all dem eine Gefahr. Und trotzdem denke ich mir, daß Du jetzt oft ähnlich empfindest. Die Qualitätsgefühle lassen sich eben nicht totschlagen, sondern werden von Jahr zu Jahr stärker.
Wie magst Du Ostern verbracht haben? Ob Du in Rom warst? Wie bist Du der Sehnsucht nach Hause Herr geworden? Ich könnte mir denken, daß das noch schwerer ist in Deiner Lage als in meiner; denn nur mit Ablenkung und Zerstreuung ist es doch nicht gemacht. Es ist doch das ganze Aufgebot letzter Wahrheiten nötig, um mit sich ins Reine zu kommen, und dazu braucht man doch auch viel Zeit für sich selbst. Ich finde, daß die ersten warmen Frühlingstage etwas an mir reißen; das wird Dir ähnlich gehen. Wenn die Natur wieder zu sich zurückfindet, aber das eigene Leben und die geschichtlichen Gemeinschaften, in denen wir leben, noch in ungelöster Spannung verharren, dann empfinden wir den Zwiespalt besonders stark; oder eigentlich ist es wohl garnichts anderes als Sehnsucht, und es ist vielleicht ganz gut, daß wir diese wieder einmal stark empfinden; von mir persönlich muß ich jedenfalls sagen, daß ich viele viele Jahre lang zwar nicht ohne Ziele und Aufgaben und Hoffnungen, in denen man ganz aufging, aber doch ohne persönliche

Sehnsucht gelebt habe; und man ist vielleicht dadurch vorzeitig alt geworden. Alles ist dadurch zu „sachlich" geworden; Ziele und Aufgaben haben heute fast alle Menschen, alles ist ungeheuer versachlicht, verdinglicht, aber wer leistet sich heute noch ein starkes persönliches Gefühl, eine wirkliche Sehnsucht, wer macht sich die Mühe und wer verschwendet seine Kraft darauf, eine Sehnsucht in sich auszutragen, zu verarbeiten und ihre Früchte tragen zu lassen? Die paar sentimentalen Radioschlager mit ihrer gesuchten Naivität und leeren Primitivität sind der klägliche Rest und das Maximum dessen, was man sich an inneren Strapazen auferlegen läßt, – eine schauerliche Verödung und Verarmung. Demgegenüber wollen wir ganz froh sein, wenn es uns noch etwas kräftiger packt und die Schmerzen, die damit verbunden sind, als Reichtum ansehen. Hohe Spannungen geben starke Funken (oder stimmt das physikalisch nicht? dann übersetze es Du in die richtige Sprache!).
Die Zeit zwischen Ostern und Himmelfahrt habe ich seit langem besonders geliebt. Auch hier geht es um eine gewisse Spannung. Wie sollen Menschen wohl irdische Spannungen aushalten, wenn sie von der Spannung zwischen Himmel und Erde nichts wissen? Hast Du eigentlich das Neue Lied mit? Ich erinnere mich genau daran, wie wir mit Dir Himmelfahrtslieder kennen lernten, darunter das, was mir bis heute das liebste ist: „Auf diesen Tag bedenken wir ..." Übrigens beginnt in diesen Tagen das zehnte Jahr, seit wir uns kennen. Das ist doch ein ziemlicher Abschnitt; und wir haben das vergangene Jahr doch wohl kaum weniger intensiv miteinander erlebt als die vorigen unserer vita communis. – Am 23. 4. ist Maria's Geburtstag. Sie wird ihn noch immer alleine feiern müssen, und ich habe den Eindruck, daß wir beide – ich meine Du und ich – erst zur gleichen Zeit wieder nach Hause kommen[1]. Man hat mir gesagt, ich solle mich vorläufig nicht auf eine Veränderung meines derzeitigen status einstellen, und das, nachdem man mir bisher alle 14 Tage neue Versprechungen gegeben hat. Ich kann das zwar weder für richtig noch für klug halten und mache mir meine eigenen Gedanken darüber, über die ich sehr sehr gern mit Dir spräche – aber ich muß mich eben

praktisch danach richten, da ich mich mit meiner Auffassung nicht durchsetzen kann. Im übrigen hoffe ich auf Pfingsten!
Gestern hörte ich irgendjemand sagen, die letzten Jahre seien für ihn alles verlorene Jahre. Ich bin sehr froh, daß ich dieses Gefühl noch nie einen Augenblick gehabt habe; ich habe auch noch nie meine Entscheidung im Sommer 39 bereut[2], sondern stehe ganz unter dem Eindruck, daß mein Leben – so merkwürdig das klingt – völlig geradlinig und ungebrochen verlaufen ist, jedenfalls was die äußere Führung des Lebens angeht. Es ist eine ununterbrochene Bereicherung der Erfahrung gewesen, für die ich wirklich nur dankbar sein kann. Wenn mein gegenwärtiger status der Abschluß meines Lebens wäre, so hätte das einen Sinn, den ich zu verstehen glauben würde; andrerseits könnte alles auch eine gründliche Vorbereitung für einen neuen Anfang sein, der durch die Ehe, durch den Frieden und durch eine neue Aufgabe bezeichnet wäre.
Eben kam ein netter Brief von Rüdiger, aus dem ich ersehe, daß Du auch nicht gerade eine Etappenexistenz führst. Gern wüßte ich sehr viel mehr über Dein tägliches Leben. Ist eigentlich die Unterbringung erträglich? Aber Du bist ja vom Internat einiges gewöhnt. Mit großer Freude habe ich mir die Bilder vom 75. Geburtstag, darunter Dich unter den Enkeln, wieder angesehen; die Eltern brachten sie kürzlich mit ... Daß die Eltern in Pätzig so befriedigt waren, freut mich sehr. Meine Schwiegermutter hat sie scheint's ganz rührend versorgt und auch Papa sprach wirklich sehr erfreut über den Aufenthalt ... Nun will ich für heute schließen; ich muß noch eine graphologische Analyse machen; damit verbringe ich jetzt die Stunden, in denen ich nicht recht arbeiten kann. Der Brief ist etwas zerrissen, weil er mit dauernden Unterbrechungen geschrieben wurde. Trotzdem, denke ich, ist er Dir lieber als garkeiner.
Täglich denke ich oft zu Dir hin und befehle Dich Gott.
Von Herzen grüßt Dich Dein Dietrich

[1] Nach etwa erfolgreichem Putsch oder Kriegsende. [2] Aus den USA heimzukehren, s. DB, 729 ff.

Von Ursula Schleicher [Klein-Krössin] den 18. 4. 44

Lieber Dietrich! Für 8 Tage ... bin ich mit Dorothee zu Tante Ruth gefahren, um mal etwas auszuruhen ... Wir werden hier sehr verwöhnt, Dorothee ist glücklich endlich mal satt zu sein. Sie hat fest zu arbeiten ... Sie hofft ja im Herbst Abitur zu machen, ich weniger, da sie im Mai ja erst 16 wird. Christine soll nun mit Konfirmandenunterricht beginnen ... Wir werden sie wohl in Potsdam zum Unterricht schicken. Hans Walter ist nun doch noch nicht in Einsatz gekommen, sondern wird noch 1/4–1/2 Jahr als Langstreckenbordfunker ausgebildet. Er ist in der Nähe von Leipzig, so daß wir ihn dort sicher einmal besuchen können. Er war sehr geknickt, daß ihm die Sprecherlaubnis abgelehnt wurde, wo doch Klaus Dohnanyi genauso Neffe ist und zu Dir durfte, und *er* doch annahm ins Feld zu kommen. Der Brief, den Du ihm zur Einziehung schriebst[1], hat ihm oft geholfen, er hätte Dich gern gesprochen, vielleicht geht's doch einmal. Dem kleinen Dietrich geht's gut, er gedeiht und soll bald einmal zum Photografen, da bekommst Du auch ein Bild. Die Bilder, die wir gemacht haben, sind ziemlich schlecht, Eberhard glaubt aber darauf 100 Ähnlichkeiten zu entdecken, obwohl wirklich mehr vom Steckkissen, als vom Kind zu sehen ist.
Nun hoffe ich, daß jetzt bald meine Sprecherlaubnis genehmigt wird, um die Rüdiger schon zweimal für mich gebeten hat, damit wir uns endlich mal wieder sehen können.
Inzwischen leb wohl. Von Herzen wünscht Dir alles alles Gute

Deine Ursula

Viele Grüße von allen hier.

[1] Siehe GS II, 422–425.

Von Eberhard Bethge [Rignano] den 21. 4. 44

Lieber Dietrich. Da wir uns also noch nicht wiedersehen konnten zu Ostern, sondern die Hoffnung auf das nächste Fest verschieben müssen, hast Du mir wieder Grüße geschickt und ich lasse mich gern von Dir zu der wichtigen Arbeit neuer Terminsetzungen ermahnen. Ostern hatte ich es hier mit Briefen von Renate und schönen Blumen ganz ruhig, ich kam etwas zum Spazierengehen und Lesen des Burckhardt (Kultur der Renaissance). Kennst Du eigentlich die Selbstbiographie des Cardano[1] aus der Zeit? Das muß etwas Besondres an objektiver Selbstbetrachtung sein; er ist Arzt. Ob es Dein Vater hat? Der Frühling ist schon sehr schön, vor allem in den Bachschluchten; in andere Gegenden komme ich jetzt fast garnicht. Wir lieben aber auch das schlechte Wetter, weil dann im allgemeinen Ruhe in der Luft ist.

Ich muß jetzt auch dran denken, was wohl mit Klaus' und Christoph's Konfirmation wird. Wie schwierig sind diese Dinge geworden. Übermorgen hat Maria Geburtstag, ich habe ihr geschrieben. Ob sie bei Dir sein kann? Statt solcher Feste haben wir gestern Beförderungen und vor allem mit einem Glas Wein auf das Wohl des Führers den 20. April gefeiert. Die Unterhaltung war sehr dickflüssig ... Es ist schade, daß jetzt kaum eine Möglichkeit besteht, daß Renate Dich besucht ...

Mit der Graphologie habe ich mich nie beschäftigt und stand ihr mißtrauisch gegenüber, vielleicht aus Angst, sie nicht losgelöst genug betrachten zu können ... Die Todesnachricht war mir neu[2]. Das tut mir sehr leid. Hatte ich vor einiger Zeit doch noch Grüße geschrieben. So werde ich sie wohl zurückerhalten?

Bei den Katholiken unter den Kameraden hier fällt mir auf, wie für sie die Religion eigentlich vollständig in Gesetzen und Geboten besteht. Das steckt trotz aller Überlagerung sehr tief in ihnen. Daran haben sie ihre Maßstäbe, von denen aus wird geurteilt. Übrigens spielt der Weiße Sonntag in ihrem Bewußtsein eine große Rolle, manche schickten Grüße und Rosenkränze nach Hause oder an Paten.

Nun laß es Dir recht gut gehen und verliere nicht den Mut zu den Terminen.

In Treue Dein Eberhard

[1] Geronimo Cardano, Philosoph, Arzt und Mathematiker (1501–1576); nach ihm sind die „Kardangelenke" benannt. [2] Laut Eintragung in sein Losungsbuch war einer der freundlich gesinnten Wachsoldaten am 31. 3. umgekommen. Bonhoeffer teilte eine neue Anschrift mit. Briefe von E. Bethge mit der früheren Adresse sind verlorengegangen.

An Eberhard Bethge

[Tegel] 22. IV. 44

Lieber Eberhard! Heute habe ich durch die Eltern wieder von Deinem Ergehen gehört; wenn ich auch gern immer sehr viel mehr erführe, so ist es doch eine große Beruhigung zu wissen, daß Du gesund bist. Papa hat sich sehr über Deinen Brief gefreut, ebenso Maria über den vom 5. 4. Hab vielen Dank dafür, es war ein *sehr* guter, freundschaftlicher Gedanke von Dir.

Wenn Du schreibst, daß diese Zeit für meine sachliche Arbeit viel bedeuten würde und daß Du gespannt bist auf das, was ich später zu erzählen habe und was ich geschrieben habe, so darfst Du Dich nur keinen Illusionen über mich hingeben. Ich habe gewiß vieles zugelernt, aber sehr verändert habe ich mich, glaube ich, nicht. Es gibt Menschen, die sich ändern und manche, die sich kaum ändern können. Ich habe mich glaube ich, nie sehr geändert, höchstens in der Zeit meiner ersten Auslandseindrücke und unter dem ersten bewußten Eindruck von Papa's Persönlichkeit. Damals ist eine Abkehr vom Phraseologischen zum Wirklichen erfolgt. Übrigens glaube ich, daß Du Dich auch nicht veränderst. Sichentwikkeln ist ja etwas anderes. Einen Bruch in unserem Leben haben wir eigentlich beide nicht erfahren. Gewiß haben wir mit manchem von uns aus und bewußt gebrochen, aber auch das ist wieder etwas ganz anderes. Einen Bruch im passiven Sinne wird wohl auch die Zeit, die wir beide jetzt erleben, nicht bedeuten. Früher habe ich mich manchmal nach einem solchen Bruch gesehnt. Heute denke ich darüber anders. Die Kontinuität mit der eigenen Vergangenheit ist doch auch ein großes Geschenk. Bei Paulus steht 1. Tim. 1,13 neben 2. Tim. 1,3a[1]. Oft wundere ich mich, wie wenig ich, im Unterschied zu fast allen andren hier, in vergangenen Fehlern etc. wühle, also etwa auch in dem Gedanken, wenn ich dies oder jenes anders gemacht hätte, wäre heute vieles ganz anders. Das quält mich überhaupt nicht. Alles erscheint mir zwangsläufig, notwendig, gradlinig, von höherer Führung bestimmt. Geht Dir das auch so?

In der letzten Zeit hat mich auch oft die Frage beschäftigt, wie sich das, was man gewöhnlich Abstumpfen gegen schwere Eindrücke im Laufe einer längeren Zeit nennt, eigentlich erklärt. Wenn ich an die Wochen vor einem Jahr denke, ist mir das ganz auffallend. Ich sehe dieselben Dinge ganz anders. Die Antwort, daß das ein Selbstschutz der Natur sei, reicht mir nicht aus; ich glaube vielmehr, daß es sich dabei auch um ein klareres, nüchterneres Erfassen der eigenen begrenzten Aufgaben und Möglichkeiten und dadurch um die Ermöglichung wirklicher Liebe zum Nächsten handeln kann. Solange die Phantasie erregt und aufgepeitscht ist, bleibt die Liebe zum Nächsten etwas sehr Vages und Allgemeines. Heute kann ich die Menschen, ihre Not und ihre Hilfsbedürftigkeit ruhiger ansehen und ihnen damit besser dienen. Statt von Abstumpfung würde ich lieber von Abklärung sprechen; aber natürlich bleibt es immer wieder eine Aufgabe, das eine in das andere zu verwandeln. Aber Selbstvorwürfe darüber, daß die Empfindungen im Laufe der Zeit nicht mehr so erhitzt und angespannt sind, braucht man sich in solchen Situationen, glaube ich, nicht zu machen. Allerdings muß man sich der Gefahr immer bewußt bleiben, daß man das Ganze nicht aus den Augen verliert, und auch unter der Abklärung müssen starke Empfindungen lebendig bleiben. Kannst Du mit diesen Erfahrungen auch für Dich etwas anfangen?

Woran liegt es eigentlich, daß einem ganz ohne ersichtlichen Grund manche Tage so viel schwerer werden als andere? Sind das Wachsschmerzen? Sind es Anfechtungen? Wenn sie vorüber sind, sieht die Welt auf einmal ganz anders aus.

Kürzlich hörte ich die Engelsszene aus „Palestrina" im Radio und dachte an München. Sie war schon damals das einzige, was mir besonders gefiel. Hier ist ein besonderer „Palestrinaverehrer", der es nicht verstehen kann, daß ich mit dem Stück nichts anfangen konnte und ganz begeistert war, als mir die Engelsszene doch gefiel ...
Nach längerer Unproduktivität fühle ich mich mit dem kommenden Frühjahr wieder schaffensfreudiger. Ich erzähle Dir das nächste Mal darüber.
Inzwischen bleib gesund und guten Mutes. Ich hoffe trotz allem auf ein baldiges frohes Wiedersehen!

Von Herzen grüßt Dich Dein getreuer Dietrich

[1] „Der ich zuvor war ein Lästerer und ein Verfolger und ein Schmäher; aber mir ist Barmherzigkeit widerfahren, denn ich habe es unwissend getan im Unglauben." „Ich danke Gott, dem ich diene von meinen Voreltern her in reinem Gewissen."

An die Eltern

[Tegel] 26. 4. 44

Liebe Eltern! Da es nach Eurem letzten Besuch voraussichtlich wieder eine Weile dauern wird, bis ich Euch sprechen kann, möchte ich Euch wenigstens durch einen Brief wissen lassen, daß es mir gut geht. Dieses zweite Frühjahr, das ich hier von der Zelle aus erlebe, ist doch recht anders als das vor einem Jahr. Damals waren alle Eindrücke frisch und lebendig, Entbehrungen und Freuden erlebte man intensiver; inzwischen ist das eingetreten, was ich nie für möglich gehalten hätte, – Gewöhnung, und die Frage ist nur, ob die Abstumpfung oder die Abklärung überwiegt; es wird wohl auf verschiedenen Gebieten verschieden sein. Die Dinge, gegen die man abstumpft, wird man schnell vergessen haben, sie sind zu gleichgültig; andere Dinge hingegen hat man bewußt oder unbewußt in sich verarbeitet, man wird sie nie vergessen, sondern sie sind aus starken Erlebnissen in die feste Gestalt klarer Erkenntnisse, Vorsätze und Pläne übergegangen, und als solche behalten sie für das künftige Leben ihre Bedeutung. Es ist sicher ein großer Unterschied, ob man

einen Monat oder ein Jahr im Gefängnis ist, man hat dann nicht nur einen interessanten oder starken Eindruck, sondern einen ganz großen neuen Lebensbereich in sich aufgenommen. Allerdings glaube ich, daß schon gewisse innere Voraussetzungen dazugehören, um sich gerade diesen Lebensbereich ohne Gefahr assimilieren zu können, und ich denke mir eine lange Haft für sehr junge Leute als für ihre innere Entwicklung sehr gefährlich. Der Ansturm der Eindrücke ist doch so gewaltig, daß er vieles über den Haufen zu werfen droht. Euch muß ich sehr dafür danken, daß Ihr mir durch Eure regelmäßigen Besuche, Briefe und Pakete alles immer wieder sehr erleichtert habt und die Freude über jeden Gruß von Euch ist seit dem ersten Mal immer gleich groß gewesen und ein immer neuer Antrieb, die Zeit hier voll auszunutzen. Auch den Geschwistern – von Ursel und Karl-Friedrich habe ich wieder sehr nette Briefe – danke ich sehr für alle Briefe. – Könntet Ihr wohl versuchen, mir das neue Buch von Ortega y Gasset: „Das Wesen geschichtlicher Krisen" (Deutsche Verlagsanstalt Stuttgart-Berlin) und möglichst auch das vorige: „Geschichte als System" zu beschaffen; ferner von H. Pfeffer: „Das britische Empire und die USA" (1944 Dünnhauptverlag)? – Ursel möchte doch bitte für Dorothee etwas von mir zum Geburtstag besorgen, wenn es geht. Es ist der letzte Geburtstag vor dem Abitur und sie hat sicher Bücherwünsche.
Hoffentlich entschließt Ihr Euch doch noch etwas auf's Gut zu fahren; ich würde mich sehr darüber freuen.
Hoffentlich sehen wir uns bald wieder! Es grüßt Euch herzlich

Euer dankbarer Dietrich

An Eberhard Bethge

[Tegel] 30. 4. 44

Lieber Eberhard! Wieder ist ein Monat herum – geht Dir die Zeit auch so rasend schnell vorbei wie mir hier? ich wundere mich oft selbst darüber – und wann wird der Monat kommen, in dem Du zu Renate, ich zu Maria und wir wieder zueinander kommen? Das Gefühl, daß jeden Tag große Er-

eignisse die Welt in Bewegung setzen und alle unsere persönlichen Verhältnisse verändern können, ist so stark in mir, daß ich Dir gern viel öfter schriebe, schon, weil man ja nicht weiß, wie lange man es noch kann und vor allem, weil man so oft und so lange wie möglich alles miteinander teilt. Ich bin eigentlich fest überzeugt davon, daß, bis Du diesen Brief hast, die großen Entscheidungen an allen Fronten bereits im Gange sind. In diesen Wochen wird man dann innerlich sehr fest sein müssen und ich wünsche Dir, daß Du es sein kannst. Man muß alles an Gedanken zusammennehmen, um über nichts zu erschrecken. Ich bin im Blick auf das Kommende fast geneigt, das biblische *δεῖ* zu zitieren, und ich empfinde etwas von der 1. Petr. 1,12[1] erwähnten „Neugierde" der Engel, wie Gott das scheinbar Unlösbare sich nun zu lösen anschickt. Ich glaube, daß es nun soweit ist, daß Gott sich aufmacht, etwas zu vollbringen, was wir bei aller äußeren und inneren Beteiligung nur mit ganz großem Staunen und mit Ehrfurcht in uns aufnehmen können. Irgendwie wird es sichtbar werden – für den, der es überhaupt zu sehen vermag – daß Ps. 58,12b und Ps. 9,20 f[2] wahr sind; und Jeremia 45,5[3] werden wir uns täglich zu wiederholen haben. Es ist für Dich noch schwerer als für mich, das getrennt von Renate und Eurem Jungen durchzumachen; darum werde ich auch ganz besonders an Dich denken und tue es schon jetzt.
Wie gut schiene es mir für uns beide, wenn wir diese Zeit zusammen durchleben und uns gegenseitig beistehen könnten. Aber es ist eben wohl „besser", daß es nicht so ist, sondern, daß jeder allein da hindurch muß. Es fällt mir schwer, Dir jetzt in garnichts helfen zu können – als darin, daß ich wirklich jeden Morgen und Abend und beim Lesen der Bibel und auch sonst noch oft am Tage an Dich denke. Um mich brauchst Du Dir bitte wirklich garkeine Sorgen zu machen; es geht mir unverhältnismäßig gut und Du würdest Dich wundern, wenn Du mich besuchen kämst. Die Leute hier sagen mir immer wieder, – was mir, wie Du siehst, stark schmeichelt — daß von mir „eine solche Ruhe ausstrahle", und daß ich „immer so heiter" sei, – so daß meine gelegentlichen persönlichen gegenteiligen Erfahrungen mit mir selbst wohl auf einer Täuschung beruhen müssen (was ich aller-

dings durchaus nicht wirklich glaube!). Dich wundern oder vielleicht Sorgen machen würden Dir höchstens meine theologischen Gedanken mit ihren Konsequenzen, und hierin fehlst Du mir nun wirklich sehr; denn ich wüßte nicht, mit wem ich sonst überhaupt so darüber sprechen könnte, daß es für mich eine Klärung bedeutet.

Was mich unablässig bewegt, ist die Frage, was das Christentum oder auch wer Christus heute für uns eigentlich ist. Die Zeit, in der man das den Menschen durch Worte – seien es theologische oder fromme Worte – sagen könnte, ist vorüber; ebenso die Zeit der Innerlichkeit und des Gewissens, und d. h. eben die Zeit der Religion überhaupt. Wir gehen einer völlig religionslosen Zeit entgegen; die Menschen können einfach, so wie sie nun einmal sind, nicht mehr religiös sein. Auch diejenigen, die sich ehrlich als „religiös" bezeichnen, praktizieren das in keiner Weise; sie meinen vermutlich mit „religiös" etwas ganz anderes.

Unsere gesamte 1900jährige christliche Verkündigung und Theologie aber baut auf dem „religiösen Apriori" der Menschen auf. „Christentum" ist immer eine Form (vielleicht die wahre Form) der „Religion" gewesen. Wenn nun aber eines Tages deutlich wird, daß dieses „Apriori" garnicht existiert, sondern daß es eine geschichtlich bedingte und vergängliche Ausdrucksform des Menschen gewesen ist, wenn also die Menschen wirklich radikal religionslos werden – und ich glaube, daß das mehr oder weniger bereits der Fall ist (woran liegt es z. B. daß dieser Krieg im Unterschied zu allen bisherigen eine „religiöse" Reaktion nicht hervorruft?) – was bedeutet das dann für das „Christentum"? Unserem ganzen bisherigen „Christentum" wird das Fundament entzogen und es sind nur noch einige „letzte Ritter" oder ein paar intellektuell Unredliche, bei denen wir „religiös" landen können. Sollten das etwa die wenigen Auserwählten sein? Sollen wir uns eifernd, piquiert oder entrüstet ausgerechnet auf diese zweifelhafte Gruppe von Menschen stürzen, um unsere Ware bei ihnen abzusetzen? Sollen wir ein paar Unglückliche in ihrer schwachen Stunde überfallen und sie sozusagen religiös vergewaltigen? Wenn wir das alles nicht wollen, wenn wir schließlich auch die westliche Gestalt des Christentums nur als Vorstufe

einer völligen Religionslosigkeit beurteilen müßten, was für eine Situation entsteht dann für uns, für die Kirche? Wie kann Christus der Herr auch der Religionslosen werden? Gibt es religionslose Christen? Wenn die Religion nur ein Gewand des Christentums ist – und auch dieses Gewand hat zu verschiedenen Zeiten sehr verschieden ausgesehen – was ist dann ein religionsloses Christentum?
Barth, der als einziger in dieser Richtung zu denken angefangen hat, hat diese Gedanken dann doch nicht durchgeführt und durchdacht, sondern ist zu einem Offenbarungspositivismus gekommen, der letzten Endes doch im Wesentlichen Restauration geblieben ist. Für den religionslosen Arbeiter oder Menschen überhaupt ist hier nichts Entscheidendes gewonnen. Die zu beantwortenden Fragen wären doch: was bedeutet eine Kirche, eine Gemeinde, eine Predigt, eine Liturgie, ein christliches Leben in einer religionslosen Welt? Wie sprechen wir von Gott – ohne Religion, d. h. eben ohne die zeitbedingten Voraussetzungen der Metaphysik, der Innerlichkeit etc. etc.? Wie sprechen (oder vielleicht kann man eben nicht einmal mehr davon „sprechen“ wie bisher) wir „weltlich“ von „Gott“, wie sind wir „religionslos-weltlich“ Christen, wie sind wir *ἐκ-κλησία*, Herausgerufene, ohne uns religiös als Bevorzugte zu verstehen, sondern vielmehr als ganz zur Welt Gehörige? Christus ist dann nicht mehr Gegenstand der Religion, sondern etwas ganz anderes, wirklich Herr der Welt. Aber was heißt das? Was bedeutet in der Religionslosigkeit der Kultus und das Gebet? Bekommt hier die Arkandisziplin, bzw. die Unterscheidung (die Du ja bei mir schon kennst) von Vorletztem und Letztem neue Wichtigkeit?
Ich muß heute abbrechen, da der Brief gerade mit weg kann. In zwei Tagen schreibe ich Dir weiter darüber. Hoffentlich verstehst Du so ungefähr, was ich meine, und langweilt es Dich nicht. Leb einstweilen wohl! Es ist nicht leicht immer echolos zu schreiben; Du mußt entschuldigen, wenn es dadurch etwas monologisch wird!
In Treue denkt sehr an Dich Dein Dietrich

Ich mache Dir aus Deinem Nichtschreiben wirklich keinen Vorwurf! Du hast zuviel anderes!
Ich kann doch noch etwas weiterschreiben. – Die paulinische Frage, ob die *περιτομή* Bedingung der Rechtfertigung sei, heißt m. E. heute, ob Religion Bedingung des Heils sei. Die Freiheit von der *περιτομή* ist auch die Freiheit von der Religion. Oft frage ich mich, warum mich ein „christlicher Instinkt" häufig mehr zu den Religionslosen als zu den Religiösen zieht, und zwar durchaus nicht in der Absicht der Missionierung, sondern ich möchte fast sagen „brüderlich"! Während ich mich den Religiösen gegenüber oft scheue, den Namen Gottes zu nennen, – weil er mir hier irgendwie falsch zu klingen scheint und ich mir selbst etwas unehrlich vorkomme, (besonders schlimm ist es, wenn die anderen in religiöser Terminologie zu reden anfangen, dann verstumme ich fast völlig und es wird mir irgendwie schwül und unbehaglich) – kann ich den Religionslosen gegenüber gelegentlich ganz ruhig und wie selbstverständlich Gott nennen. Die Religiösen sprechen von Gott, wenn menschliche Erkenntnis (manchmal schon aus Denkfaulheit) zu Ende ist oder wenn menschliche Kräfte versagen – es ist eigentlich immer der deus ex machina, den sie aufmarschieren lassen, entweder zur Scheinlösung unlösbarer Probleme oder als Kraft bei menschlichem Versagen, immer also in Ausnutzung menschlicher Schwäche bzw. an den menschlichen Grenzen; das hält zwangsläufig immer nur solange vor, bis die Menschen aus eigener Kraft die Grenzen etwas weiter hinausschieben und Gott als deus ex machina überflüssig wird; das Reden von den menschlichen Grenzen ist mir überhaupt fragwürdig geworden (ist der Tod heute, da die Menschen ihn kaum noch fürchten und die Sünde, die die Menschen kaum noch begreifen, noch eine echte Grenze?), es scheint mir immer, wir wollten dadurch nur ängstlich Raum aussparen für Gott; – ich möchte von Gott nicht an den Grenzen, sondern in der Mitte, nicht in den Schwächen, sondern in der Kraft, nicht also bei Tod und Schuld, sondern im Leben und im Guten des Menschen sprechen. An den Grenzen scheint es mir besser, zu schweigen und das Unlösbare ungelöst zu lassen. Der Auferstehungsglaube *ist* nicht die „Lösung" des Todesproblems.

Das „Jenseits" Gottes ist nicht das Jenseits unseres Erkenntnisvermögens! Die erkenntnistheoretische Transzendenz hat mit der Transzendenz Gottes nichts zu tun. Gott ist mitten in unserm Leben jenseits. Die Kirche steht nicht dort, wo das menschliche Vermögen versagt, an den Grenzen, sondern mitten im Dorf. So ist es alttestamentlich und in diesem Sinne lesen wir das N. T. noch viel zu wenig vom Alten her. Wie dieses religionslose Christentum aussieht, welche Gestalt es annimmt, darüber denke ich nun viel nach und ich schreibe Dir bald darüber mehr. Vielleicht wird hier gerade uns in der Mitte zwischen Osten und Westen eine wichtige Aufgabe zufallen. –

Jetzt muß ich wirklich schließen. Wie schön wäre es, einmal ein Wort von Dir zu all dem zu hören. Es würde für mich sehr viel bedeuten, mehr als Du vermutlich ermessen kannst! – Lies übrigens gelegentlich Sprüche 22,11. 12[4]. Hier ist der Riegel gegen jede fromm getarnte Flucht.

Alles, alles Gute! Von Herzen Dein Dietrich

[1] „Was auch die Engel gelüstet zu schauen." [2] „Es ist ja noch Gott Richter auf Erden." „Herr, stehe auf, daß die Menschen nicht Oberhand haben ... Gib ihnen, Herr, einen Meister, daß die Heiden erkennen, daß sie Menschen sind." [3] „Und du begehrst dir große Dinge? Begehre es nicht! Denn siehe, ich will Unglück kommen lassen über alles Fleisch, spricht der Herr; aber deine Seele will ich dir zur Beute geben, an welchen Ort du ziehst." [4] Gemeint ist wohl Spr. 24,11 u. 12: „Errette die, so man töten will; und enzieh dich nicht von denen, die man würgen will. Sprichst du: ‚Siehe, wir verstehen's nicht!' meinst du nicht, der die Herzen wägt, merkt es, und der auf deine Seele achtet, kennt es und vergilt dem Menschen nach seinem Werk?"

Von Eberhard Bethge

[Rignano] 5. 5. 44

Lieber Dietrich. Vor ein paar Tagen bekam ich Deinen Brief vom 11. 4. und danke Dir sehr dafür ... Inzwischen habe ich die elektrisierende Hoffnung, diesen Gruß Dir in einigen Tagen selbst bringen zu können. Wenn nur nicht noch etwas dazwischen kommt. Das wäre ganz scheußlich, denn schon habe ich zu Hause die Hoffnungen genährt. Aber es wird

schon werden. Und dann soll wirklich ohne Dich getauft werden? Das ist sehr wenig schön, daß es auch dazu kommen muß. Hoffentlich gelingt es wenigstens, Dich zu sehen. Wie gern bespräche ich mit Dir z. B. die Kriegspfarrerfrage, die mir seit ein paar Tagen durch den Kopf geht. Die $^1/_2$jährige „Bewährung" habe ich ja sozusagen schon nach dem Urlaub. Ich stelle es mir ja nicht einfach vor und vielleicht kommt es auch sachlich garnicht in Frage. Nur näher orientiert wäre ich gern. Ich werde es mit Justus[1] besprechen.
Vielen Dank für Deinen langen Gruß. Wo hast Du nur immer noch das herrliche gute Briefpapier her? Mich und Renate faßt manchmal die Angst vor der Knappheit... Hast Du denn Gelegenheit, die den ganzen Tag laufenden Radioapparate zu hören?...
Ob Du mir etwas dazu sagen kannst, daß sich eigentlich alles Fühlen und Denken jetzt auf das persönliche Erlebnis konzentriert und die Erregung über kirchliche Dinge, die Liebe zu ihrer Sache in einer gewissen Stagnierung begriffen ist? Der bewußte missionarische Trieb, der vielleicht in früheren Jahren mehr oder weniger naiv da war, wich dem Versuch, Dinge, Menschen und Verhältnisse zu begreifen und zu erfassen und zwar „menschlich". Vor ein paar Tagen bat der Jurist hier darum, auf einem Spaziergang möchte ich doch meine Bibel mitnehmen und ihm etwas, Evangelium und Epistel oder sonst Schönes vorlesen, was dann auch geschah. Aber ich kann das garnicht als was Besonderes notieren und mit besonderen Hoffnungen und Ausrufen mitteilen. Es war „ganz nett"; aber sachlich. Wie schwer sind übrigens manche Verhältnisse und Anschauungen der Zeit damals zu erklären!...
Wann werden wir nach Hause kommen? Unser Major hat eine fabelhafte Auffassung. Neulich saßen Spieß, er, Rainalter (der Jurist) und ich bis nachts 2 Uhr beim Wein in der Schreibstube und gegen Mitternacht sprach er vom Kriegsende daß es nur positiv sein könne, andernfalls erlebten wir das Spätere nicht mehr mit, wir würden uns dann irgendwo einschließen, „einigeln" und bis zum Letzten aushalten und fallen; „nicht wahr, Rainalter und Bethge?" Das ist doch wirklich soldatisch und ehrenhaft bis zum Äußersten! Pfingsten

denke ich nun zu Haus zu sein. Du fragst nach meiner Unterbringung. Wir haben sogar ein Bad, in dem wir uns ab und zu Feuer machen, das ist eine große Annehmlichkeit. Schlafen tun wir in Feldbetten mit Matratzen und Decken. Bezüge gibt es natürlich nicht. Das alles ist recht gut auszuhalten.
Gespannt wäre ich wirklich auf das Dasein eines Kriegspfarrers. Was soll man da sagen?

Montag abend 8. 5.

Heute bekam ich Deinen Gruß vom 30. 4. schon und freue mich sehr über die Dinge, die mich, das muß ich schon sagen, höchst aufregen. Einiges klingt ja in meinen oben beschriebenen Fragen etwas naiver und primitiver ausgedrückt an.
Ich bin etwas betrübt, daß Du offenbar so selten von mir hörst. Ich kann nicht mehr genau sagen, wann jedesmal ich schrieb, aber das doch ganz bestimmt, daß jeder Brief von mir mehr oder weniger ausführlich beantwortet ist. Renate schreibt mir grade wörtlich (in bezug auf die Briefweitergabe) „aber ich habe immer etwas Angst zuerst einmal vor den Großeltern, und wenn ichs ihnen glücklich gegeben habe, davor, daß sie sie nicht weitergeben . . .“
Diese letzten Tage jetzt vor der Abfahrt gehen unerträglich auf die Nerven. Erstens die Angst vor einem Zwischenfall durch die großen Ereignisse und zweitens die jetzt kolossal angewachsenen Bomber- und Tieffliegerangriffe auf die Straße Tag und Nacht. Es nimmt mir alle Gelassenheit.
Was meinst Du zur Himmelfahrtslosung als Tauftext? Das Bild hat mich besonders gefreut. Maria schrieb mir wieder einen netten Brief. Ich hab jetzt keine Ruhe zu eingehender Beantwortung. Hoffentlich kann ich Dich sprechen.
In Treue und großer Dankbarkeit Dein Eberhard

[1] Friedrich Justus Perels, Justitiar der Bekennenden Kirche.

An Eberhard Bethge [Tegel] 5.5.44

Lieber Eberhard! Wenn ich auch immer hoffe, daß mein Brief Dir bereits in den Urlaub, der ja nun allmählich fällig wäre, damit Du Deinen Sohn kennen lernst, nachgeschickt und dadurch überholt wird, so ist doch heute alles so unsicher – und es ist nach langen Erfahrungen immer das Wahrscheinlichere, daß alles so bleibt wie es ist, als daß es sich bald verändert, – daß ich Dir doch noch schreiben will. Wie ich gestern von Christel, die mich besuchte, erfuhr, geht es Dir einigermaßen, und Du kannst wenigstens täglich Renate durch einen Brief erfreuen. Es ist doch wirklich sehr viel wert, daß Renate ganz in Sakrow sein kann und Du wenigstens die Sorge bei den hiesigen Alarmen um sie nicht zu haben brauchst. Sehr gern spräche ich ja Renate selbst einmal, aber das scheint sich eben garnicht recht einrichten zu lassen. Ich bin nur froh, daß *wir* uns wenigstens im Dezember haben sehen können. Das war doch ein gutes Werk Deines Schwiegervaters ... Ich wünsche Dir so sehr, daß Du bald kommen kannst, – wenn es auch betrüblich sein wird, daß wir uns voraussichtlich immer noch nicht sehen werden. Es geht mir zwar persönlich und sachlich sehr gut, aber die Zeitfrage ist eben noch ganz offen. Aber alles Gute kommt über Nacht und darauf warte und hoffe ich zuversichtlich. In meinem vorigen Brief lag eine Anschrift[1], die Du, wenn Du magst, benutzen kannst; es ist aber nicht nötig; ich wollte es Dich nur wissen lassen.

Noch ein paar Worte zu den Gedanken über die „Religionslosigkeit“! Du erinnerst Dich wohl des Bultmann'schen Aufsatzes über „Entmythologisierung des N.T.“[2]. Meine Meinung dazu würde heute die sein, daß er nicht „zu weit“, wie die meisten meinen, sondern zu wenig weit gegangen ist. Nicht nur „mythologische“ Begriffe wie Wunder, Himmelfahrt etc. (die sich ja doch nicht prinzipiell von den Begriffen Gott, Glauben etc. trennen lassen!), sondern die „religiösen“ Begriffe schlechthin sind problematisch. Man kann nicht Gott und Wunder voneinander trennen (wie Bultmann meint), aber man muß beide „nicht-religiös“ interpretieren und verkündigen können. Bultmanns Ansatz ist eben im

Grunde doch liberal (d. h. das Evangelium verkürzend), während ich theologisch denken will. Was heißt nun „religiös interpretieren“?
Es heißt m. E. einerseits metaphysisch, andrerseits individualistisch reden. Beides trifft weder die biblische Botschaft noch den heutigen Menschen. Ist nicht die individualistische Frage nach dem persönlichen Seelenheil uns allen fast völlig entschwunden? Stehen wir nicht wirklich unter dem Eindruck, daß es wichtigere Dinge gibt, als diese Frage (– vielleicht nicht als diese *Sache*, aber doch als diese *Frage!?)?* Ich weiß, daß es ziemlich ungeheuerlich klingt, dies zu sagen. Aber ist es nicht im Grunde sogar biblisch? Gibt es im A. T. die Frage nach dem Seelenheil überhaupt? Ist nicht die Gerechtigkeit und das Reich Gottes auf Erden der Mittelpunkt von allem? und ist nicht auch Römer 3,24 ff. das Ziel des Gedankens, daß Gott allein gerecht sei, und nicht eine individualistische Heilslehre? Nicht um das Jenseits, sondern um diese Welt, wie sie geschaffen, erhalten, in Gesetze gefaßt, versöhnt und erneuert wird, geht es doch. Was über diese Welt hinaus ist, will im Evangelium *für* diese Welt da sein; ich meine das nicht in dem anthropozentrischen Sinne der liberalen, mystischen, pietistischen, ethischen Theologie, sondern in dem biblischen Sinne der Schöpfung und der Inkarnation, Kreuzigung und Auferstehung Jesu Christi. Barth hat als erster Theologe – und das bleibt sein ganz großes Verdienst – die Kritik der Religion begonnen, aber er hat dann an ihre Stelle eine positivistische Offenbarungslehre gesetzt, wo es dann heißt: „friß Vogel, oder stirb“; ob es nun Jungfrauengeburt, Trinität oder was immer ist, jedes ist ein gleichbedeutsames und – notwendiges Stück des Ganzen, das eben als Ganzes geschluckt werden muß oder garnicht. Das ist nicht biblisch. Es gibt Stufen der Erkenntnis und Stufen der Bedeutsamkeit; d. h. es muß eine Arkandisziplin wiederhergestellt werden, durch die die *Geheimnisse* des christlichen Glaubens vor Profanierung behütet werden. Der Offenbarungspositivismus macht es sich zu leicht, indem er letztlich ein Gesetz des Glaubens aufrichtet und indem er das, was eine Gabe für uns ist – durch die Fleischwerdung Christi! – zerreißt. An der Stelle der Religion steht nun die Kirche –

das ist an sich biblisch –, aber die Welt ist gewissermaßen auf sich selbst gestellt und sich selbst überlassen, und das ist der Fehler.

Ich denke augenblicklich darüber nach, wie die Begriffe Buße, Glaube, Rechtfertigung, Wiedergeburt, Heiligung „weltlich“ – im alttestamentlichen Sinne und im Sinne von Joh. 1, 14[3] – umzuinterpretieren sind. Ich werde Dir weiter darüber schreiben. –

Verzeih, ich schrieb bisher in deutscher Schrift, wie ich sonst nur tue, wenn ich für mich selbst schreibe; und vielleicht war das Geschriebene auch mehr für mich selbst zur Klärung als für Dich zur Belehrung abgefaßt. Ich will Dich eigentlich nicht mit Problemen beunruhigen, da Du vermutlich doch nicht die Zeit hast, Dich mit ihnen auseinanderzusetzen und sie Dich vielleicht nur quälen; aber ich kann nicht anders als Dich an meinen Gedanken teilnehmen zu lassen, einfach weil sie mir dadurch selbst erst klar werden. Wenn das jetzt für Dich nicht das Richtige ist, sage es bitte. –

Morgen ist Cantate; da werde ich mit besonders vielen schönen Erinnerungen an Dich denken. –

Die Eltern waren eben hier und erzählten, wie nett und gesund der Kleine ist ...

Leb wohl! Habe Geduld wie wir auch und bleib gesund!

Es grüßt Dich herzlich und in täglichem Gedenken

Dein Dietrich

[1] Unteroffizier Knobloch vom Bewachungspersonal in Tegel, s. DB, 951.
[2] „Neues Testament und Mythologie“, Pfingsten 1941, abgedruckt in Bd. 7 der Beiträge zur evangelischen Theologie, 1941, 27–69. [3] „Das Wort ward Fleisch.“

An Eberhard Bethge [Tegel] 6. 5. 44

Lieber Eberhard! Daß Du am 24. 4.[1] so nett und gut an mich gedacht hast, freute mich heute ganz außerordentlich. Ich habe Dir heute garnichts besonderes als eben dies mitzuteilen, daß es schön ist, gelegentlich ein Echo zu vernehmen. Dafür danke ich Dir sehr!

... Über Graphologie demnächst mehr, da es Dich interessiert. – Leider ist durch den Todesfall Dein Gruß nicht zu mir gedrungen. Kam er zu Dir zurück und von wann war er? Hattest Du einen Absender auf dem Couvert?
Über „Egoismus" der Christen („selbstlose Selbstliebe") etc. demnächst. Ich glaube, wir sind darin einer Meinung. Zuviel Altruismus ist bedrückend und anspruchsvoll! „Egoismus" kann selbstloser, anspruchsloser sein!
Ich hoffe, Du kriegst immer alle meine Grüße, etwa alle 1–2 Wochen? Für heute genug! Leb wohl, lieber Eberhard. Hab Dank für alles und bleib gesund! Dein Dietrich

[7. 5. 44] Cantate

Eben hörte ich schöne Morgenmusik, Reger, Hugo Distler; das war ein guter Sonntagsanfang. Merkwürdig nur, wenn mitten in die Musik hinein „Kampfverbände im Anflug auf ..." gemeldet wird. Der Zusammenhang von beidem ist doch nicht ohne weiteres ersichtlich. Ich habe nachts nochmal über die Funktionen der Schwiegermütter nachgedacht ... Sicher ist mir, daß Schwiegermütter keinerlei erzieherische Funktionen haben – woher sollten sie auch das Recht dazu haben? Das Vorrecht ist es, eine *erwachsene* Tochter bzw. Sohn zu bekommen und darin eine Bereicherung ihrer Familie zu erkennen, nicht aber zu kritisieren. Sie darf sich an ihren Kindern erfreuen, darf ihnen mit Hilfe und Rat, wo sie gesucht werden, zur Verfügung stehen, und ist doch der Verantwortung und Erziehungsaufgabe in der Ehe ganz enthoben; das ist wirklich ein Vorrecht. Ich glaube, wenn eine Schwiegermutter sieht, daß ihr Kind wirklich geliebt wird ... dann sollten sie sich *nur* freuen und alles andere zurückstellen, schon ganz und gar die Versuche, den Charakter zu ändern! Es gibt wenige Menschen, die Verschlossenheit recht zu würdigen verstehen; ich glaube Papa und Mama könnten es. – Eben geht die Sirene; nachher weiter.
So, es war wieder ziemlich dick und ich bin immer froh, Renate außerhalb zu wissen. – Bei Verschlossenheit kommt es doch allein darauf an, *was* einer in sich verschlossen hält und andrerseits, daß es einen Menschen gibt, demgegenüber

man sich ganz aufschließen kann ... Ich glaube, es ist trivial, von der Eifersucht der Schwiegermütter zu sprechen; es ist vielmehr zweierlei Liebe, die der Mutter und die der Frau, und daraus entsteht viel Mißverstehen. Übrigens ist es doch für Schwiegersöhne viel leichter als für Schwiegertöchter, mit ihren Schwiegermüttern in Frieden auszukommen. Und doch ist Naëmi – Ruth ein einzigartiges biblisches Vorbild.
Noch dies: die Briefe an meinen verstorbenen Freund[2] sollten alle an den Absender zurückgehen. War der Absender angegeben? Würdest Du evtl. noch einmal an die neue Adresse oder nach Hause schreiben? Es wäre mir sehr schmerzlich, auf einen Brief verzichten zu müssen. Ich nehme fast an, daß der Brief inzwischen an Dich zurückkam. Ich werde auch nochmal nachforschen.
Den Cardano kenne ich garnicht. Gibt es ihn auf deutsch? – Du schreibst so nebenbei, daß Euch das schlechte Wetter wegen der Flieger angenehm sei; daraus entnehme ich, daß Ihr es sonst häufig nicht gerade angenehm habt. Überhaupt kann ich mir in dieser Hinsicht doch kein rechtes Bild von Deiner Lage machen. Du bist wohl ziemlich wortkarg darüber, was ja auch zu Schlüssen berechtigt; denn Du willst natürlich Renate nicht beunruhigen; aber mir könntest Du schon sagen, wie es wirklich ist!
In den letzten Tagen war ich wieder ein paar Mal in der Stadt[3], mit sehr befriedigendem Ergebnis. Da aber die Zeitfrage ungelöst bleibt, so verliere ich eigentlich das Interesse an meiner Angelegenheit; ich vergesse sie oft völlig wochenlang.
Schluß! Gott behüte Dich und uns alle!

In Treue Dein Dietrich

Was macht eigentlich Dein Italienisch? und wie steht es mit den Überlegungen betr. Dohrmann?[4]

[1] Verschrieben, muß wohl heißen 21. 4. [2] Vgl. S. 299 und 306 f. [3] Zu Verhören im Reichskriegsgericht. [4] Der Versuch, über Feldbischof Dohrmann eine Kriegspfarrerstelle für E. Bethge zu erreichen.

Liebe Renate, lieber Eberhard! Die Hoffnung auf den nahen Urlaub ist auch für mich eine ganz große Freudennachricht. Wenn es nun wirklich dazu kommt, daß Ihr in wenigen Tagen wieder zusammen seid – man muß ja bei allen diesen Hoffnungen bis zuletzt immer noch ein klein wenig seine Vorfreude dämpfen – und wenn Ihr dann auch Euer Kind taufen laßt, dann möchte ich gern, daß der Gedanke an meine Abwesenheit nicht den geringsten Schatten auf Eure Freude wirft und besonders Dich, Eberhard, in keiner Weise bedrückt. Ich werde versuchen, Euch für die Taufe etwas zu schreiben, und Ihr wißt, daß ich mit allen meinen Gedanken bei Euch sein werde. Daß das Unwahrscheinliche eingetreten ist, daß ich auch diesen Tag noch nicht mit Euch feiern kann, ist natürlich für mich schmerzlich, aber ich habe mich wirklich ganz damit abgefunden. Ich glaube, daß mir nichts Sinnloses widerfährt und daß es für uns alle gut so ist, wenn es auch unseren Wünschen zuwiderläuft. Ich sehe in meinem gegenwärtigen Dasein eine Aufgabe und hoffe nur, daß ich sie erfülle. Von dem großen Ziel her gesehen sind alle Entbehrungen und versagten Wünsche geringfügig. Nichts wäre unwürdiger und verkehrter, als wenn man gerade in einem solchen seltenen großen Augenblick der Freude, wie Ihr sie in diesen Tagen erlebt, aus meinem gegenwärtigen Geschick eine Calamität machen wollte. Es würde mir ganz widerstreben und mir die Zuversicht, mit der ich meine Lage ansehe, nehmen. Wir dürfen eben, so dankbar wir für alle persönlichen Freuden sind, keinen Augenblick die großen Dinge, um derentwillen wir leben, aus dem Auge verlieren, und von ihnen her muß auf Eure Freude eher ein besonderes Licht als irgendeine Verdüsterung fallen. Es wäre mir ein geradezu unerträglicher Gedanke, wenn von meinem gegenwärtigen Erleben her die schwer genug erkämpften paar Wochen Eurer Freude auch nur im allergeringsten getrübt würden. Das erst wäre eine wirkliche Calamität, das andere ist es nicht. So viel an mir ist, so möchte ich Euch wirklich dazu verhelfen, den Glanz dieser Frühlingstage – Ihr feiert ja voraussichtlich auch den ersten Jahrestag Eurer Hochzeit zusammen – so strahlend wie nur irgend möglich zu erhalten. Bitte denkt keinen Augenblick, daß Ihr damit irgendetwas an mir versäumt, ganz im Gegenteil! Und denkt bitte vor allem nicht, daß ich mir diese Worte nur mühsam um Euretwillen abringe, sie sind vielmehr meine herzlichste Bitte an Euch, deren Erfüllung mich wirklich froh und glücklich machen würde. Wenn es gelänge, daß wir uns in diesen Tagen wiedersehen, wäre das ganz wunderbar; aber bitte macht Euch auch deswegen nicht unnötige Sorgen und Gedanken – der 23. Dezember ist mir noch ganz gegenwärtig – und verliert bitte keinen Tag, nur um hier etwas für mich abzugeben. Ich weiß, daß Ihr es gern tätet, aber es würde mich bedrücken. Wenn Euer Vater allerdings auf demselben Weg wie im Dezember einen Besuch für Euch bei mir erwirken könnte, wäre ich ihm natürlich sehr sehr dankbar. Im übrigen weiß ich, daß Ihr morgens beim Lesen der Losungen an mich denken werdet wie ich an Euch, und ich freue mich sehr darüber, daß Ihr nun wieder morgens und abends ein Stück aus der Bibel gemeinsam lesen könnt. Es wird für diese Tage wie auch für die Zukunft für Euch wichtig sein. Laßt Euch doch auch die kommenden Tage nicht durch den Gedanken an die Kürze und den bevorstehenden Abschied vergällen, nehmt Euch nicht zu viel vor, laßt Euch lieber besuchen, als daß Ihr überall herumkutscht, und genießt in aller Ruhe jede Stunde des Tages als ein großes Geschenk. Meine persönliche Meinung ist, daß die nächsten Wochen so große und überraschende Ereignisse bringen werden, daß man am Anfang Eures Urlaubs wirklich noch nicht weiß, was am Ende sein wird. So sehr diese Ereignisse unsere persönlichen Geschicke mitbestimmen werden, so wünsche ich Euch doch, daß Ihr durch sie nicht um die wesentliche Ruhe Eurer gemeinsamen Tage gebracht werdet. Wie gut, daß Ihr jetzt gerade zusammensein und alle Entscheidungen zusammen treffen könnt. Wenn in den nächsten Tagen aus Schlesien[1] etwas Eßbares an Euch geschickt wird, so verschönt Euch damit bitte Eure Tage! Wie gern hätte ich Euren Jungen getauft. Aber das ist ja nebensächlich. Vor allem wünsche ich Euch, daß Euch der Tauftag dazu verhilft, das Leben Eures Kindes und Euer eigenes geborgen zu wissen und

zuversichtlich in die Zukunft zu sehen. Werdet Ihr selbst den Tauftext wählen? Falls Ihr noch auf der Suche danach seid, wie wäre es mit 2. Tim. 2,1 oder Sprüche 23,26 oder 4,18[2] (den letzten fand ich erst kürzlich und finde ihn sehr schön)?
Nun will ich Euch nicht gleich zu Beginn Eures Wiedersehens mit einem zu langen Brief behelligen. Ich wollte Euch eigentlich nur begrüßen und Euch sagen, daß ich mich sehr mit Euch freue! Macht recht viel schöne Musik!
Alles erdenklich Gute wünscht Euch von Herzen

Euer getreuer Dietrich

[1] Durch die Mutter eines Mitgefangenen. [2] „So sei nun stark, mein Sohn, durch die Gnade Christi Jesu." „Gib mir, mein Sohn, dein Herz und laß deinen Augen meine Wege wohl gefallen." „Aber der Gerechten Pfad glänzt wie das Licht, das immer heller leuchtet bis auf den vollen Tag."

An Eberhard Bethge

[Tegel] 16. v. 44

Lieber Eberhard! Wie ich eben höre, hast Du Deine Ankunft für heute früh angemeldet. Du glaubst garnicht, wie froh und erleichtert ich darüber bin, daß Du gerade jetzt hier sein kannst[1]. Hier wäre selbst ich fast bereit, einmal wirklich von „Fügung" und „Gebetserhörung" zu sprechen, und Du vielleicht doch auch. Es wäre für Renate sehr schwer gewesen, wenn es anders gekommen wäre und für Dich wahrhaftig auch. Nachdem ich nun – gewissermaßen zur Begrüßung – heute gleichzeitig mit der Nachricht von Deinem Eintreffen Deine Briefe erhielt – hab vielen Dank! – finde ich es doch wesentlich besser, daß Dein Vorgesetzter sich jetzt eine Weile ohne Dich behilft. Ich wäre einer Situation, wie Du sie schilderst, an jenem Weinabend kaum gewachsen gewesen. Allerdings sehen die Dinge ja unter Alkoholeinwirkung oft etwas anders aus als in der nackten Wirklichkeit, und es gibt eine façon de parler bei diesen Leuten, die mit dem tatsächlichen Verhalten oft in einem erstaunlichen Widerspruch steht. Ich stelle das hier anläßlich der Alarme auch immer wieder mit

einem Gemisch von Belustigung und Verlegenheit fest. Immerhin – es ist nun doch so sehr viel besser!
Nun siehst Du heute zum ersten Mal Deinen Sohn! ... Mein Brief zu Deiner Begrüßung ist inzwischen wohl angekommen. Wenn auch Dein heutiger Brief das Verlangen, wieder einmal gründlich mit Dir zu sprechen, wieder sehr wachgerufen hat, so ist doch die Freude über Dein Hiersein so groß, daß alle persönlichen Wünsche dahinter ganz verschwinden.
Ich fände es richtig, wenn Du die Frage des Kriegspfarrers hier doch einmal besprichst, am besten mit Dohrmann selbst. Mama kann das leicht vermitteln ... Ich würde denken, daß man heute sehr frei das Evangelium verkündigen kann und daß man zum mindesten aufmerksame Hörer findet. Wenn es dazu käme, schreibe ich Dir sehr ausführlich und würde Dir gern auch Predigtmeditationen schicken ...
Angst vor dem Ausgehen des Briefpapiers braucht Ihr, glaube ich, wirklich nicht zu haben. Abgesehen von den Vorräten des Konzeptpapiers habe ich evtl. hier eine Möglichkeit etwas zu bekommen. Laß es mich nur wissen, wann es wirklich knapp bei Euch wird!! Eure Briefe dürfen wirklich nicht auch noch eingeschränkt werden! Hoffentlich kommt bald das Paket aus Oberschlesien an Renate. Ich möchte *nicht*, daß Ihr mir irgendetwas davon bringt, sondern daß Ihr es gemeinsam genießt! Nachdem hier das Warten meine einzige Aufgabe geworden ist, brauche ich wirklich nicht mehr so viel, und es gehört zu meinen größten Freuden, auch von hier aus noch ein ganz klein wenig für Euch sorgen zu können. – Nun genießt die kommenden Tage in vollen Zügen und seid herzlich und mit allen guten Wünschen gegrüßt von

Eurem getreuen Dietrich

Zur Taufe schreibe ich noch. Wie wäre Psalm 90,14 als Text? Auch an Jes. 8,18 hatte ich schon gedacht[2]. Er ist mir nur etwas zu allgemein.

[1] Die alliierte Offensive in Mittelitalien bahnte sich an: die Unterkünfte in Velletri und Rignano bei Rom waren bedroht. [2] „Fülle uns frühe mit deiner Gnade, so wollen wir rühmen und fröhlich sein unser Leben lang." „Siehe, hier bin ich, und die Kinder, die mir der Herr gegeben hat zum Zeichen und Wunder in Israel vom Herrn."

An Renate und Eberhard Bethge [Tegel] 18. 5. 44

Lieber Eberhard, liebe Renate! Ich wollte Euch zum Tauftag gern etwas schreiben. Es ist nichts Rechtes geworden. Ich schicke es Euch nur, um Euch zu zeigen, daß ich sehr an Euch denke. Ich danke Euch auch nochmals dafür, daß Ihr mich zum Paten Eures Kindes genommen habt und Euer Kind nach mir nennen werdet. Ich wünsche Euch, daß Ihr an diesen Tauftag immer besonders gern zurückdenkt und daß er Euch dazu hilft, Eurem kurzen Zusammensein – bald wird es hoffentlich ein ununterbrochenes sein! – den wesentlichen Inhalt zu geben, der auch über Zeiten der Trennung hinweg Bestand hat. Es gibt quälende und stärkende Erinnerungen. Zu den stärkenden wird dieser Tag gehören.
Wer tauft? Wer ist Pate? Wie werdet Ihr feiern? Das alles hoffe ich bald zu hören, am liebsten von Euch selbst. Denkt bitte ohne jeden Kummer an mich. Bei Martin[1] jährt es sich bald zum 7. Mal! Das ist doch etwas ganz anderes. Der 21. wird auch für mich ein großer Freudentag sein! – Wie schön, daß Du gerade zum 1. Hochzeitstag zurückkamst!
Viel Freude und Ruhe wünscht Euch Euer getreuer Dietrich

Eben höre ich von der – von mir wirklich nicht mehr für möglich gehaltenen – herrlichen Aussicht, Dich morgen hier zu sehen. So bringe ich den heutigen Tag damit zu, mich auf diese Stunde vorzubereiten. Wer hat das nur erreicht? Demjenigen bin ich wirklich *sehr* dankbar!

[1] Martin Niemöller im KZ Dachau.

GEDANKEN ZUM TAUFTAG VON DIETRICH WILHELM RÜDIGER BETHGE
Mai 1944

Mit Dir beginnt eine neue Generation in unserer Familie. Du wirst als Ältester der Reihe einer neuen Generation vorangehen, und es wird der unvergleichliche Gewinn Deines Lebens sein, daß Du noch ein gutes Stück Deines Lebens mit der dritten und vierten Generation, die Dir voranging, zusammenleben darfst. Dein Urgroßvater wird Dir noch aus persönlicher Begegnung von Menschen erzählen können, die im 18. Jahrhundert geboren sind, und Du wirst einstmals weit nach dem Jahre 2000 Deinen Nachkommen die lebendige Brücke mündlicher Überlieferung von mehr als 250 Jahren sein – dies alles sub conditione Jacobea, d. h. „so Gott will und wir leben". So gibt uns Deine Geburt besonderen Anlaß, über den Wechsel der Zeiten nachzudenken und den Versuch zu unternehmen, die Umrisse des Zukünftigen zu erkennen.

*

Die drei Namen, die Du trägst, weisen auf die drei Häuser, mit denen Dein Leben unlösbar verbunden ist und bleiben soll. Das Haus Deines Großvaters väterlicherseits war ein Dorfpfarrhaus. Einfachheit und Gesundheit, gesammeltes und vielseitiges geistiges Leben, Freude an den unscheinbarsten Gütern des Lebens, natürliche und unbefangene Lebensgemeinschaft mit dem Volk und seiner Arbeit, die Fähigkeit, sich in den praktischen Dingen des Lebens selbst zu helfen, und die Bescheidenheit, die in innerer Zufriedenheit ihre Grundlage hat, sind die bleibenden irdischen Werte, die im Dorfpfarrhaus beheimatet waren und die Dir in Deinem Vater begegnen werden. Sie werden Dir in allen Lebenslagen ein festes Fundament für das Zusammenleben mit den Menschen, für echte Leistung und für inneres Glück sein.
Die im Elternhaus Deiner Mutter verkörperte städtische Kultur der bürgerlichen Tradition, die in ihren Trägern das stolze Bewußtsein der Berufung zu höherer allgemeiner Ver-

antwortung, zu geistiger Höchstleistung und Führerschaft und die tiefverwurzelte Verpflichtung, Hüter eines großen geschichtlichen Erbes und geistiger Überlieferung zu sein, geschaffen hat, wird Dir, noch bevor Du es begreifst, eine Art zu denken und zu handeln geben, die Du nie mehr verlieren kannst, ohne Dir untreu zu werden.

Du sollst – nach einem freundlichen Gedanken Deiner Eltern – bei dem Namen eines Großonkels gerufen werden, der Pfarrer und ein guter Freund Deines Vaters ist und der zur Zeit das Geschick vieler anderer guter Deutscher und evangelischer Christen teilt und darum nur aus der Ferne die Hochzeit Deiner Eltern, Deine Geburt und Taufe miterleben kann, der aber mit großer Zuversicht und frohen Hoffnungen in Deine Zukunft blickt. Er ist bemüht, sich überall in dem Geist zu bewähren – so wie er ihn versteht –, den er im Hause seiner Eltern, Deiner Urgroßeltern, verkörpert sieht. Er nimmt es für ein gutes Zeichen Deiner Zukunft, daß Deine Eltern sich in diesem Hause kennenlernten und er wünscht Dir, daß Du einmal später mit Bewußtsein und Dankbarkeit die Kraft, die im Geiste dieses Hauses liegt, in Dich aufnimmst.

Bis Du groß bist, wird das alte Dorfpfarrhaus ebenso wie das alte Bürgerhaus eine versunkene Welt sein. Aber der alte Geist wird sich nach den Zeiten seiner Verkennung und seiner tatsächlichen Schwäche und nach einer Zeit der Zurückgezogenheit und inneren Neubesinnung, der Bewährung und Gesundung, neue Formen schaffen. Die tiefe Verwurzelung in dem Boden der Vergangenheit macht das Leben schwerer, aber auch reicher und kraftvoller. Es gibt menschliche Grundwahrheiten, zu denen das Leben früher oder später immer wieder zurückkehrt. Darum dürfen wir keine Eile haben, wir müssen warten können. „Gott sucht wieder auf, was vergangen ist", heißt es in der Bibel (Prediger Sal 3,15).

*

Es wird in den kommenden Jahren der Umwälzungen das größte Geschenk sein, sich in einem guten Elternhaus geborgen zu wissen. Es wird der feste Schutzwall sein gegen alle äußeren und inneren Gefahren. Die Zeiten, in denen sich

Kinder im Übermut von ihren Eltern lösten, werden vorüber sein. Es wird die Kinder in die Obhut ihrer Eltern ziehen, in ihrem Elternhaus werden sie Zuflucht, Rat, Stille und Klärung suchen. Du bist glücklich, Eltern zu haben, die aus eigener Erfahrung wissen, was ein Elternhaus in stürmischen Zeiten bedeutet. In der allgemeinen Verarmung des geistigen Lebens wirst Du in Deinem Elternhaus einen Hort geistiger Werte und eine Quelle geistiger Anregungen finden; die Musik, wie Deine Eltern sie auffassen und pflegen, wird Dir in der Verwirrung zur Klarheit und Reinheit Deines Wesens und der Empfindungen verhelfen und in Sorgen und Traurigkeit den Grundton der Freude in Dir wachhalten; Deine Eltern werden Dich früh dazu anleiten, Dir mit eigenen Händen selbst zu helfen und keinen Handgriff gering zu achten; die Frömmigkeit Deines Elternhauses wird keine laute und wortreiche sein, aber sie werden Dich lehren, zu beten und Gott über alles zu fürchten und zu lieben und den Willen Jesu Christi zu tun. „Mein Kind, bewahre die Gebote Deines Vaters und laß nicht fahren das Wort Deiner Mutter. Binde sie zusammen auf Deinem Herzen allewege, wenn Du gehst, daß sie Dich geleiten, wenn Du Dich legst, daß sie Dich bewahren, wenn Du wachst, daß Sie zu Dir sprechen“ (Sprüche 6,20 f.). „Heute ist diesem Haus Heil widerfahren“ (Luk. 19,9).

*

Ich würde Dir wünschen, auf dem Lande aufwachsen zu können; aber es wird nicht mehr das Land sein, auf dem Dein Vater großgeworden ist. Die Großstädte, von denen die Menschen sich alle Fülle des Lebens und des Genusses erwarteten und in denen sie wie zu einem Fest zusammenströmten, haben den Tod und das Sterben mit allen erdenklichen Schrecken auf sich gezogen und wie auf der Flucht haben Frauen und Kinder diese Orte des Grauens verlassen. Die Zeit der Großstädte auf unserem Kontinent scheint nun abgelaufen zu sein. Nach biblischer Aussage ist Kain der Gründer der Großstädte gewesen. Es mag sein, daß es noch einige Weltmetropolen geben wird, aber ihr Glanz, so verführerisch er sein mag, wird jedenfalls für den europäischen Menschen etwas Unheimliches behalten. Der große Auszug aus den Städten bedeutet andererseits eine völlige Veränderung für das Land. Die Stille und Abgeschiedenheit des ländlichen Lebens war schon durch Radio, Auto und Telephon und durch die Organisierung fast aller Lebensbereiche stark beeinträchtigt. Wenn nun Millionen von Menschen, die von der Rastlosigkeit und den Ansprüchen des großstädtischen Lebens nicht mehr lassen können, auf das Land ziehen, wenn ganze Industrien in ländliche Bezirke verlegt werden, dann wird die Verstädterung des Landes rasch fortschreiten und die Struktur des ländlichen Lebens grundlegend verändern. Das Dorf, das es noch vor 30 Jahren gab, gibt es ebensowenig mehr wie die idyllische Südsee-Insel. Trotz des Verlangens des Menschen nach Einsamkeit und Ruhe wird es schwer sein, diese zu finden. Dennoch wird es ein Gewinn sein, in diesem Zeitenwandel ein Stück Erdboden unter den Füßen zu haben, und aus ihm die Kräfte zu einem neuen, natürlichen, anspruchslosen und zufriedenen Tagewerk und Feierabend zu ziehen. „Es ist ein großer Gewinn, wer fromm ist und lässet sich genügen; wenn wir aber Kleidung und Nahrung haben, so lasset uns genügen“ (1. Tim. 6,6 f.). „Armut und Reichtum gib mir nicht, laß mich aber mein beschieden Teil Speise dahinnehmen. Ich möchte sonst, so ich zu satt würde, verleugnen und sagen: wo ist der Herr? oder wo ich zu arm würde, möchte ich stehlen und mich an dem Namen meines Gottes vergreifen“ (Sprüche 30,8). „Fliehet aus Babel, sie will nicht heil werden, laßt sie fahren und laßt uns ein jeglicher in sein Land ziehen“ (Jeremia 51,6 ff.).

*

Wir sind aufgewachsen in der Erfahrung unserer Eltern und Großeltern, der Mensch könne und müsse sein Leben selbst planen, aufbauen und gestalten, es gebe ein Lebensziel, zu dem der Mensch sich zu entschließen und das er dann mit ganzer Kraft auszuführen habe und auch vermöge. Es ist aber unsere Erfahrung geworden, daß wir nicht einmal für den kommenden Tag zu planen vermögen, daß das Aufgebaute über Nacht zerstört wird und unser Leben im Unterschied zu dem unserer Eltern gestaltlos oder doch fragmentarisch geworden ist. Ich kann trotzdem nur sagen, daß ich nicht in einer anderen Zeit leben wollte als in der unseren, auch wenn sie über unser äußeres Glück hinwegschreitet. Deutlicher als in anderen Zeiten erkennen wir, daß die Welt in den zornigen und gnädigen Händen Gottes ist. Bei Jeremia heißt es: „So spricht der Herr: siehe, was ich gebaut habe, das breche ich ab und was ich gepflanzt habe, das reute ich aus – und du begehrst dir große Dinge? Begehre es nicht! denn siehe, ich will Unglück kommen lassen über alles Fleisch. Aber deine Seele will ich dir zur Beute geben, wohin du ziehst" (c. 45). Wenn wir aus dem Zusammenbruch der Lebensgüter unsere lebendige Seele unversehrt davontragen, dann wollen wir uns damit zufriedengeben. Wenn der Schöpfer selbst sein Werk zerstört, dürfen wir dann über die Zerstörung unserer Werke jammern? Es wird nicht die Aufgabe unserer Generation sein, noch einmal „große Dinge zu begehren", sondern unsere Seele aus dem Chaos zu retten und zu bewahren und in ihr das einzige zu erkennen, das wir wie eine „Beute" aus dem brennenden Hause tragen. „Behüte dein Herz mit allem Fleiß, denn daraus geht das Leben" (Sprüche 4,23). Wir werden unser Leben mehr zu tragen als zu gestalten haben, wir werden mehr hoffen als planen, mehr ausharren als vorausschreiten. Aber wir wollen Euch Jüngeren, der neugeborenen Generation, die Seele bewahren, aus deren Kraft Ihr ein neues und besseres Leben planen, aufbauen und gestalten sollt.

*

Wir haben zu stark in Gedanken gelebt und gemeint, es sei möglich, jede Tat vorher durch das Bedenken der Möglichkeiten so zu sichern, daß sie dann ganz von selbst geschieht. Etwas zu spät haben wir gelernt, daß nicht der Gedanke, sondern die Verantwortungsbereitschaft der Ursprung der Tat sei. Denken und Handeln wird für Euch in ein neues Verhältnis treten. Ihr werdet nur denken, was ihr handelnd zu verantworten habt. Bei uns war das Denken vielfach der Luxus des Zuschauers, bei Euch wird es ganz im Dienste des Tuns stehen. „Es werden nicht die, die zu mir *sagen:* Herr, Herr! in das Himmelreich kommen, sondern die den Willen *tun* meines Vaters im Himmel", sagte Jesus (Matth. 7,21).

Der Schmerz ist dem größten Teil unseres Lebens fremd gewesen. Möglichste Schmerzlosigkeit war einer der unbewußten Leitsätze unseres Lebens. Differenziertes Empfinden, intensives Erleben des eigenen und des fremden Schmerzes sind die Stärke und zugleich die Schwäche unserer Lebensform. Eure Generation wird von früh auf durch das Ertragen von Entbehrungen und Schmerzen und schwerer Geduldsproben härter und lebensnäher sein! „Es ist ein köstlich Ding einem Manne, daß er das Joch in seiner Jugend trage" (Klagelieder Jerem. 3,27).

*

Wir glaubten, daß wir uns durch Vernunft und Recht im Leben durchsetzen, und wo beides versagte, sahen wir uns am Ende unserer Möglichkeiten. Wir haben die Bedeutung des Vernünftigen und Gerechten auch im Geschichtsablauf immer wieder überschätzt. Ihr, die Ihr in einem Weltkrieg aufwachst, den 90 Prozent aller Menschen nicht wollten und für den sie doch Gut und Leben lassen, erfahrt von Kind auf, daß Mächte die Welt bestimmen, gegen die die Vernunft nichts ausrichtet. Ihr werdet Euch daher mit diesen Mächten nüchterner und erfolgreicher auseinandersetzen. In unserem Leben war der „Feind" eigentlich keine Realität. Ihr wißt, daß Ihr Feinde und Freunde habt, und was ein Feind und was ein Freund im Leben bedeutet. Ihr lernt von klein auf die uns fremden Formen des Kampfes gegen den Feind ebenso wie das bedingungslose Vertrauen zum Freund. „Muß nicht der Mensch immer im Streit sein auf Erden?" (Hiob 7,1). „Gelobt sei der Herr, mein Herr, der meine Hände lehrt streiten und meine Fäuste kriegen, meine Güte und meine Burg, mein Schutz und mein Erretter, mein Schild, auf den ich traue" (Ps. 144,1). „Ein treuer Freund liebt mehr und steht fester bei als ein Bruder" (Sprüche 18, 24).

*

Gehen wir einer Zeit der kolossalen Organisationen und Kollektivgebilde entgegen oder wird das Verlangen unzähliger Menschen nach kleinen, übersehbaren, persönlichen Verhältnissen erfüllt? Muß sich beides ausschließen? Wäre es nicht denkbar, daß gerade die Weltorganisationen in ihrer

Weitmaschigkeit mehr Raum für das persönliche Leben hergeben? Ähnlich steht es mit der Frage, ob wir einer Zeit der Auslese der Besten, also einer aristokratischen Ordnung entgegengehen oder einer Gleichförmigkeit aller äußeren und inneren Lebensbedingungen der Menschen? Mitten in einer sehr weitgehenden Angleichung der materiellen und ideellen Lebensbedingungen unter den Menschen könnte das heute quer durch alle sozialen Schichten hindurchgehende Qualitätsgefühl für die menschlichen Werte der Gerechtigkeit, der Leistung und der Tapferkeit eine neue Auslese von solchen schaffen, denen auch das Recht auf starke Führung zugebilligt wird. Auf unsere Privilegien werden wir gelassen und in der Erkenntnis einer geschichtlichen Gerechtigkeit verzichten können. Es mögen Ereignisse und Verhältnisse eintreten, die über unsere Wünsche und Rechte hinweggehen. Dann werden wir uns nicht in verbittertem und unfruchtbarem Stolz, sondern in bewußter Beugung unter ein göttliches Gericht und in weitherziger und selbstloser Teilnahme am Ganzen und an den Leiden unserer Mitmenschen als lebensstark erweisen. „Denn welches Volk seinen Hals ergibt unter das Joch des Königs zu Babel, das will ich in seinem Lande lassen, daß es dasselbe baue und bewohne, spricht der Herr" (Jeremia 27,11). „Suchet der Stadt Bestes und betet für sie zum Herrn" (Jerem. 29,7). „Gehe hin, mein Volk, in deine Kammer und schließe die Tür nach dir zu; verbirg dich einen kleinen Augenblick, bis der Zorn vorübergeht" (Jesaja 26, 20). „Denn sein Zorn währt einen Augenblick und lebenslang seine Gnade; den Abend lang währt das Weinen, aber des Morgens die Freude" (Ps. 30,6).

*

Du wirst heute zum Christen getauft. Alle die alten großen Worte der christlichen Verkündigung werden über Dir ausgesprochen und der Taufbefehl Jesu Christi wird an Dir vollzogen, ohne daß Du etwas davon begreifst. Aber auch wir selbst sind wieder ganz auf die Anfänge des Verstehens zurückgeworfen. Was Versöhnung und Erlösung, was Wiedergeburt und Heiliger Geist, was Feindesliebe, Kreuz und Auferstehung, was Leben in Christus und Nachfolge Christi heißt, das alles ist so schwer und so fern, daß wir es kaum mehr wagen, davon zu sprechen. In den überlieferten Worten und Handlungen ahnen wir etwas ganz Neues und Umwälzendes, ohne es noch fassen und aussprechen zu können. Das ist unsere eigene Schuld. Unsere Kirche, die in diesen Jahren nur um ihre Selbsterhaltung gekämpft hat, als wäre sie ein Selbstzweck, ist unfähig, Träger des versöhnenden und erlösenden Wortes für die Menschen und für die Welt zu sein. Darum müssen die früheren Worte kraftlos werden und verstummen, und unser Christsein wird heute nur in zweierlei bestehen: im Beten und im Tun des Gerechten unter den Menschen. Alles Denken, Reden und Organisieren in den Dingen des Christentums muß neugeboren werden aus diesem Beten und aus diesem Tun. Bis Du groß bist, wird sich die Gestalt der Kirche sehr verändert haben. Die Umschmelzung ist noch nicht zu Ende, und jeder Versuch, ihr vorzeitig zu neuer organisatorischer Machtentfaltung zu verhelfen, wird nur eine Verzögerung ihrer Umkehr und Läuterung sein. Es ist nicht unsere Sache, den Tag vorauszusagen – aber der Tag wird kommen –, an dem wieder Menschen berufen werden, das Wort Gottes so auszusprechen, daß sich die Welt darunter verändert und erneuert. Es wird eine neue Sprache sein, vielleicht ganz unreligiös, aber befreiend und erlösend, wie die Sprache Jesu, daß sich die Menschen über sie entsetzen und doch von ihrer Gewalt überwunden werden, die Sprache einer neuen Gerechtigkeit und Wahrheit, die Sprache, die den Frieden Gottes mit den Menschen und das Nahen seines Reiches verkündigt. „Und sie werden sich verwundern und entsetzen über all dem Guten und über all den Frieden, den ich ihnen geben will" (Jerem. 33,9). Bis dahin wird die Sache der Christen eine stille und verborgene sein; aber es wird Menschen geben, die beten und das Gerechte tun und auf Gottes Zeit warten. Möchtest Du zu Ihnen gehören und möchte es einmal von Dir heißen: „Des Gerechten Pfad glänzt wie das Licht, das immer heller leuchtet bis auf den vollen Tag" (Sprüche 4,18).

Lieber Eberhard, liebe Renate! Ich kann Euch garnicht beschreiben, wie sehr mich Euer Besuch gefreut hat, und auch der kühne Entschluß einfach zu zweit hereinzukommen, war großartig. Wenn Maetz nicht so ein Pedant wäre, hätte es vielleicht noch länger geklappt. Aber es war auch so sehr schön ... Die Unterhaltung mit Dir war wieder ganz herrlich. Ich möchte wissen, ob zwei andere Menschen sich in 1½ Stunden so viel erzählen und zu verstehen geben können wie wir beide; dazu gehört eine Übung, die nun ins 10. – ich habe doch recht, es ist das 10.! – Jahr geht; ich bin richtig stolz darauf.

Was Du mir von Deinen Erlebnissen der letzten Wochen und Tage berichtet hast, bewegt mich sehr. Heute bin ich zu eilig, um darauf eingehen zu können. Ich wünsche Dir vor allem, daß Du nun hier die äußere und innere Ruhe findest, die Du nach diesen erregenden Zeiten brauchst. Es tat mir schrecklich leid, daß Ihr hier in den Alarm kamt und ich habe sehr dankbar und erleichtert aufgeatmet, als Euer Anruf kam. Die Frage nach dem „Sinn" ist allerdings oft belastend; aber findest Du es nicht schon sehr wichtig, daß man wenigstens weiß, *warum* das alles nötig ist, und man es ertragen muß, wenn auch das „Wofür" problematisch ist; das ist für mich hier klarer.

Der Überbringer[1] dieses Briefes wird Euch zugleich meine herzlichen Grüße zum Tauftag und die Anweisung auf ein Patengeschenk, vielleicht auch das Geschenk selbst überbringen. Ich freue mich sehr, daß das möglich ist und Ihr werdet Euch gewiß mit dem freundlichen Überbringer sehr gut unterhalten. Erzähle ihm nur noch recht viel und laß ihn Notizen machen, damit ich alles erfahre. Er wird Euch auch von mir und meinem Leben hier gern erzählen. Ich finde es sehr nett von ihm, daß er diese Verbindung an diesem Tage zwischen uns herstellt. Er ist übrigens großer Musikus. Vielleicht könnt Ihr zusammen etwas zustande bringen. (Später möchte ich übrigens sehr gern mal den „Schütz" sehen, der Euch so gut gefallen hat.) ...

Ich war immer auf den Tag begierig, an dem Du zum ersten

Mal von der Front nach Hause kommst und ich habe nie daran gezweifelt, daß Du so wiederkommen würdest, wie Du gegangen bist und daß wir uns unverändert in allem verstehen würden. Daß es nun in Wirklichkeit so ist, ist mir eine ganz unbeschreibliche Freude.
Ob sich nun noch eine zweite Begegnung ermöglichen wird mit der Begründung, daß die heutige wegen Fliegeralarms abgebrochen werden mußte (Maetz weiß bestimmt nicht mehr, wie lange sie gedauert hat, dazu ist er viel zu aufgeregt gewesen!) und die Eltern würden Dir sicher diese Möglichkeit noch einmal abtreten. Es wäre ganz herrlich, wenn es ginge. Es ist noch so vieles zu besprechen. –
Nun für heute Schluß! Ich mußte sehr in Eile im Revier schreiben. Drum wurde es etwas kraus! – Also noch einmal viele Grüße an alle und gute Wünsche für Euch, für Euren Jungen, für einen schönen Tag! ...

Herzlichst Euer getreuer Dietrich

Ich freue mich kolossal über Deine Stellungnahme in der Sache des katholischen Beichtvaters.
Schön, daß Du selbst taufst! Ich möchte sehr gern die Predigt haben!

[1] Unteroffizier Linke.

An Eberhard Bethge

[Tegel] 20. v. [44]

Lieber Eberhard! Dieser Brief ist noch einmal nur für Dich bestimmt ... Ich muß vorweg sagen, daß mich alles, was Du erzählt hast[1], so ergriffen hat, daß ich gestern den Tag nicht davon los kam und eine unruhige Nacht hatte; ich bin Dir unendlich dankbar dafür; denn es war eine Bestätigung unserer Freundschaft und außerdem ruft es wieder alle Lebens- und Kampfgeister wach und macht trotzig, klar und hart. Nun komme ich aber nicht ganz von dem Gefühl los, daß da in Dir eine Spannung ist, über die Du nicht ganz hinwegkommst, und da möchte ich brüderlich versuchen Dir zu helfen. Nimm es recht auf! Wenn man liebt, will man leben, vor allem leben und haßt alles, was eine Bedrohung des Lebens darstellt. Du haßt die Erinnerung an die letzten Wochen, Du haßt den blauen Himmel, weil er Dich daran erinnert, Du haßt die Flieger usw. Du willst mit Renate leben und glücklich sein, und Du hast darauf ein gutes Recht. Und Du mußt auch leben, um Renate's und des kleinen – (aber auch des großen) – Dietrich willen und hast garnicht das Recht so zu reden wie Dein Chef neulich, im Gegenteil, Du könntest das garnicht verantworten; das mußt Du ihm mal ganz ruhig auseinandersetzen; was notwendig ist, ist selbstverständlich, aber aus irgendeinem persönlichen Affekt heraus dürftest Du garnicht so handeln. Es ist nun aber die Gefahr in aller starken erotischen Liebe, daß man über ihr – ich möchte sagen: die Polyphonie des Lebens verliert. Ich meine dies: Gott und seine Ewigkeit will von ganzem Herzen geliebt sein, nicht so, daß darunter die irdische Liebe beeinträchtigt oder geschwächt würde, aber gewissermaßen als cantus firmus, zu dem die anderen Stimmen des Lebens als Kontrapunkt erklingen; eines dieser kontrapunktischen Themen, die ihre *volle Selbständigkeit* haben, aber doch auf den cantus firmus bezogen sind, ist die irdische Liebe und auch in der Bibel steht ja das Hohe Lied und es ist wirklich keine heißere, sinnlichere, glühendere Liebe denkbar als die, von der dort gesprochen wird (cf. 7, 6![2]); es ist wirklich gut, daß es in der Bibel steht, all denen gegenüber, die das Christliche in der Temperierung der Leidenschaften sehen (wo gibt es solche Temperierung überhaupt im Alten Testament?). Wo der cantus firmus klar und deutlich ist, kann sich der Kontrapunkt so gewaltig entfalten wie nur möglich. Beide sind „ungetrennt und doch geschieden", um mit dem Chalcedonense zu reden, wie in Christus seine göttliche und seine menschliche Natur. Ist nicht vielleicht die Polyphonie in der Musik uns darum so nah und wichtig, weil sie das musikalische Abbild dieser christologischen Tatsache und daher auch unserer vita christiana ist? Ich kam erst gestern nach Deinem Besuch auf diesen Gedanken. Verstehst Du, was ich meine? Ich wollte Dich bitten, laßt in Eurem Zusammensein den cantus firmus recht deutlich erklingen, erst dann gibt es den vollen und ganzen Klang und der Kontrapunkt weiß sich immer getragen, er kann nicht abgleiten, er kann sich nicht lösen und bleibt doch ein Eigenes, Ganzes, ganz für sich. Wenn man in dieser Polyphonie steht, dann wird das Leben erst ganz und zugleich weiß man, daß nichts Unheilvolles geschehen kann, solange der cantus firmus durchgehalten wird. Vielleicht wird in diesen jetzigen gemeinsamen Tagen, aber auch in möglicherweise kommenden Tagen der Trennung vieles leichter zu tragen sein. Bitte, Eberhard, fürchte und hasse nicht die Trennung, wenn sie wieder kommen sollte und alle ihre Gefahren, sondern verlaß Dich auf den cantus firmus. Ich weiß nicht, ob ich es jetzt richtig gesagt habe, man sagt so etwas selten ...[3]

[1] Von der Urlaubsfahrt, die durch schwere Bombenangriffe der Alliierten auf die Verkehrswege und Pässe Norditaliens zur Vorbereitung ihrer Offensive verzögert wurde und gefährdet war. [2] „Wie schön und lieblich bist du, du Liebe voller Wonne." [3] Fortsetzung des Briefes verlorengegangen.

An Eberhard Bethge

[Tegel] 21. 5. 44

Lieber Eberhard! Eben habe ich das Datum des Briefes geschrieben, um die Stunden der Vorbereitung zur Taufe und der Taufe selbst in Gedanken mit Euch zu erleben. In demselben Augenblick ging die Sirene. Nun sitze ich im Revier und hoffe, daß Euch heute wenigstens ein Luftangriff erspart bleibt. Was für Zeiten! was für eine Taufe! und was für Erinnerungen in kommenden Jahren! Es kommt nur darauf an, daß man alle diese Eindrücke gewissermaßen in die richtigen seelischen Kanäle leitet; dann machen sie nur trotziger, härter, klarer und das ist gut. Weiche Stimmungen können an einem solchen Tauftag nicht aufkommen. Wenn Gott mitten in den Bedrohungen eines Fliegeralarms den Ruf des Evangeliums zu seinem Reich in der Taufe ergehen läßt, dann wird es merkwürdig klar, was dieses Reich ist und will. Ein Reich stärker als der Krieg und Gefahr, ein Reich der Macht und Gewalt, ein Reich, das für die einen

ewiger Schrecken und Gericht, für die anderen ewige Freude und Gerechtigkeit ist, nicht ein Reich des Herzens, sondern über die Erde und alle Welt, nicht vergänglich, sondern ewig, ein Reich, das sich selbst seinen Weg schafft und sich Menschen ruft, die ihm den Weg bereiten, ein Reich, für das sich der Einsatz des Lebens lohnt.
Eben fängt es an zu schießen, es scheint aber heute nicht sehr schlimm zu werden. Wie gern hörte ich Dich in ein paar Stunden predigen ... Heute früh um 8 Uhr hörte ich als schönen Anfang des Tages ein Choralvorspiel über „Was Gott tut, das ist wohlgetan"; ich habe es in Gedanken an Euch und mein Patenkind angehört! Ich hatte lange keine Orgel gehört und empfand ihren Klang wie eine Burg, in der man sich bergen kann. Daß Dein Patenbrief an mich verloren ging, tut mir wirklich ganz besonders leid. Du hast darin sicher ein paar sehr gute und wohltuende und aufmunternde Worte zu mir gesagt, für die ich sehr dankbar gewesen wäre und bin. Ob er sich doch noch findet? und ob Du mir sonst ein paar Worte zum Ersatz schreibst? Du wirst ja heute auch eine Tischrede halten müssen und dabei an mich denken. Ich möchte es gern erfahren, was Du gesagt hast. Gerade weil man solche Worte einander nur selten sagt, hungert einen von Zeit zu Zeit danach. Verstehst Du das? Vielleicht ist das hier in der Abgeschiedenheit stärker als sonst; früher verstand sich alles so von selbst. Das tut es allerdings auch jetzt noch, – trotzdem! Fandest Du übrigens neulich hier, daß es sich jetzt „schwerer spricht" als früher? ich fand es garnicht. Ich frage nur, weil Du neulich so etwas schriebst.
Vielleicht hast Du Dich über den gestrigen Brief gewundert, daß er einerseits *Dir* etwas sagen wollte, daß er andrerseits selbst so hilflos war. Aber ist es nicht so? Man versucht zu helfen und ist selbst der Hilfsbedürftigste. Das über den cantus firmus war eigentlich mehr um Renate's willen geschrieben als um Deiner selbst willen; d. h. mehr um Eurer Gemeinschaft willen, als daß ich geglaubt hätte, Du wüßtest das nicht selbst alles gut genug. Das Bild der Polyphonie verfolgt mich immer noch. Als ich heute etwas Schmerz darüber empfand, nicht bei Euch zu sein, mußte ich denken, daß auch

Schmerz und Freude zur Polyphonie des ganzen Lebens gehören und selbständig nebeneinander bestehen können. Du sagtest vorgestern ungefähr, daß es mir vielleicht doch besser ginge als ich wüßte. Gewiß, Eberhard, ich bin in viel geringerer Gefahr als Du und ich würde viel darum geben, in dieser Hinsicht mit Dir tauschen zu können; das ist keine Redensart; es geht sogar immer wieder ganz von selbst in mein Gebet ein; ich habe schon mehr vom Leben gesehen und erfahren als Du ... aber vielleicht liegt es auch gerade mit daran, daß ich schon „lebenssatter" bin, als Du sein darfst. Also, der Vorzug, den Du in meiner Lage siehst, ist für mich nur relativ gering. Ist es nicht vielmehr so, daß Du das Leben in allen seinen Seiten, in Glück und in Gefahr erlebst, und daß das doch besser ist, als wenn einem gewissermaßen die Lebensluft abgeschnürt wird wie mir hier? Ich will bestimmt nicht bemitleidet sein und Dir damit irgendwie Kummer machen, sondern ich möchte nur gern, daß Du an dem *froh* bist, was Du hast; es ist eben wirklich die Polyphonie des Lebens (verzeih dieses Herumreiten auf meinem Fündlein!).
Entwarnung. Ich bin froh für Euch. — Auf meinem Schreibtisch stehen zwei ganz wunderbare Fliederbüsche, die mir ein rührender Mann mitgebracht hat. Ich habe mir die Fotos, die Du mir brachtest, vorgenommen und betrachte den Täufling. Auch die große Kerze habe ich angezündet und genieße sie sehr. Vielen Dank dafür! Wem er ähnlich sieht? Ich finde Renate und Dir! Von Dir stammt ganz eindeutig die Stirn, von Renate das übrige. Er gefällt mir ausgezeichnet, und wenn er schon an körperlichen Vorzügen etwas von mir mitbekommen sollte, so kann ich ihm eigentlich nur meine Zahn- und Kopfwehlosigkeit, meine Wadenmuskeln und meinen empfindlichen Gaumen (der allerdings schon eine zweischneidige Mitgift ist) wünschen. Das andere holt er sich besser anderswoher ... Im übrigen hat er sich mit seinem Namen das beste Teil von mir genommen. Ich war mit ihm immer zufrieden und als Junge sogar stolz auf ihn. Aber ein guter Patenonkel, das könnt Ihr mir glauben, will ich ihm immer sein und immer tun, was in meinen Kräften liegt, um ihm zu helfen. Ich glaube, einen besseren Patenonkel konnte er sich nicht aussuchen ...

Noch immer stehe ich ganz unter dem Eindruck Deiner Erzählung. Wenn wir dies alles doch miteinander erleben könnten! Ich wäre lieber mit Dir zusammen dort als alleine hier in „Sicherheit"! Wenn ich aber bedenke, durch wieviele Gefahren Du in Deinem Leben gegangen bist ... und wie Du bis in die letzten Tage hinein geradezu sichtbare Beweise der Bewahrung erfahren hast und wie Dir das Gute immer wieder unerwartet zugefallen ist ..., dann werde ich ganz ruhig und glaube, daß Du in den Plänen Gottes gut aufgehoben bist. Wenn Du in Gedanken an den Krieg jetzt manchmal nur den Tod siehst, so unterschätzt Du wohl die Mannigfaltigkeit der Wege Gottes. Die Stunde des Todes ist dem Menschen bestimmt und sie wird ihn überall finden, wo sich der Mensch auch hinwendet. Und wir müssen dafür bereit sein. Aber „er weiß viel tausend Weisen zu retten aus dem Tod, ernähret und gibt Speisen zur Zeit der Hungersnot". Das wollen wir doch nicht vergessen. – Wieder Alarm.

Es ist der 22. Gut, daß Ihr draußen seid! – Ich habe viel vom gestrigen Tag erfahren und bin sehr froh darüber. Deine Predigt hat Maria sehr gefallen; schon der kurze Aufriß, den ich erhielt, hat mir eingeleuchtet. Und wie schöne Lieder! – Daß Du Schütz gesungen hast, hast Du auch in Gedanken an mich getan! ... Beide Lieder liebe ich sehr. Ihr habt meinen Aufzeichnungen damit ja etwas reichlich viel Ehre angedeihen lassen; so war es wirklich nicht gemeint. Aber ich freue mich, wenn es Euch gefreut hat. Für Papa muß es merkwürdig gewesen sein, diesen Text zu lesen. Ich hörte gern etwas mehr darüber.
Sehr froh bin ich, daß Perels und Mama sich der Dohrmannsache sofort annehmen. Kann Klaus eigentlich nichts tun? Legalisierung müßte direkt für den Kriegspfarrerdienst erfolgen, wenn überhaupt nötig. Ein Plus kann man ja nicht gut fordern. Die ganze Frage sieht ja jetzt anders aus als vor 5 Jahren[1]. Trotzdem gibt es natürlich Bedingungen, auf die man nicht eingehen könnte. Das wäre dann das Zeichen Gottes, diesen Weg nicht weiterzugehen. Denn Gott allein schützt, sonst nichts. Einen Brief an Niebuhr schreibe ich noch

für Dich für alle Fälle. Auch einen Treffpunkt müßte man für alle Fälle ausmachen; ich denke, daß wir über N. und Onkel George[2] später immer in Verbindung bleiben können. Leb wohl für heute! Kann ich irgendetwas für Euch tun? Wie reizend sind die Bilder des Kleinen! Gott behüte uns alle! Von Herzen Dein getreuer Dietrich

Wie war es mit dem überraschenden Besuch?

Lieber Eberhard! Hier ist der Brief, mit dem Du Dich immer ausweisen kannst. Es stimmt doch, daß Du damals mit warst, als ich dort zu Besuch war?[3] (Es ist doch klar, daß der Brief an Prof. von Dietze-Freiburg[4] gerichtet ist?) Ich halte es für richtig, daß Du gut und sicher eingeführt bist. Er ist ein sehr liebenswürdiger, lebhafter und interessanter Mann, guter Freund von Paul Tillich und sein Hauptgebiet ist Ethik. So, mit mehr will ich Dich heute nicht behelligen. Es ist 1 Uhr nachts und ich warte gerade im Revier auf den Alarm, der angekündigt ist. Quousque tandem?
Leb für heute wohl! Herzlich Dein Dietrich
22. 5.

[1] Die „Legalisierung" mit Unterstellung unter die offiziellen Kirchenbehörden hatte Bonhoeffer 1939 noch kompromißlos verworfen, da sie das Aufgeben kirchenleitender Funktionen der Bruderräte bedeutete; s. DB, 685 ff u. 777 ff. [2] George Bell, Bischof von Chichester. [3] Für den Fall einer Gefangennahme Empfehlungsbrief an Reinhold Niebuhr, den D. Bonhoeffer im März 1939 in Sussex-England besucht hatte. [4] Falls der Brief, der natürlich nicht Niebuhrs Namen trug, von der Gestapo entdeckt würde.

An Renate und Eberhard Bethge

[Tegel] 24. v. [44]

Lieber Eberhard, liebe Renate! Ich weiß nicht, wie ich meine Wünsche für Eure Pfingsttage anders ausdrücken soll als indem ich ein Wort gebrauche, das ich nur sehr selten in den Mund nehme, – ich wünsche Euch, daß Ihr ein gesegnetes Pfingsten feiert, ein Pfingsten mit Gott und mit dem Gebet, ein Pfingsten, an dem Ihr Euch vom Heiligen Geist angerührt wißt, ein Pfingsten, das für die kommenden Wochen und Monate für Euch ein rocher de bronce der Erinnerung ist. Ihr braucht Tage, an die zurückzudenken Euch nicht ein Schmerz über etwas Entbehrtes, sondern eine Stärkung durch etwas Beständiges ist. Ich habe für Euch ein paar Worte zu den Losungen zu schreiben versucht[1], z. T. noch heute während der Alarmstunden, sie sind daher etwas dürftig und nicht so durchmeditiert, wie es nötig wäre. Aber vielleicht lest Ihr sie am Morgen miteinander und habt darin einen kleinen Ersatz für den möglicherweise fehlenden Gottesdienst. Ist eigentlich für Dich, Eberhard, die Erinnerung an die Pfingstmorgen in Finkenwalde auch so schön und wichtig? – Im übrigen wünsche ich Euch schönes Wetter, viel Freude am kleinen Dietrich, und viele schöne ruhige Stunden und gute Musik! — Wenn es mit den Alarmen so bleibt, dann wage es ich eigentlich nicht, Euch nocheinmal um Euren Besuch zu bitten. Ich verstehe es dann wirklich *sehr* gut, wenn Ihr in Sakrow bleibt! Ihr müßt nicht glauben, daß Ihr damit etwas an mir versäumt! Es war neulich schon so sehr schön und die Möglichkeit des Schreibens ist ja auch eine sehr große Hilfe!

Ich lese jetzt mit größtem Interesse das Weizsäcker'sche Buch über das „physikalische Weltbild" und hoffe auch für meine Arbeit viel daraus zu lernen. Wenn nur ein geistiger Austausch möglich wäre. Früher lasen und besprachen wir derartige Dinge immer gemeinsam. – Die letzten Nachrichten aus Italien haben mich wieder sehr bewegt. Was mag in den nächsten beiden Wochen noch alles geschehen! Man kann nicht genug an die letzten Verse denken, die Ihr bei der Taufe gesungen habt![2]

Nun lebt wohl, feiert schön und vergeßt nicht

Euren getreuen Dietrich

[1] Siehe GS IV, 588–592. [2] „Was kränkst du dich in deinem Sinn / und grämst dich Tag und Nacht? / Nimm deine Sorg und wirf sie hin / auf den, der dich gemacht . . . / Er hat noch niemals was versehn / in seinem Regiment; / nein, was er tut und läßt geschehn, / das nimmt ein gutes End. / Ei nun, so laß ihn ferner tun / und red ihm nicht darein; / so wirst du hier in Frieden ruhn / und ewig fröhlich sein" (Paul Gerhardt).

Lieber Eberhard! Heute ist es eine Woche, daß Ihr hier wart. Wie mögt Ihr die Tage zubringen? Oft denke ich, es ist für Euch – objektiv – doch ganz gut, daß ich nicht da bin und daß Ihr so ohne jeden Dritten zusammen sein könnt. – Wie steht es nun mit Dohrmann? Das wüßte ich gern! Wenn Du noch einmal kommen kannst, so geschähe das am besten nachmittags nach 4 Uhr; da kann ich dafür sorgen, daß wir ungestörter sind. Den betreffenden Tag würde ich Dich dann noch wissen lassen. Eine vorherige Anmeldung ist dann unnötig. Es wäre wunderbar, wenn es gelänge. Da Maria jetzt mindestens 6 Wochen lang nicht kommt, geht es vielleicht wirklich.

Deine bisherigen Verhältnisse wirst Du nun wohl unter keinen Umständen mehr vorfinden[1]. Wie dankbar wird Renate sein, daß ihr die Unruhe dieser Tage und Wochen erspart geblieben ist. Schade finde ich es, daß Du dort unten nicht noch mehr Landschaftliches gezeichnet hast. Das eine Blatt steht mir noch ganz anschaulich vor Augen ... und alles dies ist bei Dir unausgebildete Begabung. Bei mir ist demgegenüber die Ausbildung fast alles. Ohne Ausbildung wäre ich ein ganz langweiliges Gebilde! Wenn nun bei Deinem Sohn beides zusammenkommt, dann können wir uns auf allerlei gefaßt machen ...

Zum Patenamt: in alten Büchern spielt vielfach der Pate im Leben eines Kindes eine besondere Rolle. Heranwachsende Kinder haben doch oft das Verlangen bei anderen Erwachsenen – außer den Eltern – Verständnis, Freundlichkeit und Rat zu finden. Die Paten sind diejenigen, an die die Eltern ihr Kind für solche Lagen gewiesen haben. Der Pate hat das Recht des guten Rates, während Eltern befehlen. Ich habe zwar keinen solchen Paten gehabt ... aber ich könnte mir denken, daß ich sehr gern einen gehabt hätte und ihn gut hätte brauchen können. Du hattest wohl auch keinen? Aber in dieser Richtung sehe ich eine meiner künftigen Patenpflichten ... Ich würde Jungens hauptsächlich männliche, Mädchen weibliche Paten geben. – Ich bitte Papa um Besorgung von Pervitin – bzw. Isophan – für mich und für

Dich. Ich schreibe ihm selbst. – Ich hoffe sehr, bald von Dir zu hören! Alles alles Gute!
Dich und Renate und den Kleinen grüßt von Herzen

Dein Dietrich

[1] Die Front in Mittelitalien bewegte sich rapide nordwärts.

An Eberhard Bethge [Tegel] 27. 5. 44

Lieber Eberhard! Vielen Dank für Euren Gruß! Aber weißt Du, ein zu kurzer Brief ist, wie wenn jemand, auf dessen Besuch man lange gewartet hat, nur einen Augenblick den Türspalt aufmacht, freundlich ins Zimmer hineinnickt und schon wieder verschwunden ist. Ich glaube, Du mußt noch einmal schreiben, damit ich mir mit meinen Briefen und Fragen nicht deplaciert vorkomme; jedenfalls würde es mir vieles erleichtern. Verstehst Du das?
Falls Du mich noch besuchen kannst, so käme Donnerstag der 1. VI. nach 4 Uhr oder So. der 3. VI. nach 1/2 2 Uhr inbetracht. Ich lasse noch bei Euch anfragen. Aber manches läßt sich eben schriftlich sogar leichter sagen als mündlich; und darum verschieb bitte nicht alles auf die unsichere Möglichkeit des Besuches ...
Die Nennung von Velletri[1] berührte einen eigenartig, Dich gewiß am meisten! – Hast Du eigentlich die Sache über den cantus firmus und meine Fragen und die Pfingstandachten bekommen? –
Nochmals vielen herzlichen Dank für Euren Gruß und alle guten Wünsche. Immer Euer Dietrich

[1] Im Wehrmachtsbericht.

Lieber Eberhard! Ich hoffe, daß Ihr trotz der Alarme die Ruhe und Schönheit dieser vorsommerlich warmen Pfingsttage voll auskostet. Man lernt es ja allmählich, von den Bedrohungen des Lebens innerlich Abstand zu gewinnen, d. h. „Abstand gewinnen" klingt eigentlich zu negativ, zu formal, zu künstlich, zu stoisch, richtiger ist es wohl zu sagen: man nimmt diese täglichen Bedrohungen mit in das Ganze des Lebens mit hinein. Ich beobachte hier immer wieder, daß es so wenige Menschen gibt, die viele Dinge gleichzeitig in sich beherbergen können; wenn Flieger kommen, sind sie nur Angst; wenn es etwas Gutes zu essen gibt, sind sie nur Gier; wenn ihnen ein Wunsch fehlschlägt, sind sie nur verzweifelt; wenn etwas gelingt, sehen sie nichts anderes mehr. Sie gehen an der Fülle des Lebens und an der Ganzheit einer eigenen Existenz vorbei; alles Objektive und Subjektive löst sich für sie in Bruchstücke auf. Demgegenüber stellt uns das Christentum in viele verschiedene Dimensionen des Lebens zu gleicher Zeit; wir beherbergen gewissermaßen Gott und die ganze Welt in uns. Wir weinen mit den Weinenden und freuen uns zugleich mit den Fröhlichen; wir bangen – (– ich wurde gerade wieder vom Alarm unterbrochen und sitze jetzt im Freien und genieße die Sonne –) um unser Leben, aber wir müssen doch zugleich Gedanken denken, die uns viel wichtiger sind, als unser Leben. Sobald wir z. B. bei einem Alarm in eine andere Richtung geworfen werden als in die der Sorge um die eigene Sicherheit, also z. B. in die Aufgabe, Ruhe um uns zu verbreiten, wird die Situation eine völlig andere; das Leben wird nicht in eine einzige Dimension zurückgedrängt, sondern es bleibt mehrdimensional-polyphon. Welch' eine Befreiung ist es, *denken* zu können und in Gedanken die Mehrdimensionalität aufrechtzuerhalten. Ich habe es mir hier fast zur Regel gemacht, wenn die Leute kurz vor dem Angriff zittern, immer nur davon zu reden, daß für die kleineren Städte ein solcher Angriff noch viel schlimmer wäre. Man muß die Menschen aus dem einlinigen Denken herausreißen – gewissermaßen als „Vorbereitung" bzw. „Ermöglichung" des Glaubens, obwohl es in Wahrheit erst

der Glaube selbst ist, der das Leben in der Mehrdimensionalität ermöglicht und uns also auch diese Pfingsten trotz Alarmen feiern läßt.
Anfangs war ich etwas verblüfft und vielleicht sogar betrübt, diesmal zu Pfingsten von niemandem einen Brief zu haben. Dann habe ich mir gesagt, daß das vielleicht ein gutes Zeichen dafür ist, daß man sich um mich keine Sorgen macht – aber es ist eben doch ein wunderlicher Trieb im Menschen, der es irgendwie gern hat, daß andere sich – wenigstens etwas – Sorgen um einen machen.
Das Weizsäcker'sche Buch über das „Weltbild der Physik" beschäftigt mich noch sehr. Es ist mir wieder ganz deutlich geworden, daß man Gott nicht als Lückenbüßer unserer unvollkommenen Erkenntnis figurieren lassen darf; wenn nämlich dann – was sachlich zwangsläufig ist – sich die Grenzen der Erkenntnis immer weiter herausschieben, wird mit ihnen auch Gott immer weiter weggeschoben und befindet sich demgemäß auf einem fortgesetzten Rückzug. In dem, was wir erkennen, sollen wir Gott finden, nicht aber in dem, was wir nicht erkennen; nicht in den ungelösten, sondern in den gelösten Fragen will Gott von uns begriffen sein. Das gilt für das Verhältnis von Gott und wissenschaftlicher Erkenntnis.
Aber es gilt auch für die allgemein menschlichen Fragen von Tod, Leiden und Schuld. Es ist heute so, daß es auch für diese Fragen menschliche Antworten gibt, die von Gott ganz absehen können. Menschen werden faktisch – und so war es zu allen Zeiten – auch ohne Gott mit diesen Fragen fertig und es ist einfach nicht wahr, daß *nur* das Christentum eine Lösung für sie hätte. Was den Begriff der „Lösung" angeht, so sind vielmehr die christlichen Antworten ebenso wenig – (oder ebenso gut) – zwingend wie andere mögliche Lösungen. Gott ist auch hier kein Lückenbüßer; nicht erst an den Grenzen unserer Möglichkeiten, sondern mitten im Leben muß Gott erkannt werden; im Leben und nicht erst im Sterben, in Gesundheit und Kraft und nicht erst im Leiden, im Handeln und nicht erst in der Sünde will Gott erkannt werden. Der Grund dafür liegt in der Offenbarung Gottes in Jesus Christus. Er ist die Mitte des Lebens und ist keines-

wegs „dazu gekommen“, uns ungelöste Fragen zu beantworten. Von der Mitte des Lebens aus fallen gewisse Fragen überhaupt aus und ebenso die Antworten auf solche Fragen (ich denke an das Urteil über Hiobs Freunde!). In Christus gibt es keine „christlichen Probleme“. Genug davon, ich wurde gerade wieder einmal gestört.

30. v. abends

Ich sitze bei mir oben, im Haus ist es still, draußen singen noch ein paar Vögel und sogar der Kuckuck ruft aus der Ferne. Diese langen, warmen Abende, die ich nun zum zweiten Mal hier erlebe, setzen mir etwas zu. Es zieht einen hinaus und man könnte Dummheiten machen, wenn man nicht so „vernünftig“ wäre. Ob man vielleicht schon *zu* vernünftig geworden ist? Wenn man so lange jedes Begehren ganz bewußt in sich niedergeknüppelt hat, dann kann das wohl zwei schlimme Folgen haben: entweder man ist innerlich ausgebrannt oder alles staut sich so an, daß es eines Tages eine furchtbare Explosion gibt; die andere denkbare Folge wäre, daß man wirklich selbstlos wird; daß das bei mir nicht der Fall ist, weiß ich selbst am besten. Vielleicht sagst Du, man sollte das Begehren nicht niederknüppeln und Du hättest wohl recht damit. Aber sieh mal, ich könnte es z. B. heute abend garnicht wagen, mir wirklich konkret auszumalen, daß ich mit Maria bei Euch im Garten am Wasser säße, daß wir dann bis in die Nacht miteinander sprächen usw. usw. Das ist einfach Selbstquälerei, die physisch weh tut. Also flüchte ich mich ins Denken, ins Briefschreiben, in die Freude über Euer Glück und verbiete mir – als Selbstschutz – das eigene Begehren. Es wäre, so paradox es klingt – selbstloser, wenn ich vor meinem Begehren nicht solche Angst zu haben brauchte, sondern ihm freien Lauf lassen könnte – aber das ist sehr schwer. Vorhin hörte ich zufällig im Revier Solveig's Lied im Radio. Es hat mich richtig ergriffen. Treues Warten durch ein ganzes Leben hindurch, das ist der Triumph über die Feindseligkeit des Raumes, d. h. über die Trennung und der Zeit, d. h. über die Vergänglichkeit. Glaubst Du nicht, daß solche Treue allein glücklich macht

und Untreue unglücklich? – So, jetzt will ich schlafen gehen, da wohl die Nacht doch wieder gestört wird.
Leb wohl! Es denkt viel an Euch Euer Dietrich

Maetz ist z. Zt. verreist und wird durch einen mir wenig sympath. Mann vertreten. Sowohl vom Standpunkt der Sicherheit vor Alarmen wie auch sonst ist ein Nachmittagsbesuch günstiger; am besten wäre der Sonnabend nachmittag (3. VI.). *Unmittelbar* vor Deiner Abreise aber will ich Dir die lange Fahrt hierher wirklich nicht mehr zumuten. Du mußt nachmittags sofort verlangen, den OvD (nicht UvD) – es ist ein Uffz., bzw. Feldwebel – zu sprechen. Falls die Genehmigung bis Sonnabend noch nicht da ist, könnte vielleicht *Maass*[1] darum gebeten werden, die Fortsetzung der wegen Alarmes abgebrochenen Sprecherlaubnis zu genehmigen, weil Du wieder an die Front mußt! Es ist doch nur eine rein technische Frage. Also müßte Maass Freitag oder Sonnabend früh angerufen werden, damit es am Sonnabend nachmittag noch klappt.

[1] Kommandant der Offiziersabteilung des Militärgefängnisses, Lehrter Str. 64 (wo H. v. Dohnanyi gefangen war).

An Hans-Walter Schleicher [Tegel] 2. 6. [44]

Lieber Hans-Walter! Durch Eberhard hörte ich von Deinem unerwarteten Urlaub; ich freue mich sehr für Dich und Euch alle, daß Ihr nun eine Woche lang wie in früheren Jahren zusammensein könnt. So gibt es doch auch immer wieder einmal erfreuliche Überraschungen! Es ist wirklich ein sehr netter Gedanke von Dir, mich trotz der knappen Zeit, die Du hier hast, zu besuchen! Ich würde mich natürlich auch ganz besonders freuen Dich zu sehen. Aber, weißt Du, ohne ausdrückliche Erlaubnis käme es höchstens zu einer ganz kurzen Begrüßung, ohne daß man sich etwas erzählen könnte, und dafür möchte ich nun ganz bestimmt nicht, daß Du die weite Fahrt hierher machst; zumal selbst das Sich-sehen nie ganz sicher ist. Mit den Erlaubnissen aber ist man ja eben leider sehr kleinlich. Wenn ich Dich hätte sehen und sprechen können, würde ich Dich viel zu fragen gehabt haben, vor allem wohl, was Du nach Deinen Erfahrungen nun eigentlich von der Generation der etwa mit Dir gleichaltrigen jungen Leute denkst und hältst. Fühlst Du Dich unter ihnen sehr vereinzelt und fremd? oder auf welcher Basis findest Du Dich mit ihnen zusammen? Gehen die Gespräche über die – wohl zu allen Zeiten und an allen Orten der Erde gleich – üblichen Soldatenthemata hinaus und in welcher Hinsicht? Wofür interessieren sich – oder wenn dieses Wort schon zu hoch gegriffen und zu intellektuell klingt, woran hängen diese Leute? Was wollen sie und was wünschen sie sich? Was glauben sie und nach welchen Gesichtspunkten richten sie ihr Leben ein? Es ist ja wahrscheinlich immer die Minderzahl gewesen, für die solche Fragen überhaupt gelten. Aber andrerseits ist sie es, die allein für die Zukunft zählt. Hast Du das Empfinden, daß Du durch die Lebensart, wie Du sie von Haus aus mitbekommen hast, für das Zusammenleben mit den anderen Menschen etwas voraus hast oder umgekehrt, daß sie Dich hauptsächlich in Schwierigkeiten bringt, hast Du das Gefühl, daß vielleicht in unseren Häusern auf gewisse Dinge zu wenig oder zuviel Gewicht gelegt worden ist? Kurz, alle solche Fragen, die Du Dir ja gewiß selbst immer wieder stellst, würde ich sehr gern mit Dir besprechen. Es ist ja schließlich für die Zukunft die wichtigste Frage, wie wir eine Basis des Zusammenlebens der Menschen miteinander finden, welche geistigen Realitäten und Gesetze wir gelten lassen als Fundamente eines sinnvollen menschlichen Lebens. Wenn Du mal (nach dem Urlaub!) eine ruhige Stunde und außerdem Lust hast, schreib mir doch mal; ich würde mich sehr darüber freuen. Renate kann Dir die richtige Adresse geben. Wenn Du mir dann Deine Feldpostnummer gibst, schreibe ich Dir auch wieder. Für heute genug. Genieße die freien Tage, so sehr Du kannst! Ich denke oft an Dich und wünsche Dir alles, alles Gute für die nächste Zeit! Grüße Eltern und Geschwister und sei selbst herzlichst gegrüßt von Deinem

Onkel Dietrich

Lieber Eberhard! Die beiliegenden Meditationen[1] sind nur für Euch gedacht. Wenn Du aber jetzt keine „fremde" Stimme hören willst, lege sie ruhig beiseite. Deine eigenen Gedanken werden in diesen Tagen Renate besser helfen. Du schriebst damals, Ihr hättet vor der letzten Abreise noch im Zug die Losungen gelesen. Das hat mich damals sehr gefreut und daran mußte ich jetzt wieder denken.
Sehr viel Spaß macht es mir, mit welcher Begeisterung Herr Linke[2] immer wieder von Dir spricht; besonders bewunderte er, daß Du mir „garnicht nach dem Munde geredet hättest", das täten sonst alle in derartigen Situationen. Ich sagte ihm, das hätten wir eben nicht nötig und das sei gerade das Gute. Auch sonst war er offenbar stark beeindruckt. Diese Art der Gespräche ist ihm eine neue Welt und ich glaube selbst, daß sie ganz objektiv – etwas ganz Seltenes sind ...
Über das Hohe Lied schreibe ich Dir nach Italien. Ich möchte es tatsächlich als irdisches Liebeslied lesen. Das ist wahrscheinlich die beste „christologische" Auslegung. Über Eph. 5 muß ich wieder nachdenken. Über Bultmann wirst Du hoffentlich schon etwas vorfinden, wenn es nicht verloren ging. Stehst Du Dich mit Deinem dortigen Kollegen Rainalter so gut, daß Du mit ihm über das Mirakel der Korrespondenz[3] sprechen kannst? ich wundere mich etwas darüber. – Ich danke Dir sehr für alle Hilfe in meinen persönlichen Fragen[4]. Wenn Du einfach sagst: „das ist nicht so!", dann bedeutet das für mich zwar sehr viel. Aber der Beweis wird eben erst in einem Augenblick erbracht, in dem bereits alles darauf ankommt, daß es auch richtig war, was Du sagst. Das ist die Schwierigkeit. Abgesehen von diesem für mich ursprünglich ganz unerwarteten rein persönlichen Problem, bestehen noch die objektiven Probleme des Kindes und der Möglichkeit, seine Familie zu ernähren ... es ist eben doch ein Unterschied, ob die Tatsachen schon geschaffen sind, oder ob man sie verantwortlich zu schaffen beginnt. Daß die Dinge einfach „auf mich zukommen", ist gewiß der größte Trost in dem allen und eine Stützung des Glaubens – ganz abgesehen davon, daß ich mir garnicht ausdenken könnte, daß

sie etwa *nicht* auf mich zukämen!! – aber schließlich bleibe ich doch immer der Verantwortliche und ich bin eben nicht mehr 25 Jahre alt, sodaß ich einfach in etwas hineintaumeln dürfte und könnte. Die Hinauszögerung des augenblicklichen status ist eben in vielfacher Hinsicht etwas sehr fragwürdiges. Aber vielleicht zeigt es sich eines Tages, daß es doch das Richtige war. Ich will Dich jetzt nicht länger mit diesen Fragen behelligen, Du hast jetzt genug anderes zu denken. Erst wenn ich wieder von Dir gehört habe, werde ich Dir noch einiges dazu zu sagen haben. –
Alles Gute für die letzten Tage und bitte halte mich über die Entwicklung Deiner Sache immer auf dem Laufenden! Von Herzen grüßt Dich Dein getreuer Dietrich
Die Taufpredigt folgt morgen! Nochmals vielen Dank!

[1] Siehe GS IV, 592–596. [2] Der UvD, der die Sprecherlaubnis abgenommen hatte. [3] Der illegale Briefwechsel zwischen D. Bonhoeffer und E. Bethge. [4] Überlegungen, bei eventueller Freilassung sogleich zu heiraten.

[Auf dem Blatt mit den handschriftlichen Auslegungen der Losungen zum 7. u. 8. 6. 44, dem Brief vom 2. 6. beigefügt]
Lieber Eberhard, liebe Renate! Diese Worte flossen mir in die Feder, als ich in Gedanken an Euch die Losungen der Euch bevorstehenden Tage meditierte. Sie sind nur in der Eile hingeworfen und vorher nicht formuliert und wollen Euch nur beim eigenen Lesen der Texte begleiten und wenn möglich etwas helfen. Den Mut dazu, sie Euch zu schicken, nehme ich daher, daß Du, Eberhard, sagtest, die Pfingstandachten hätten Euch gefreut. Nun lebt wohl, seid guter Zuversicht und hofft mit mir auf ein baldiges frohes Wiedersehn!

Euer Dietrich

Von Eberhard Bethge

[Sakrow] 3. 6. 44

Lieber Dietrich. Lange hat die Freude über den einzigartigen Besuch in mir vorgehalten. Fragen und Bemerkungen fielen mir nachher noch in der Elektrischen ein und nun habe ich schon wieder den damaligen und einen neuen Brief. Es fehlt wohl noch der mit der Bultmanndiskussion. Du warst wirklich sehr in Ordnung, beisammen und ermunternd; die ganze Situation hatte etwas Erfrischendes und Erheiterndes in jeder Beziehung. Es ist doch gut, wenn man Wert auf die technischen Einzelheiten legt und sich darauf kenntnisreich versteht. Als ich nach Hause kam, aß ich erst mit Justus[1], dessen Frau und Renate zu Abend und dann saßen wir noch alle ein bißchen mit den Großeltern (d. h. Deinen Eltern) und dem doch sehr warmherzigen und ständig für Dich höchst interessierten Karl Friedrich zusammen. Von Sabine liegt als Letztes eine Gratulation: „Gratuliere zur Urgroßmutter" vor[2], sonst ja der schon ältere Gruß von Gert: „Kann ich etwas tun?" Die Großeltern sind ja nun nach Pätzig abgereist. Hoffentlich haben sie schönes warmes Wetter.

... laß Dir für Deine Abschiedsworte danken. Es ist dauernd so, daß Du zu mir sprichst statt umgekehrt. Diese 3 Wochen sind unvergleichlich schön gewesen und ich bin froh, Dich trotz aller gegenteiliger Befürchtungen so gut angetroffen zu haben. Dann freue ich mich, daß wir den Jungen getauft haben. Und daß Du so ausführlich dabei zu Wort gekommen bist.

Als ich am Abend mit Justus auf dem Wege erzählte, daß Dich das Problem Bultmanns beschäftige, meinte er gleich: das sei doch erledigt und Bultmann ein Mann, der „exkommuniziert" werden müßte, vielleicht ein Philosoph, der nicht theologischer Lehrer sein dürfe. Es ist merkwürdig, daß sie das Problem nicht quält; die Leute wollen handfeste Vorstellungen haben – trotz allem. Ich bin gespannt, was Du mir noch schreibst. Wie entgehen wir Protestanten der tatsächlichen Preisgabe jeglichen „Raumes" von Generation zu Generation oder auf der Linie (grob ausgedrückt) Barth-Bultmann-Bonhoeffer, die *faktisch* gegenüber der liberalen Zeit ungeheure Fortschritte gemacht hat trotz aller Neuanfänge und Restitutionen. Was hat an Barth, an der Bekennenden Kirche die Leute angezogen? Das Gefühl, hier einen gewissen Hort der Wahrheit zu finden, das „Alttestamentlich-Prophetische", das Bemerken eines gewissen (im Vergleich zu anderen) Eintretens für die Gedrückten? Die

Begründungen für das alles ließ man undiskutiert, verstand sie genau so wenig wie früher oder lehnte sie im Stillen ab, ja bedauerte sie als Rückschritt in die Dogmen; und wer den Sprung in sie hinein wagte, wurde bald steril ...

Also wie ist es mit der konkreten Behauptung des „Raumes" in der Welt? Welche Rolle hat das Kultische, welche das Prophetische? Welche Bedeutung hat schließlich die christliche Tradition, in der wir stehen? Die „Vorstellungen" der Leute, mit denen sie zu ernähren sind und genährt worden sind? Aber über all das denkst Du ja nach.

In Italien scheint sich alles so zu entwickeln, daß wohl auch der nördliche Punkt[3] nicht mehr anzutreffen sein wird. Dann muß ich mal sehen, wie ich meine Leute wiederfinde ...

Wollte Dir jemand den Dostojewski *nicht* geben? Ich glaube, daß Du ihn gern lesen wirst. Zur Befreiung dadurch, daß man denken kann und so an der Mehrdimensionalität teil hat, gehört ja wesentlich, daß man von einem Sinn, von Aufgaben, Zielen weiß, sonst ist eher der Nichtdenkende zu beneiden. Was Du wohl damit meinst, wenn Du sagst: erst der Glaube ermöglicht in Wahrheit das Leben in der Mehrdimensionalität? – Du müßtest nochmal etwas genauer entfalten, wieso Grund für „Gott in Gesundheit, Kraft, im Handeln" in der „Offenbarung in Jesus Christus" liegt; was heißt da „Mitte des Lebens"? ...[4]

[Handschriftliche Notiz von D. Bonhoeffer auf der Rückseite:]

Ohne Gott — Kath. Protest. in Ablehnung einig! Nicht darin Gott. „Not! Existz.philos. Psychother. Barth, Bultmann; lib. Theologie; Schlatter; Althaus; Tillich „Sünder" nicht d. Gerechten

Aristokratisches Christentum?

[1] Friedrich Justus Perels. [2] Nachricht von der Zwillingsschwester und deren Mann aus Oxford, über Erwin Sutz aus Zürich vermittelt. [3] Rignano an der Via Flaminia. [4] Teile des Briefes verlorengegangen.

An Eberhard Bethge[1] [Tegel, 5. 6. 44]

Lieber Eberhard! Das war nun wirklich etwas ganz Besonderes[2], fandest Du nicht? Es tat mir leid, daß ich vormittag noch so gedrängt habe und daß Du noch so schnell alles vorbereiten mußtest; aber Du verstehst, daß ich diese Gelegenheit nicht vorübergehen lassen wollte ...
Die eine Frage ... Dagegen halte ... an Ps. 37,3b ... will noch an Justus ...
Herzliche Grüße und immer wieder vielen vielen Dank für alles! Euer Dietrich

[1] Durch Witterungseinflüsse ist dieser Brief im Versteck verstümmelt und zum großen Teil unleserlich geworden. [2] Durch Anruf aus dem Gefängnis plötzlich ermöglichte sehr ausführliche illegale Sprecherlaubnis.

An Eberhard Bethge [Tegel] 5. 6. [44]

Lieber Eberhard! Ich komme mir vor wie ein dummer Junge, wenn ich Dir verberge, daß es mich hier gelegentlich zu dichterischen Versuchen treibt. Bisher habe ich es jedem – selbst Maria — verheimlicht, die es am meisten angehen würde! – einfach weil es mir irgendwie peinlich war und weil ich nicht weiß, ob sie nicht mehr erschrecken als sich freuen würde. Du bist der ..., dem ich es mit gewisser Nüchternheit sagen kann und von dem ich hoffe, daß er mir nötigenfalls den Kopf wäscht und deutlich sagt: Laß die Finger davon. So schicke ich Dir heute eine Probe[1], erstens weil es mir albern vorkommt, vor Dir ein Geheimnis zu haben, zweitens damit Du auf der Reise etwas Unerwartetes zu lesen hast, drittens weil der Gegenstand Dir im Augenblick nahe liegt und etwas ausgesprochen wird, was Dir beim Abschied von Renate vielleicht ähnlich durch den Kopf geht. Für mich ist diese Auseinandersetzung mit der Vergangenheit, der Versuch sie festzuhalten und wiederzugewinnen, vor allem die Furcht, sie zu verlieren, fast die tägliche Begleitmusik meines hiesigen Lebens, die zeitweise – besonders nach den kurzen Besuchen, denen immer wieder ein langer Abschied folgt – zum Thema mit Variationen wird. Das Abschiednehmen, das Erlebnis der Vergangenheit, ob es nun die gestrige Stunde oder vergangene Jahre sind – beides fließt rasch ineinander – ist für mich eine immer wiederkehrende Aufgabe und Du selbst schriebst einmal: das Abschiednehmen übt sich merkwürdig schlecht! In dem vorliegenden Versuch kommt alles auf die letzten paar Verse an. Ich glaube, sie gerieten zu kurz; was meinst Du? Seltsamerweise wurden sie von selbst zu Reimen. Das Ganze entstand einmal in ein paar Stunden und blieb ungefeilt. Jetzt, da ich zum erstenmal zu einem Menschen darüber spreche, sehe ich, daß ich es auch Maria schicken darf und muß. Wenn sie auch über manches erschrecken wird, so muß sie doch spüren, was gemeint ist. Ich wäre froh, von Dir ein Wort darüber zu hören. Eventuell werde ich derartige Regungen in mir in Zukunft unterdrücken und meine Zeit nützlicher zubringen. Ich möchte das eigentlich von Deiner Meinung abhängig machen. Wenn Du willst, schicke ich Dir auch noch etwas Weiteres zur Prüfung.

Ist nun die Dohrmannsache[2] ganz ausgeschlossen? Das beschäftigt mich natürlich sehr, und doch kann ich nicht sagen, daß es mich besonders bedrückt; ich habe zu stark das Gefühl, daß Deine Wege von oben her gelenkt werden und daß das besser ist als alles, was wir unternehmen. Gewiß muß man alles versuchen, aber doch nur, um dessen gewisser zu werden, was Gottes Weg ist und um den 91. Psalm mit größerer Zuversicht beten zu können. Wenn ich aber noch irgendetwas tun kann, laß es mich ja wissen.

Aus unserem Gespräch neulich habe ich wieder gesehen, daß niemand meine Gedanken besser interpretieren kann als Du. Das ist mir immer eine große Genugtuung. – Wie und wo wirst Du nach der Räumung von Rom Deine Einheit wiederfinden? Sei Gott befohlen, wo Du auch bist.

In Treue und Dankbarkeit grüßt Dich Dein Dietrich

[1] Das Gedicht „Vergangenheit". [2] Vgl. S. 315.

VERGANGENHEIT

Du gingst, geliebtes Glück und schwer geliebter Schmerz.
Wie nenn' ich dich? Not, Leben, Seligkeit,
Teil meiner selbst, mein Herz, – Vergangenheit?
Es fiel die Tür ins Schloß,
ich höre deine Schritte langsam sich entfernen und verhallen.
Was bleibt mir? Freude, Qual, Verlangen?
Ich weiß nur dies: du gingst – und alles ist vergangen.
Spürst du, wie ich jetzt nach dir greife,
wie ich mich an dir festkralle,
daß es dir wehtun muß?
Wie ich dir Wunden reiße,
daß dein Blut herausquillt,
nur um deiner Nähe gewiß zu bleiben,
du leibliches, irdisches, volles Leben?
Ahnst du, daß ich jetzt ein schreckliches Verlangen habe
  nach eigenen Schmerzen?
daß ich mein eigenes Blut zu sehen begehre,
nur damit nicht alles versinke
im Vergangenen?

Leben, was hast du mir angetan?
Warum kamst du? Warum gingst du?
Vergangenheit, wenn du mich fliehst, –
bleibst du nicht meine Vergangenheit, meine?

Wie die Sonne über dem Meer immer rascher sich senkt,
als zöge es sie in die Finsternis,
so sinkt und sinkt und sinkt
ohne Aufhalten
dein Bild ins Meer des Vergangenen,
und ein paar Wellen begraben es.
Wie der Hauch des warmen Atems
sich in kühler Morgenluft auflöst,
so zerrinnt mir dein Bild,
daß ich dein Angesicht, deine Hände, deine Gestalt
nicht mehr weiß.

285/286

Ein Lächeln, ein Blick, ein Gruß erscheint mir,
doch es zerfällt,
löst sich auf,
ist ohne Trost, ohne Nähe,
ist zerstört,
ist nur noch vergangen.

Ich möchte den Duft deines Wesens einatmen,
ihn einsaugen, in ihm bleiben,
wie an einem heißen Sommertag schwere Blüten die Bienen
zu Gast laden
und sie berauschen;
wie die Nachtschwärmer vom Liguster trunken werden; –
aber ein rauher Windstoß zerstört Duft und Blüten,
und ich stehe wie ein Narr
vor dem Entschwundenen, Vergangenen.

Mir ist, als würden mir mit feurigen Zangen Stücke aus
meinem Fleisch gerissen,
wenn du, mein vergangenes Leben, davoneilst.
Rasender Trotz und Zorn befällt mich,
wilde, unnütze Fragen schleudere ich ins Leere.
Warum, warum, warum? sage ich immer.
Warum meine Sinne dich nicht halten können,
vergehendes, vergangenes Leben?
So will ich denken und wieder denken,
bis ich es finde, was ich verlor.
Aber ich spüre,
wie alles, was über mir, neben mir, unter mir ist,
rätselhaft und ungerührt über mich lächelt,
über mein hoffnungslosestes Müh'n,
Wind zu haschen,
Vergangenes zurückzugewinnen.

Auge und Seele wird böse.
Ich hasse, was ich sehe,
ich hasse, was mich bewegt,
ich hasse alles Lebendige und Schöne,
was mir Entgelt des Verlorenen sein will.

Mein Leben will ich, mein eigenes Leben fordr' ich zurück,
Meine Vergangenheit.
Dich.
Dich – eine Träne schießt mir ins Auge,
daß ich unter Schleiern der Tränen
dein ganzes Bild,
dich ganz
wiedergewinne?
Aber ich will nicht weinen.
Tränen helfen nur Starken,
Schwache machen sie krank.

Müde erreich ich den Abend,
willkommen ist mir das Lager,
das mir Vergessen verheißt,
wenn mir Besitzen versagt ist.
Nacht, lösche aus, was trennt, schenke mir volles Vergessen
sei mir wohltätig, Nacht, übe dein mildes Amt,
dir vertrau ich mich an.
Aber die Nacht ist weise und mächtig,
weiser als ich und mächtiger als der Tag.
Was keine irdische Kraft vermag,
woran Gedanken und Sinne, Trotz und Tränen versagen
  müssen,
das schüttet die Nacht aus reiner Fülle über mir aus.
Unversehrt von feindseliger Zeit,
rein, frei und ganz,
bringt dich der Traum zu mir,
dich, Vergangenes, dich, mein Leben,
dich, den gestrigen Tag, die gestrige Stunde.

Über deiner Nähe erwache ich mitten in tiefer Nacht
und erschrecke –
bist du mir wieder verloren? such ich dich ewig vergeblich,
dich, meine Vergangenheit?
Ich strecke die Hände aus
und bete – –
und ich erfahre das Neue:
Vergangenes kehrt dir zurück

als deines Lebens lebendigstes Stück
durch Dank und durch Reue.
Faß' im Vergangenen Gottes Vergebung und Güte,
bete, daß Gott dich heut und morgen behüte.

An Eberhard Bethge

[Tegel] 6. Juni 44

Lieber Eberhard! Nur um den heutigen Tag[1] mit Dir und mit Euch allen irgendwie gemeinsam zu erleben, schreibe ich Dir in Eile einen Gruß. Es kam mir nicht überraschend, und doch sind Tatsachen etwas völlig anderes als Erwartungen. Losung und Lehrtext rufen uns alle in die Mitte des Evangeliums – „Erlösung" ist das Wort, um das alles kreist. Im Glauben wollen wir den nächsten Wochen und mit großer Gewißheit der allgemeinen Zukunft entgegengehen, zuversichtlich wollen wir Deinen Weg und unser aller Wege Gott befehlen.
Χάρις καὶ εἰρήνη! Dein Dietrich

[1] Landung der Alliierten in der Normandie.

Von Eberhard Bethge

[Sakrow] 6. 6. 44

Lieber Dietrich. Hab vielen Dank für Deine Grüße. Die Predigt ist da. Vor allem Dank für die beiden Meditationen. Ich habe sie schon einmal für mich gelesen und danke Dir sehr für das brüderliche, helfende Wort ... Frau v. Kleist schrieb heute, sie habe gehört, daß die Großeltern mir die Sprecherlaubnis gaben, sie freue sich so darüber: „Wie herzbewegend wird es für Euch gewesen sein." Ja, natürlich „herzbewegend", aber eben doch garnicht die Herzbewegtheit ins Auge gefaßt, sondern sehr heiter und konzentriert und schnellstens medias in res. Das liegt aber daran, daß Du nicht wehleidig bist und Anerkennung Deiner „Rolle" suchst. Es fehlt noch der Bultmannbrief. Auf den Kameraden R[ainalter] kann ich mich schon verlassen, soweit ich überhaupt mich äußere. Heute ging es nun im Westen los. Ich hatte es doch noch nicht erwartet; aber ich freue mich, daß Du eine Wette endlich gewannst. Wie ich von der Frau eines Kameraden hier höre, haben sich die Velletri-Leute am 24. in dem nördlichen Ort[1] alle wohlbehalten eingefunden. Inzwischen werden sie ja weiter sein. Und ich muß suchen. Laß Dich sehr grüßen, bedanken und ermuntern auszuhalten.

Dein Eberhard

Mittwoch abend. Vielen Dank noch für den Brief, den ich hier bei den Eltern vorfand. Auch den an Justus, den er morgen bekommt. Morgen früh gehts los. Dein Eberhard

[1] Rignano.

An Eberhard Bethge

[Tegel] 8. 6. 44

Lieber Eberhard! Während Du die ersten Stunden auf der Bahn sitzt und Dich von Stunde zu Stunde weiter von uns entfernst, begleiten Dich meine Gedanken und vielleicht trifft der Brief gleichzeitig mit Dir an Deinem neuen Ziel ein. Daß ich heute früh noch einen Brief von Dir bekam, war eine besondere Freude. Daß Du über das Zusammensein ebenso froh warst wie ich, ist mir insofern eine Beruhigung, als ich mir schon Gedanken gemacht hatte, Dir diesen ganzen Nachmittag geraubt zu haben ... Im übrigen wirst Du noch in mancherlei Hinsicht mit leichterem Herzen abgefahren sein, als Du es zunächst befürchtetest. Wir hatten unser Wiedersehen von Weihnachten über Ostern auf Pfingsten verschoben und ein Fest nach dem anderen ging vorüber. Das nächste Fest aber gehört nun sicher uns, daran zweifle ich nicht mehr. Schön, daß Du Karl Friedrich sahst. Er schrieb mir wieder einen so guten Brief. Für Klaus ist es wohl schwer, nach so langer Zeit den Absprung zu finden[1]. Daß es nicht Mangel an Warmherzigkeit ist, weiß ich ja wirklich ... Klaus hat Mama's Neigung, Dinge zu komplizieren und ihr natürliches Bedürfnis zu helfen, außerdem Papa's ungemein kluge Vorsicht geerbt ... Es gibt kaum etwas Anregenderes als sich mit ihm zu unterhalten und ich kann mir auch kaum einen weitherzigeren und großzügigeren, vornehmeren Charakter denken als ihn, aber für die einfachen ... Entscheidungen des Lebens ist er nicht der Mann ...

Gründe dafür, etwas nicht zu tun, gibt es immer; die Frage ist es doch, ob man es trotzdem tut. Wenn man nur das tun will, wofür *alle* Gründe sprechen, wird man nie zum Tun kommen, bzw. wird das Tun nicht mehr nötig, da es andere einem schon abgenommen haben. Jedes wirkliche Tun ist doch ein solches, das kein anderer, sondern nur man selbst tun kann. Ich bin mir allerdings klar darüber, daß ich mir diese Rede zuerst selbst halten muß; denn Du weißt ja am besten, wie schwer ich mich oft in geringfügigen Dingen entscheide. Das muß übrigens ein Erbstück meines Großvaters Bonhoeffer sein.

Über Sabines und G's[2] Grüße (ich wußte von *beiden* noch nichts! ... ich hatte oft danach gefragt!) habe ich mich sehr gefreut.

Du stellst nun inbezug auf die Gedanken, die mich in letzter Zeit beschäftigen, so viele wichtige Fragen, daß ich froh wäre, wenn ich sie selbst beantworten könnte. Es ist eben noch alles sehr im Anfang und es leitet mich, wie meist, mehr der Instinkt für kommende Fragen, als daß ich über sie schon Klarheit hätte. Ich will versuchen, einmal vom Geschichtlichen meinen Standort zu bezeichnen. Die etwa im 13. Jahrhundert (ich will mich auf den Streit über den Zeitpunkt nicht einlassen) – beginnende Bewegung in der Richtung auf die menschliche Autonomie (ich verstehe darunter die Entdeckung der Gesetze, nach denen die Welt in Wissenschaft, Gesellschafts- und Staatsleben, Kunst, Ethik, Religion lebt und mit sich selbst fertig wird) ist in unsrer Zeit zu einer gewissen Vollständigkeit gekommen. Der Mensch hat gelernt, in allen wichtigen Fragen mit sich selbst fertig zu werden ohne Zuhilfenahme der „Arbeitshypothese: Gott". In wissenschaftlichen, künstlerischen und ethischen Fragen ist das eine Selbstverständlichkeit geworden, an die man kaum mehr zu rühren wagt; seit etwa 100 Jahren gilt das aber in zunehmendem Maße auch für die religiösen Fragen; es zeigt

sich, daß alles auch ohne „Gott“ geht und zwar ebenso gut wie vorher. Ebenso wie auf wissenschaftlichem Gebiet wird im allgemein menschlichen Bereich „Gott“ immer weiter aus dem Leben zurückgedrängt, er verliert an Boden.
Katholische und protestantische Geschichtsschreibung sind sich nun darüber einig, daß in dieser Entwicklung der große Abfall von Gott, von Christus zu sehen sei, und je mehr sie Gott und Christus gegen diese Entwicklung in Anspruch nimmt und ausspielt, desto mehr versteht sich diese Entwicklung selbst als antichristlich. Die zum Bewußtsein ihrer selbst und ihrer Lebensgesetze gekommene Welt ist ihrer selbst in einer Weise sicher, daß uns das unheimlich wird; Fehlentwicklungen und Mißerfolge vermögen die Welt an der Notwendigkeit ihres Weges und ihrer Entwicklung doch nicht irre zu machen; sie werden mit männlicher Nüchternheit in Kauf genommen, und selbst ein Ereignis wie dieser Krieg macht darin keine Ausnahme.
Gegen diese Selbstsicherheit ist nun die christliche Apologetik in verschiedenen Formen auf den Plan getreten. Man versucht der mündig gewordenen Welt zu beweisen, daß sie ohne den Vormund „Gott“ nicht leben könne. Wenn man auch in allen weltlichen Fragen schon kapituliert hat, so bleiben doch immer die sogenannten „letzten Fragen“ – Tod, Schuld – auf die nur „Gott“ eine Antwort geben kann und um derentwillen man Gott und die Kirche und den Pfarrer braucht. Wir leben also gewissermaßen von diesen sogenannten letzten Fragen der Menschen. Wie aber, wenn sie eines Tages nicht mehr als solche da sind, bzw. wenn auch sie „ohne Gott“ beantwortet werden? Nun kommen zwar die säkularisierten Ableger der christlichen Theologie, nämlich die Existenzphilosophen und die Psychotherapeuten und weisen dem sicheren, zufriedenen, glücklichen Menschen nach, daß er in Wirklichkeit unglücklich und verzweifelt sei und das nur nicht wahrhaben wolle, daß er sich in einer Not befinde, von der er garnichts wisse und aus der nur sie ihn retten könnten. Wo Gesundheit, Kraft, Sicherheit, Einfachheit ist, dort wittern sie eine süße Frucht, an der sie nagen oder in die sie ihre verderblichen Eier legen. Sie legen es darauf an, den Menschen erst einmal in innere Verzweiflung

zu treiben und dann haben sie gewonnenes Spiel. Das ist säkularisierter Methodismus. Und wen erreicht er? Eine kleine Zahl von Intellektuellen, von Degenerierten, von solchen, die sich selbst für das Wichtigste auf der Welt halten und sich daher gern mit sich selbst beschäftigen. Der einfache Mann, der sein tägliches Leben in Arbeit und Familie und gewiß auch mit allerlei Seitensprüngen zubringt, wird nicht getroffen. Er hat weder Zeit noch Lust, sich mit seiner existenziellen Verzweiflung zu befassen und sein vielleicht bescheidenes Glück unter dem Aspekt der „Not", der „Sorge", des „Unheils" zu betrachten.

Die Attacke der christlichen Apologetik auf die Mündigkeit der Welt halte ich erstens für sinnlos, zweitens für unvornehm, drittens für unchristlich. Sinnlos – weil sie mir wie der Versuch erscheint, einen zum Mann gewordenen Menschen in seine Pubertätszeit zurückzuversetzen, d. h. ihn von lauter Dingen abhängig zu machen, von denen er faktisch nicht mehr abhängig ist, ihn in Probleme hineinzustoßen, die für ihn faktisch nicht mehr Probleme sind. Unvornehm – weil hier ein Ausnutzen der Schwäche eines Menschen zu ihm fremden, von ihm nicht frei bejahten Zwecken versucht wird. Unchristlich – weil Christus mit einer bestimmten Stufe der Religiosität des Menschen, d. h. mit einem menschlichen Gesetz verwechselt wird. Darüber nachher noch ausführlicher.

Vorher noch ein paar Worte über die geschichtliche Situation. Die Frage heißt: Christus und die mündig gewordene Welt. Es war die Schwäche der liberalen Theologie, daß sie der Welt das Recht einräumte, Christus seinen Platz in ihr zuzuweisen; sie akzeptierte im Streit von Kirche und Welt den von der Welt diktierten – relativ milden – Frieden. Es war ihre Stärke, daß sie nicht versuchte, die Geschichte zurückzudrehen und die Auseinandersetzung wirklich aufnahm (Troeltsch!), wenn diese auch mit ihrer Niederlage endete. Der Niederlage folgte die Kapitulation und der Versuch eines völligen Neuanfangs auf Grund der Besinnung auf die eigenen Grundlagen in Bibel und Reformation. Heim machte den pietistisch-methodistischen Versuch, den einzelnen Menschen davon zu überzeugen, daß er vor der Alternative:

„Verzweiflung oder Jesus" stehe. Er gewann „Herzen". Althaus (in Fortsetzung der modern-positiven Linie mit starker konfessioneller Ausrichtung) versuchte, der Welt einen Raum lutherischer Lehre (Amtes) und lutherischen Kults abzugewinnen und überließ im übrigen die Welt sich selbst. Tillich unternahm es, die Entwicklung der Welt selbst – gegen ihren Willen – religiös zu deuten, ihr durch die Religion ihre Gestalt zu geben. Das war sehr tapfer, aber die Welt warf ihn vom Sattel und lief allein weiter; auch er wollte die Welt besser verstehen, als sie sich selbst verstand; sie aber fühlte sich völlig mißverstanden und wies ein solches Ansinnen ab. (Zwar *muß* die Welt besser verstanden werden, als sie sich selbst versteht, aber eben nicht „religiös", wie es die religiösen Sozialisten wollten!)
Barth erkannte als erster den Fehler aller dieser Versuche (die im Grunde alle noch im Fahrwasser der liberalen Theologie segelten, ohne es zu wollen) darin, daß sie alle darauf ausgehen einen Raum für Religion in der Welt oder gegen die Welt auszusparen. Er führte den Gott Jesu Christi gegen die Religion ins Feld, πνεῦμα gegen σάρξ. Das bleibt sein größtes Verdienst (Römerbrief 2. Aufl. trotz aller neukantianischen Eierschalen!). Durch seine spätere Dogmatik hat er die Kirche instandgesetzt, diese Unterscheidung prinzipiell auf der ganzen Linie durchzuführen. Nicht in der Ethik, wie man häufig sagt, hat er dann versagt – seine ethischen Ausführungen, soweit sie existieren, sind ebenso bedeutsam wie seine dogmatischen –, aber in der nicht-religiösen Interpretation der theologischen Begriffe hat er keine konkrete Wegweisung gegeben, weder in der Dogmatik noch in der Ethik. Hier liegt seine Grenze und darum wird seine Offenbarungstheologie positivistisch, „Offenbarungspositivismus", wie ich mich ausdrückte.
Die Bekennende Kirche nun hat weithin den Barthschen Ansatz überhaupt vergessen und ist vom Positivismus in die konservative Restauration geraten. Es ist ihre Bedeutung, daß sie die großen Begriffe der christlichen Theologie durchhält, aber darin scheint sie sich allmählich auch fast zu erschöpfen. Gewiß sind in diesen Begriffen die Elemente der echten Prophetie (hierunter fällt sowohl der Wahrheitsan-

spruch wie die Barmherzigkeit, von denen Du sprichst) wie des echten Kultes enthalten und insofern findet das Wort der B. K. überhaupt nur Aufmerksamkeit, Gehör und Ablehnung. Aber beides bleibt unentfaltet, fern, weil ihnen die Interpretation fehlt. Diejenigen, die hier wie z. B. P. Schütz oder die Oxforder oder die Berneuchener die „Bewegung" und das „Leben" vermissen, sind gefährliche Reaktionäre, rückschrittlich, weil sie hinter den Ansatz der Offenbarungstheologie überhaupt zurückgehen und nach „religiöser" Erneuerung suchen. Sie haben überhaupt das Problem noch garnicht verstanden und reden gänzlich an der Sache vorbei. Sie haben garkeine Zukunft (– am ehesten noch die Oxforder, wenn sie nicht biblisch so substanzlos wären).
Bultmann scheint nun Barth's Grenze irgendwie gespürt zu haben, aber er mißversteht sie im Sinne der liberalen Theologie, und verfällt daher in das typisch liberale Reduktionsverfahren (die „mythologischen" Elemente des Christentums werden abgezogen und das Christentum auf sein „Wesen" reduziert). Ich bin nun der Auffassung, daß die vollen Inhalte einschließlich der „mythologischen" Begriffe bestehen bleiben müssen – das Neue Testament ist nicht eine mythologische Einkleidung einer allgemeinen Wahrheit!, sondern diese Mythologie (Auferstehung etc.) ist die Sache selbst! – aber daß diese Begriffe nun in einer Weise interpretiert werden müssen, die nicht die Religion als Bedingung des Glaubens (vgl. die περιτομή bei Paulus!) voraussetzt. Erst damit ist meines Erachtens die liberale Theologie (durch welche auch Barth, wenn auch negativ, noch bestimmt ist) überwunden, zugleich aber ist ihre Frage wirklich aufgenommen und beantwortet (was im Offenbarungspositivismus der B. K. *nicht* der Fall ist!). Die Mündigkeit der Welt ist nun kein Anlaß mehr zu Polemik und Apologetik, sondern sie wird nun wirklich besser verstanden, als sie sich selbst versteht, nämlich vom Evangelium, von Christus her.
Nun Deine Frage, wo der „Raum" der Kirche bleibt, ob er nicht gänzlich verloren geht, und die andere Frage, ob nicht Jesus selbst an die „Not" der Menschen angeknüpft hat, mithin der vorhin kritisierte „Methodismus" im Recht ist.

9. 6.

Ich breche hier ab und schreibe morgen weiter. Ein Brief an Maria soll auch noch weg. Vielen Dank für Deinen Gruß vom 6. 6., so kurz vor der Abfahrt ... Der Bultmannbrief ging vor mehreren Wochen (kurz vor Deiner Abfahrt) nach Italien. Du wirst ihn, denke ich, vorfinden ... Übrigens, wenn wir schon von „Rolle" sprechen, so ist Deine unzweifelhaft viel schwerer, und ich war sehr froh, daß Du so heiter und tapfer der Zukunft entgegengingst. Kurz, es war für uns beide sehr schön, zusammenzusein und ich kann mir nicht denken, daß sich in den Jahren, die noch kommen, daran je etwas ändern wird. Das ist wirklicher Besitz, vielleicht langsam und mühsam erworben, aber wie hat sich alles, was wir beide dafür eingesetzt haben, belohnt.

Schluß! Alles, alles Gute! In Treue und dankbarem Gedenken

immer Dein Dietrich

[1] Klaus Bonhoeffer vermied, zumal jetzt so kurz vor dem Umsturzversuch, in den er tief verwickelt war, alles was schriftlich oder mündlich hätte auf ihn aufmerksam machen können; so meldete er sich auch nicht bei seinem Bruder in Tegel. [2] Sabine und Gerhard Leibholz in Oxford.

Von Eberhard Bethge

Im Zuge, 8. 6. 44

Lieber Dietrich. Sehr überrascht habe ich noch Deinen Brief mit den Versen bekommen ... Ich finde darin wieder die Gedrungenheit Deines Stils, die Klarheit etwas zu sagen, dabei sehr schöne anschauliche Bilder.

Was wohl Maria dazu sagen muß? Der Schluß, ob der für andere vielleicht zu kurz ist, wie Du selbst fürchtest? ... Ich überlegte mir, ob Du eine „versöhnlichere" Überschrift finden müßtest, wenn Du es ihr gibst. Oder anders: Du darfst ihr nicht allein dies bzw. nur solche von diesem Tenor schicken. Du sprichst Dich so zwingend und lebendig darin aus, daß es zu dem Gefühl führen könnte (und sie *kann* es ja nicht objektiv lesen), das allein wärest Du dort in der Situation. Das bist Du allerdings, doch lebst, fühlst und

denkst Du außerdem noch in anderen Dimensionen – und auch sehr lebendig …
Bei Nächststehenden ist doch so leicht bei jeder Leistung eines Angehörigen eine peinliche, empfindliche Reaktion vorhanden. Die unmittelbare Reaktion bei mir war aber große Freude und Bewunderung … Ich werde nachher in München aussteigen und mir die Unterbrechung bescheinigen lassen. Denn in München in der Theresienstraße[1] müssen sie am ehesten den neuen Standort wissen, wegen Funkverbindung usw. Vielleicht geben sie mir auch gegen alle Eventualitäten einen Dienstausweis, damit ich nicht weggeschnappt werde.

Abends.

Nun liege ich tatsächlich nochmal in weißer Wäsche im Europäischen Hof und zehre wiedermal von Deinen Beziehungen. Es sitzt immer noch die gleiche Schwester im Empfang; sie ließ mir wegen Überfüllung eine Couch fertigmachen.

Freitagfrüh.

Heute früh hatte ich noch telefonische Verbindung mit Renate und hörte, daß alles gut ging. Es sei wieder ein Brief da. Schade, daß er einen Tag zu spät kam. Nun muß ich länger darauf warten. Ob es der mit der Bultmann-Sache ist?
… In treuem Gedenken Dein Eberhard

[1] Militärische Dienststelle für die Einheiten der Abwehr in Italien.

Von Eberhard Bethge

[München] 16. 6. 44 Freitag

Lieber Dietrich. Ehe ich nun endgültig wieder das Land verlasse, schnell noch ein Gruß … Der Versuch der Dir bekannten Stelle, meine Einheit herauszubekommen, hat wunderbar lange gedauert. Er war ergebnislos und ich muß nun auf andere Weise versuchen, zum Ziel zu kommen …
Daß Renate durch Bärbels und der Eltern Hilfe kommen konnte, war das Schönste. Und dank Deiner Person war der

Europäische Hof sehr bereit und großzügig zu allem, was man nötig hatte. Der Abschied war für mich diesmal scheußlicher, da ich in das Zimmer zurückkam und fast den ganzen Tag noch zu warten hatte. Der fahrende Zug und ein überfülltes Coupée sind barmherziger. Und nun kam heute abend noch der OKW-Bericht mit der Sprengkörpermeldung auf England[1]. Man kann sich noch so garkein Bild davon machen. Welche unmittelbaren, welche weiteren Auswirkungen? Die Angst; werdet Ihr etwas davon zu spüren bekommen? ... Wenn ich anlange, werde ich hoffentlich in nicht allzuferner Zeit Post vorfinden. Laß Dich in treuem Gedenken sehr grüßen Dein Eberhard

[1] Meldung vom Abschuß der ersten V1-Rakete auf Südengland.

NOTIZEN[1]

[Ende Juni 1944]

Aphrodite – Die Naturumarmung. Das Sehnen in der Welt. Mensch u. Tier.
Hermes – das Geleiten, Herr der Wege („hermein"). Geist der Nacht, Nacht ist Mutter der Heimlichkeiten, nichts Fernes u. nichts Nahes
Hermeswelt keine heroische Welt, Heiterkeit, Gott der Wegelagerer u. Diebe, Lächeln, Schelmerei, Glückhaftigkeit, Spitzbüberei

–

‚Gott' – ist keine anschauliche Einheit
‚Hades' – das Gewesene
‚der Mensch' – nicht Tier
Dionysos – nicht homerisch
‚Wer das Tiefste gedacht, liebt das Lebendigste'
Hölderlin über Sokrates/Alkibiades
Menschengestalt – Tiergestalt ungeistig, ungeheuer, grenzenlos
gegen die Welt der Sorge, Sehnsuchtsunstillbarkeit und To-

deslust. Gegen den Hang zum *Übernatürlichen* als *Hybris*. Darum „statt Symbol für das Absolute, statt sinnverwirrender Ungeheuerlichkeit die vollkommene Menschengestalt."

—

Schuld und Freiheit, nicht die Demut, sich selbst die Schuld zu geben, aber die andere, sich nicht als einzige Ursache des Geschehenen zu wissen.
‚Ihr Götter, ist doch auch das Wiedersehen ein Gott!'
(Helena u. Menelaos)

—

Das Göttliche nicht in *Absolutheiten*, s[on]d[ern] in der Naturgestalt des Menschen.

—

‚Theomorphismus, nicht Anthropomorphismus' (Goethe)

—

Keine Selbstoffenbarung der Götter. Apollon offenbart ‚das Rechte' aber nicht sich selbst.

[1] Es handelt sich hier um Stichworte und Zitate, die D. Bonhoeffer bei der Lektüre des Buches von W. F. Otto „Die Götter Griechenlands" festgehalten hat.

An Eberhard Bethge

[Tegel] 21. 6. [44]

Lieber Eberhard! Für Deinen letzten Gruß aus München vor der Abfahrt hab vielen Dank. Ich kann mir denken, daß die Rückkehr in das leere Zimmer an einem zerrt. Aber es war doch wiedereinmal unerwartet schön, daß Ihr noch ein paar Tage zusammen hattet. Daß alles so selbstverständlich einsprang, um Dir das zu ermöglichen, muß Dich doch sehr gefreut haben! Nun bist Du irgendwo auf der Suche nach Deiner Einheit und ich hoffe, daß wenn Du dort anlangst, auch schon Grüße für Dich da sind, – d. h. vorausgesetzt, daß die alte Feldpostnummer noch stimmt. Heute will ich Dir eigentlich nur einen Gruß schicken. Die Fortsetzung der theologischen Ausführungen oder Gedichte wage ich nicht einzulegen, weil ich nicht weiß, ob Dich die Feldpostnummer noch erreicht. Sobald ich das erfahre, folgt Weiteres. Für Deine Beurteilung und Kritik des Gedichtes bin ich Dir *sehr* dankbar. Ich stehe diesen neugeborenen Kindern von mir selbst ziemlich ratlos und maßstablos gegenüber. Im Kritischen hast Du, glaube ich, überall recht. Aber es bringt mich etwas zur Verzweiflung, für den Vers „ich erfahre das Neue" etwas anderes zu finden, was nicht den ganzen Bau der letzten Verse stört. Aber vielleicht fällt mir noch etwas ein.

Heute morgen hatten wir den häßlichsten aller bisherigen Luftangriffe. In meinem Zimmer war es ein paar Stunden lang von der Rauchwolke, die über der Stadt lag, so dunkel, daß ich fast Licht eingeschaltet hätte. Zu Hause ist alles in Ordnung, wie ich bereits hörte. Renate ist doch wohl mit dem Kleinen immer in Sakrow; und ihre eventuellen Besorgungen könnte sie doch in Potsdam machen. Dort ist noch nie etwas passiert. Es gefällt mir nicht, daß die Eltern jetzt gerade zurückkommen. Sie sollten vorläufig auch nach Sakrow ziehen. Inbezug auf den Einsatz unserer neuen Waffe bin ich sehr zuversichtlich und ruhig[1].

Zum zweiten Mal die schönen langen Sommertage hier zu erleben, fällt mir manchmal etwas schwer; aber man kann es sich eben nicht aussuchen, wo man hingestellt wird. Und so muß man sich durch die kleinen Gedanken, die einen ärgern, immer wieder hindurchfinden zu den großen Gedanken, die einen stärken.

Ich lese z. Zt. das ganz ausgezeichnete Buch des Altphilologen W. F. Otto (Königsberg) über „die Götter Griechenlands", über diese „Glaubenswelt, die dem Reichtum und der Tiefe des Daseins, nicht seinen Sorgen und Sehnsüchten entstiegen ist", wie es am Schluß heißt. Verstehst Du, daß diese Formulierung und die entsprechende Darstellung für mich etwas sehr Reizvolles hat und daß ich – horribile dictu! – an den so dargestellten Göttern weniger Anstoß nehme als an bestimmten Formen des Christentums?, ja, daß ich fast glaube, diese Götter für Christus in Anspruch nehmen zu können? Für meine gegenwärtigen theologischen Überlegungen ist mir dieses Buch sehr wertvoll. – Übrigens steht bei Dilthey viel über Cardano.

Leb wohl für heute! Ich warte täglich auf Nachricht über Deinen Verbleib und bin in Gedanken immer bei Dir!

Von ganzem Herzen grüßt Dich Dein Dietrich

[1] Ironischer Bezug auf die ersten V1-Raketenangriffe auf England und die angeblich kriegswendenden Hoffnungen, welche die offizielle Propaganda daran knüpfte.

GLÜCK UND UNGLÜCK

Glück und Unglück,
die rasch uns und überwältigend treffen,
sind sich im Anfang,
wie Hitze und Frost bei jäher Berührung,
kaum unterscheidbar nah.

Wie Meteore
aus überirdischer Ferne geschleudert,
ziehen sie leuchtend und drohend die Bahn
über unseren Häuptern.
Heimgesuchte stehen betroffen
vor den Trümmern
ihres alltäglichen, glanzlosen Daseins.

Groß und erhaben,
zerstörend, bezwingend,
hält Glück und Unglück,
erbeten und unerbeten,
festlichen Einzug
bei den erschütterten Menschen,
schmückt und umkleidet
die Heimgesuchten
mit Ernst und mit Weihe.

Glück ist voll Schauer,
Unglück voll Süße.
Ungeschieden scheint aus dem Ewigen
eins und das andre zu kommen.
Groß und schrecklich ist beides.

Menschen, ferne und nahe,
laufen herbei und schauen
und gaffen
halb neidisch, halb schaudernd,
ins Ungeheure,
wo das Überirdische,
segnend zugleich und vernichtend,
zum verwirrenden, unentwirrbaren,
irdischen Schauspiel sich stellt.
Was ist Glück, was Unglück?

Erst die Zeit teilt beide.
Wenn das unfaßbar erregende,
jähe Ereignis
sich zu ermüdend quälender Dauer wandelt,
wenn die langsam schleichende Stunde des Tages
erst des Unglücks wahre Gestalt uns enthüllt,
dann wenden die Meisten,
überdrüssig der Eintönigkeit
des altgewordenen Unglücks,
enttäuscht und gelangweilt sich ab.

Das ist die Stunde der Treue,
die Stunde der Mutter und der Geliebten,
die Stunde des Freundes und Bruders.
Treue verklärt alles Unglück
und hüllt es leise
in milden,
überirdischen Glanz.

Lieber Eberhard! Eben war Maria bei mir; von ihr hörte ich, daß Deine letzte Nachricht aus Verona stamme und seither nichts Neues von Dir da sei. Obwohl ich also garnicht weiß, ob und wann Dich die Post erreicht, schreibe ich Dir unter der bisherigen Feldpostnummer. Aber um das theologische Thema fortzusetzen, möchte ich lieber noch abwarten, bis von Dir Nachricht da ist. Auch für die Verse gilt das, die sich – besonders ein letztes ziemlich langes Gedicht über hiesige Eindrücke[1] – eigentlich mehr für einen gemeinsamen Abend als für eine lange Postreise eignen ...
Ich schreibe gegenwärtig die Auslegung der ersten 3 Gebote[2]. Dabei fällt mir das erste besonders schwer. Die übliche Auslegung des Götzendienstes auf „Reichtum, Wollust und Ehre" scheint mir garnicht biblisch. Das ist eine Moralisierung. Götzen werden *angebetet* und Götzendienst setzt voraus, daß Menschen überhaupt noch etwas anbeten. Wir beten aber garnichts mehr an, nicht einmal Götzen. Darin sind wir wirklich Nihilisten.
Noch etwas zu unseren Gedanken über das A. T. Im Unterschied zu allen anderen orientalischen Religionen ist der Glaube des A. T. keine Erlösungsreligion. Nun wird doch aber das Christentum immer als Erlösungsreligion bezeichnet. Liegt darin nicht ein kardinaler Fehler, durch den Christus vom A. T. getrennt und von den Erlösungsmythen her interpretiert wird? Auf den Einwand, daß auch im A. T. die Erlösung (aus Ägypten und später Babylon, vgl. Deuterojesaja) eine entscheidende Bedeutung habe, ist zu erwidern, daß es sich hier um *geschichtliche* Erlösungen handelt, d. h. *diesseits* der Todesgrenze, während überall sonst die Erlösungsmythen gerade die Überwindung der Todesgrenze zum Ziel haben. Israel wird aus Ägypten erlöst, damit es als Volk Gottes auf Erden vor Gott leben kann. Die Erlösungsmythen suchen ungeschichtlich eine Ewigkeit nach dem Tod. Die „Scheol", der Hades, sind keine Gebilde einer Metaphysik, sondern die Bilder, unter denen das irdisch „Gewesene" als zwar existent, aber doch nur schattenhaft in die Gegenwart hineinreichend, vorgestellt wird. Nun sagt man,

das Entscheidende sei, daß im Christentum die Auferstehungshoffnung verkündigt würde, und daß also damit eine echte Erlösungsreligion entstanden sei. Das Schwergewicht fällt nun auf das Jenseits der Todesgrenze. Und eben hierin sehe ich den Fehler und die Gefahr. Erlösung heißt nun Erlösung aus Sorgen, Nöten, Ängsten und Sehnsüchten, aus Sünde und Tod in einem besseren Jenseits. Sollte dies aber wirklich das Wesentliche der Christusverkündigung der Evangelien und des Paulus sein? Ich bestreite das. Die Christliche Auferstehungshoffnung unterscheidet sich von den mythologischen darin, daß sie den Menschen in ganz neuer und gegenüber dem A. T. noch verschärfter Weise an sein Leben auf der Erde verweist. Der Christ hat nicht wie die Gläubigen der Erlösungsmythen aus den irdischen Aufgaben und Schwierigkeiten immer noch eine letzte Ausflucht ins Ewige, sondern er muß das irdische Leben wie Christus („mein Gott, warum hast Du mich verlassen?") ganz auskosten und nur indem er das tut, ist der Gekreuzigte und Auferstandene bei ihm und ist er mit Christus gekreuzigt und auferstanden. Das Diesseits darf nicht vorzeitig aufgehoben werden. Darin bleiben Neues und Altes Testament verbunden. Erlösungsmythen entstehen aus den menschlichen Grenzerfahrungen. Christus aber faßt den Menschen in der Mitte seines Lebens.

Du siehst, es sind immer wieder ähnliche Gedanken, die mich umtreiben. Nun muß ich sie im einzelnen neutestamentlich belegen. Das folgt etwas später.

Für heute genug! Leb wohl, Eberhard, Gott behüte Dich alle Tage! In Treue und Dankbarkeit immer Dein Dietrich

Ich lese in der Zeitung von tropischer Hitze in Italien, Du Armer! Ich denke an den August 1936, Psalm 121,6![3]

[1] „Nächtliche Stimmen in Tegel", s. S. 383. [2] GS IV, 597–612. [3] „Daß dich des Tages die Sonne nicht steche noch der Mond des Nachts."

Von Eberhard Bethge

„Il Balcone"
Montevettolini
(Pistoia)
den 27. 6. 44

Lieber Dietrich. Inzwischen wirst Du hoffentlich erfahren haben, daß es mir gut ergangen ist, mit der Reise, ihrer Unterbrechung und schließlich der Ankunft bei der Einheit. Der Schein, den man mir in München schließlich aushändigte, brachte mich durch die gefährlichen Klippen der Aufsammelstellen in Verona und Bologna. So verbrachte ich nur einen Tag in Verona und machte eine hervorragende Führung eines Obergefreiten durch die Stadt mit. Etwas so Gutes an Einführung habe ich noch nicht erlebt ... Man kam sich sehr friedlich vor und trotz Übermüdung war ich ganz froh dabei. In Bologna freilich war es etwas ungeordnet und ich verbrachte eine Nacht auf bloßem Fliesenfußboden ohne alle Bedeckung. Dann machte es sich sehr gut, daß am folgenden Tag der Himmel herunterschüttete, was er an lange gesammelter Feuchtigkeit zur Verfügung hatte. So konnte ich getrost am Tage mit Anhalterautos zu meinem neuen Standort gelangen in der herrlichen Toscana, ohne einen Flieger zu sehen. Hier hieß es erst, wir zögen sehr bald weiter nordwärts, aber noch immer sind wir hier. Bis heute mußte ich mich in die völlig in Unordnung geratenen Akten stürzen und hatte garkeine Zeit ... Nun bin ich etwa durch. Der Rückzug unserer Leute muß in der Tat ziemlich chaotisch und scheußlich gewesen sein. Dennoch kamen alle heil, mit allen Fahrzeugen durch die Schlingen hindurch. Es ging alles so schnell, daß man die Lazarette in Rom und Civitacastellana (in der Nähe von uns) dem Feind übergeben mußte, nur ganz leichte Fälle schickte man noch zu Fuß weg. Hier ist es zunächst viel ruhiger und schöner als in den letzten Monaten in Rignano. Die Straße ist weit weg und so sehen wir die Flieger, vor allem morgens und abends immer nur in weiter Entfernung. Gewisse Angst besteht natürlich, wie werden wir bei einem neuen Aufbruch über die Pässe kommen ... Ich habe ein gutes, nördlich liegendes Schreibzimmer,

d. h. schön inbezug auf die Hitze. Unangenehm ist nur, wenn man eine Tagesautofahrt machen muß. Dann nimmt man sich einen Kameraden auf den Kotflügel, der beobachten muß. Hier angekommen, wurde ich gleich am ersten Morgen überrascht durch unübliches „Antreten". Grund: ich wurde zum Gefreiten befördert. In der Begründung wurde gesagt: wegen geschicktem Sich-zur-Einheit-Durchschlagen. Und dabei hatte ich schon in München mir Gedanken gemacht ...
Hier empfingen mich dann gleich Briefe über Briefe von Dir, wie um mir alles nett zu machen. Teils von vor dem Urlaub, vom 22. IV., 5. u. 6. V., teils nach ihm, vom 6. u. 8. VI. Letzterer mit den sehr sehr guten, ausführlichen theologischen Standortbestimmungen Deiner Gedanken über die Religionslosigkeit. Ich will nun sehen, doch wenigstens einiges zu beantworten ... Doch erst muß ich nochmal über den Urlaub sagen, daß er mir als ein wirklich gelungenes Ganzes noch immer eine Quelle der Freude und des Trostes ist; die Tage bei Renate ... die Stunden bei Dir, die wir ohne jede Zeitvergeudung genossen ... Deine guten Briefe, die mich etwas zurechtstutzten (die Unruhe und Beklemmung, die nach den Erlebnissen in den ersten Tagen nicht recht weichen wollte, ist jetzt wirklich nur noch Erinnerung und keine Macht mehr); die Taufe und der Junge ...
Ich habe leider ganz versäumt, Dich nach Deinem Roman und der kurzen Arbeit für mich zu fragen. Und ich sähe sie doch so gerne.
Der Brief mit der Bultmann-Ausführung, von dem Du sprachst, ist sicher der vom 5. 5., den ich hier vorfand; er ist also nicht verloren. Würdest Du wohl erlauben, die Abschnitte dieses Briefes und vor allem den ausführlichen, Leuten wie Albrecht Schönherr, Winfried Maechler, Dieter Zimmermann[1] mal zu geben? Es würde sie sicher sehr sehr freuen, oder bist Du sehr dagegen? Schreib mir doch mal. Ich finde darin alles sehr viel deutlicher als Du es mir gegenüber sonst bisher geäußert hast und die dogmengeschichtliche Einordnung hochinteressant ... Ich bin sehr gespannt auf die Fortsetzung, die Du versprichst über die nicht-religiöse Interpretation der großen christlichen Begriffe.
Nun laufen die großen Ereignisse von Tag zu Tag weiter

und man freut sich jeden Tages, den man noch in gewisser Ruhe verbringt in Freude auf Nachricht von zu Haus.
Ich bin eben im Schreiben sehr gestört worden, möchte aber doch noch abschicken, damit es nicht so spät wird mit einer Nachricht.
Bleibe guten Mutes und laß Dich sehr grüßen von

Deinem Eberhard

[1] Ehemals Studenten aus Bonhoeffers Dozentenzeit 1931–33 in Berlin und dann Finkenwalder Kandidaten.

An Eberhard Bethge

[Tegel] 30. VI. 44

Lieber Eberhard! Heute war hier ein heißer Sommertag und ich habe die Sonne nur mit geteilten Gefühlen genießen können, weil ich mir denken kann, was für Qualen sie Dir jetzt bereiten mag. Vermutlich sitzt Du jetzt irgendwo verstaubt, verschwitzt, müde und vielleicht ohne die nötige Möglichkeit zum Waschen und Sicherfrischen. Ich kann mir vorstellen, daß Du die Sonne manchmal zu hassen anfängst. Und doch, weißt Du, ich möchte sie einmal wieder richtig spüren in ihrer ganzen Macht, wenn sie einem auf die Haut brennt und allmählich den ganzen Körper zum Glühen bringt, sodaß man wieder weiß, daß man ein leibliches Wesen ist, ich möchte mich von ihr, statt von Büchern und Gedanken müde machen lassen, ich möchte mir von ihr meine animalische Existenz erwecken lassen, nicht jenes Animalische, das das Menschsein erniedrigt, sondern das es aus der Muffigkeit und Unechtheit einer nur geistigen Existenz befreit und den Menschen reiner und glücklicher macht. Ich möchte die Sonne einmal nicht nur sehen und etwas an ihr nippen, sondern sie leibhaftig erfahren. Die romantische Sonnenschwärmerei, die sich nur an Sonnenaufgängen und -untergängen berauscht, kennt die Sonne als Macht, als Wirklichkeit garnicht, sondern eigentlich nur als Bild. Sie kann es nie begreifen, warum man die Sonne als Gott verehrte; dazu gehört nicht nur die Erfahrung des Lichtes und

der Farben, sondern auch der Hitze. Die heißen Länder sind vom Mittelmeer bis nach Indien und bis nach Mittelamerika die eigentlich geistig schöpferischen Länder gewesen. Die kälteren Länder haben von den geistigen Schöpfungen der anderen gelebt und gezehrt, und was sie original hervorbrachten, die Technik, dient imgrunde nicht dem Geist, sondern den materiellen Lebensbedürfnissen. Ob es uns nicht aus diesem Grunde auch immer wieder in die heißen Länder zieht? Und ob einen solche Gedanken vielleicht etwas mit den Qualen der Hitze auszusöhnen vermögen?
Aber vermutlich ist Dir das jetzt alles ganz egal und Du sehnst Dich ganz einfach heraus aus dieser Hölle nach einer Berliner Weiße im Grunewald. Ich erinnere mich genau, wie ich mich im Juni 1923 aus Italien wegsehnte und wie ich erst wieder an einem völlig verregneten Wandertag im Schwarzwald aufatmete. Und ich mußte damals nicht Krieg führen und brauchte nur zu genießen. Ich erinnere mich auch, wie Du im August 1936 schon die Idee, noch nach Neapel weiterzufahren, entsetzt von Dir wiest. Wie magst Du es jetzt einfach körperlich durchhalten? Früher kam man ohne den „Expresso" garnicht aus und Klaus hat zu meinem jugendlichen Ärger damals eine Menge Geld dafür herausgeworfen. Außerdem nahm man sich für die kürzesten Entfernungen eine Kutsche und aß zwischendurch ungezählte granitas und cassatas.
Eben bekomme ich die hocherfreuliche Nachricht, daß Du geschrieben hast und die alte Feldpostnummer behalten hast, woraus ich schließe, daß Du Deine bisherige Einheit wiedergefunden hast. Du glaubst garnicht, wie beruhigend – jedenfalls relativ beruhigend – das für mich ist ...
Vor ein paar Stunden hat sich hier Onkel Paul[1] angemeldet, um sich mal persönlich um mich zu kümmern.
Es ist maßlos komisch, wie alles flügelschlagend herumläuft und wie sich – bis auf wenige rühmliche Ausnahmen – alles an Würdelosigkeit überbietet. Es ist peinlich, aber für manche, so wie sie nun einmal sind, einfach nötig.
Und nun will ich versuchen, das neulich abgebrochene theologische Thema weiterzuführen. Ich ging davon aus, daß Gott immer weiter aus dem Bereich einer mündig gewor-

denen Welt, aus unseren Erkenntnis- und Lebensbereichen hinausgeschoben wird, und seit Kant nur noch jenseits der Welt der Erfahrung Raum behalten hat. Die Theologie hat sich einerseits apologetisch gegen diese Entwicklung gesträubt und ist gegen Darwinismus etc. – vergeblich – Sturm gelaufen; andrerseits hat sie sich mit der Entwicklung abgefunden und Gott nur noch bei den sogenannten letzten Fragen als deus ex machina fungieren lassen, d. h. Gott wird zur Antwort auf Lebensfragen, zur Lösung von Lebensnöten und -konflikten. Wo also ein Mensch nichts derartiges aufzuweisen hat bzw. wo er sich weigert, sich in diesen Dingen gehen und bemitleiden zu lassen, dort bleibt er eigentlich für Gott nicht ansprechbar oder es muß dem Mann ohne Lebensfragen etc. nachgewiesen werden, daß er in Wahrheit tief in solchen Fragen, Nöten, Konflikten steckt, ohne es sich einzugestehen oder es zu wissen. Gelingt das – und die Existenzialphilosophie und Psychotherapie hat in dieser Richtung ganz raffinierte Methoden ausgearbeitet, dann wird dieser Mann nur ansprechbar für Gott und der Methodismus kann seine Triumphe feiern. Gelingt es aber nicht, den Menschen dazu zu bringen, daß er sein Glück als sein Unheil, seine Gesundheit als seine Krankheit, seine Lebenskraft als seine Verzweiflung ansieht und bezeichnet, dann ist das Latein der Theologen am Ende. Man hat es entweder mit einem verstockten Sünder besonders bösartiger Natur oder mit einer „bürgerlich-saturierten" Existenz zu tun, und einer ist dem Heil ebenso fern wie der andere.

Sieh mal, das ist die Einstellung, gegen die ich mich zur Wehr setze. Wenn Jesus Sünder selig machte, so waren das wirkliche Sünder, aber Jesus machte nicht aus jedem Menschen zuerst einmal einen Sünder. Er rief sie von ihrer Sünde fort, aber nicht in ihre Sünde hinein. Gewiß bedeutete die Begegnung mit Jesus, daß sich alle Bewertungen der Menschen umkehrten. So war es bei der Bekehrung des Paulus. Da ging aber die Begegnung mit Jesus der Erkenntnis der Sünde voran. Gewiß nahm sich Jesus der Existenzen am Rande der menschlichen Gesellschaft, Dirnen, Zöllner, an, aber doch durchaus nicht nur ihrer, sondern weil er sich der Menschen überhaupt annehmen wollte. Niemals hat Jesus

die Gesundheit, die Kraft, das Glück eines Menschen an sich in Frage gestellt und wie eine faule Frucht angesehen; warum hätte er sonst Kranke gesund gemacht, Schwachen die Kraft wiedergegeben? Jesus nimmt das ganze menschliche Leben in allen seinen Erscheinungen für sich und das Reich Gottes in Anspruch.
Gerade jetzt muß ich natürlich unterbrochen werden! Laß mich nur schnell nochmal das Thema, um das es mir geht, formulieren: die Inanspruchnahme der mündig gewordenen Welt durch Jesus Christus.
Ich kann heute nicht weiterschreiben, sonst bleibt der Brief wieder eine Woche liegen und das möchte ich nicht. Also Fortsetzung folgt.
Onkel Paul war da, ließ mich sofort herunterrufen und blieb – Maetz und Maass waren dabei – über 5 Stunden! Dabei ließ er 4 Flaschen Sekt auffahren, was in den Annalen dieses Hauses wohl einmalig ist, und benahm sich so großzügig und nett, wie ich es ihm nie zugetraut hätte. Er wollte wohl ganz ostentativ deutlich machen, wie er zu mir steht, und was er von dem ängstlichen und pedantischen M. erwartet.
Mir hat diese Unabhängigkeit, die wohl im zivilen Bereich undenkbar wäre, imponiert. Im übrigen fiel eine hübsche Geschichte ab, die er erzählte: Bei St. Privat rief ein verwundeter Fähnrich laut: „Ich bin verwundet, es lebe der König!" Darauf der ebenfalls verwundete General von Löwenfeld: „Ruhe, Fähnrich, hier wird still gestorben!" – Ich bin neugierig, wie sich der ganze Besuch hier auswirken wird, d. h. in der Beurteilung der Leute.
So, nun leb wohl und verzeih den abgebrochenen Brief. Ich denke aber, er ist Dir lieber als garkeiner. Ich hoffe, daß wir im Frühherbst wieder zusammen sind!
In treuem und dankbarem Gedenken und in täglicher Fürbitte grüßt Dich von Herzen Dein Dietrich

1.7. Heute vor 7 Jahren waren wir zusammen bei Martin[2]!

[1] General Paul v. Hase, Stadtkommandant von Berlin, am 8. 8. 44 hingerichtet. [2] Im Dahlemer Pfarrhaus am Verhaftungstag Martin Niemöllers.

NOTIZEN

[Juli 1944]

1. Wahrheit u. Auslegung der Schrift. testim. spiritus sancti? Pp? sui ipsius interpres? Instanz außer Gott?
2. Gewissen, die Stimme des Allgemeinen u. Notwendigen. Aber die Zustimmung, der Auftrag, d. Anerkennung durch einen anderen Menschen ist überzeugender als das gute Gewissen.
3. Inwiefern kann Christus die Entscheidung des Menschen beanspruchen?
4. Ein Glaubensbekenntnis spricht nicht aus, was ein anderer glauben ,*muß*', s[on]d[ern] was man selbst *glaubt*. (Episcopius auf d. Dordrechter Synode für die Arminianer) Dilthey 102[1]
5. Toleranzbegriff
6. Menschen gehen zu Gott in ihrer Not
   Menschen gehen zu Gott in seiner Not
7. Im Gespräch kann immer etwas Neues geschehen.
   Warum so dumm? ich weiß nichts:
   ich warte u. immer Enttäuschung
   ich warte auf Gott.
8. Wenn ich Gedichte von Dichtern lese

[1] Siehe W. Dilthey, Weltanschauung und Analyse des Menschen seit Renaissance und Reformation. Gesammelte Schriften II, 7. unv. Auflage 1964.

An Eberhard Bethge

[Tegel] 8. 7. [44]

Lieber Eberhard! Wenn ich annehmen könnte, daß Du Dich immer in einer so heiter zufriedenen Verfassung befändest, wie sie aus Deinem letzten Gruß sprach, dann wäre ich wirklich froh. Hab vielen Dank dafür. Daß Du es fertig bringst, Dich von Erinnerungen nicht quälen, sondern erfreuen zu lassen, ist eine große Sache, und ich wäre froh, wenn es mir immer gelänge. Wie seltsam und über Erwarten gut ist es Dir in den letzten Wochen wieder ergangen; erst München, dann Verona, dann der Regentag und schließlich noch die Anerkennung Deines Glücks als besonderes Verdienst. Dein Avancement ist so beängstigend schnell, daß ich Dich bestimmt nie mehr einholen kann; nicht einmal Schritt halten hätte ich mit Dir können ...

Vor kurzem schrieb ich Dir noch einen Brief mit einer sehr theoretischen Philosophie über die Hitze. In den letzten Tagen erlebe ich sie nun praktisch am eigenen Leibe. Ich sitze wie in einem Backofen, nur mit einem Hemd, das ich Dir einmal aus Schweden mitbrachte, und einer Turnhose bekleidet (– hat man Dir eigentlich die Dir gehörigen Hemden irgendwie entführt? Du kriegst sie später bestimmt wieder), und wage nur aus dem einen Grunde nicht, darunter zu leiden, weil ich mir vorstelle, wie entsetzlich Du Dich jetzt mit der Hitze abquälen mußt und wie frivol Dir mein letzter Brief erschienen sein muß! So will ich also versuchen, meinem schwitzenden Gehirn einige Gedanken abzugewinnen und Dir zu schreiben. Wer weiß, vielleicht braucht es garnicht mehr allzu oft zu sein und wir sehen uns bälder wieder als wir ahnen[1]. Kürzlich las ich den merkwürdigen und schönen Satz des Euripides bei einer Wiedersehensszene nach langer Trennung: „So ist doch auch das Wiedersehen ein Gott."

Nun wieder ein paar Gedanken zu unserem Thema. Die biblische Seite der Sache darzustellen erfordert mehr gedankliche Klarheit und Konzentration, als ich heute besitze. Warte noch ein paar Tage, bis es wieder kühler ist! Ich habe auch nicht vergessen, daß ich Dir etwas über die nichtreligiöse Interpretation biblischer Begriffe schuldig bin. Aber heute erst noch einige Vorbemerkungen: Die Verdrängung Gottes aus der Welt, aus der Öffentlichkeit der menschlichen Existenz, führte zu dem Versuch, ihn wenigstens in dem Bereich des „Persönlichen", „Innerlichen", „Privaten" noch festzuhalten. Und da jeder Mensch irgendwo noch eine Sphäre des Privaten hat, hielt man ihn an dieser Stelle für am leichtesten angreifbar. Die Kammerdienergeheimnisse – um es grob zu sagen – d. h. also der Bereich des Intimen (vom Gebet bis zur Sexualität) – wurden das Jagdgebiet der modernen Seelsorger. Darin gleichen sie (wenn auch ihre Absicht eine ganz andere war) den übelsten Asphaltjournalisten – erinnerst Du Dich an die „Wahrheit“ und die „Glokke“[2]? –, die die Intimitäten prominenter Leute ans Licht zogen; hier, um die Menschen gesellschaftlich, finanziell, politisch zu erpressen – dort, um sie religiös zu erpressen. Verzeih, aber ich kann es nicht billiger geben.

Soziologisch gesehen handelt es sich dabei um eine Revolution von unten, um einen Aufruhr der Minderwertigkeit. Wie die gemeine Gesinnung mit der Erscheinung eines Hochgestellten erst dadurch fertig wird, daß sie sich den Betreffenden „in der Badewanne“ vorstellt oder in anderen verfänglichen Lagen, so auch hier. Es ist eine Art übler Genugtuung zu wissen, daß jeder seine Schwächen und Blößen hat. Es ist mir im Umgang mit den gesellschaftlichen „outcasts“ – „Parias“ – immer wieder aufgefallen, daß für sie das Mißtrauen das bestimmende Motiv aller Beurteilung anderer Menschen ist. Jede, selbst die selbstloseste Tat eines in Ansehen stehenden Menschen, wird von vornherein verdächtigt. Im übrigen finden sich diese „outcasts“ in allen Schichten. Sie suchen auch im Blumengarten nur den Dung, auf dem die Blumen wachsen. Je bindungsloser ein Mensch lebt, desto eher verfällt er dieser Einstellung. Es gibt auch eine Bindungslosigkeit unter den Geistlichen, die wir das „Pfäffische“ nennen, jenes Hinter-den Sünden-der-Menschen-Herschnüffeln, um sie einzufangen. Es ist, als ob man ein schönes Haus erst kennte, wenn man die Spinnweben im letzten Keller gefunden hätte, als ob man ein gutes Theaterstück erst recht würdigen könne, wenn man gesehen hat, wie sich die Schauspieler hinter den Kulissen aufführen. Es liegt in derselben Richtung, wenn die Romane seit 50 Jahren ihre Menschen erst dann für richtig dargestellt halten, wenn sie sie im Ehebett geschildert haben und wenn Filme Entkleidungsszenen für nötig halten. Das Bekleidete, Verhüllte, Reine und Keusche hält man von vornherein für verlogen, verkleidet, unrein und man stellt damit nur die eigene Unreinheit unter Beweis. Das Mißtrauen und der Argwohn als Grundverhalten gegen die Menschen ist der Aufruhr der Minderwertigen.

Theologisch gesehen ist der Fehler ein doppelter: erstens, man glaubt einen Menschen erst als einen Sünder ansprechen

zu können, wenn man seine Schwächen bzw. sein Gemeines ausspioniert hat; zweitens, man meint, das Wesen des Menschen bestehe in seinen innersten, intimsten Hintergründen und das nennt man dann seine „Innerlichkeit"; und ausgerechnet in diesen menschlichen Heimlichkeiten soll nun Gott seine Domäne haben! Zum ersten ist zu sagen, daß der Mensch zwar ein Sünder, aber deswegen noch lange nicht gemein ist. Sollten, um es banal zu sagen, Goethe oder Napoleon deswegen Sünder sein, weil sie nicht immer treue Ehemänner waren? Nicht die Sünden der Schwäche, sondern die starken Sünden sind es, um die es geht. Es ist garnicht nötig, herumzuspionieren. Die Bibel tut es nirgends. (Starke Sünden: beim Genie die Hybris; beim Bauern die Durchbrechung der Ordnung – ist der Dekalog etwa bäuerliche Ethik? –; beim Bürger die Scheu vor der freien Verantwortung. Ist das richtig?) Zum zweiten: Die Bibel kennt unsere Unterscheidung von Äußerem und Innerem nicht. Was soll sie eigentlich auch? Es geht ihr immer um ἄνθρωπος τέλειος, den *ganzen* Menschen, auch dort, wo, wie in der Bergpredigt, der Dekalog ins „Innerlichste" vorgetrieben wird. Daß eine gute „Gesinnung" an die Stelle des ganzen Guten treten könne, ist völlig unbiblisch. Die Entdeckung der sogenannten Innerlichkeit wird erst in der Renaissance (wohl bei Petrarca) gemacht. Das „Herz" im biblischen Sinne ist nicht das Innerliche, sondern der ganze Mensch, wie er vor Gott ist. Da der Mensch aber ebensosehr von „außen" nach „innen" wie von „innen" nach „außen" lebt, ist die Meinung, ihn in seinen intimen seelischen Hintergründen erst in seinem Wesen zu verstehen, ganz abwegig.
Ich will also darauf hinaus, daß man Gott nicht noch an irgendeiner allerletzten heimlichen Stelle hineinschmuggelt, sondern daß man die Mündigkeit der Welt und des Menschen einfach anerkennt, daß man den Menschen in seiner Weltlichkeit nicht „madig macht", sondern ihn an seiner stärksten Stelle mit Gott konfrontiert, daß man auf alle pfäffischen Kniffe verzichtet und nicht in Psychotherapie oder Existenzphilosophie einen Wegbereiter Gottes sieht. Dem Wort Gottes ist die Zudringlichkeit aller dieser Methoden viel zu unaristokratisch, um sich mit ihnen zu verbün-

den. Es verbündet sich nicht mit dem Aufruhr des Mißtrauens, dem Aufruhr von unten. Sondern es regiert.
So, nun wäre es an der Zeit, konkret über die weltliche Interpretation der biblischen Begriffe zu sprechen. Aber es ist *zu* heiß! Wenn Du ganz von Dir aus an Albrecht[3] u. a. Auszüge aus meinen Briefen schicken willst, kannst Du es natürlich tun. *Ich* würde es von mir aus noch nicht tun, weil ich nur zu Dir so ins Unreine zu reden wage und davon Klärung erhoffe. Aber wie Du willst.
Der Roman ist stecken geblieben, die kleine Arbeit für Dich auch nicht ganz fertig geworden – ich hatte im Januar–März so eine unproduktive Zeit. Zwei Gedichte liegen bei[4]. Ein großes (über hier) würde ich Dir lieber hier zeigen[5]; ich glaube, es ist nicht so schlecht. Vielleicht kommt es einmal extra.
Ich bin so froh, daß Ihr weitab von der Straße liegt! und daß Du ein Nordzimmer hast und daß es landschaftlich so schön bei Euch ist. Wir werden jetzt bald viel an unsere gemeinsame Reise im Sommer 1940 denken müssen, meine letzten Predigten[6]!
Nun leb wohl, hab vielen Dank für jeden Gedanken und Gruß, der zu mir kommt! Mach Dir nicht zu viel Mühe damit! Ich weiß, wie schwer das jetzt für Dich ist. Aber ich freue mich sehr, wenn ich ein Wort höre. Gott behüte Dich, lieber Eberhard, und führe Dich gesund und bald wieder zu uns zurück! Von Herzen grüßt Dich in Treue

Dein Dietrich

Übrigens fände ich es ganz nett, wenn Du meine theologischen Briefe nicht wegwerfen würdest, sondern sie, da sie Dich dort sicher zu sehr belasten, dann von Zeit zu Zeit an Renate schickst. Ich möchte sie später vielleicht wieder einmal für meine Arbeit lesen. Manches schreibt man im Brief unbefangener und lebendiger als im Buch und im brieflichen Gespräch habe ich oft bessere Gedanken als für mich allein. Es ist aber gar nicht wichtig! – Übrigens freut sich von Zeit zu Zeit auch Herr H. Linke, Berlin-Friedrichshagen, Wilhelmstr. 58 über einen Gruß von Dir[7].

9.7. Nun Schluß! Ich denke, wir sehen uns bald wieder! Alles alles Gute bis dahin! Dein Dietrich

[1] Anspielung auf den bevorstehenden Putsch. [2] Berliner Journale der Weimarer Zeit. [3] Albrecht Schönherr. [4] „Wer bin ich" und „Christen und Heiden". [5] „Nächtliche Stimmen". [6] Die Erinnerung an das Predigtverbot während der ostpreußischen Visitationsreise 1940 (s. DB, 782 ff) soll auf Hitlers Hauptquartier Wolfsschanze in Ostpreußen und auf das kommende Attentat hinweisen. [7] Weitere Deckadresse für die Korrespondenz.

WER BIN ICH?

Wer bin ich? Sie sagen mir oft,
ich träte aus meiner Zelle
gelassen und heiter und fest
wie ein Gutsherr aus seinem Schloß.

Wer bin ich? Sie sagen mir oft,
ich spräche mit meinen Bewachern
frei und freundlich und klar,
als hätte ich zu gebieten.

Wer bin ich? Sie sagen mir auch,
ich trüge die Tage des Unglücks
gleichmütig, lächelnd und stolz,
wie einer, der Siegen gewohnt ist.

Bin ich das wirklich, was andere von mir sagen?
Oder bin ich nur das, was ich selbst von mir weiß?
Unruhig, sehnsüchtig, krank, wie ein Vogel im Käfig,
ringend nach Lebensatem, als würgte mir einer die Kehle,
hungernd nach Farben, nach Blumen, nach Vogelstimmen,
dürstend nach guten Worten, nach menschlicher Nähe,
zitternd vor Zorn über Willkür und kleinlichste Kränkung,
umgetrieben vom Warten auf große Dinge,
ohnmächtig bangend um Freunde in endloser Ferne,
müde und leer zum Beten, zum Denken, zum Schaffen,
matt und bereit, von allem Abschied zu nehmen?

Wer bin ich? Der oder jener?
Bin ich denn heute dieser und morgen ein andrer?
Bin ich beides zugleich? Vor Menschen ein Heuchler
und vor mir selbst ein verächtlich wehleidiger Schwächling?
Oder gleicht, was in mir noch ist, dem geschlagenen Heer,
das in Unordnung weicht vor schon gewonnenem Sieg?

Wer bin ich? Einsames Fragen treibt mit mir Spott.
Wer ich auch bin, Du kennst mich, Dein bin ich, o Gott!

CHRISTEN UND HEIDEN

1
Menschen gehen zu Gott in ihrer Not,
flehen um Hilfe, bitten um Glück und Brot,
um Errettung aus Krankheit, Schuld und Tod.
So tun sie alle, alle, Christen und Heiden.

2
Menschen gehen zu Gott in Seiner Not,
finden ihn arm, geschmäht, ohne Obdach und Brot,
sehn ihn verschlungen von Sünde, Schwachheit und Tod.
Christen stehen bei Gott in Seinen Leiden.

3
Gott geht zu allen Menschen in ihrer Not,
sättigt den Leib und die Seele mit Seinem Brot,
stirbt für Christen und Heiden den Kreuzestod,
und vergibt ihnen beiden.

NÄCHTLICHE STIMMEN IN TEGEL

Langgestreckt auf meiner Pritsche
starre ich auf die graue Wand.
Draußen geht ein Sommerabend,
der mich nicht kennt,
singend ins Land.
Leise verebben die Fluten des Tages
an ewigem Strand.
Schlafe ein wenig!
Stärk Leib und Seele, Kopf und Hand!
Draußen stehen Völker, Häuser, Geister und Herzen [in Brand.
Bis nach blutroter Nacht
dein Tag anbricht –
halte stand!

Nacht und Stille.
Ich horche.
Nur Schritte und Rufe der Wachen,
eines Liebespaares fernes, verstecktes Lachen.
Hörst du sonst nichts, fauler Schläfer?

Ich höre der eigenen Seele Zittern und Schwanken.
Sonst nichts?
Ich höre, ich höre,
wie Stimmen, wie Rufe,
wie Schreie nach rettenden Planken,
der wachenden, träumenden Leidensgefährten
nächtlich stumme Gedanken.
Ich höre unruhiges Knarren der Betten,
ich höre Ketten.

Ich höre, wie Männer sich schlaflos werfen und dehnen,
die sich nach Freiheit und zornigen Taten sehnen.
Wenn der Schlaf sie heimsucht im Morgengrauen,
murmeln sie träumend von Kindern und Frauen.

Ich höre glückliches Lispeln halbwüchsiger Knaben,
die sich an kindlichen Träumen laben.

Ich höre sie zerren an ihren Decken
und sich vor gräßlichem Albtraum verstecken.

Ich höre Seufzen und schwaches Atmen der Greise,
die sich im Stillen bereiten zur großen Reise.
Sie sahn Recht und Unrecht kommen und gehn,
nun wollen sie Unvergängliches, Ewiges sehn.

Nacht und Stille,
nur Schritte und Rufe der Wachen.
Hörst du's im schweigenden Hause
beben, bersten und krachen,
wenn Hunderte die geschürte Glut ihrer Herzen entfachen?

Stumm ist ihr Chor,
weitgeöffnet mein Ohr:
„Wir Alten, wir Jungen,
wir Söhne aller Zungen,
wir Starken, wir Schwachen,
wir Schläfer, wir Wachen,
wir Armen, wir Reichen,
im Unglück Gleichen,
wir Guten, wir Bösen,
was je wir gewesen,
wir Männer vieler Narben,
wir Zeugen derer, die starben,
wir Trotzigen und wir Verzagten,
wir Unschuldigen und wir schwer Verklagten,
von langem Alleinsein tief Geplagten,
Bruder, wir suchen, wir rufen dich!
Bruder, hörst du mich?"

Zwölf kalte, dünne Schläge der Turmuhr
wecken mich.
Kein Klang, keine Wärme in ihnen
bergen und decken mich.
Bellende böse Hunde um Mitternacht
schrecken mich.

Armseliges Geläute
trennt ein armes Gestern
vom armen Heute.
Ob ein Tag sich zum andern wende,
der nichts Neues, nichts Besseres fände,
als daß er in Kurzem wie dieser ende, –
was kann mir's bedeuten?

Ich will die Wende der Zeiten sehen,
wenn leuchtende Zeichen am Nachthimmel stehen,
neue Glocken über die Völker gehen
und läuten und läuten.
Ich warte auf jene Mitternacht,
in deren schrecklich strahlender Pracht
die Bösen vor Angst vergehen,
die Guten in Freude bestehen.

Bösewicht,
tritt ins Licht,
vor Gericht.

Trug und Verrat,
arge Tat,
Sühne naht.

Mensch, o merke,
heilige Stärke
ist richtend am Werke.

Jauchzt und sprecht:
Treue und Recht
einem neuen Geschlecht!

Himmel, versöhne
zu Frieden und Schöne
die Erdensöhne.

Erde, gedeih',
Mensch, werde frei,
sei frei!

Ich habe mich plötzlich aufgerichtet,
als hätt' ich von sinkendem Schiff Festland gesichtet,
als gäbe es etwas zu fassen, zu greifen,
als sähe ich goldene Früchte reifen.
Aber wohin ich auch blicke, greife und fasse,
ist nur der Finsternis undurchdringliche Masse.

Ich versinke in Grübeln.
Ich versenke mich in der Finsternis Grund.
Du Nacht, voll Frevel und Übeln,
tu dich mir kund!
Warum und wie lange zehrst du an unsrer Geduld?
Tiefes und langes Schweigen;
dann hör ich die Nacht zu mir sich neigen:
Ich bin nicht finster, finster ist nur die Schuld!

Die Schuld! Ich höre ein Zittern und Beben,
ein Murmeln, ein Klagen sich erheben,
ich höre Männer im Geiste ergrimmen,
In wildem Gewirr unzähliger Stimmen,
ein stummer Chor
dringt zu Gottes Ohr:

„Von Menschen gehetzt und gejagt,
wehrlos gemacht und verklagt,
unerträglicher Lasten Träger,
sind wir doch die Verkläger.

„Wir verklagen, die uns in Sünde stießen,
die uns mitschuldig werden ließen,
die uns zu Zeugen des Unrechts machten, –
um den Mitschuldigen zu verachten.

„Unser Auge mußte Frevel erblicken,
um uns in tiefe Schuld zu verstricken;
dann verschlossen sie uns den Mund,
wir wurden zum stummen Hund.

„Wir lernten es, billig zu lügen,
dem offenen Unrecht uns fügen.

Geschah dem Wehrlosen Gewalt,
so blieb unser Auge kalt.

„Und was uns im Herzen gebrannt,
blieb verschwiegen und ungenannt.
Wir dämpften das hitzige Blut
und zertraten die innere Glut.

„Was Menschen einst heilig gebunden,
das wurde zerfetzt und geschunden,
verraten Freundschaft und Treue,
verlacht waren Tränen und Reue.

„Wir Söhne frommer Geschlechter,
einst des Rechts und der Wahrheit Verfechter,
wurden Gottes- und Menschenverächter
unter der Hölle Gelächter.

„Doch wenn uns jetzt Freiheit und Ehre geraubt,
vor Menschen erheben wir stolz unser Haupt.
Und bringt man uns in böses Geschrei,
vor Menschen sprechen wir selbst uns frei!

„Ruhig und fest stehn wir Mann gegen Mann
als die Verklagten klagen wir an.

„Nur vor Dir, alles Wesens Ergründer,
vor Dir sind wir Sünder.

„Leidensscheu und arm an Taten
haben wir Dich vor den Menschen verraten.

„Wir sahen die Lüge ihr Haupt erheben
und haben der Wahrheit nicht Ehre gegeben.

„Brüder sahn wir in größter Not
und fürchteten nur den eigenen Tod.

„Wir treten vor Dich als Männer,
als unsrer Sünde Bekenner.

„Herr, nach dieser Zeiten Gärung,
schenk uns Zeiten der Bewährung!

„Laß nach so viel Irregehn
uns des Tages Anbruch sehn!

„Laß soweit die Augen schauen,
Deinem Wort uns Wege bauen.

„Bis Du auslöschst unsre Schuld,
halt uns stille in Geduld.

„Stille wolln wir uns bereiten,
bis Du rufst zu neuen Zeiten,

„bis Du stillest Sturm und Flut
und Dein Wille Wunder tut.

„Bruder, bis die Nacht entwich,
bete für mich!"

Erstes Morgenlicht schleicht durch mein Fenster
bleich und grau,
Leichter Wind fährt mir über die Stirn
sommerlich lau.
„Sommertag!" sage ich nur, „schöner Sommertag!"
Was er mir bringen mag?
Da hör ich draußen hastig verhaltene Schritte gehn.
In meiner Nähe bleiben sie plötzlich stehn.
Mir wird kalt und heiß,
ich weiß, o ich weiß!
Eine leise Stimme verliest etwas schneidend und kalt.
Fasse Dich, Bruder, bald hast du's vollbracht,
bald, bald!
Mutig und stolzen Schrittes hör ich dich schreiten.
Nicht mehr den Augenblick siehst du,
siehst künftige Zeiten.
Ich gehe mit dir, Bruder, an jenen Ort,
und ich höre dein letztes Wort:
„Bruder, wenn mir die Sonne verblich,
lebe Du für mich!"

Langgestreckt auf meiner Pritsche
starre ich auf die graue Wand.
Draußen geht ein Sommermorgen,
der noch nicht mein ist,
jauchzend ins Land.
Brüder, bis nach langer Nacht
unser Tag anbricht,
halten wir stand!

Von Eberhard Bethge

[S. Polo d'Enza, Reggio Emilia]
8. 7. 44

Lieber Dietrich! Gestern erhielt ich Deinen Brief vom 27. 6. und nehme danach an, daß noch einer davor an mich unterwegs ist ... Unser Umzug an den nördlichen Appeninhang ging gut; für mich war er erlebnisreich, als ich ein altes Fiatauto von 1921 zu transportieren hatte; nach vielem Flicken fuhr ich schließlich einfach auf den Felgen, was überall Heiterkeit erregte. Jedenfalls war ich gut über den gefürchteten Paß gekommen ... Im Appenin sind jetzt die Partisanen aktiv. Vor wenigen Tagen haben sie 10 km von uns, dicht am Ort des Ereignisses von 1077[1], einen Kriegsgerichtsrat umgebracht. Sie besetzen ganze Dörfer, errichten Hauptquartiere, beschlagnahmen, besetzen ausgebaute Stellungen (die später für unsere Front gedacht sind), und sind kaum zu fassen ...
Die Beschlagnahme der gepflegten Häuslichkeit einer gebildeten Familie, die wir jetzt (mit Bad, auf luftiger Höhe) inne haben, das Herauswerfen der Leute, Durchschnüffeln aller Kästen, Vorräte und Fächer durch die Unseren war das Ekelhafteste, was ich in letzter Zeit erlebte. Ich hatte derartiges ja noch nicht mitgemacht. Die Gier auf erwartete Genüsse macht nervös; sie wartet nur auf den geringsten Anhaltspunkt, den die Betroffenen geben, um die rechte Wut und Selbstrechtfertigung zum eigenen Vorgehen in solchem Haus zu finden; dann fallen alle Schranken. Die Offiziere schnüffeln aus „Abwehrgründen"; die Unteroffiziere,

um die Truppe mit allem „Nötigen" zu versehen, die Mannschaften – sie sind noch die Besten. Zusammen machen sie sich breit an den geschnitzten Tischen, in den Polstern und saufen den Keller aus. Und du stehst dabei.
Vor 2 Tagen hatten wir ein herrliches Erlebnis in der Frühe. Nach nächtlichen Gewittergüssen stand plötzlich in voller Klarheit die Alpenkette vor uns; die Monte Rosa- und dahinter die Finsteraarhorngruppe; das waren 200—250 km Luftlinie.
Nun muß ich mich aber erstmal für Deinen guten Brief bedanken. Ich hatte schon etwas auf Nachricht gewartet. Aber es klappte jetzt nichts. Ich hoffe, Du wirst mit den Gedichten nicht bis auf den gemeinsamen langen Abend warten, obwohl Du sonst recht haben magst...
Was ist „Anbeten" der Götzen? Daß für manche noch etwas undiskutabel, sakrosankt ist, ist das etwas anderes als Anbeten? Gehen Dir nun neue Einsichten über das Fehlen des Fortlebens nach dem Tode im AT auf; 4. Gebot; die Arten, den zukünftigen Zustand zu beschreiben; unser schwieriges Verhältnis zu aller Eschatologie? Es leuchtet mir ein, daß es unbiblisch sei, die Eschatologie als Ausweichstation zu betrachten. Wie steht es da mit den Liedern und der Haltung Paul Gerhardts, 30jähr. Krieg? Laß Dich grüßen und Dir Mut machen, nicht Dich der Traurigkeit und Hoffnungslosigkeit zu überlassen. In Treue Dein Eberhard

Wie steht es mit der „Politiklosigkeit" des Neuen Testaments?
Staemmler hat 3 Jahre bekommen[2].
Sonntag früh: durch Deinen Brief lese ich heute Epistel und Evangelium mit frischeren Sinnen.

[1] Canossa. [2] W. Staemmler, damals Vorsitzender des altpreuß. Bruderrates, hatte einen Prozeß wegen politischer Äußerungen.

An Eberhard Bethge [Tegel] 16. 7. [44]

Lieber Eberhard! Von den Eltern hörte ich gestern, daß Du wieder umgezogen bist. Wie Du äußerlich untergekommen bist, hoffe ich bald zu hören. Die historische Atmosphäre[1] ist jedenfalls reizvoll. Noch vor 10 Jahren hätten wir es kaum verstanden, daß die Symbole des Bischofsstabes und -ringes, die sowohl der Kaiser wie der Papst für sich in Anspruch nahmen, zu weltpolitischen Auseinandersetzungen führen können. Waren es nicht wirklich Adiaphora? Daß sie es nicht waren, haben wir erst aus eigener Erfahrung wieder lernen müssen! Ob nun der Gang Heinrichs des IV. aufrichtig oder diplomatisch zu verstehen ist, vor dem geistigen Auge der europäischen Völker steht das Bild Heinrichs im Januar 1077 unvergessen und unauslöschlich da. Es ist wirksamer als das Wormser Konkordat 1122, das die Sache im selben Sinne formell zum Abschluß brachte. Wir haben alle diese großen Auseinandersetzungen in der Schule als ein europäisches Unglück ansehen gelernt. In Wahrheit liegt in ihnen der Ursprung der geistigen Freiheit, die Europa groß gemacht hat.

Von mir ist nicht viel zu berichten. Ich hörte kürzlich im Radio, wie schon ein paar Mal, Szenen aus Opern von Carl Orff (Carmina burana u. a.), die mir ausgezeichnet gefielen in ihrer Frische, Klarheit und Heiterkeit. Er hat auch Monteverdi für Orchester bearbeitet. Hast Du schon mal darauf geachtet? Dann hörte ich ein concerto grosso von Händel und war wieder ganz überrascht, wie er in dem langsamen Satz (ähnlich dem Largo) so breit und direkt zu trösten vermag, wie wir es nicht mehr wagen würden. Händel ist, glaube ich, viel mehr auf den Hörer und auf die Wirkung seiner Musik auf ihn eingestellt als Bach. Darum wirkt er wohl auch manchmal etwas fassadenhaft. Händel will etwas mit seiner Musik, Bach nicht. Stimmt das?

Ich lese mit großem Interesse das „Totenhaus" und bin beeindruckt durch das völlig moralfreie Mitleid, mit dem die Menschen außerhalb desselben sich zu seinen Insassen verhalten. Sollte diese Amoralität, die aus der Religiosität kommt, vielleicht ein wesentlicher Zug dieses Volkes sein

und auch gegenwärtige Ereignisse verständlich machen? Im übrigen schreibe und dichte ich, so weit die Kräfte reichen. Daß ich jetzt abends oft, so wie früher, zum Arbeiten komme[2], habe ich Dir wohl schon erzählt. Das ist für mich natürlich sehr wichtig und angenehm. Aber damit ist das, was ich Dir über mein Leben berichten kann, auch schon erschöpft. Zu Hause soll alles normal gehen; d. h. Hans[3] geht es garnicht gut, was mir wirklich sehr leid tut. Manchmal denke ich, wenn er zur rechten Zeit einen guten Pfarrer gehabt hätte, der ihn besucht hätte, wäre vielleicht auch körperlich nicht alles so schlimm gekommen. Sehr froh bin ich, daß Klaus so guter Dinge sein soll[4]! Er war längere Zeit so deprimiert. Nun, ich denke, alles was ihn so bedrückt, wird bald wieder ganz in Ordnung kommen; ich würde es ihm und der ganzen Familie sehr wünschen. H. Walter ist Uffz. geworden! Ich lasse jetzt meine Bücher von Pätzig nach Friedrichsbrunn schicken. Oft muß ich jetzt an die Großmutter Kleist denken; sie ist so schwer beweglich geworden[5]. Vielleicht werden wir unsre Hochzeit noch in Friedrichsbrunn feiern! Maria kann nach den neuen Einschränkungen auch nicht mehr reisen. Vielleicht ist es für sie gut, für mich ist es schade. Sie war leider das letzte Mal, als ich sie sah, ziemlich bedrückt; ich kann es ja verstehen ... Es wäre Zeit, daß wir zusammensein könnten.
Sollte an Dich in absehbarer Zeit die Frage des Predigens herantreten, so würde ich Texte wie Ps. 62,2; 119,94a; 42, 6; Jer. 31,3; Jes. 41,10,1; 43,1; Matth. 28,20b zunächst einmal nehmen und mich auf einige wenige wesentliche und einfache Gedanken beschränken. Man muß eine Zeitlang in einer Gemeinde leben um zu verstehen, wie „Christus in ihr Gestalt gewinnt" (Gal. 4,19), und das gilt für eine solche Gemeinde, wie Du sie haben würdest, ganz besonders. Wenn ich Dir irgendwie helfen kann, tue ich es sehr gern.
Nun wieder ein paar Gedanken zu unserem Thema. Ich arbeite mich erst allmählich an die nicht-religiöse Interpretation der biblischen Begriffe heran. Ich sehe mehr die Aufgabe, als daß ich sie schon zu lösen vermöchte. Zum Historischen: es ist *eine* große Entwicklung, die zur Autonomie der Welt führt. In der Theologie zuerst Herbert von Cherbury,

der die Suffizienz der Vernunft für die religiöse Erkenntnis behauptete. In der Moral: Montaigne, Bodin, die anstelle der Gebote Lebensregeln aufstellen. In der Politik: Macchiavelli, der die Politik von der allgemeinen Moral löst und die Lehre von der Staatsraison begründet. Später, inhaltlich sehr von ihm verschieden, aber in der Richtung auf die Autonomie der menschlichen Gesellschaft doch mit ihm konform H. Grotius, der sein Naturrecht als Völkerrecht aufstellt, das Gültigkeit hat „etsi deus non daretur", „auch wenn es keinen Gott gäbe". Schließlich der philosophische Schlußstrich: einerseits der Deismus des Descartes: die Welt ist ein Mechanismus, der ohne Eingreifen Gottes von selbst abläuft; andrerseits der Pantheismus Spinoza's: Gott ist die Natur. Kant ist imgrunde Deist, Fichte und Hegel Pantheisten. Überall ist die Autonomie des Menschen und der Welt das Ziel der Gedanken. (In der Naturwissenschaft beginnt die Sache offenbar mit Nikolaus von Cues und Giordano Bruno und ihrer – „häretischen" – Lehre von der Unendlichkeit der Welt. Der antike Kosmos ist ebenso wie die mittelalterliche geschaffene Welt endlich. Eine unendliche Welt – wie immer sie auch gedacht sein mag – ruht in sich selbst „etsi deus non daretur". Die moderne Physik bezweifelt allerdings wieder die Unendlichkeit der Welt, ohne jedoch in die früheren Vorstellungen ihrer Endlichkeit zurückzufallen.) Gott als moralische, politische, naturwissenschaftliche Arbeitshypothese ist abgeschafft, überwunden; ebenso aber als philosophische und religiöse Arbeitshypothese (Feuerbach!). Es gehört zur intellektuellen Redlichkeit, diese Arbeitshypothese fallen zu lassen bzw. sie so weitgehend wie irgend möglich auszuschalten. Ein erbaulicher Naturwissenschaftler, Mediziner etc. ist ein Zwitter.

Wo behält nun Gott noch Raum? fragen ängstliche Gemüter und weil sie darauf keine Antwort wissen, verdammen sie die ganze Entwicklung, die sie in solche Notlage gebracht hat. Über die verschiedenen Notausgänge aus dem zu eng gewordenen Raum habe ich Dir schon geschrieben. Hinzuzufügen wäre noch der salto mortale zurück ins Mittelalter. Das Prinzip des Mittelalters aber ist die Heteronomie in der Form des Klerikalismus. Die Rückkehr dazu aber kann nur ein Verzweiflungsschritt sein, der nur mit dem Opfer der intellektuellen Redlichkeit erkauft werden kann. Er ist ein Traum nach der Melodie: „O wüßt' ich doch den Weg zurück, den weiten Weg ins Kinderland". Diesen Weg gibt es nicht, – jedenfalls nicht durch den willkürlichen Verzicht auf innere Redlichkeit, sondern nur im Sinne von Matth. 18,3[6] d.h. durch Buße, d.h. durch *letzte* Redlichkeit! Und wir können nicht redlich sein, ohne zu erkennen, daß wir in der Welt leben müssen – „etsi deus non daretur". Und eben dies erkennen wir – vor Gott! Gott selbst zwingt uns zu dieser Erkenntnis. So führt uns unser Mündigwerden zu einer wahrhaftigeren Erkenntnis unserer Lage vor Gott. Gott gibt uns zu wissen, daß wir leben müssen als solche, die mit dem Leben ohne Gott fertig werden. Der Gott, der mit uns ist, ist der Gott, der uns verläßt (Markus 15,34[7])! Der Gott, der uns in der Welt leben läßt ohne die Arbeitshypothese Gott, ist der Gott, vor dem wir dauernd stehen. Vor und mit Gott leben wir ohne Gott. Gott läßt sich aus der Welt herausdrängen ans Kreuz, Gott ist ohnmächtig und schwach in der Welt und gerade und nur so ist er bei uns und hilft uns. Es ist Matth. 8,17[8] ganz deutlich, daß Christus nicht hilft kraft seiner Allmacht, sondern kraft seiner Schwachheit, seines Leidens!

Hier liegt der entscheidende Unterschied zu allen Religionen. Die Religiosität des Menschen weist ihn in seiner Not an die Macht Gottes in der Welt, Gott ist der Deus ex machina. Die Bibel weist den Menschen an die Ohnmacht und das Leiden Gottes; nur der leidende Gott kann helfen. Insofern kann man sagen, daß die beschriebene Entwicklung zur Mündigkeit der Welt, durch die mit einer falschen Gottesvorstellung aufgeräumt wird, den Blick freimacht für den Gott der Bibel, der durch seine Ohnmacht in der Welt Macht und Raum gewinnt. Hier wird wohl die „weltliche Interpretation" einzusetzen haben.

18.7.

Ob wohl durch die Münchner Angriffe manche Briefe verloren gegangen sind? Bekamst Du den mit den beiden Gedichten? Er war gerade damals unterwegs und enthielt noch einiges Vorbereitende zum theologischen Thema. Das Gedicht über „Christen und Heiden“ enthält einen Gedanken, den Du hier wiedererkennen wirst. „Christen stehen bei Gott in seinem Leiden“, das unterscheidet Christen von Heiden. „Könnt Ihr nicht eine Stunde mit mir wachen“? fragt Jesus in Gethsemane. Das ist die Umkehrung von allem, was der religiöse Mensch von Gott erwartet. Der Mensch wird aufgerufen, das Leiden Gottes an der gottlosen Welt mitzuleiden. Er muß also wirklich in der gottlosen Welt leben, und darf nicht den Versuch machen, ihre Gottlosigkeit irgendwie religiös zu verdecken, zu verklären; er muß „weltlich“ leben und nimmt eben darin an dem Leiden Gottes teil; er *darf* „weltlich“ leben, d. h. er ist befreit von den falschen religiösen Bindungen und Hemmungen. Christsein heißt nicht in einer bestimmten Weise religiös sein, auf Grund irgendeiner Methodik etwas aus sich machen (einen Sünder, Büßer oder einen Heiligen), sondern es heißt Menschsein, nicht einen Menschentypus, sondern einen Menschen schafft Christus in uns. Nicht der religiöse Akt macht den Christen, sondern das Teilnehmen am Leiden Gottes im weltlichen Leben. Das ist die μετάνοια, nicht zuerst an die eigenen Nöte, Fragen, Sünden, Ängste denken, sondern sich in den Weg Jesu Christi mithineinreißen lassen, in das messianische Ereignis, daß Jes. 53 nun erfüllt wird! Daher: „glaubet an das Evangelium“ bzw. bei Joh. der Hinweis auf das „Lamm Gottes, das der Welt Sünden trägt“ (nebenbei: A. Jeremias hat kürzlich behauptet, „Lamm“ sei im Aramäischen auch durch „Knecht“ zu übersetzen. Ganz schön im Hinblick auf Jes. 53!).

Dieses Hineingerissenwerden in das messianische Leiden Gottes in Jesus Christus geschieht im Neuen Testament in verschiedenster Weise: durch den Ruf der Jünger in die Nachfolge, durch die Tischgemeinschaft mit den Sündern, durch „Bekehrungen“ im engeren Sinne des Wortes (Zachäus), durch das (ohne jedes Sündenbekenntnis sich vollziehende) Tun der großen Sünderin (Luk. 7), durch die Heilung der Kranken (s. o. Matth. 8,17), durch die Annahme der Kinder. Die Hirten wie die Weisen aus dem Osten stehen an der Krippe, nicht als „bekehrte Sünder“, sondern einfach, weil

sie, so wie sie sind, von der Krippe her angezogen werden (Stern). Der Hauptmann von Kapernaum, der garkein Sündenbekenntnis ablegt, wird als Beispiel des Glaubens hingestellt (vgl. Jairus). Den reichen Jüngling „liebt" Jesus. Der Kämmerer (Apg. 8), Cornelius (Apg. 10) sind alles andere als Existenzen am Abgrund. Nathanael ist ein „Israelit ohne Falsch" (Joh. 1,47); schließlich Joseph von Arimathia, die Frauen am Grabe. Das einzige, ihnen allen Gemeinsame, ist das Teilhaben am Leiden Gottes in Christus. Das ist ihr „Glaube". Nichts von religiöser Methodik, der „religiöse Akt" ist immer etwas Partielles, der „Glaube" ist etwas Ganzes, ein Lebensakt. Jesus ruft nicht zu einer neuen Religion auf, sondern zum Leben.
Wie sieht nun aber dieses Leben aus? Dieses Leben der Teilnahme an der Ohnmacht Gottes in der Welt? Davon schreibe ich das nächste Mal, hoffentlich. Heute nur noch dies: Wenn man von Gott „nichtreligiös" sprechen will, dann muß man so von ihm sprechen, daß die Gottlosigkeit der Welt dadurch nicht irgendwie verdeckt, sondern vielmehr gerade aufgedeckt wird und gerade so ein überraschendes Licht auf die Welt fällt. Die mündige Welt ist gottloser und darum vielleicht gerade Gott-näher als die unmündige Welt. Verzeih, es ist noch furchtbar schwerfällig und schlecht gesagt, ich spüre das deutlich. Aber vielleicht hilfst gerade Du mir wieder zur Klärung und Vereinfachung und sei es nur dadurch, daß ich zu Dir darüber sprechen kann und Dich gleichsam immer fragen und antworten höre!
Die Adresse[9] ist jetzt H. Linke, Berlin-Friedrichshagen, Wilhelmstraße 58. – Ich bin sehr froh, daß Du die Bergpässe nun schon überwunden hast. Wir stehen hier fast allnächtlich um 1/2 2 Uhr auf. Das ist eine schlechte Zeit und beeinträchtigt die Arbeit etwas.
Ich hoffe, bald von Dir zu hören und grüße Dich mit allen guten Wünschen und treuem und dankbarem Gedenken

immer Dein Dietrich

[1] Die Nähe Canossas. [2] Codewort für das Abhören von Auslandssendern wie den BBC. [3] H. v. Dohnanyi bekam im Juni 1944 eine Scharlach-Diphterie mit peripheren Lähmungen. [4] Gemeint ist der gute Fortgang der Putschvorbereitungen. [5] Hinweis auf das eventuelle Vordringen

der sowjetischen Front auf Hinterpommern (Klein-Krössin). [6] „Es sei denn, daß ihr euch umkehrt und werdet wie die Kinder, so werdet ihr nicht ins Himmelreich kommen." [7] „Mein Gott, mein Gott, warum hast du mich verlassen?" [8] „Auf daß erfüllet würde, was gesagt ist durch den Propheten Jesaja, der da spricht: Er hat unsere Schwachheiten auf sich genommen und unsere Seuchen hat er getragen." [9] Vgl. S. 381, Anm. 7.

IV. NACH DEM SCHEITERN
JULI 1944 BIS FEBRUAR 1945

Lieber Eberhard! Heute will ich Dir nur so einen kurzen Gruß schicken. Ich denke, Du wirst in Gedanken so oft und viel hier bei uns sein, daß Du Dich über jedes Lebenszeichen freust, auch wenn das theologische Gespräch einmal ruht. Zwar beschäftigen mich die theologischen Gedanken unablässig, aber es kommen dann doch auch Stunden, in denen man sich mit den unreflektierten Lebens- und Glaubensvorgängen genügen läßt. Dann freut man sich ganz einfach an den Losungen des Tages[2], wie ich mich z. B. an der gestrigen und heutigen besonders freue, und man kehrt zu den schönen Paul-Gerhardt-Liedern zurück und ist froh über diesen Besitz.
Ich habe in den letzten Jahren mehr und mehr die tiefe Diesseitigkeit des Christentums kennen und verstehen gelernt; nicht ein homo religiosus, sondern ein Mensch schlechthin ist der Christ, wie Jesus – im Unterschied wohl zu Johannes dem Täufer – Mensch war. Nicht die platte und banale Diesseitigkeit der Aufgeklärten, der Betriebsamen, der Bequemen oder der Lasziven, sondern die tiefe Diesseitigkeit, die voller Zucht ist, und in der die Erkenntnis des Todes und der Auferstehung immer gegenwärtig ist, meine ich. Ich glaube, daß Luther in dieser Diesseitigkeit gelebt hat.
Ich erinnere mich eines Gesprächs, das ich vor 13 Jahren in Amerika mit einem französischen jungen Pfarrer[3] hatte. Wir hatten uns ganz einfach die Frage gestellt, was wir mit unserem Leben eigentlich wollten. Da sagte er: ich möchte ein Heiliger werden (– und ich halte für möglich, daß er es geworden ist –); das beeindruckte mich damals sehr. Trotzdem widersprach ich ihm und sagte ungefähr: ich möchte glauben lernen. Lange Zeit habe ich die Tiefe dieses Gegensatzes nicht verstanden. Ich dachte, ich könnte glauben lernen, indem ich selbst so etwas wie ein heiliges Leben zu führen versuchte. Als das Ende dieses Weges schrieb ich wohl die „Nachfolge". Heute sehe ich die Gefahren dieses Buches, zu dem ich allerdings nach wie vor stehe, deutlich.
Später erfuhr ich und ich erfahre es bis zur Stunde, daß man erst in der vollen Diesseitigkeit des Lebens glauben lernt.

Wenn man völlig darauf verzichtet hat, aus sich selbst etwas zu machen – sei es einen Heiligen oder einen bekehrten Sünder oder einen Kirchenmann (eine sogenannte priesterliche Gestalt!), einen Gerechten oder einen Ungerechten, einen Kranken oder einen Gesunden – und dies nenne ich Diesseitigkeit, nämlich in der Fülle der Aufgaben, Fragen, Erfolge und Mißerfolge, Erfahrungen und Ratlosigkeiten leben, – dann wirft man sich Gott ganz in die Arme, dann nimmt man nicht mehr die eigenen Leiden, sondern die Leiden Gottes in der Welt ernst, dann wacht man mit Christus in Gethsemane, und ich denke, das ist Glaube, das ist *μετάνοια*; und so wird man ein Mensch, ein Christ. (Vergl. Jerem. 45!) Wie sollte man bei Erfolgen übermütig oder an Mißerfolgen irre werden, wenn man im diesseitigen Leben Gottes Leiden mitleidet? Du verstehst, was ich meine, auch wenn ich es so kurz sage. Ich bin dankbar, daß ich das habe erkennen dürfen und ich weiß, daß ich es nur auf dem Wege habe erkennen können, den ich nun einmal gegangen bin. Darum denke ich dankbar und friedlich an Vergangenes und Gegenwärtiges.

Vielleicht wunderst Du Dich über einen so persönlichen Brief. Aber wenn ich einmal so etwas sagen möchte, wem sollte ich es sonst sagen? Vielleicht kommt die Zeit, in der ich auch zu Maria einmal so sprechen kann; ich hoffe es sehr. Aber noch kann ich ihr das nicht zumuten.

Gott führe uns freundlich durch diese Zeiten; aber vor allem führe er uns zu sich.

Ich habe mich ganz besonders über den Gruß von Dir gefreut und bin froh, daß Ihr es nicht zu heiß habt. Von mir müssen noch viele Grüße zu Dir kommen. Sind wir nicht eigentlich 1936 ungefähr diese Strecke gefahren?

Leb wohl, bleibe gesund und laß die Hoffnung nicht sinken, daß wir uns bald alle wiedersehen. In Treue und Dankbarkeit denkt immer an Dich Dein Dietrich

[1] Am Tag nach dem gescheiterten Putsch. [2] 20. Juli: „Jene verlassen sich auf Wagen und Rosse, wir aber denken an den Namen des Herrn, unsres Gottes" (Ps. 20,8). „Ist Gott für uns, wer mag wider uns sein" (Röm. 8,31). 21. Juli: „Der Herr ist mein Hirte, mir wird nichts mangeln" (Ps. 23,1). „Ich bin der gute Hirte und erkenne die Meinen und bin bekannt den Meinen" (1. Joh. 10,24). [3] Jean Lasserre.

Zucht

Ziehst du aus, die Freiheit zu suchen, so lerne vor allem / Zucht der Sinne und deiner Seele, daß die Begierden / und deine Glieder dich nicht bald hierhin, bald dorthin führen. / Keusch sei dein Geist und dein Leib, gänzlich dir selbst unterworfen / und gehorsam, das Ziel zu suchen, das ihm gesetzt ist. / Niemand erfährt das Geheimnis der Freiheit, es sei denn durch Zucht.

Tat

Nicht das Beliebige, sondern das Rechte tun und wagen, / nicht im Möglichen schweben, das Wirkliche tapfer ergreifen, / nicht in der Flucht der Gedanken, allein in der Tat ist die Freiheit.
Tritt aus ängstlichem Zögern heraus in den Sturm des Geschehens, / nur von Gottes Gebot und deinem Glauben getragen, / und die Freiheit wird deinen Geist jauchzend empfangen.

Leiden

Wunderbare Verwandlung. Die starken, tätigen Hände / sind dir gebunden. Ohnmächtig, einsam siehst du das Ende / deiner Tat. Doch atmest du auf und legst das Rechte / still und getrost in stärkere Hand und gibst dich zufrieden. / Nur einen Augenblick berührtest du selig die Freiheit, / dann übergabst du sie Gott, damit er sie herrlich vollende.

Tod

Komm nun, höchstes Fest auf dem Wege zur ewigen Freiheit, / Tod, leg nieder beschwerliche Ketten und Mauern / unsres vergänglichen Leibes und unsrer verblendeten Seele, / daß wir endlich erblicken, was hier uns zu sehen mißgönnt ist. / Freiheit, dich suchten wir lange in Zucht und in Tat und in Leiden. / Sterbend erkennen wir nun im Angesicht Gottes dich selbst.

[Begleitzeilen zu „Stationen auf dem Wege zur Freiheit"] Lieber Eberhard! Ich schrieb diese Zeilen heute abend in ein paar Stunden. Sie sind recht roh; dennoch freuen sie Dich vielleicht etwas und sind doch so etwas wie ein eigenes Geburtstagsgeschenk! Herzlichst Dein Dietrich

Ich sehe heute früh, daß ich die Verse noch einmal ganz umbauen muß. Trotzdem mögen sie im Rohbau so an Dich abgehen. Ich bin ja kein Dichter!

An Eberhard Bethge

[Tegel] 25. 7. 44

Lieber Eberhard! Ich schreibe Dir jetzt gern, so oft das möglich ist, weil ich auch denke, daß Du immer froh bist, etwas zu hören. Von mir persönlich ist nichts Besonderes zu berichten – auch von der Familie, soviel ich weiß, nicht... Tante Elisabeth wird wohl bald die Eltern besuchen[1].

Die letzten Nächte war unsere Gegend hier mal wieder dran. Beim Heulen der Bomben denke ich dann immer, wie geringfügig das ist gegenüber dem, was Du da draußen erlebst. Es bringt mich oft richtig in Wut, wie jämmerlich sich hier manche Leute in solchen Situationen aufführen und wie wenig sie dabei bedenken, wie es anderen geht. Hier handelt es sich doch immer nur um wenige Minuten Gefahr. Wie mag es wohl Jochen Kanitz[2] jetzt gehen? Er stand doch an der Mittelfront.

Ich habe die Memoiren aus dem Totenhaus jetzt zu Ende gelesen. Es steht doch sehr viel Kluges und Gutes drin. Mich beschäftigt noch die Behauptung – die bei ihm ja bestimmt keine Phrase ist –, daß kein Mensch ohne Hoffnung leben könne, und daß Menschen, die wirklich alle Hoffnung verloren haben, oft wild und böse werden. Es bleibt dabei offen, ob hier Hoffnung = Illusion ist. Gewiß ist auch die Bedeutung der Illusion für das Leben nicht zu unterschätzen; aber für den Christen kann es sich doch wohl nur darum handeln, begründete Hoffnung zu haben. Und wenn schon die Illusion im Leben der Menschen eine so große Macht hat, daß sie das Leben in Gang hält, wie groß ist dann erst die Macht, die eine absolut begründete Hoffnung für das Leben hat und wie unbesiegbar ist so ein Leben. „Christus unsere Hoffnung" – diese Formel des Paulus ist die Kraft unseres Lebens.

Ich werde gerade zum Spazierengehen abgeholt. Trotzdem schließe ich den Brief, damit er heute noch abgeht. Leb wohl! Ich denke täglich mit Dankbarkeit und in Treue an Dich. Gott behüte Dich und Renate und Euren Jungen und uns alle!

Immer Dein Dietrich

[1] Das heißt: die Schwester der Mutter wird vor der näherrückenden Ostfront ihren Breslauer Wohnsitz aufgeben. [2] Student aus Bonhoeffers Dozentenzeit und Mitglied des Finkenwalder Seminars.

An Eberhard Bethge [Tegel, Briefstempel vom 27. 7. 44]

Lieber Eberhard! Nur kurz einen Gruß und Dank für Deinen Gruß vom 16[1]. Ich bin froh, daß Du nicht unter der Hitze allzusehr zu leiden hast. Hier ist es fast kühl geworden. Daß Du viel zu tun hast, ist gewiß auch eine innere Entlastung; jedenfalls würde es mir so erscheinen.

Deine Formulierung unseres theologischen Themas ist sehr klar und einfach. Die Frage, wie es eine „natürliche" Frömmigkeit geben kann, ist zugleich die Frage nach dem „unbewußten Christentum", die mich mehr und mehr beschäftigt. Die lutherischen Dogmatiker unterschieden eine fides directa von einer fides reflexa. Sie bezogen das auf den sogenannten Kinderglauben bei der Taufe. Ich frage mich, ob hier nicht ein sehr weitreichendes Problem angeschnitten ist. Darüber hoffentlich bald mehr.

In der Familie geht es unverändert. Du kannst übrigens ruhig wie bisher schreiben. Jeder freut sich über Grüße. Hast Du die Gedichte (3) gekriegt[2]? Für heute genug.

Nimm viele herzliche treue Grüße und bleibe gesund. Nimm Dich bei den Mücken vor Malaria in acht!
Alles Gute wünscht Dir immer Dein getreuer Dietrich

[1] Verlorengegangen. [2] „Nächtliche Stimmen in Tegel", „Glück und Unglück", „Stationen auf dem Wege zur Freiheit".

An Eberhard Bethge

[Tegel] 28. 7. [44]

Lieber Eberhard! Ich habe Dir noch nicht für das nette kleine Photo gedankt, das mir in seiner italienischen Aufmachung viel Spaß gemacht hat. Komisch, kann man also auch auf italienisch und auf deutsch photographieren? und daß das bei einem so unscheinbaren Bild der Fall sein kann, ist das merkwürdigste. Aber laß doch auch mal von einem Kameraden ein Bild machen, das Dich ganz und in der Natur zeigt. Daß Ihr nur im Hemd arbeitet, ist ja sehr vernünftig.
Du meinst, in der Bibel sei von Gesundheit, Glück, Kraft etc. nicht viel die Rede. Ich habe mir das nochmal sehr überlegt. Für das AT trifft es doch jedenfalls nicht zu. Der theologische Zwischenbegriff im AT zwischen Gott und dem Glück etc. des Menschen ist, soweit ich sehe, der des Segens. Gewiß geht es im AT, also z. B. bei den Erzvätern, nicht um das Glück, aber es geht um den Segen Gottes, der alle irdischen Güter in sich schließt. Dieser Segen ist die Inanspruchnahme des irdischen Lebens für Gott und er enthält alle Verheißungen. Es würde wieder der üblichen vergeistigten Auffassung des NT entsprechen, den alttestamentlichen Segen als vom NT überholt zu betrachten. Aber sollte es ein Zufall sein, daß im Zusammenhang mit dem Mißbrauch des Abendmahls („der gesegnete Kelch..." 1. Kor. 10,16! 1. Kor. 11,30) von Krankheit und Tod gesprochen wird, daß Jesus Menschen gesund macht, daß die Jünger bei Jesus „nie Mangel leiden"? Soll man nun den alttestamentlichen Segen gegen das Kreuz setzen? So tat es Kierkegaard. Damit wird aus dem Kreuz ein Prinzip gemacht, bzw. aus dem Leiden,

und eben hieraus entspringt ein ungesunder Methodismus, der dem Leiden den Charakter der Kontingenz einer göttlichen Schickung raubt. Übrigens muß ja auch im AT der Gesegnete viel leiden (Abraham, Isaak, Jakob, Joseph), aber nirgends führt dies (ebensowenig wie im NT) dazu, Glück und Leiden, bzw. Segen und Kreuz in einen ausschließlichen Gegensatz zueinander zu bringen. Der Unterschied zwischen AT und NT liegt wohl in dieser Hinsicht nur darin, daß im AT der Segen auch das Kreuz, im NT das Kreuz auch den Segen in sich schließt.

Noch etwas ganz anderes: nicht nur die Tat, sondern auch das Leiden ist ein Weg zur Freiheit. Die Befreiung liegt im Leiden darin, daß man seine Sache ganz aus den eigenen Händen geben und in die Hände Gottes legen darf. In diesem Sinne ist der Tod die Krönung der menschlichen Freiheit. Ob die menschliche Tat eine Sache des Glaubens ist oder nicht, entscheidet sich darin, ob der Mensch sein Leiden als eine Fortsetzung seiner Tat, als eine Vollendung der Freiheit versteht oder nicht. Das finde ich sehr wichtig und sehr tröstlich.

Mir geht es gut. Von der Familie ist auch nichts Neues zu berichten. Hans liegt mit seiner diphteritischen Lähmung ganz fest. Aber man scheint guter Zuversicht zu sein. Leb wohl, behalte guten Mut, wie wir auch, und freue Dich schon so wie wir auf ein gutes Wiedersehn!

Von Herzen grüßt Dich Dein getreuer Dietrich

„Neues Lied" Nr. 370, 3–4[1].

[1] „Ach, daß ich hören sollt das Wort / erschallen bald auf Erden, / daß Friede sollt an allem Ort, / wo Christen wohnen, werden. / Ach, daß uns doch Gott sagte zu / des Krieges Schluß, der Waffen Ruh / und alles Unglücks Ende. / Ach, daß doch diese böse Zeit / bald wiche guten Tagen, / damit wir in dem großen Leid / nicht möchten ganz verzagen, / doch ist ja Gottes Hilfe nah, / und seine Gnade stehet da / all denen, die ihn fürchten" (Paul Gerhardt).

Giordano Bruno: „Der Anblick eines Freundes kann einen eigenen Schauder hervorrufen, da kein Feind so Furchtbares in sich tragen kann wie er" – verstehst Du das? Ich bemühe mich darum, aber verstehe es eigentlich doch nicht. Ist mit dem „Furchtbaren" die jeder großen menschlichen Nähe zugleich innewohnende Gefahr des Verrates gemeint (Judas?)?
Spinoza: Affekte werden nie durch die Vernunft, sondern nur durch stärkere Affekte aufgehoben.

Es ist der Vorzug und das Wesen der Starken, daß sie die großen Entscheidungsfragen stellen und zu ihnen klar Stellung nehmen können. Die Schwachen müssen sich immer zwischen Alternativen entscheiden, die nicht die ihren sind.

Wir sind wohl so beschaffen, daß uns das Vollkommene langweilig ist; ob das immer so war, weiß ich nicht. Ich kann mir aber nicht anders erklären, daß mir Raffael ebenso wie Dantes Paradies so fern und gleichgültig bleibt. Auch das ewige Eis oder der ewige blaue Himmel reizt mich nicht. Ich suchte das „Vollkommene" im Menschlichen, Lebendigen, Irdischen, also weder im Apollinischen noch aber auch im Dionysischen oder im Faustischen. Ich bin wohl in jeder Richtung für das mittlere, gemäßigte Klima.

Das Jenseitige ist nicht das unendlich Ferne, sondern das Nächste.

Letzter Ernst ist nie ohne eine Dosis Humor.

Das Wesentliche an der Keuschheit ist nicht ein Verzicht auf Lust, sondern eine Gesamtausrichtung des Lebens auf ein Ziel. Wo eine solche fehlt, verfällt die Keuschheit zwangsläufig der Lächerlichkeit. Keuschheit ist die Voraussetzung für klare und überlegene Gedanken.

Auf dem Wege zur Freiheit ist der Tod das höchste Fest.

[Begleitzeilen zu „Ein paar Gedanken über Verschiedenes"]
Entschuldige bitte diese anspruchsvollen Weisheiten! Sie sind Bruchstücke aus nicht geführten Gesprächen und insofern gehören sie zu Dir. Wenn man, wie ich, genötigt ist, nur in Gedanken zu existieren, dann kommt man auf den allerdümmsten Gedanken, nämlich seine gelegentlichen Gedanken schriftlich festzuhalten!

Von den Eltern an Eberhard Bethge [Sakrow] 30. Juli 44

Lieber Eberhard! An dem ruhigen Sonntagvormittag, den wir heute früh in Sakrow haben hier auf der Veranda, wo der Urenkel neben uns vergnüglich in seiner Box zappelt und plappert, ... möchten wir Dir einen schönen Gruß schicken und Dir sagen, daß Dein Sprößling sich sehr nett entwickelt und uns durch sein liebenswertes Temperament Freude macht und daß es auch Renate gut geht.
Über das sonstige Ergehen der Familie wirst Du ja regelmäßigen Bericht bekommen. Hans konnte ich in der letzten Woche sehen. Er ist in einem bedauernswerten Zustand durch die scheußlichen diphteritischen Lähmungen, die im Gesicht und Gaumen etwas gebessert sind, an Armen, Beinen und Rumpf aber noch fortschreiten und ihn fast unbeweglich machen. Man darf zwar bestimmt erwarten, daß alles wieder gut wird, aber es ist doch eine schwere Belastung und Geduldsprobe für ihn und für Christel. Dietrich geht es gesundheitlich gut, wir hoffen ihn nächster Tage zu sprechen. Er wird in dieser bewegten Zeit sehr unter der Abgeschlossenheit leiden und Mühe haben, sich auf Dilthey zu konzentrieren, den er jetzt für seine Ethik studiert. – Wir sind in Gedanken natürlich viel bei Dir und Deinen Kameraden in Italien und auch sonst durch die Bewegung der Fronten in Ost und West stark innerlich beteiligt. Hoffentlich bringt uns V 1 bald den Frieden, ehe der Winter kommt[1]. Ich selbst bin der Meinung, daß es noch in diesem Jahr zu einem Waffenstillstand kommen wird, aber ich kann nicht sagen, daß meine Prophezeiungen immer Recht behielten.

Hoffentlich führt uns dann dieses Jahr noch zusammen. Wie es dann im Einzelnen aussieht, kann man sich heute nicht ausmalen. Ob wir noch mal so schöne Familienfeste feiern werden, wie in den letzten Jahren? aber vielleicht überraschst Du uns durch einen unerwarteten Urlaub noch vorher und den wollen wir dann feiern, so weit es die Zeiten noch erlauben.
Die Großmama will auch noch schreiben. Ich mache deshalb Schluß und behalte alles übrige der mündlichen Aussprache vor. Bleibe gesund und sei Gott befohlen Der Urgroßvater

Lieber Eberhard! ... Es war alles ganz schön im Gang, aber nun meint Perels, es sei viel schwieriger ja wohl aussichtslos geworden[2]. Es wäre sowieso eine große Ausnahme gewesen. Man weiß aber nie, wozu die Dinge gut sind. Das hat man doch jetzt bei unsern Beiden gesehen[3]. Der Mensch denkt und Gott lenkt. Das wird einem doch jetzt so deutlich klar und doch denkt und denkt man weiter, wie man alles am richtigsten und klügsten macht. So die verschiedenen jungen Familien mit ihren Kindern. Die Frauen wissen nicht, wie sie sich zwischen ihren Kindern und dem Mann verteilen sollen. Ist es richtig, die Kinder in Friedrichsbrunn oder Stawedda zu lassen oder ist es doch besser jetzt, die Familien bleiben wieder in Berlin oder Leipzig beisammen. Das sind so Fragen, die uns sehr beschäftigen. – Dem Dietrich haben wir neulich Patiencekarten gebracht! Es ist eine harte Zeit für die Beiden.
Hoffentlich dauert es alles nun nicht mehr so lange und Gott gibt es uns, daß wir den Kopf oben behalten. Wenn Du heimkommst, wirst Du ja eine riesige Freude an Deinem famosen Jungen haben. Meine Gedanken sind viel bei Dir. Sei Gott befohlen Deine Großmama

[1] Ironisch gemeint. [2] Eine Kriegspfarrerstelle für E. Bethge zu erreichen. [3] Gemeint ist, daß sich zehn Tage nach dem gescheiterten Putsch vom 20. Juli noch keine Veränderung für Hans v. Dohnanyi und D. Bonhoeffer ergeben hatte und damit Hoffnungen erweckt waren, die frühe Verhaftung könnte sich als Rettung erweisen, da ein Zusammenhang mit dem 20. Juli noch nicht beweiskräftig entdeckt war.

Lieber Eberhard! Heute wird Euer Kind ein halbes Jahr! Bis es zu sprechen beginnt, wirst Du zu Hause sein. Wie gut, daß Du weißt, wohin Du kommst, wenn Du zurückkehrst. Es ist doch besser auf etwas Bestimmtes zu warten, als auf etwas Unbestimmtes. Maria wird, denke ich, wieder zum Roten Kreuz gehen, wenn ihr Fuß wieder in Ordnung ist. Wo wir uns dann wiedersehen, kann man nicht wissen. Manchmal denke ich, ich habe ihr zuviel aufgeladen. Aber wer konnte das ahnen. Und wenn es nach mir gegangen wäre, wäre meine Situation auch heute längst eine andere. Du mußt aber nicht denken, daß ich darüber eine Bitterkeit empfinde. Ich wundere mich selbst manchmal, wie „gefaßt" (oder sollte ich etwa sagen: „abgestumpft"?) ich bin.
Ob Ihr nun bald wieder umzieht? und in welche Gegend? Gern wüßte ich, ob Du meine Gedichte gelesen hast. Das sehr lange Gedicht (in Reimen) „Nächtliche Stimmen in Tegel" mußt Du später einmal lesen. Beiliegend findest Du einen Entwurf für eine Arbeit. Ich weiß nicht, ob Du etwas daraus entnehmen kannst; aber ich denke schon, daß Du etwa verstehst, was ich meine. Ich hoffe, daß ich Ruhe und Kraft behalte, diese Schrift zu schreiben. Die Kirche muß aus ihrer Stagnation heraus. Wir müssen auch wieder in die freie Luft der geistigen Auseinandersetzung mit der Welt. Wir müssen es auch riskieren, anfechtbare Dinge zu sagen, wenn dadurch nur lebenswichtige Fragen aufgerührt werden. Ich fühle mich als ein „moderner" Theologe, der doch noch das Erbe der liberalen Theologie in sich trägt, verpflichtet, diese Fragen anzuschneiden. Es wird unter den Jüngeren nicht viele geben, die das beides in sich verbinden. Wie sehr würde ich Deine Hilfe brauchen. Aber, wenn uns schon das klärende Gespräch genommen ist, so doch nicht das Gebet, unter dem jede solche Arbeit allein angefangen und getan werden kann.
Ich las von „tropischer Hitze" in Italien. Ist es sehr schlimm? Wie wirst Du Deinen Geburtstag feiern? Erinnerst Du Dich noch an das abendliche Eis in Florenz am 28. 8. 36? Damals habe ich Dir, glaube ich, garnichts geschenkt, weil wir kein

Geld hatten. Hast Du diesmal eigentlich San Gimigniano gesehen? und erinnerst Du Dich, daß Du damals auch wegen der Hitze streiktest, diesen Umweg zu machen?! Oder willst Du das heute auch nicht mehr wahr haben? Oder sollte meine Erinnerung wirklich so falsch sein? – In der Familie nichts Neues. Ich bin immer froh, wenn ich das schreiben kann. Leb wohl! Wenn Du den Cicerone durch hast, wirst Du später ein herrlicher Führer durch Italien sein. – Ich freue mich schon darauf!

Alles, alles Gute, jeden Tag und immer! Gott behüte Dich!

In Treue Dein Dietrich

NOTIZEN

[Juli/August 1944]

Die Verdrängung Gottes aus der Welt ist die Disqualifizierung [?] der Religion
ohne Gott leben
Wie aber, wenn d. Chr[istentum] gar keine Religion wäre?
weltliche/nicht-religiöse Interpretation der christl. Begriffe.
Christentum entspringt aus d[er] Begeg[nung] mit einem konkreten Menschen: Jesus. Transzendenzerfahrung
die Gebildeten? Zus[ammen]bruch d. christl. Ethik

—

Keine Sozial-Ethik
Konfessionelles.

—

‚Ich glaube nur, was ich sehe.'
Gott – kein relig. Begriff [?]

Rückkehr zum M[ittel] A[lter]

—

Unbewußtes Christentum: Linke nicht weiß, was die rechte tut. Mt 25.
Wissen nicht, was beten.
Motto: Jesus sprach zu ihm: ‚Was willst du, daß ich tun soll?'

ENTWURF EINER ARBEIT

Ich möchte eine – nicht über 100 Seiten lange – Schrift schreiben mit 3 Kapiteln:

1. Bestandsaufnahme des Christentums,
2. Was ist eigentlich christlicher Glaube?
3. Folgerungen.

Im *1. Kapitel* ist darzustellen:

a) Das Mündigwerden des Menschen (wie schon angedeutet); die Sicherung des menschlichen Lebens gegen den „Zufall", „Schicksalsschläge"; wenn seine Ausschaltung nicht möglich ist, so doch die Minderung der Gefahr. Das „Versicherungswesen" (das zwar von den „Zufällen" lebt, aber sie weniger schmerzhaft machen will) als abendländische Erscheinung; Ziel ist, unabhängig von der Natur zu sein. Natur wurde früher durch die Seele überwunden, bei uns durch technische Organisation aller Art. Das uns unmittelbar Gegebene ist nicht mehr die Natur, sondern die Organisation. Mit diesem Schutz vor der Bedrohung durch die Natur entsteht aber selbst wieder eine neue Bedrohung des Lebens, nämlich durch die Organisation selbst. Nun fehlt die seelische Kraft! Die Frage ist: Was schützt uns gegen die Bedrohung durch die Organisation? Der Mensch wird wieder auf sich selbst verwiesen. Mit allem ist er fertiggeworden, nur nicht mit sich selbst. Gegen alles kann er sich versichern, nur nicht gegen den Menschen. Zuletzt kommt es doch auf den Menschen an.

b) Die Religionslosigkeit des mündig gewordenen Menschen. „Gott" als Arbeitshypothese, als Lückenbüßer für unsere Verlegenheiten ist überflüssig geworden (wie schon angedeutet).

c) Die evangelische Kirche: Pietismus als letzter Versuch, das evangelische Christentum als Religion zu erhalten; die lutherische Orthodoxie, der Versuch, die Kirche als Heilsanstalt zu retten; Bekennende Kirche: Offenbarungstheologie; ein *δὸς μοὶ ποῦ στῷ* gegenüber der Welt; um sie herum ein „sachliches" Interesse am Christentum. Kunst, Wissenschaft auf der Suche nach ihrem Ursprung.

Allgemein in der Bekennenden Kirche: Eintreten für die „Sache" der Kirche etc., aber wenig persönlicher Christusglaube. „Jesus" entschwindet dem Blick. Soziologisch: keine Wirkung auf die breiten Massen; Sache der Klein- und Großbürger. Starke Belastung mit schweren, tradierten Gedanken. Entscheidend: Kirche in der Selbstverteidigung. Kein Wagnis für andere.

d) Moral des Volkes. Demonstriert an der Sexualmoral.

2. Kapitel:

a) Weltlichkeit und Gott.

b) Wer ist Gott? Nicht zuerst ein allgemeiner Gottesglaube an Gottes Allmacht etc. Das ist keine echte Gotteserfahrung, sondern ein Stück prolongierter Welt. Begegnung mit Jesus Christus. Erfahrung, daß hier eine Umkehrung alles menschlichen Seins gegeben ist, darin, daß Jesus nur „für andere da ist". Das „Für-andere-Dasein" Jesu ist die Transzendenzerfahrung! Aus der Freiheit von sich selbst, aus dem „Für-andere-Dasein" bis zum Tod entspringt erst die Allmacht, Allwissenheit, Allgegenwart. Glaube ist das Teilnehmen an diesem Sein Jesu. (Menschwerdung, Kreuz, Auferstehung.) Unser Verhältnis zu Gott ist kein „religiöses" zu einem denkbar höchsten, mächtigsten, besten Wesen – dies ist keine echte Transzendenz –, sondern unser Verhältnis zu Gott ist ein neues Leben im „Dasein-für-andere", in der Teilnahme am Sein Jesu. Nicht die unendlichen, unerreichbaren Aufgaben, sondern der jeweils gegebene erreichbare Nächste ist das Transzendente. Gott in Menschengestalt!, nicht wie bei orientalischen Religionen in Tiergestalten als das Ungeheure, Chaotische, Ferne, Schauerliche; aber auch nicht in den Begriffsgestalten des Absoluten, Metaphysischen, Unendlichen etc.; aber auch nicht die griechische Gott-Menschengestalt des „Menschen an sich", sondern „der Mensch für andere"!, darum der Gekreuzigte. Der aus dem Transzendenten lebende Mensch.

c) Interpretation der biblischen Begriffe von hier aus. (Schöpfung, Fall, Versöhnung, Buße, Glaube, vita nova, letzte Dinge.)

d) Kultus. (Darüber später ausführlich, speziell über Kultus und „Religion"!)

e) Was glauben wir wirklich?, d. h. so, daß wir mit unserem Leben daran hängen? Problem des Apostolikum? Was *muß* ich glauben?, falsche Frage, überholte Kontroversfragen, spez. interkonfessionell; die lutherisch-reformierten – (teils auch katholischen) Gegensätze sind nicht mehr echt. Natürlich kann man sie jederzeit mit Pathos repristinieren, aber sie verfangen doch nicht mehr. Dafür gibt es keinen Beweis, davon muß man einfach auszugehen wagen. Beweisen kann man nur, daß der christlich-biblische Glaube nicht von diesen Gegensätzen lebt und abhängt. Barth und Bekennende Kirche führen dazu, daß man sich immer wieder hinter den „Glauben der Kirche" verschanzt und nicht ganz ehrlich fragt und konstatiert, was man selbst eigentlich glaubt. Darum weht auch in der Bekennenden Kirche nicht ganz freie Luft. Die Auskunft, es komme nicht auf mich, sondern auf die Kirche an, kann eine pfäffische Ausrede sein und wird draußen immer so empfunden. Ähnlich steht es mit dem dialektischen Verweis darauf, daß ich nicht über meinen Glauben verfüge und daher auch nicht einfach sagen kann, was ich glaube. Alle diese Gedanken, so gerechtfertigt sie an ihrem Ort sein mögen, entbinden uns nicht von der Redlichkeit uns selbst gegenüber. Wir können uns nicht, wie die Katholiken, einfach mit der Kirche identifizieren. (Übrigens liegt hier wohl der Ursprung der vulgären Meinung von der Unaufrichtigkeit der Katholiken.) Also, was glauben wir wirklich? Antwort unter b), c), d).

3. Kapitel:

Folgerungen:

Die Kirche ist nur Kirche, wenn sie für andere da ist. Um einen Anfang zu machen, muß sie alles Eigentum den Notleidenden schenken. Die Pfarrer müssen ausschließlich von den freiwilligen Gaben der Gemeinden leben, evtl. einen weltlichen Beruf ausüben. Sie muß an den weltlichen Aufgaben des menschlichen Gemeinschaftslebens teilnehmen, nicht herrschend, sondern helfend und dienend. Sie muß den

Menschen aller Berufe sagen, was ein Leben mit Christus ist, was es heißt, „für andere dazusein". Speziell wird *unsere* Kirche den Lastern der Hybris, der Anbetung der Kraft und des Neides und des Illusionismus als den Wurzeln allen Übels entgegentreten müssen. Sie wird von Maß, Echtheit, Vertrauen, Treue, Stetigkeit, Geduld, Zucht, Demut, Genügsamkeit, Bescheidenheit sprechen müssen. Sie wird die Bedeutung des menschlichen „Vorbildes" (das in der Menschheit Jesu seinen Ursprung hat und bei Paulus so wichtig ist!) nicht unterschätzen dürfen; nicht durch Begriffe, sondern durch „Vorbild" bekommt ihr Wort Nachdruck und Kraft. (Über das „Vorbild" im Neuen Testament schreibe ich noch besonders! Der Gedanke ist uns fast ganz abhanden gekommen!) Ferner: Revision der „Bekenntnis"frage (Apostolikum); Revision der Kontroverstheologie; Revision der Vorbereitung auf das Amt und der Amtsführung. –

Das ist alles sehr roh und summarisch gesagt. Aber es liegt mir daran, einmal den Versuch zu machen, einfach und klar gewisse Dinge auszusprechen, um die wir uns sonst gern herumdrücken. Ob es gelingt, ist eine andere Frage, zumal ohne die Hilfe des Gespräches. Ich hoffe damit für die Zukunft der Kirche einen Dienst tun zu können.

An Eberhard Bethge

[Tegel] 10. 8. [44]

Lieber Eberhard! Das war wirklich eine ... Überraschung: Dein [Essay][1] ... Ich schicke es Dir ... umgehend zurück, obwohl ich es gern behielte, aber z. Zt. behalte ich garnichts hier ...

Du kannst übrigens mit meinen Sachen (Gedichten etc.) machen, was Du für richtig hältst. Nur muß man ja auch bedenken, daß nicht etwas in verkehrte Hände kommt. Deine Korrekturen halte ich für gut („verächtlich" kann wegfallen. „Stehen bei Gott" – entsprang wohl dem Gedanken ans Kreuz).

Daß die Erinnerungen Dich nicht mehr „nähren", verstehe ich. Die Kraft der Erinnerungen kommt aber immer wieder aus der Kraft der Dankbarkeit. Gerade in solchen Zeiten soll man sich um Sammlung zur Dankbarkeit im Gebet bemühen. Vor allem darf man sich nie vom Augenblicklichen auffressen lassen, sondern muß die Ruhe der großen Gedanken in sich bewahren und nach ihnen alles messen. Daß das die wenigsten Menschen können, ist es, was man an den Menschen am schwersten erträgt. Nicht die Bosheit, sondern die Schwäche der Menschen ist das, was die Menschenwürde am tiefsten entstellt und herabzieht. Man kann das nur aus einem ganz tiefen Mitleid heraus ertragen. Im übrigen sitzt nach wie vor Gott im Regiment.

Ich arbeite jetzt an den 3 Kapiteln, von denen ich schrieb. Es ist so, wie Du sagst, daß das „Erkennen" das Erregendste in der Welt ist und darum bin ich auch jetzt durch die Arbeit ganz gefesselt. – Ich denke viel an Dich in Deiner „Einsamkeit" und bin so froh, daß Du nun auch eine Nebenarbeit gefunden hast, die Dich ganz in Anspruch nimmt ... Maria kommt ganz zu den Eltern als Sprechstundenhilfe. Das freut mich sehr! – Nun laß uns weiter guter Zuversicht bleiben und Geduld behalten und ich hoffe, wir feiern Renates Geburtstag wieder zusammen! Gott behüte Dich und uns alle täglich und schenke uns starken Glauben!

Von Herzen Dein getreuer Dietrich

[1] Eine Skizze von E. Bethge über seinen verstorbenen Vater für den Enkel Dietrich Bethge.

An Eberhard Bethge

[Tegel] 11. 8. [44]

Lieber Eberhard! Die Tatsache Deiner kleinen ... Arbeit, die Du erstaunlicherweise Deiner Einsamkeit in den letzten Wochen abgerungen hast, läßt mich so wenig zur Ruhe kommen, daß ich gleich noch einmal schreiben muß. Es war das Lesen dieser paar gehaltvollen Seiten für mich die freudigste Überraschung seit langer Zeit. Ich hatte es immer gefühlt, daß eines Tages bei Dir in produktiver Hinsicht irgendetwas geschehen würde, und ich erlebe nun die Freude, die Du vielleicht früher auch schon erlebt hast, die Freude darüber, wenn dem Freunde ein Werk gelingt ... Es gibt viele, die

heute über dörflich-ländliches Leben schreiben; aber sie tun es entweder mit dick aufgetragener Tendenz, oder in falscher Romantik oder mit bewußter Herbheit (wie in den „Fischern von Lissau"); wer aber tut es so einfach ... Du sagst, daß Du einen Ringkampf um die Einfachheit zu bestehen hattest; das glaube ich. Einfachheit ist eine geistige Leistung, eine der größten. Ich glaube, Du hast mit sicherem Griff die Dir angemessene Form – Erzählung, Ich-Form, – und den richtigen Gegenstand, – Selbsterlebtes, Gesehenes, Beobachtetes, Erfahrenes, Empfundenes, Gedachtes – gefunden. Deine Gabe zu *sehen* scheint mir das Wichtigste. Allerdings gerade die Art, *wie* und *was* Du siehst. Es ist nicht jenes zudringliche, analysierende, sich in alles hineindrängende, neugierige Sehen, sondern ein klares, offenes, aber ehrerbietiges Sehen. *Dieses* Sehen, um das ich – *theoretisch* – selbst in den Problemen der Theologie bemüht bin, führt nun bei Dir zur ... Darstellung, und ich glaube, daß hier vielleicht unsere stärkste geistige Verwandschaft – bei mir ist es ein Sehen mit dem Intellekt, bei Dir mit den Augen und allen Sinnen, aber die Art des Sehens ist eben verwandt – bzw. das wichtigste Ergebnis langer geistiger Gemeinschaft liegt ...
Vielleicht bekommst Du in nächster Zeit einen Brief von einem oder zwei mir befreundeten ital. Offizieren; besonders der Professor Latmiral[1] ist ein sehr feiner und gebildeter Mann; wenn sich zufällig eine Begegnung ermöglichen ließe, wäre sie bestimmt für Dich und ihn eine große Freude; er spricht gut deutsch; aber auch Gilli ist ein sehr netter Kerl. Jedenfalls kannst Du Dich immer an sie wenden.
In der Familie ist alles in Ordnung. Wann kriege ich die Photos von der Taufe? und ein neues Bild vom kleinen Dietrich? Daß Oster nach 1. Samuelis 31,4 gehandelt hat[2], ist doch wirklich unverständlich. Ich erinnere mich noch, wie *er* es war, der sich an dem Sommerabend bei uns zu Haus für Deine Missionsarbeit interessierte und garnicht locker ließ, obwohl Du eigentlich garnicht recht Lust hattest. – Gisevius kennst Du doch auch nicht?[3]
Durch die neuen Reisebeschränkungen werden die Eltern wohl leider doch nicht reisen, was mir sehr leid tut. Maria ist garnicht recht wohl ...

Was soll ich Dir nur zum Geburtstag schenken? Ich denke schon sehr darüber nach. Bis dahin alles Gute und vor allem guten Mut! Von Herzen Dein getreuer Dietrich

[1] Italienische Offiziere, nach dem Badoglio-Putsch in Tegel gefangen gehalten; s. DB, 953 ff, 967 u. Foto Nr. 37. [2] „Da nahm Saul das Schwert und fiel hinein". Zu Bonhoeffer war das Gerücht vom Selbstmord General Osters gedrungen, welches sich jedoch nicht bewahrheitete. [3] Aussageabstimmung für den Fall, daß auch E. Bethge verhört würde und das Gespräch vom August 1940 betr. Beschäftigung für die Abwehr aufkäme; s. DB, 783.

An Eberhard Bethge

[Tegel] 14. 8. [44]

Lieber Eberhard! Dieser Geburtstag wird für Dich zum erstenmal ganz im Zeichen der Briefe stehen; in diesen Tagen werden sie sich auf vielen Wegen zu Dir auf die Reise [machen] und Dich hoffentlich ungefähr rechtzeitig erreichen; und Du selbst wirst vielleicht in einer ruhigen Stunde Deines Geburtstags Briefe nach Hause schreiben. Epistula non erubescit – und dann erfährt man manchmal durch Briefe mehr als man sich bei einem gewöhnlichen Geburtstagszusammensein sagt. So wirst Du aus den Briefen, die Du bekommst, erkennen, wieviele Menschen Dich gern haben und an Deinem Leben teilnehmen und an Dir hängen. Es gibt aber kaum ein beglückenderes Gefühl als zu spüren, daß man für andere Menschen etwas sein kann. Dabei kommt es garnicht auf die Zahl, sondern auf die Intensität an. Schließlich sind eben die menschlichen Beziehungen doch einfach das Wichtigste im Leben; daran kann auch der moderne „Leistungsmensch" nichts ändern, aber auch nicht die Halbgötter oder die Irrsinnigen, die von menschlichen Beziehungen nichts wissen. Gott selbst läßt sich von uns im Menschlichen dienen. Alles andere ist der Hybris sehr nahe. Gewiß kann eine allzu bewußte Pflege der menschlichen Beziehungen und des Einander-etwas-Bedeutens, wie ich sie jetzt gelegentlich in den Briefen der Gabriele v. Bülow-Humboldt empfunden habe, zu einem Kult des Menschlichen führen, der der Wirklichkeit unangemessen ist. Ich meine demgegenüber hier die

schlichte Tatsache, daß die Menschen uns wichtiger im Leben sind als alles andere. Das bedeutet gewiß keine Geringschätzung der Welt der Dinge und der sachlichen Leistung. Aber was ist mir das schönste Buch oder Bild oder Haus oder Gut gegenüber meiner Frau, meinen Eltern, meinem Freund? So kann allerdings nur sprechen, wer wirklich in seinem Leben Menschen gefunden hat. Für viele Heutige ist der Mensch doch auch nur ein Teil der Welt der Dinge. Das liegt daran, daß ihnen das Erlebnis des Menschlichen einfach abgeht. Wir müssen sehr froh sein, daß uns in unserem Leben dieses Erlebnis reichlich geschenkt worden ist. Und ein Geburtstag ist der gegebene Tag, um sich darüber gemeinsam zu freuen und sich dessen dankbar bewußt zu werden ...
[Du] verlangst [von Dir], höchstem Anspruch gerecht zu werden. Ich habe oft beobachtet, daß es darauf ankommt, was für Ansprüche man an sich selbst stellt. Manche verderben sich selbst dadurch, daß sie sich mit Mittlerem abfinden und so vielleicht schneller zu Leistungen kommen; sie haben eben weniger Hemmungen zu überwinden. Ich habe es als einen der stärksten Erziehungsfaktoren in unserer Familie empfunden, daß man uns so viele Hemmungen zu überwinden gegeben hat (in Bezug auf Sachlichkeit, Klarheit, Natürlichkeit, Takt, Einfachheit etc.), bevor wir zu eigenen Äußerungen gelangen konnten. Ich glaube, Du hast das anfangs bei uns auch so empfunden. Und manchmal dauert es lange, ehe man eine solche Hürde genommen hat und man denkt wohl auch gelegentlich, man hätte auf sehr viel billigere, leichtere Weise zu Erfolgen kommen können, wenn man diese Hindernisse einfach umgangen hätte ... Hinter das, was man sich selbstständig erarbeitet hat, kann man aber nie mehr zurück. Das ist für andere und auch für einen selbst vielleicht manchmal unbequem, aber das sind dann eben die Unbequemlichkeiten der Bildung ...
Für Dein neues Jahr wünsche ich Dir nun – nach Rückkehr zu Deiner Familie und in den Beruf – eine recht große Aufgabe und Verantwortung und gleichzeitig die nötige Ruhe, um von Zeit zu Zeit etwas sehr Gutes schreiben zu können. Mir wünsche ich, daß uns unser geistiger Austausch weiter die Möglichkeit gibt, unsere Gedanken entstehen, ausspre-

chen und klären zu lassen, und noch wichtiger, daß wir aneinander immer den Menschen haben, dem wir unbegrenzt vertrauen können. – Die Losungen des 28. sind schön[1]. Wenn ich am Morgen dieses Tages an Dich denken werde, werde ich mich an sie halten. Mit der Frage „ist denn die Hand ... ?, 4. Mose 11,23" haben wir vielleicht manche unerfüllten Wünsche und Hoffnungen im Sinn. Demgegenüber aber gilt 2. Kor. 1,20: nicht alle unsere Wünsche, aber alle seine Verheißungen erfüllt Gott, d. h. er bleibt der Herr der Erde, er erhält seine Kirche, er schenkt uns immer neuen Glauben, legt uns nie mehr auf, als wir tragen können, macht uns seiner Nähe und Hilfe froh, erhört unsere Gebete und führt uns auf dem besten und geradesten Wege zu sich. Indem Gott dies gewiß tut, schafft er sich durch uns Lob ...
Leider wurde ich in diesem Brief so oft unterbrochen, daß er nicht so ruhig und eingehend wurde, wie ich gern wollte. Aber Du weißt, wie sehr ich an Dich denke und wie ich mit lauter guten Wünschen bei Dir bin. Was soll ich Dir zum Geburtstag schenken? Würde Dich das Ikon, das ich einmal aus Sofia[2] mitbrachte, freuen? Oder hättest Du einen anderen Wunsch? Die Auslegung von 1. Sam. 31[3] scheint übrigens doch nicht zu stimmen. – M[eine] Briefe kannst Du vielleicht etwas abseits aufheben! Von der Familie nichts Neues. – Laß uns in Geduld und Zuversicht der Zukunft entgegengehen. Gott segne und behüte Dich und uns alle!
In Treue und Dankbarkeit grüßt Dich Dein Dietrich

[1] 4. Mose 11,23: „Ist denn die Hand des Herrn verkürzt?"; 2. Kor. 1,20: „Alle Gottesverheißungen sind ja in Ihm und sind Amen in Ihm, Gott zu Lobe durch uns." [2] Ökumenische Konferenz im Sept. 1933, s. DB, 365 ff. [3] Das Gerücht von General Osters Selbstmord.

DER FREUND

Nicht aus dem schweren Boden,
wo Blut und Geschlecht und Schwur
mächtig und heilig sind,
wo die Erde selbst
gegen Wahnsinn und Frevel
die geweihten uralten Ordnungen
hütet und schützt und rächt, –
nicht aus dem schweren Boden der Erde,
sondern aus freiem Gefallen
und freiem Verlangen des Geistes,
der nicht des Eides noch des Gesetzes bedarf,
wird der Freund dem Freunde geschenkt.

Neben dem nährenden Weizenfeld,
welches die Menschen ehrfürchtig bauen und pflegen,
dem sie den Schweiß ihrer Arbeit
und, wenn es sein muß,
das Blut ihrer Leiber zum Opfer bringen,
neben dem Acker des täglichen Brotes
lassen die Menschen doch auch
die schöne Kornblume blühn.
Keiner hat sie gepflanzt, keiner begossen,
schutzlos wächst sie in Freiheit
und in heiterer Zuversicht,
daß man das Leben
unter dem weiten Himmel
ihr gönne.
Neben dem Nötigen,
aus gewichtigem irdischen Stoff Geformten,
neben der Ehe, der Arbeit, dem Schwert,
will auch der Freie
leben
und der Sonne entgegen wachsen.
Nicht nur die reife Frucht,
auch Blüten sind schön.
Ob die Blüte der Frucht,

ob die Frucht der Blüte nur diene,
wer weiß es?
Doch sind uns beide gegeben.
Kostbarste, seltenste Blüte
— der Freiheit des spielenden,
wagenden und vertrauenden
Geistes in glücklicher Stunde entsprungen —
ist dem Freunde der Freund.

Spielgefährten zuerst
auf den weiten Fahrten des Geistes
in wunderbare,
entfernte Reiche,
die im Schleier der Morgensonne
wie Gold erglänzen,
denen am heißen Mittag
die leichten Wolken des blauen Himmels
entgegenziehen,
die in erregender Nacht
beim Scheine der Lampe
wie verborgene heimliche Schätze
den Suchenden locken.

Wenn dann der Geist dem Menschen
mit großen, heiteren, kühnen Gedanken
Herz und Stirne berührt,
daß er mit klaren Augen und freier Gebärde
der Welt ins Gesicht schaut,
wenn dann dem Geiste die Tat entspringt, —
der jeder allein steht oder fällt, —
wenn aus der Tat
stark und gesund
das Werk erwächst,
das dem Leben des Mannes
Inhalt und Sinn gibt,
dann verlangt es
den handelnden, wirkenden, einsamen Menschen
nach dem befreundeten und verstehenden Geist.

Wie ein klares, frisches Gewässer,
darin der Geist sich vom Staube des Tages reinigt,
darin er von glühender Hitze sich kühlt
und in der Stunde der Müdigkeit stählt, –
wie eine Burg, in die nach Gefahr und Verwirrung
der Geist zurückkehrt,
in der er Zuflucht, Zuspruch und Stärkung findet,
ist dem Freunde der Freund.

Und der Geist will vertrauen,
ohne Grenzen vertrauen.
Angeekelt von dem Gewürm,
das im Schatten des Guten
von Neid und Argwohn und Neugier sich nährt,
von dem Schlangengezisch
vergifteter Zungen,
die das Geheimnis des freien Gedankens,
des aufrichtigen Herzens
fürchten, hassen und schmähn,
verlangt es den Geist,
alle Verstellung von sich zu werfen
und sich vertrautem Geiste
gänzlich zu offenbaren,
ihm frei und treu zu verbünden.
Neidlos will er bejahen,
will anerkennen,
will danken,
will sich freuen und stärken
am anderen Geist.

Doch auch strengem Maß
und strengem Vorwurf
beugt er sich willig.
Nicht Befehle, nicht zwingende fremde Gesetze und Lehren,
aber den Rat, den guten, den ernsten,
der frei macht,
sucht der gereifte Mann
von der Treue des Freundes.

Fern oder nah
in Glück oder Unglück
erkennt der eine im andern
den treuen Helfer
zur Freiheit
und Menschlichkeit.

Als die Sirenen heulten um Mitternacht,
habe ich still und lange an dich gedacht,
wie es dir gehen mag und wie es einst war,
und daß ich dir Heimkehr wünsche im neuen Jahr.

Nach langem Schweigen höre ich um halb zwei
die Signale, daß die Gefahr vorüber sei.
Ich habe darin ein freundliches Zeichen gesehn,
daß alle Gefahren leise an dir vorübergehn.

An Eberhard Bethge

[Tegel, 21. 8. 44]

Lieber Eberhard! Heute in 8 Tagen ist Dein Geburtstag. Noch einmal habe ich mir die Losungen vorgenommen und darüber etwas meditiert. Es kommt wohl alles auf das „in Ihm" an. Alles, was wir mit Recht von Gott erwarten, erbitten dürfen, ist in Jesus Christus zu finden. Was ein Gott, so wie wir ihn uns denken, alles tun müßte und könnte, damit hat der Gott Jesu Christi nichts zu tun. Wir müssen uns immer wieder sehr lange und sehr ruhig in das Leben, Sprechen, Handeln, Leiden und Sterben Jesu versenken, um zu erkennen, was Gott verheißt und was er erfüllt. Gewiß ist, daß wir immer in der Nähe und unter der Gegenwart Gottes leben dürfen und daß dieses Leben für uns ein ganz neues Leben ist; daß es für uns nichts Unmögliches mehr gibt, weil es für Gott nichts Unmögliches gibt; daß keine irdische Macht uns anrühren kann ohne Gottes Willen, und daß Gefahr und Not uns nur näher zu Gott treibt; gewiß ist, daß wir nichts zu beanspruchen haben und doch alles erbitten dürfen; gewiß ist, daß im Leiden unsre Freude, im Sterben unser Leben verborgen ist; gewiß ist, daß wir in dem allen in einer Gemeinschaft stehen, die uns trägt. Zu all dem hat Gott in Jesus Ja und Amen gesagt. Dieses Ja und Amen ist der feste Boden, auf dem wir stehen.

Immer wieder in dieser turbulenten Zeit verlieren wir aus dem Auge, warum es sich eigentlich zu leben lohnt. Wir meinen, weil dieser oder jener Mensch lebe, habe es auch für uns Sinn zu leben. In Wahrheit aber ist es doch so: Wenn die Erde gewürdigt wurde, den Menschen Jesus Christus zu tragen, wenn ein Mensch wie Jesus gelebt hat, dann und nur dann hat es für uns Menschen einen Sinn zu leben. Hätte Jesus nicht gelebt, dann wäre unser Leben trotz aller anderen Menschen, die wir kennen, verehren und lieben, sinnlos. Vielleicht entschwindet uns jetzt manchmal die Bedeutung und Aufgabe unseres Berufes. Aber kann man sie nicht in einfachster Form so aussprechen? Der unbiblische Begriff des „Sinnes" ist ja nur eine Übersetzung dessen, was die Bibel „Verheißung" nennt.

Ich spüre, wie untauglich diese Worte sind, das zu bewirken, was sie möchten, nämlich Dich auch in Deiner Einsamkeit fest und froh und gewiß zu machen. Dieser einsame Geburtstag braucht für Dich ja wahrhaftig nicht ein verlorener Tag [zu] sein, wenn er Dir zum Anlaß wird, einmal wieder die Fundamente klar zu legen, auf denen Du weiterleben willst. Für mich ist es so oft eine große Hilfe gewesen, am Abend an alle die zu denken, deren Fürbitte ich gewiß bin, von den Kindern bis zu den Erwachsenen. Ich glaube, daß ich viel Bewahrung in meinem Leben der Fürbitte Bekannter und Unbekannter zu danken habe.

Noch etwas anderes: es heißt im NT häufig: „seid stark" (1. Kor. 16,13; Eph. 6,10; 2. Tim. 2,1; 1. Joh. 2,14). Ist nicht die Schwäche der Menschen (Dummheit, Unselbstständigkeit, Vergeßlichkeit, Feigheit, Eitelkeit, Bestechlichkeit, Verführbarkeit etc.) eine größere Gefahr als die Bosheit? Christus macht den Menschen nicht nur „gut", sondern auch stark. Die Schwachheitssünden sind die eigentlich menschlichen Sünden, die mutwilligen Sünden sind diabolisch (und wohl auch „stark"!). Ich muß darüber noch nachdenken. –

Leb wohl, bleib gesund und zuversichtlich. Ich hoffe, wir feiern Renates Geburtstag[1] wieder zusammen. Es dankt Dir für alles und denkt in Treue an Dich Dein Dietrich

[1] Ende Oktober.

An Eberhard Bethge

[Tegel] 23. [8. 44]

Lieber Eberhard! Es ist immer eine schwer zu beschreibende, große Freude, Grüße von Dir zu bekommen. Besonders schön ist die Ruhe, die von Deinem letzten Gruß ausging... Das Zitat über 1077 ist wirklich schön! – Du machst Dir also die Mühe von Auszügen aus meinen sehr vorläufigen Gedanken. Ich denke, Du wirst, wenn Du sie weitergibst, alles bedenken, was da zu bedenken ist, nicht wahr?... Die Gedanken stammen ja alle aus der Zeit vor 3–4 Jahren[1]! Im übrigen kannst Du Dir denken, wie es mich freut, daß Du Dich damit beschäftigst. Wie unentbehrlich wäre mir jetzt eine klärende sachliche Aussprache über diese ganzen Probleme. Es wird einer der großen Tage meines Lebens sein, wenn es dahin kommt. – Ich finde das Gedicht über „Glück und Unglück" auch nicht schlecht. Aber ist es nicht ein wenig zu gedanklich und literarisch?... Von mir aus kannst Du Rainalter ruhig auch die anderen Produkte zeigen, wenn Du Dich darüber unterhalten möchtest. Er kennt mich ja nicht. Es wäre überhaupt das Beste, er würde alle diese Sachen aufbewahren. Daß Hans inzwischen ins Lazarett in Bruder Scharf's Gemeinde[2] gekommen ist, wird Dir Renate geschrieben haben. Es tut mir für Christel und ihn sehr leid; aber vielleicht hat es den Vorteil einer schnelleren Behandlung.
Bitte mache Dir nie Sorgen und Gedanken um mich; aber vergiß die Fürbitte nicht, wie Du es auch gewiß nicht tust! Gottes Hand und Führung ist mir so gewiß, daß ich hoffe, immer in dieser Gewißheit bewahrt zu werden. Du darfst nie daran zweifeln, daß ich dankbar und froh den Weg gehe, den ich geführt werde. Mein vergangenes Leben ist übervoll

von Gottes Güte und über der Schuld steht die vergebende Liebe des Gekreuzigten. Am dankbarsten bin ich für die Menschen, denen ich nahe begegnet bin und ich wünsche nur, daß sie sich nie über mich betrüben müssen, sondern daß auch sie immer nur dankbar der Güte und der Vergebung Gottes gewiß sind. Verzeih, daß ich das einmal schreibe. Laß Dich dadurch bitte keinen Augenblick betrüben und beunruhigen, sondern wirklich nur froh machen. Ich wollte es aber gern einmal gesagt haben und ich wüßte nicht, wem ich es zumuten könnte, so daß er es wirklich nur mit Freuden hört, außer Dir.

Bekamst Du das sehr unfertige, aber in seinem Inhalt mich sehr bewegende Gedicht über die „Freiheit"?

Ich schreibe nun an der „Bestandsaufnahme des Christentums"; leider spüre ich, wie meine Produktivität sich allmählich ans Rauchen gebunden hat; glücklicherweise werde ich in dieser Hinsicht von verschiedensten Seiten gut versorgt, so daß es einigermaßen vorangeht. Manchmal erschrecke ich über meine Sätze, besonders im ersten kritischen Teil. Ich freue mich daher schon, das Positive schreiben zu können. Es ist aber alles so unbesprochen, daß es oft zu klotzig herauskommt. Na, drucken kann man es jetzt ja sowieso nicht. Und später muß es erst noch durch die „Kläranlage"! Mit dem Schicken ist es schwierig, da es m. E. kaum leserlich ist (ich muß ja komischerweise beim Produzieren immer deutsch schreiben und außerdem die Korrekturen!). Mal sehen, vielleicht schreibe ich es noch einmal ab.

Heute war Maria hier, so frisch und zugleich fest und ruhig wie selten ... – Du fragst, wie die kleinere und die große Arbeit zusammenhängen. Doch wohl so, daß die kleinere gewissermaßen ein Vorspruch u. z. T. eine Vorwegnahme der größeren ist. – Übrigens, H[ans] und O[ster] interessierten sich für Deine Missionsarbeit, ich hatte nichts damit zu tun. Es wurde bisher noch nie darüber gesprochen. Unsere Beziehung ist wesentlich kirchenmusikalisch und wissenschaftlich theologisch; außerdem war Renate der große Anziehungspunkt[3] ...

Nun wünsche ich Dir von Herzen weiter recht viel äußere u. innere Ruhe. Gott behüte Dich u. uns alle u. schenke uns ein baldiges frohes Wiedersehen! In Dankbarkeit u. Treue u. täglicher Fürbitte denkt an Dich Dein D.

[1] Falls die Auszüge der Gestapo in die Hände fielen, sollte bei Vernehmungen beiderseits behauptet werden, daß sie aus der Zeit der Visitationsreisen bzw. des Ettal-Aufenthaltes stammten. [2] Gestapokommissar Sonderegger hatte Hans v. Dohnanyi am Tag zuvor, dem 22. 8. aus dem Potsdamer Seuchenlazarett in das Konzentrationslager Sachsenhausen gebracht, wodurch der regelmäßige Kontakt mit seiner Frau abriß. [3] Wiederum Abstimmung für eventuelle neue Verhöre, in die dann auch E. Bethge hineingeraten könnte, weil auch er einmal von der Abwehr UK-gestellt war. „Missionsarbeit" bezieht sich auf Beziehungen nach Indien, die E. Bethge durch seine Anstellung bei der Gossner-Mission besaß.

Von Eberhard Bethge

S. Polo d'Enza, 24. 8. 44

Lieber Dietrich. Eigentlich schreibe ich Dir viel öfter als es tatsächlich auf dem Papier geschieht... Durch Deine Gedanken geweckt lese ich mit neuem Hörreiz Sprüche, Hohes Lied, Prediger. Der Komplex wird mir verständlicher. Merkwürdig ist doch eigentlich Sprüche 25,2[1] und eigentlich ganz tröstlich. Hiob ist mir wieder einmal schwierig gewesen. Kohelet 5,1–2[2] schön; aber richtig übersetzt?...
An die Gespräche damals im Garten bei Euch abends und meinen Widerstand erinnere ich mich gut[3]. Was hast Du weiter über das „unbewußte Christentum" gedacht? Das ist doch sehr wichtig. Bitte grüß doch Linke sehr und danke ihm auch in meinem Namen. Soviel heute.
Mit vielen herzlichen Grüßen Dein Eberhard

[1] „Es ist Gottes Ehre, eine Sache verbergen; aber des Königs Ehre ist's, eine Sache erforschen." [2] „Sei nicht schnell mit dem Munde und laß dein Herz nicht eilen, etwas zu reden vor Gott; denn Gott ist im Himmel, und du auf Erden; darum laß deiner Worte wenig sein. Denn wo viel Sorgen ist, da kommen Träume; und wo viel Worte sind, da hört man den Narren." [3] Einverständnis für eventuelle Aussagen zur Abwehrbindung im August 1940.

Von Eberhard Bethge [S. Polo d'Enza] 26. 8. 44

Lieber Dietrich. Ich möchte heute doch schon anfangen, Deinen Geburtstagsgruß zu beantworten und Dir sehr für Dein Gedenken und die Art, mir das Ereignis schön zu machen danken . . . Eigeneres als ein Gedicht[1] kannst Du nicht geben. Und mir kaum eine größere Freude machen. Es gibt keine größere Selbstpreisgabe, Kundmachen sonst unerreichbarer Nähe, als in einem Gedicht. Und es ist wohl *die* Form, weil sich das Innere darin gebunden und gebändigt sichtbar macht. Ungebundene Preisgabe der Seele erweckt dem Empfänger Angst. Diese gebundene Preisgabe aber scheint mir höchstes Maß von Freundschaft und Verstehen zu sein. Und hat darum etwas sehr Beglückendes und Aufregendes. Sie berührt anhaltender und weitgreifender als es schon ein Brief tut. Hab vielen Dank!

Was Du an dem Bau noch umstellen und ändern zu müssen meinst, ist mir bisher nicht aufgegangen. Ich finde es sprachlich sehr fertig. Es ist schön, wie in solchen Strophen ganze Komplexe gemeinsamer Erlebnisse, Erkenntnisse und Überzeugungen aufgeweckt werden...

Deine drei ersten Strophen sind mir in jeder Wendung nahe. Überraschend und noch am wenigsten nachfühlbar ist der Gedanke der vierten, den Du neulich auch schon mal aussprachst...

Deine Geschenke anzunehmen ist eine eigene Sache. Du weißt, daß ich Deine schönen Besitztümer und auch dies Ikon sehr liebe und mich darin mit heimatberechtigt fühle, und sie, vor allem die Bilder, zu meiner alltäglichen Atmosphäre fast dazugehören. Aber jedesmal, wenn Du aus Deiner Lage heraus jetzt noch reichlicher als früher hergibst, im Bestreben bei der Behinderung erst recht Freude zu verbreiten, sträubt sich in mir etwas, daß vielleicht zuviel auseinandergeht – und ich möchte die Annahme deshalb auf die Zeit der neuen Freiheit verschieben... Daß es bei mir natürlich *sehr* schön hängen würde und Du Dich daran freuen würdest beim Besuch unter Erweckung aller Erinnerungen an die Zimmer in Finkenwalde, Schlönwitz, Sigurdshof und Ber-

lin, ist sicher. Also Du siehst, halb habe ich es doch schon angenommen ...
Schreib mir nur immer weiter, so spannend und erwärmend.
Laß Dich sehr sehr bedanken Dein Eberhard

29. 8. ... In der Nacht heute gab es im Ort unten eine Schießerei zwischen Partisanen und Faschisten. Wir sichern uns. Sie werden jetzt lebhafter. Aber es geht uns gut. Laß Dich sehr grüßen mit vielem Dank Dein Eberhard

Winfried Maechler schreibt zum Geburtstag. Er liegt in einem Lazarett seit Juli und ist dadurch vorm Schlimmsten in Frankreich bisher bewahrt. Eben kommt auch noch die schöne Meditation über die Losungen. Hab vielen Dank dafür ...

[1] „Stationen auf dem Wege zur Freiheit".

Von Eberhard Bethge [S. Polo d'Enza] 21. 9.[44]

Lieber Dietrich. Was wirst Du von mir denken! Ich weiß nicht recht, was ich tun soll, da mir so heftig gegenteilige Ratschläge erteilt werden[1]. Aber vielleicht sind sie doch überflüssig? So habe ich mich garnicht geäußert zu dem Gedicht über die Freundschaft, das mich besonders anzog ... Ob Du in dem Vers „die schöne Kornblume blühen", das „schöne" weglassen könntest, da Du dort aus ständiger Anschauung heraus plötzlich in ein Urteil fällst? Alles Folgende über sie sagt es mehr und besser. Nachher: „auch Blüten sind schön" ist es anders. Vielleicht ist auch der Superlativ „kostbarste, seltenste Blüte" unnötig? Die gelegentlich zu kurzen und zu langen Verse geben guten Einhalt bei dem sehr gedanklichen Inhalt. Das war jedenfalls eine einzigartige Form der Geburtstagsfeier und ich kann Dir nur zurückgeben, wie es für den anderen etwas sehr Stärkendes hat zu sehen, daß die Bedrohtheit seiner Lage zu solcher Konzentration führt. Hab vielen, vielen Dank dafür ...

Du nahmst den Tod des Mose zu einem Sujet? Sehr interessiert mich, daß Du sagst „in Versen", weil es sonst zu explosiv geworden wäre! . . .
Horst Thurmanns[2] Frau hat mir ganz nett geschrieben, er läßt Dich sehr grüßen. Nach einem Brief von Fritz müßte A. Schönherr in meiner Richtung zu suchen sein, ebenso Otto Kunze. Auf meine Anpflaumung seiner Arbeit als „l'église c'est moi" schreibt er von allerhand Mitarbeit durch Gehlhoff, Lutschewitz, Knorr, de Boor, Block, Kehrl, Strecker, Rendtorff (der übrigens in seiner Eigenschaft als Volksmissionsbibelwochenleiter öfter mal kurz an mich schreibt), Frau Ohnesorge und Sup. Krause. Im Ganzen klingt mir aber immer alles zu optimistisch. August Tetsch ist Leutnant, hat 2. Kind, ist in Rußland, Jensen (auch ein 2. Kind) bei Lyon, Otto Range ebenfalls, Gerh. Krause (kl. Tochter) am Pleskauer See, Eugen Rose (von dem Rainalter nett erzählte aus der Zeit auf der Dolmetscherschule) als indischer Dolmetscher in Frankreich. Voelz (kleiner Sohn) nach langer Garnisonzeit an die Front, ebenso Wolfg. Schmidt, nachdem er oft mit Walter Schmidt in der Prov. Sachsen zusammengewesen ist. Wapler schrieb Mitte Juni an ihn, jetzt in Rußland vermißt. Karl Ferdinand Müller ein weiterer Sohn (Sebastian, natürlich!), Willi Rott noch in Athen, vor kurzem noch in Sonderurlaub in Naseband. W. Kärgel noch Landesschütze in Prenzlau. Derschau und K. H. Reimer in Bojaks Heimat. Bernh. Onnasch verwundet in Weimar. Fritz Vater sehr leistungsfähig und rüstig. St. Jakobi in Stettin ist eingestürzt. Fritz ist mit Stahlhelm Luftschutztruppführer in Stettin, seine Wohnung in Stettin immer noch ganz, mit Geschädigten belegt. Er schickte mir eine Predigt von Marahrens' ehemaligem Adjutanten . . . Der Ärmste ist verschwunden, ebenso die beiden im kirchlichen Außenamt[2a]. Nur Pompe ist noch da. Das hörte ich von Lokies.
Uns geht es hier immer noch merkwürdig gut. Allerdings gab es Partisanenschießerei und der Leutnant (der Major ist leider versetzt) macht uns mit dummen Spähtrupps und ähnlichem wild. Sirach 13,14[3]. Er verwickelt mich allzugern in lange Gespräche; ißt mit uns und belehrt uns ständig; die Atmosphäre hat daher viel von ihrer Freiheit eingebüßt.

Es wird sicher mal irgendeinen Krach (nicht mit mir) geben. Neulich zwang er mich zu einem Vortrag, dachte wohl an Predigtartiges; das lehnte ich ab und erzählte von Indien, was ich noch so wußte; so alt wie ich, mit Hingabe ans Geschäft. Wir sind nun sehr gespannt, wann der Umzug kommen wird und wie man den Po bewältigen soll.
Nun laß Dich sehr sehr grüßen und bedanken. Mein Schweigen wirst Du verstehen. Es ist mir selber sehr scheußlich. In treuem Gedenken Dein Eberhard

30. 9.

Nun sind schon wieder 10 Tage vergangen, ich wartete immer auf etwas von Dir. Da kam gestern der Moses[4] und heute das mit dem „abstrakten Zukunftsbegriff". Das zusammen mit 15 solange fehlenden Briefen von Renate.
Es tut mir wirklich *sehr* leid, solange geschwiegen zu haben, aber es geschah auf dringendste Vorstellungen hin. Nun werde ich das aber wieder durchbrechen. Bekamst Du meinen Gruß vom 28.? Den scheinst Du nicht erhalten zu haben ...
Hab vielen Dank für den Moses. Gestern abend vor der Wache bekam ich es und danach las ich; es hat mich sehr bewegt; aber unsicher im Urteil gemacht. Die Sprache ist schön, mir kam es unter der Fessel der Reime nicht *so* vor wie die anderen von Dir ... Änderungen sind mir bisher nicht als notwendig erschienen. Ich empfinde es als sehr geschlossen ...
Bei uns gab es hier immer noch keine Veränderung. Wir leben wohl wieder in einer großen Pause. Deine Zukunftsgedanken finde ich mutig und vielleicht sogar tröstlich. Dies soll nun weg, damit Du endlich wieder was hörst.
Laß Dich sehr grüßen Dein Eberhard

Wenn ich Dir nur erst von meinen jüngsten geistlichen und weltlichen Erlebnissen erzählen kann!

[1] D. Bonhoeffer ermunterte, die illegale Korrespondenz fortzusetzen. Aufgrund neuer Ermittlungen des RSHA ließ Christine v. Dohnanyi jedoch sagen, man solle die Situation nicht durch Fortsetzung der Korrespondenz weiter gefährden. [2] Überwiegend Nachrichten über ehemalige Finkenwalder und Freunde aus der Bekennenden Kirche. [2a] Nachricht über die

Verhaftung von Hanns Lilje, Eugen Gerstenmaier und – wahrscheinlich – Wilhelm Bachmann. [3] „Geh nicht darauf aus, mit ihm zu reden wie mit deinesgleichen, und traue nicht seinen vielen Worten; denn er versucht dich damit und mit seinen freundlichen Gebärden holt er dich aus." [4] „Der Tod des Mose", abgedruckt in GS IV, 613–620.

JONA[1]

Sie schrieen vor dem Tod und ihre Leiber krallten
sich an den nassen, sturmgepeitschten Tauen
und ihre Blicke schauten voller Grauen
das Meer im Aufruhr jäh entfesselter Gewalten.

„Ihr ewigen, ihr guten, ihr erzürnten Götter,
helft oder gebt ein Zeichen, das uns künde
den, der euch kränkte mit geheimer Sünde,
den Mörder oder Eidvergessnen oder Spötter,

der uns zum Unheil seine Missetat verbirgt
um seines Stolzes ärmlichen Gewinnes!"
So flehten sie. Und Jona sprach: „Ich bin es!
Ich sündigte vor Gott. Mein Leben ist verwirkt.

Tut mich von euch! Mein ist die Schuld. Gott zürnt mir sehr.
Der Fromme soll nicht mit dem Sünder enden!"
Sie zitterten. Doch dann mit starken Händen
verstießen sie den Schuldigen. Da stand das Meer.

[1] Am 22. 9. verschlechterte ein Aktenfund durch die Gestapo (s. DB, 928) die Situation für die Familie. Anfang Okt. gab D. Bonhoeffer einen Fluchtplan auf; um den 5. 10. entstand daraufhin dieses Gedicht. Am 8. 10. wurde er in das Kellergefängnis der Gestapo in der Prinz-Albrecht-Straße verbracht und einer neuen Verhörsserie durch das RSHA unterworfen. Klaus Bonhoeffer, Rüdiger Schleicher und E. Bethge kamen im gleichen Monat in das RSHA-Gefängnis Lehrter Straße 3.

An die Mutter [Prinz-Albrecht-Straße]
28. Dez. 44

Liebe Mama! Eben habe ich zu meiner ganz großen Freude die Erlaubnis bekommen, Dir zum Geburtstag zu schreiben. Ich muß es etwas in Eile tun, da der Brief gleich noch fort soll. Eigentlich habe ich nur einen einzigen Wunsch, nämlich Dir in diesen für Euch so trüben Tagen irgendeine Freude machen zu können. Liebe Mama, Du mußt wissen, daß ich jeden Tag unzählige Male an Dich und Papa denke und daß ich Gott danke, daß Ihr da seid für mich und für die ganze Familie. Ich weiß, daß Du immer nur für uns gelebt hast und daß es für Dich ein eigenes Leben nicht gegeben hat. Daher kommt es, daß ich alles, was ich erlebe, auch nur mit Euch zusammen erleben kann. Daß Maria bei Euch ist, ist mir ein ganz großer Trost. Ich danke Dir für alle Liebe, die im vergangenen Jahr von Dir zu mir in meine Zelle gekommen ist und mir jeden Tag hat leichter werden lassen. Ich glaube, daß diese schweren Jahre uns noch enger miteinander verbunden haben als es je war. Ich wünsche Dir und Papa und Maria und uns allen, daß das neue Jahr uns doch wenigstens hier und da einen Lichtblick bringt und daß wir uns doch noch einmal zusammen freuen können. Gott erhalte Euch gesund!
Es grüßt Dich, liebe, liebe Mama, und denkt an Dich an Deinem Geburtstag von ganzem Herzen

Euer dankbarer Dietrich

VON GUTEN MÄCHTEN

Von guten Mächten treu und still umgeben,
behütet und getröstet wunderbar,
so will ich diese Tage mit euch leben
und mit euch gehen in ein neues Jahr.

Noch will das alte unsre Herzen quälen,
noch drückt uns böser Tage schwere Last,
ach, Herr, gib unsern aufgescheuchten Seelen
das Heil, für das Du uns bereitet hast.

Und reichst Du uns den schweren Kelch, den bittern
des Leids, gefüllt bis an den höchsten Rand,
so nehmen wir ihn dankbar ohne Zittern
aus Deiner guten und geliebten Hand.

Doch willst Du uns noch einmal Freude schenken
an dieser Welt und ihrer Sonne Glanz,
dann wolln wir des Vergangenen gedenken,
und dann gehört Dir unser Leben ganz.

Laß warm und still die Kerzen heute flammen,
die Du in unsre Dunkelheit gebracht,
führ, wenn es sein kann, wieder uns zusammen.
Wir wissen es, Dein Licht scheint in der Nacht.

Wenn sich die Stille nun tief um uns breitet,
so laß uns hören jenen vollen Klang
der Welt, die unsichtbar sich um uns weitet,
all Deiner Kinder hohen Lobgesang.

Von guten Mächten wunderbar geborgen,
erwarten wir getrost, was kommen mag.
Gott ist mit uns am Abend und am Morgen
und ganz gewiß an jedem neuen Tag.

An die Eltern [Prinz-Albrecht-Straße]
17. 1. 45

Liebe Eltern. Ich schreibe auch heute wegen des Volksopfers[1] und möchte Euch bitten, in vollem Umfange über meine Sachen zu verfügen; es hieß, es würde auch ein Smoking angenommen; gebt meinen bitte mit; ich habe auch einen übrigen Filzhut und einen zu kleinen „Pfeffer und Salz“-Anzug, auch ein paar braune Halbschuh; Du, liebe Mama, übersiehst jetzt besser als ich, was ich noch habe. *Kurz, gebt ohne Bedenken ab, was irgend gebraucht wird!* Wenn Euch etwas fraglich, könnt Ihr vielleicht mit Herrn Kommissar Sonderegger telephonieren! Mit wie wenig der Mensch auskommt, habe ich ja in den 2 vergangenen Jahren gelernt. Man hat hier in der Tatenlosigkeit einer langen Haft besonders das starke Bedürfnis, das in den engen Grenzen Mögliche für das allgemeine Ganze zu tun. Ihr werdet das mitempfinden können. Wenn man bedenkt, wieviele Menschen jetzt täglich alles verlieren, hat man eigentlich garkeinen Anspruch mehr auf irgendwelchen Besitz. Ich weiß, daß Ihr ebenso denkt und möchte nur gern auch selbst an der Sache beteiligt sein! — Fliegt Hans Walter jetzt eigentlich im Osten? und Renate's Mann? — Habt vielen Dank für Euren Brief, auch Maria danke ich für ihren Weihnachtsbrief *sehr!* Man liest die Briefe hier bis man sie auswendig kann! —

Noch ein paar Bitten: es wurden heute für mich leider keine Bücher abgegeben. Herr Kommissar Sonderegger würde sie auch zwischendurch annehmen, wenn Maria sie hin bringt! Ich wäre sehr dankbar dafür. Auch Streichhölzer, Waschlappen und Handtuch fehlten diesmal. Verzeiht, daß ich das sage; es war sonst alles ganz herrlich! Vielen Dank! Könnte ich bitte Zahnpasta und ein paar Kaffeebohnen ... bekommen? Könntest Du, lieber Papa, aus der Bibliothek bestellen: H. Pestalozzi, „Lienhard“, und „Abendstunden eines Einsiedlers“; P. Natorp: „Sozialpädagogik“; Plutarch: „Große Männer. Biographien“? — Es geht mir gut. Bleibt nur gesund! Habt vielen Dank für alles. Maria viele Grüße und Dank! Auch allen Geschwistern und Schwiegermutter!

Von Herzen grüßt Euch Euer dankbarer Dietrich

Bitte auch Briefpapier beim Herrn Kommissar abzugeben!

[1] In der zeitweise offener laufenden Verhörsserie im RSHA gab dieses von Goebbels propagierte „Volksopfer“ eine Möglichkeit zu diesem letzten Brief; s. DB, 1012.

Vom Vater [Charlottenburg] 2. 2. 45

Lieber Dietrich! Zur Erleichterung der Zensur schreibe ich diesen Geburtstagsbrief mit der Maschine. Ich hoffe, daß Du ihn bekommen kannst. Schöner wärs freilich, wenn wir Dich besuchen dürften. Was wir Dir und uns für Dein neues Lebensjahr wünschen, bedarf keiner Worte. Unsere Gedanken, die ohnehin täglich bei Dir sind, werden es übermorgen besonders sein. Maria wird besonders herdenken. Sie begleitet ihre kleinen Geschwister zu Verwandten und ist deshalb zur Zeit nicht hier. Tante Elisabeth ist nach Warmbrunn gefahren. Suse ist mit ihren Kindern hier und will wenn möglich hier bleiben. Hans-Walter ist im Westen.
Auf der Bibliothek habe ich leider kein Glück gehabt. Pestalozzi wird nur für den Lesesaal abgegeben; weshalb weiß ich nicht, werde mich aber bei einem mir bekannten Bibliotheksrat erkundigen. Natorp ist verliehen. Den Plutarch hatte Karl Friedrich sich zum Geburtstag für Dich ausgedacht. Von uns kommt nur der Kuchen, Maria wird es sicher sehr schmerzen, daß sie nicht selbst etwas bringen kann. Wir beiden Alten wollen jedenfalls hier bleiben. Ich als Arzt kann vielleicht immer noch etwas helfen und Mama muß mir assistieren. Ich hoffe auf eine baldige Sprechmöglichkeit. In meinem Alter hat man ja die Verpflichtung, seine Angelegenheiten zu regeln, so weit das möglich ist...
Sei herzlich gegrüßt. Die Erinnerung an vieles Schönes, was Du erlebt, und die Hoffnung auf das baldige Ende Deiner Prüfungszeit wird Dir Deinen Geburtstag erträglich machen.

Dein Vater

Vom Vater [Charlottenburg] 7. 2. 45[1]

Lieber Dietrich! Unser Geburtstagsbrief zum 4., den wir am Sonnabend bringen wollten, kam infolge des Angriffs nicht in Deine Hände. Wir saßen im Anhalter Bahnhof in der S-Bahn während des Angriffs, es war nicht sehr reizvoll; es ist uns abgesehen davon, daß wir hinterher wie die Schorn-

steinfeger aussahen, nichts passiert. Wir waren aber nachher, als wir zu Dir zu kommen versuchten, sehr beunruhigt, da man wegen der Blindgänger nicht herangelassen wurde. Tags darauf hörten wir, daß den Häftlingen nichts passiert sei. Hoffentlich stimmt das.
Nun zur Familie. Maria begleitet ihre Pätziger Geschwister nach dem Westen. Tante Elisabeth ist in Warmbrunn. Suse ist mit den Kindern hier und will hier bleiben. Hans-Walter ist im Westen. – Auf der Bibliothek hatte ich leider kein Glück. Pestalozzi wird nur für das Lesezimmer ausgegeben. Natorp ist verliehen. Den Plutarch hat Karl-Friedrich sich zum Geburtstag für Dich ausgedacht. Hoffentlich erreicht Dich der Brief. Wir hoffen auf eine baldige Sprechmöglichkeit. Es ist in unserem Alter manches zu regeln, was man mit seinen Kindern zu besprechen hat. Ich schreibe Maschine der Leserlichkeit wegen.
Viele herzliche Grüße Dein Vater

[1] Ein neuer Versuch, den Sohn brieflich zu erreichen, nachdem der vorangegangene Brief vom 2.2. nicht hatte abgegeben werden können, deshalb die Wiederholungen; auch dieser mißlang. Am 7. 2. wurde D. Bonhoeffer in das KZ Buchenwald verlegt.

Von Maria v. Wedemeyer an ihre Mutter

Flossenbürg, den 19. 2. 45

Liebe Mutter. Leider ist meine ganze Reise nach Bundorf und Flossenbürg völlig zwecklos gewesen. Dietrich ist gar nicht da. Wer weiß, wo er steckt. In Berlin sagt man es mir nicht und in Flossenbürg wissen sie es nicht. Ein ziemlich hoffnungsloser Fall. Aber was soll ich jetzt machen. Bleibe ich in Berlin, dann kommen da unsere Pätziger Freunde[1] und damit ist Dietrich nicht gedient! Komme ich zu früh, dann werde ich zur Flak oder wer weiß was eingezogen. Bleibe ich in Bundorf, dann bin ich so wahnsinnig weit von Euch allen weg und weiß nicht, wie ich mal wieder zu Euch gelangen werde. Ich glaube wirklich, es hat verhältnismäßig wenig Sinn, jetzt nach Berlin zurückzugehen. Wenn ich sogar nicht mal mehr für Dietrich sorgen kann!... Ich habe ein bißchen das heulende Elend, aber das kommt nur daher, daß ich nun schon 2 Tage auf der Bahn liege, heute 7 km hinwärts zu Fuß gehen mußte und dann ohne irgendwelche Aussichten wieder die 7 km zurückstiefeln mußte. Nun wird es wohl wieder 2 Tage dauern, bis ich in Bundorf bin... Du hast ja sicher geschrieben. Es kommt nur eben nicht an. Was für Nachrichten von Hans-Werner? Innige Grüße und Küsse an alle und besonders meinen Flüchtl. Deine Maria

[1] Gemeint sind die sowjetischen Truppen, die Pätzig schon seit Wochen überrannt hatten.

Von den Eltern

[Charlottenburg] 28. Februar 45[1]

Lieber Dietrich! Wir haben seit Deiner Abfahrt aus Berlin nichts von Dir und Du wohl nichts von uns gehört. Bei den vielen Einflügen der letzten Zeit ist uns abgesehen von ein paar Scheiben nichts passiert. Du brauchst Dich also nicht zu beunruhigen. Auch bei der übrigen Familie ist gesundheitlich nichts geändert. Maria ist unterwegs bei der Unterbringung ihrer aus dem Osten flüchtigen Geschwister bei ihren Verwandten, so macht Mama neben dem Haus meine Sprechstundenhilfe, etwas reichlich für sie bei dem vielen sonstigen, was die große Familie mit sich bringt. – Wir sind beunruhigt, wie es Dir gesundheitlich geht. Wir möchten Dir gerne die Wäsche und die Kleinigkeiten, die wir sonst schicken konnten, wieder zukommen lassen, aber bis jetzt hat sich noch kein Weg gefunden. Ich hoffe, daß Christel heute auf der Prinz-Albrechtstraße etwas in Erfahrung bringt. Wenn es Dir möglich ist, laß bald etwas von Dir hören. An so alte Leute, wie wir sind, sollte die Schreiberlaubnis häufiger sein.
Herzlich Dein Vater

Mein lieber Dietrich! Meine Gedanken sind Tag und Nacht bei Dir, in Sorge, wie es Dir ergehen mag. Hoffentlich kannst Du etwas arbeiten und lesen und kommst nicht zu sehr herunter! Gott helfe Dir und uns durch diese schwere Zeit.

Deine alte Mutter

Wir bleiben in Berlin, komme was da wolle. –

[1] Durchschlag des Briefes, der den Adressaten wohl nicht mehr erreichte.

EPILOG

RÜCKSCHAU DES ÜBERLEBENDEN

Karl-Friedrich Bonhoeffer an seine Kinder, Juni 1945

... Ich will Euch von all dem erzählen. Warum? Weil meine Gedanken jetzt dort sind, dort in den Trümmern, von wo keine Nachricht zu uns dringt, wo ich noch vor einem Vierteljahr Onkel Klaus, den zum Tode Verurteilten, im Gefängnis besuchte.

Die Berliner Gefängnisse! Was wußte ich von ihnen noch vor einigen Jahren, und mit wie anderen Augen habe ich sie seitdem angesehen. Das Charlottenburger Untersuchungsgefängnis, in dem Tante Christel einige Zeit gefangen saß, das Tegeler Militäruntersuchungsgefängnis, in dem Onkel Dietrich anderthalb Jahre saß, das Moabiter Militärgefängnis mit Onkel Hans, das SS-Gefängnis in der Prinz-Albrecht-Straße, wo Onkel Dietrich ein halbes Jahr im Kellergeschoß hinter Gittern gehalten wurde, und das Gefängnis in der Lehrter Straße, wo man Onkel Klaus folterte und Onkel Rüdiger quälte, wo sie noch zwei Monate nach ihrem Todesurteil lebten.

Vor all diesen Gefängnissen habe ich an den schweren Eisentoren gewartet, wenn ich in den letzten Jahren in Berlin war und dort „dienstlich" zu tun hatte. Dorthin habe ich Tante Ursel und Christel, Tante Emmi und Maria begleitet, die oft täglich hingingen, um Sachen zu bringen oder abzuholen. Oft kamen sie umsonst, oft mußten sie sich von niederträchtigen Kommissaren beschimpfen lassen, manchmal aber fanden sie auch einen freundlichen Pförtner, der menschlich dachte und einen Gruß ausrichtete, der außerhalb der vorgeschriebenen Zeit etwas abnahm oder Essen trotz Verbotes den Gefangenen gab.

Ja, das Essen bringen! Es war nicht ganz einfach in den letzten Jahren und besonders Tante Ursel konnte sich da gar nicht genug tun. Sie magerte dabei zum Skelett ab. Es gab Tragödien, wenn Onkel Rüdiger das Essen wieder hinausschickte und sagen ließ, er hätte genug. Wer glaubte ihm das? Tante Ursel schickte es wieder hinein und es kam wieder zurück. Onkel Klaus war da anders! Er verzehrte stets alles, was man ihm schickte. Nicht so schlimm hat es Onkel Dietrich gehabt, solange er in Tegel saß. Er stand sich dort gut mit dem Gefängnispersonal und der Gefängniskommandant war menschlich. Auch Onkel Hans hatte es zunächst nicht schlecht. Sein Gefängniskommandant benahm sich zu ihm fast freundschaftlich. Aber dann wurde er krank, kam in die Charité in die Chirurgische Klinik zu Sauerbruch, wo ich ihn das letzte Mal gesehen habe. Nachdem er wieder ins Gefängnis gebracht worden war, bekam er Scharlach und Diphtherie und lag dann mit schweren postdiphtherischen Lähmungen fast ein halbes Jahr zu Bett, zuletzt im Konzentrationslager Oranienburg und im Staatskrankenhaus Berlin. Und jetzt! Das letzte Mal war ich Ende März in Berlin; kurz vor Großpapas 77. Geburtstag mußte ich zurück. Onkel Klaus und Onkel Rüdiger lebten noch; Onkel Hans gab durch den Arzt Nachrichten, die nicht ganz hoffnungslos waren; von Onkel Dietrich, der Anfang Februar von Berlin durch die SS verschleppt worden war, fehlte jede Spur. Es war wohl am 8. April kurz vor meiner Abreise nach Friedrichsbrunn zu Euch, daß ich von Leipzig aus zum letzten Mal mit den Großeltern telephonierte. Damals stand alles noch unverändert. Das sind nun mehr als zwei Monate. Was mag vor der Eroberung Berlins durch die Russen noch alles geschehen sein? Ein Mann kam von dort, er erzählte, man habe noch 4000 politische Gefangene vorher umgebracht. Und wie mag es während der Eroberung und nachher zugegangen sein? Ob alle noch leben? Ob die Großeltern diese schweren Tage noch ausgehalten haben? Beide waren schon vorher am Rande ihrer Kraft. Großmama hatte in den letzten Jahren häufig Schwächeanfälle mit Gedächtnisverlust, eine Folge der Überanstrengung, Aufregung und Unterernährung in den letzten Jahren. Sie haben im Hause keine tüchtige Hilfe. Onkel Dietrich hat jemand noch ausführlich am 5. April gesprochen, in der Gegend von Passau. [An diesem Tag befand sich der Gefangenentransport, dem auch Bonhoeffer angehörte, zu einem Zwischenaufenthalt im Gefängnis von Regensburg.] Von dort sollte er in das Konzentrationslager Flossenbürg bei Weiden gebracht werden. Warum ist er noch nicht hier? . . .

Dietrich Bonhoeffer ist am 9. April im KZ Flossenbürg umgebracht worden. Mit der Kapitulation brachen alle Verbindungen in Deutschland für Monate ab. Maria von Wedemeyer bekam die Nachricht im Juni in Westdeutschland. Die Eltern in Berlin erhielten sie erst Ende Juli.

Hans von Dohnanyi ist am 9. April im KZ Sachsenhausen getötet worden. Genaueres erfuhr seine Frau erst aus Prozessen gegen Mitglieder des Reichssicherheitshauptamtes.

Klaus Bonhoeffer und Rüdiger Schleicher sind am 23. April mit anderen aus dem Gefängnis in der Lehrter Str. 3 geholt und erschossen worden. Ende Mai brachten die Nachforschungen des am 25. April aus dem gleichen Gefängnis befreiten Eberhard Bethge der Familie darüber Gewißheit. Nur von Klaus Bonhoeffer sind Abschiedsbriefe erhalten (Auf dem Wege zur Freiheit. Gedichte und Briefe aus der Haft, 1946).

Die Eltern starben in der Marienburger Allee, der Vater im Dezember 1948 und die Mutter im Februar 1951.

ANHANG

BIBELSTELLENREGISTER

NAMENREGISTER

Wegen ihrer besonders häufigen Nennung sind für Dietrich Bonhoeffer, seine Eltern Karl und Paula Bonhoeffer, seine Braut Maria v. Wedemeyer sowie für Renate, Eberhard und Dietrich Bethge keine Seitenzahlen angeführt. Zur besseren Übersicht werden die Vornamen der Familienangehörigen vorangestellt.

Hans-Walter, geb. *21. 2. 1924*
39, 49, 60, 86, 121, 145, 221f, 255, 265, 275, 298, 343f
Renate, geb. *26. 10. 1925*, verh. m. Eberhard Bethge, Theologe, geb. *28. 8. 1909*
Dorothee, geb. *4. 5. 1928*
39, 48, 275, 298, 303
Christine, geb. *6. 5. 1930*
39, 48, 60, 146, 298

Christine, *26. 10. 1903 — 2. 2. 1965*
34f, 43, 112, 117, 124, 137, 172f, 197, 221, 233, 235, 256, 311, 405, 427, 433, 440, 442
Hans v. Dohnanyi, Jurist, *1. 1. 1902 — 9. 4. 1945*
11, 34f, 43f, 66, 72f, 74, 76f, 78f, 81f, 84f, 97, 101, 123, 132, 134f, 172, 181, 196f, 221, 242f, 409f, 427ff, 442ff
Barbara, geb. *27. 6. 1926*
39, 48, 124, 362
Klaus, geb. *23. 6. 1928*
39, 167, 169, 212f, 261, 275, 298f
Christoph, geb. *8. 9. 1929*
39, 66, 86, 116, 122f, 125ff, 129, 132, 135, 197

Dietrich, Theologe, *4. 2. 1906 — 9. 4. 1945*
verlobt mit Maria v. Wedemeyer, geb. *23. 4. 1924*

Sabine, geb. *4. 2. 1906*
92, 197, 231f, 347, 356, 361
Gerhard Leibholz, Staatswissenschaftler, geb. *15. 11. 1901*
92, 347f, 356, 361
Marianne, geb. *30. 6. 1927*
91f, 180, 184
Christiane, geb. *10. 12. 1930*

Susanne, geb. *22. 8. 1909*
38f, 51, 59f, 63, 87, 94, 96, 108, 112f, 118, 120, 138, 178f, 209, 227, 230, 256, 438
Walter Dress, Theologe, geb. *18. 6. 1904*
39, 87, 89, 94, 119, 128f, 178f, 256
Michael, geb. *9. 7. 1935*
138f, 141
Andreas, geb. *26. 8. 1938*

SACHREGISTER

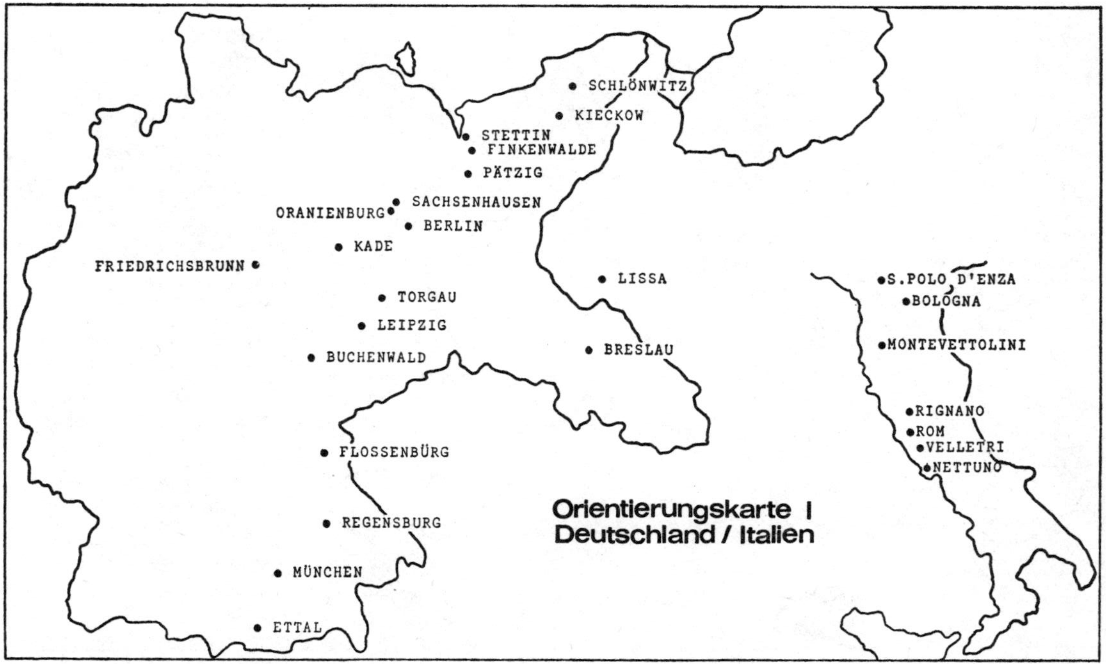
SCHLÖNWITZ
KIECKOW
STETTIN
FINKENWALDE
PÄTZIG
SACHSENHAUSEN
ORANIENBURG
BERLIN
KADE
FRIEDRICHSBRUNN
LISSA
TORGAU
LEIPZIG
BUCHENWALD
BRESLAU
FLOSSENBÜRG
REGENSBURG
MÜNCHEN
ETTAL
S.POLO D'ENZA
BOLOGNA
MONTEVETTOLINI
RIGNANO
ROM
VELLETRI
NETTUNO
Orientierungskarte I
Deutschland / Italien

Orientierungskarte II Berlin

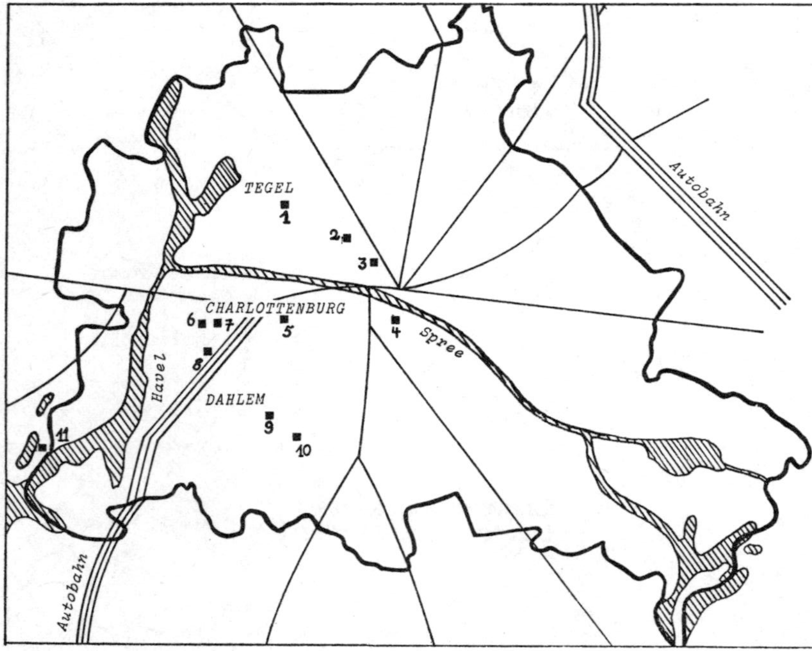

1 D.Bonhoeffers Gefängnis Seidelstr. 39

2 H.v.Dohnanyis und J.Müllers Gefängnis Lehrter Str. 64

3 Kl.Bonhoeffers, R.Schleichers und E.Bethges Gefängnis, Lehrter Str. 3

4 Reichssicherheitshauptamt Prinz-Albrecht-Str. 8

5 Reichskriegsgericht Witzlebenstr. 4-1o

6 Wohnhaus Schleicher Marienburger Allee 42

7 Wohnhaus der Eltern Bonhoeffer Marienburger Allee 43

8 Wohnhaus Kl.Bonhoeffer Alte Allee 11

9 Wohnhaus Dress Helfferichstr. 18

10 Burckhardthaus Rudeloffweg 27

11 Wohnhaus v.Dohnanyi Sakrow, Am Hemphorn

EBERHARD BETHGE

Dietrich Bonhoeffer

Theologe · Christ · Zeitgenosse

Eine Biographie, 5., bearbeitete Auflage. 1104 Seiten. 20 Seiten Abbildungen und 32seitiges Beiheft. Gebunden mit Schutzumschlag.

Die exemplarische Biographie eines beispielhaften Lebens.

Die Welt

Eine der großen, bleibenden Biographien unseres Jahrhunderts, ein unersetzliches Buch. *Der Spiegel*

Bethges Biographie dürfte unter sehr verschiedenen Aspekten auf lange Zeit ihre Bedeutung behalten, einmal als eine subtile Darstellung jüngster evangelischer Kirchengeschichte, dann als Bild jener Persönlichkeit, die ihr Thema ist, schließlich aber auch als hervorragender Beitrag zur Widerstandsgeschichte, die zu begreifen wir Deutschen es auch in den nächsten Generationen nicht allzu leicht haben dürften.

Bayerischer Rundfunk

Begegnungen mit Dietrich Bonhoeffer

Herausgegeben von Wolf-Dieter Zimmermann. 4., erweiterte, mit einem neuen Vor- und Nachwort versehene Auflage. 232 Seiten. Kartoniert.

Eines der schönsten Bücher unserer Zeit! Die „Begegnungen" sind ein Zeugnis von vielen, die Bonhoeffer persönlich gekannt haben. Ein besseres Porträt dieses unvergeßlichen Mannes ist nicht denkbar. Alle, die über ihn geschrieben haben, haben es mit dem Herzen zu seinem Gedenken getan.

De Rotterdammer